Karl-Heinz Dietsche

Martin Ohsmann

Mikrocontroller Handbuch

Grundlagen, Hardware und Programmierung

2. Auflage

ISBN 3-928051-69-5

Elektor-Verlag GmbH, Aachen

2. Auflage 1994

Umschlaggestaltung: Eva Maria Peschke
Grapische Gestaltung: Laurent Martin
Fotos: Iwan Peters
Satz und Aufmachung: Hans Koerfer-Bernstein, Elektor
Belichtung + Montage: graphodata, Aachen
Druck: Giethoorn-NND, Meppel, Niederlande

Printed in the Netherlands

ISBN 3-928051-69-5
Elektor-Verlag, 52072 Aachen

Inhalt

Vorwort

Mikrocontroller werden in immer größerem Ausmaß in vielen Bereichen des täglichen Lebens eingesetzt. So befindet sich heute dort ein Mikrocontroller, wo früher ein mechanisches Schaltwerk arbeitete, beispielsweise bei modernen Geschirrspülmaschinen. Durch leichtes Antippen einer Sensortaste erfolgt die Auswahl des Spülprogrammes; die Steuerung des zeitlichen Ablaufs des Spülvorgangs übernimmt dann der Mikrocontroller.

Spezifisch an Mikrocontrollern ist, daß neben dem eigentlichen Prozessor noch eine Menge Peripherie auf einem Chip integriert ist, so daß mit wenig zusätzlicher Hardware ein eigenständiger Mikrocomputer entstehen kann.

Dieses Buch spricht den Leser an, der die Arbeitsweise und Anwendung von Mikrocontrollern der 8051-Familie von Intel kennenlernen will. Die Programmierung erfolgt mit einem Assembler. Obwohl diese Art der Programmentwicklung im allgemeinen bei Programmierern, die Programme in Hochsprachen erstellen, nicht sonderlich beliebt ist, möchten wir Ihnen in diesem Buch zeigen, daß die Programmierung eines Mikrocontrollers in Assembler ein sehr nützliches und relativ einfach zu handhabendes Werkzeug ist. Der interessierte Leser wird nach der Lektüre dieses Buches in der Lage sein, das Entwicklungssystem für eigene Projekte und Ideen zu nutzen. So wird die Steuerung einer Ampelanlage für eine Modelleisenbahn, oder eine individuelle Timersteuerung für einen Diaprojektor, beides sei hier nur stellvertretend für die Vielzahl der Möglichkeiten genannt, komfortabel und ohne großen Hardwareeinsatz realisierbar.

Im Buch werden Platinen vorgestellt, mit denen sich leicht ein komplettes Entwicklungssystem aufbauen läßt. Die Platinen müssen nur noch über die serielle Schnittstelle an einen PC angeschlossen werden. Da der dafür erforderliche PC wahrscheinlich schon vorhanden ist, bleiben die Kosten für dieses Entwicklungssystem in einem erschwinglichen Rahmen. Die für die Entwicklung von Anwenderprogrammen nötigen Programmierhilfsmittel sind auf der Diskette enthalten, die dem Buch beiliegt.

Hier noch ein Hinweis an den Leser: Es ist leider nicht möglich, alle Zusammenhänge der Reihe nach zu erklären. Beim Lesen dieses Buches sind hin und wieder Kenntnisse erforderlich, die erst später genauer erklärt werden können. An diesen Stellen wird entweder darauf hingewiesen, daß die genaue Darstellung des Sachverhalts noch folgt, oder die Zusammenhänge werden hier vereinfacht dargestellt. Auf jeden Fall sollten Sie nicht gleich die Flinte ins Korn werfen, wenn Sie einmal etwas nicht auf Anhieb verstehen. Manches wird oft erst im nachhinein klar. Die zahlreichen Programmbeispiele werden Ihnen helfen, das Erlernte in der Praxis anzuwenden.

Die Autoren

1. Einleitung

Neue Techniken benötigen meist eine Weile, bis sie sich am Markt durchgesetzt haben. Ihre Einführung wird einerseits enthusiastisch gefeiert, andererseits melden sich Kritiker zu Wort, die vor möglichen negativen Auswirkungen warnen. Das war bei den ersten Eisenbahnen und Automobilen so und trifft auch auf die Einführung der Mikroprozessoren zu. Diese elektronischen Bauteile, die durch die immer gößere Integration von Halbleiterelementen auf einem einzigen Chip möglich wurde, sind heute, wie die zuvor genannten technischen Errungenschaften, nicht mehr aus unserem täglichen Leben wegzudenken und haben einen enormen Einfuß auf den Fortgang der technischen Entwicklung.

Als der erste Mikroprozessor auf den Markt gebracht wurde erkannte die Industrie sehr schnell, welches Potential in diesen Winzlingen steckte und setzte diese Technik recht zügig in ihren Produkten ein. Produkte konnten damit kostengünstiger hergestellt, und mit Möglichkeiten ausgestattet werden die vorher kaum realisierbar waren.

Wie sieht und sah es aber bei den Hobbyisten aus, die in ihrer Freizeit elektronische Schaltungen entwickeln? Hier hat der Prozessor die konventionelle Schaltungstechnik nicht so schnell revolutionieren können. Die Gründe dafür lagen in der Anfangszeit sicherlich auch im hohen Preis für dieses Bauteil. Aber nicht nur der Preis für den Prozessor selbst war entscheidend dafür, daß sich dieses Bauteil im Hobbybereich nicht so schnell durchsetzen konnte. Auch die Kosten für die Entwicklungsumgebung (Hard- und Software zum programmieren und testen) waren sehr hoch. Zudem ist eine Menge an Know-how Voraussetzung für den erfolgreichen Abschluß eines eigenen Projekts. Diese Hürden sorgten dafür, daß der Kreis derjenigen, die sich aktiv mit Mikroprozessoren beschäftigten, relativ klein blieb. In den letzten Jahren hat sich hier aber einiges getan: Die Preise der Bauteile haben sich auf einem niedrigen Niveau stabilisiert, der PC, der ein ideales Entwicklungssystem darstellt, steht fast in jedem Haushalt und auch das Know-how kann man sich leichter beschaffen. Desweiteren hat die Weiterentwicklung des Mikroprozessors zum Mikrocontroller die Hardware wesentlich vereinfacht, da eine Vielzahl von Baugruppen, die eine Prozessorschaltung benötigt, im Mikrocontroller integriert ist.

1.1. Einsatzgebiete für Mikrocontroller

Was läßt sich aber alles mit einem Mikrocontroller realisieren? In der Regel lassen sich alle Bauteile, die Digitalsignale verarbeiten, durch einen Mikrocontroller ersetzen. Ob sich der Einsatz eines Controllers in der betreffenden Schaltung lohnt, hängt ganz davon ab, welche Funktion diese Schaltung erfüllen soll. Mit Mikrocontrollern UND-Gatter zu realisieren hieße natürlich mit Kanonen auf Spatzen zu schießen.

Anhand zweier typischer Beispiele soll kurz dargestellt werden, welche Aufgaben ein Mikrocontroller übernehmen kann.

1.1.2. Zwei Beispiele

Eine mit Gleichstrom betriebene Modelleisenbahn soll eine Geschwindigkeitssteuerung erhalten. Die einfachste Möglichkeit bestünde im Einsatz eines Netzteils, bei dem über ein Potentiometer die Ausgangsspannung variiert werden kann. Diese Lösung bringt aber Probleme beim Langsamfahren des Zuges. Insbesondere das Anfahren ist problematisch, da der Motor eine Mindestspannung benötigt, um anzulaufen. Nachdem der Motor dreht, ist diese Spannung aber schon zu groß, um mit der gewünschten geringen Geschwindigkeit zu fahren. Ein langsames, der Realität entsprechendes Anfahren ist somit nicht möglich.

Besser wäre der Betrieb mit einer getakteten Gleichspannung. Abhängig von der gewünschten Fahrgeschwindigkeit wird das Tastverhältnis der Spannung und damit die aufgenommene Leistung eingestellt. Der Maximalwert der Spannung bleibt konstant. Um den Zug langsam fahren zu lassen wird die Spannung periodisch nur für kurze Zeit eingeschaltet. Eine Schaltung, die solch ein Signal erzeugt, kann auch mit konventionellen Bauteilen mit geringem Aufwand aufgebaut werden. Soll die Geschwindigkeit nicht abprupt geändert werden können, wie es in der Realität ja auch der Fall ist, dann muß das Tastverhältnis der Steuerspannung über ein Filter ausgegeben werden. Hier tauchen die ersten Probleme auf, wenn solch ein Steuergerät rein hardwaremäßig realisiert werden soll. Für eine von einem Controller gesteuerte Schaltung stellt diese Funktion, ein Tiefpaßverhalten per Software zu realisieren, kein Problem dar. Hat man schon einmal mit einem Mikrocontroller gearbeitet, fallen einem mehr und mehr Möglichkeiten ein, um die Steuerung zu beeinflussen und zu erweitern. So wäre es denkbar, daß nach Umschalten des Fahrtrichtungsschalters die Lokomotive erst langsam abbremst und nach einer gewissen Standzeit die Fahrt in umgekehrter Richtung langsam fortsetzt, bis die vorgegebene Endgeschwindigkeit wieder erreicht ist. Die Zeitkonstanten für Abbrems- und Anfahrverzögerung könnten dabei natürlich über Potentiometer oder eine Tastatur verändert werden.

1.1.2. Zwei Beispiele

Nicht nur die Steuerung gleichstrombetriebener Lokomotiven ist mit einem Controller möglich. Auch mit Wechselstrom betriebene Modelleisenbahnanlagen können so gesteuert werden. Im vohergehenden Beispiel beeinflußt das Tastverhältnis der Spannung die von der Lokomotive aufgenommene Leistung. Bei Wechselspannungen schneidet ein Triac die Phase an. Diese Phasenanschnittsteuerung ist von den Dimmern her bekannt. Eine mit einem Mikroontroller arbeitende Schaltung benötigt aber keine RC-Glieder mit mehr oder weniger großen Bauteiletoleranzen. Der Controller startet beim Nulldurchgang der Wechselspannung einen Zeitgeber und gibt nach Ablauf einer definierten Zeit den Zündimpuls auf den Triac. Damit kann ein sehr genaues Signal für die Ansteuerung des Triacs generiert werden.

Solche Funktionen sind mit einer prozessorgesteuerten Schaltung kein Problem. Lediglich die Software ändert sich durch die Funktionsänderungen.

Ein weiteres Einsatzgebiet von Mikrocontrollern ist in den letzten Jahren durch die Automobilindustrie erschlossen worden. Die Motoren werden fast ausschließlich nur noch mit elektronischen Steuergeräten betrieben. Die elektronische Einspritzung hat den Vergaser verdrängt, die erforderliche Einspritzmenge für den Kraftstoff kann abhängig vom Betriebspunkt des Motors sehr genau bestimmt werden. Die so berechnete Einspritzmenge wird umgerechnet in eine Zeitdauer, für die die Einspritzventile geöffnet werden müssen. Das ist erforderlich, um das richtige Verhältnis von eingespritztem Kraftstoff und angesaugter Luftmasse zu erhalten. Ebenso kann der Zündzeitpunkt für die unterschiedlichen Betriebspunkte individuell vorgegeben werden. Dadurch wird das Luft-Kraftstoff-Gemisch im Zylinder optimal verbrannt. Diese Maßnahmen sind erforderlich, um die strengen Forderungen des Gesetzgebers für die Abgaswerte einzuhalten.

Diese beiden Beispiele sollen erst einmal genügen, um grob darzulegen, wie und wo ein Mikrocontroller eingesetzt werden kann. Wie ein Programm, das bestimmte Ablaufsteuerungen übernimmt, aussehen kann, sehen wir im Verlauf des Buches. Das Thema ist dabei zum einen die Programmierung eines Mikrocontrollers, zum andern aber auch der Anschluß diverser Hardware- Erweiterungen. Der Stoff ist didaktisch aufgebau und richtet sich an alle, die ein wenig Programmiererfahrung mit höheren Sprachen (wenigstens Basic) auf herkömmlichen Rechnern wie PCs haben und diese Kenntnisse ausbauen wollen, um so hardwarenah wie möglich programmieren zu können. Ein wenig Hardwareerfahrung ist natürlich auch vonnöten, wenn man die im Buch vorgestellten Ideen selbst in mikrocontrollergesteuerten Projekten einsetzen möchte. Will man zum Vertiefen der Programmiertechniken die Beispiele praktisch nachvollziehen, kann man das schon mit geringen Hardware-Kenntnissen, da eine komplette Hardware- Ausstattung vorgestellt wird.

2. Grundlagen

Unter den Lesern befinden sich sicherlich einige, die noch nicht mit Mikrocontrollern in Berührung gekommen sind. Aber auch dem Leser mit PC-Erfahrung fehlen eventuell einige Grundkenntnisse, die für das weitere Verständnis erforderlich sind. Deshalb möchten wir zuerst einige Grundbegriffe klären, bevor es richtig losgeht.

2.1. Zahlensysteme

Beim Programmieren in einer Hochsprache kommt man in der Regel nicht näher mit der Hardware des PCs in Berührung. Es bleibt verborgen, wie der PC intern das Programm abarbeitet und wie er Zahlen darstellt. Um mit einem Mikrocontroller richtig umgehen zu können, sind Kenntnisse über die Zahlendarstellung in der Digitaltechnik von elementarer Bedeutung.

2.1.1. Dezimalsystem

Das im Alltag gebräuchliche Zahlensystem hat einen Zeichenvorrat von 10 Ziffern (0 bis 9). Daher der Name „Dezimalsystem“. Mit diesen 10 Ziffern kann jede beliebige Zahl dargestellt werden.

Beispielsweise ist die Zahl 1327 eine Kurzschreibweise für:

```
1327 = 1*1000 + 3*100 + 2*10 + 7*1
```

Die letzte Ziffer hat somit die Wertigkeit 1, die vorletzte Ziffer hat die Wertigkeit 10, die dritte Ziffer wird mit 100 gewichtet, und die vierte, in diesem Beispiel höchstwertige Ziffer erhält den Faktor 1000. Die Wertigkeit jeder weiteren Ziffer erhöht sich um den Faktor 10.

Die Einführung des Dezimalsystems für den Alltag scheint willkürlich gewählt. Man hätte sich genausogut auf einen Zeichenvorrat von 12 verschiedenen Ziffern einigen können (wie es tatsächlich bei einigen alten Hochkulturen der Fall war). Doch dann würden unsere 10 Finger nicht mehr zur Unterstützung beim Kopfrechnen ausreichen. Vielleicht war dieser Umstand das ausschlaggebende Entscheidungskriterium für den Siegeszug des Dezimalsystems?

2.1.2. Binärsystem

Ein Mikrocontroller hat nicht die Möglichkeit, zwischen 10 verschiedlichen Zuständen zu unterscheiden. Er kann nur die logischen Pegel „HIGH“ und „LOW“ auseinanderhalten. Der Zustand „HIGH“ entspricht in der Regel der Spannung U = 5 V, „LOW“ ist der Spannung U = 0 V zugeordnet. Es gibt also 2 definierte Zustände. Sie werden auch mit „1“ (HIGH) und „0“ (LOW) bezeichnet. Genauso wie beim Dezimalsystem können auch beim Binärsystem, durch Aneinanderreihung mehrerer Ziffern, beliebige Zahlen dargestellt werden. Lediglich die Wertigkeit der einzelnen Stellen unterscheidet sich zwischen den Zahlensystemen. Von rechts nach links nimmt die Wertigkeit einer Ziffernkette zu. Beim Binärsystem lauten die Faktoren 2^n mit $n = 0, 1, 2...$, also 1, 2, 4, 8, 16, 32, 64, 128 usw. Eine binärcodierte Zahl läßt sich leicht wieder in einen Dezimalwert umwandeln. Das möchten wir anhand eines Beispiels aufzeigen.

Auch die Binärzahl 10100011 stellt eine Kurzschreibweise dar. Das am weitesten rechts stehende Bit wird als Bit 0 gezählt (Wertigkeit $2^0 = 1$). Für das am weitesten links stehende Bit ergibt sich daraus, bei einer Zeichenlänge von insgesamt 8 Bit, der Zählwert 7. Wie beim Dezimalsystem ordnen wir jeder Ziffer in der Zahlenkolonne die entsprechende Wertigkeit zu. Daraus ergibt sich:

```
10100011 = 1*128 + 0*64 + 1*32 + 0*16 + 0*8 + 0*4 + 1*2 + 1*1
```

Der Dezimalwert dieser Binärzahl beträgt somit 163. Eine Stelle einer Binärzahl wird als Bit bezeichnet.

Zur Kennzeichnung des Binärcharakters einer Zahl hängen wir der Binärzahl den Buchstaben „B“ an, gelegentlich findet man zur Kennzeichnug auch ein vorangestelltes Prozentzeichen „%“. Wir wollen uns in diesem Buch auf das „B“ zur Kennzeichnung einigen.

Prinzipiell lassen sich auf diese Weise auch sehr große Zahlen darstellen – aber leider können wird, im Gegensatz zum Computer, dem es nichts ausmacht mit solchen unübersichtlichen Zeichenketten zu arbeiten, mit dieser Darstellungsart nicht sehr bequem hantieren. Um große Binärwerte übersichtlich darstellen, und dabei weiter die Binärstruktur erkennen zu können, bedienen wir uns dem Hexadezimalsystem.

2.1.3. Hexadezimalsystem

Wie wir später noch sehen werden müssen bei den Mikrocontrollern, mit denen wir arbeiten wollen, 16-stellige Binärzahlen verarbeitet und dargestellt werden. Eine Kette von 16 Nullen und Einsen kann aber kein Mensch mehr lesen.

Computer verarbeiten die Zahlen in Blöcken von 8 Binärzeichen (8 Bit). Dieser Block wird als Byte bezeichnet. Ein halbes Byte (Halbbyte) besteht demnach aus 4 Bits. Diese 4-stellige Binärzahl wird nun in ein weiteres Zahlensystem umgerechnet.

Wie groß muß nun der Zeichenvorrat in diesem System sein? Zählen wir ganz einfach der Reihe nach alle Zahlen auf. In der folgenden Übersicht ist dem Binärwert gleich der Dezimalwert gegenübergestellt.

0000 B	=	0 dez	1000 B	=	8 dez
0001 B	=	1 dez	1001 B	=	9 dez
0010 B	=	2 dez	1010 B	=	10 dez
0011 B	=	3 dez	1011 B	=	11 dez
0100 B	=	4 dez	1100 B	=	12 dez
0101 B	=	5 dez	1101 B	=	13 dez
0110 B	=	6 dez	1110 B	=	14 dez
0111 B	=	7 dez	1111 B	=	15 dez

Daraus folgt, daß 16 Zeichen erforderlich sind, um eine 4-stellige Binärzahl mit nur einem Zeichen darzustellen. Da wir uns das Leben nicht mit ganz neuen Zeichen unnötig schwer machen wollen, greifen wir auf den Zeichenvorrat des Dezimalsystems zurück. Für die Werte von 0 bis 9 geht das ja auch problemlos. Doch was machen wir mit den Zeichen für 10 bis 15? Wir nehmen ganz einfach die ersten Buchstaben des Alphabets. Der Reihe nach nehmen wir folgende Zuordnung vor:

„A“	=	10 dez
„B“	=	11 dez
„C“	=	12 dez
„D“	=	13 dez
„E“	=	14 dez
„F“	=	15 dez

Damit die Hexadezimalzahlen als solche auch erkannt werden können, erhalten sie als Anhängsel den Buchstaben H (Hex). Auch ist das Voranstellen des $-Zeichens zur Kennzeichnung üblich. Einer hexadezimalen Zahl, die eigentlich mit einem Buchstaben beginnt, wird die Ziffer 0 vorangestellt. Damit beginnt auch diese Zahl mit einer Ziffer. Diese Maßnahme ist erforderlich, damit in den Programmen, die wir später erstellen, Zahlen eindeutig erkannt werden können. Das heißt, die höchstwertige Ziffer einer Hexadezimalzahl in Programmlistings ist **immer** ein Zeichen von 0 bis 9 !

Für den Binärwert 10100011 B aus dem Beispiel zuvor ergibt sich der Hexwert A3 H. Denn das höherwertige Halbbyte der Binärzahl (1010) ergibt das Zeichen „A", das niederwertige Halbbyte (0011) den Wert „3". Zusammengesetzt erhält man die hexadezimale Zahl A3 H, oder in der andern Schreibweise dargestellt $A3. Die für die Programme korrekte Darstellung lautet dann $0A3 oder 0A3 H.

Natürlich läßt sich eine hexadezimale Zahl auch wieder in einen Dezimalwert wandeln. Die Ziffer ganz rechts erhält wie bei allen Zahlensystemen die Wertigkeit 1. Bei 16 Zeichen ist der zweiten Ziffer von rechts die Wertigkeit 16 zugeordnet. Bei der nächsten Ziffer geht es mit $16 * 16 = 256$ weiter. Für unsere Anwendungen benötigen wir noch die vierte Ziffer von rechts mit der Wertigkeit $16 * 16 * 16 = 4096$.

Damit können wir A3 H umrechnen:

```
A3H = A*16 + 3*1
```

Mit dem Dezimalwert 10 für das Zeichen A erhalten wir:

```
A3H = 10*16 + 3*1 = 163
```

Das ist natürlich das gleiche Ergebnis, wie wir aus dem Binärwert auch schon errechnet hatten.

2.2. Zahlendarstellung in Computern

Computer operieren mit Zahlen aus dem Binärsystem, das dürfte jedem geläufig sein. Das bedeutet auch, daß der Datenspeicher im Computer binär strukturiert ist. Beispielsweise würden zum Abspeichern der Binärzahl 100 B (= 4 dez) mindestens 3, zum Abspeichern der Binärzahl 10000001 (= 129 dez) 8 Stellen benötigt. In der Praxis wird der Speicher byteweise beschrieben und gelesen, kann also 8 Bit pro Speicherplatz aufnehmen. Bei unserem zuerst genannten Beispiel würden nur die niederwertigsten 3 Bit belegt. Die nicht benötigten Speicherzellen werden mit Nullen aufgefüllt. Ein Byte kann somit den Wertebereich von 00000000 (= 0 dez) bis 11111111 (= 255 dez) umfassen.

Die Mikrocontroller der 8051-Familie weisen eine 8-Bit-Datenstruktur auf. Alle Register und Speicher sind 8 Bit breit. Ebenso der Datenbus, über den der Controller mit weiteren Bauteilen Daten austauscht. Bild 2.1 (Seite 20) zeigt, daß die 16 Adreßleitungen als Doppelbyte (Highbyte und Lowbyte) zu betrachten sind. Sie werden über 2 verschiedene 8-Bit Ports ausgegeben, Port 0 und Port 2.

In leistungsfähigeren Computern, wie etwa in PCs, sind andere Controller mit 16- oder sogar 32-Bit-Struktur eingesetzt. Die Befehle können dadurch entsprechend größere Register beeinflussen, wodurch sich gegenüber 8-Bit-Rechnern Vorteile in der Rechengeschwindigkeit ergeben.

2.2.1. Vorzeichenlose Zahlen

Zurück zur 8-Bit-Datenstruktur unseres Mikrocontrollers. Die Interpretation eines Bytes als vorzeichenlose Zahl entspricht der bekannten Darstellung einer Zahl in binärer Stellenwertschreibweise. Den Bits wird, mit Bit 0 beginnend, die Wertigkeit 1, 2, 4, 8, 16 usw. zugeordnet und die dargestellte Zahl ergibt sich als:

```
128*Bit7 + 64*Bit6 +...+ 4*Bit2 + 2*Bit1 + 1*Bit0
```

Auf diese Weise kann man in einem Byte die Zahlen von 0 bis 255 darstellen.

2.2.2. BCD-Zahlen

Bei der BCD-Zahlendarstellung (Binary Coded Decimals) werden die linken und rechten 4 Bits (die sogenannten Nibbles oder Halbbytes) eines Bytes zur Darstellung jeweils einer binärcodierten Dezimalziffer verwendet.

Diese Darstellung hat den Vorteil, daß sie einfach auszugeben ist. Sie hat aber den Nachteil, daß zur Addition oder Subtraktion nicht einfach die binäre Addition oder Subtraktion verwandt werden kann, da noch Korrekturen notwendig werden. Diese Korrekturen kann der DA-A-Befehl für die Addition durchführen. Die Bedeutung der BCD-Zahlen wird deutlich, wenn wir den DA-A-Befehl besprechen.

2.2.3. Vorzeichenbehaftete Zahlen

Für viele Anwendungen benötigt man auch negative Zahlen. So z. B. wenn man für eine Wetterstation Temperaturen kleiner Null Grad Celcius darstellen möchte. Um den Bereich von -128 bis +127 darzustellen, kann man wie folgt vorgehen: Ist die darzustellende Zahl x positiv oder Null und vom Betrag her kleiner 128, stellt man sie einfach vorzeichenlos dar. Ist x negativ und vom Betrag her kleiner oder gleich 128, so stellt man die Zahl 256 + x (die dann zwischen 128 und 255 liegt) vorzeichenlos im Byte dar. Bei dieser Zahlendarstellung ist Bit 7 genau dann gesetzt, wenn die Zahl negativ ist.

Um negative Zahlen ausgeben zu können, muß man zuerst den Betrag bilden und diese neue (dann positive Zahl) mit einem Minuszeichen versehen ausgeben. Auch bei der Multiplikation oder Division sind negative Zahlen oft gesondert zu behandeln.

2.2.4. Große Zahlen

Vielfach reicht ein Byte nicht aus, um alle benötigten Zahlen darzustellen, die für die geforderte Genauigkeit notwendig sind. Will man beispielsweise über einen Zeitraum von 1024 Sekunden Ereignisse abtasten, könnte man mit einem Byte nur alle 4 s einen Wert erfassen. Will man die Ereignisse feiner gerastert abfragen, z. B. im Sekundentakt, benötigt man einen Zähler, der sich aus zwei oder mehreren Bytes zusammensetzt. Zweckmäßigerweise werden die Bytes im RAM-Speicher zusammenhängend angeordnet. In unseren Erläuterungen werden wir immer das niederwertigste Byte zuerst, also mit kleinerer Adresse, speichern. Die aufeinanderfolgenden Bytes können nun wieder als vorzeichenlose, vorzeichenbehaftete oder BCD-Zahlen interpretiert werden. Benutzt man zwei Bytes zur Zahlendarstellung, was bei Mikrocontroller-Anwendungen oft ausreichend ist, kann man die folgenden 16-Bit-Zahlenbereiche darstellen:

Darstellungsart	Bereich
Vorzeichenlos	0 bis 65535
Vorzeichenbehaftet	-32768 bis 32767
BCD	0 bis 9999

Es folgen nun einige Beispiele, wie gleiche Bitmuster in einem Byte verschiedene Zahlen darstellen können:

Byte auf Adresse: m+1	m	HEX	vorzeichen-los	mit Vorzeichen	BCD
00	00	0000	0	0	0
12	34	1234	4660	4660	1234
0A	BC	0ABC	2748	2748	undefiniert
80	00	8000	32768	-32768	8000
FF	FF	FFFF	65535	-1	undefiniert

2.3. Unterschied Mikroprozessor / Mikrocontroller

Wie der Name schon andeutet, hat der Mikroprozessor die Aufgabe, einen Prozess zu steuern. Einen Einblick, um welche Art von Prozessen es sich dabei handeln kann, haben wir Ihnen in der Einleitung schon gegeben. Ein weitverbreiteter Vertreter unter den Mikroprozessoren ist der Z80. Der Prozessor kann jedoch nur den Programmablauf steuern. Er benötigt noch weitere Bausteine, um beispielsweise Signale auszugeben (Portbaustein), oder Zeitfunktionen darstellen zu können (Timer). Für sich alleine ist ein Mikroprozessor also nicht handlungsfähig.

Um ein leistungsfähiges System aufbauen zu können müssen weitere Bausteine um den Mikroprozessor herum gruppiert werden. Warum also nicht gleich diese Peripherie mit auf den Chip integrieren? Genau das hat man gemacht und so den Mikrocontroller geschaffen. Ein Mikrocontroller kann somit mit einem Minimum an zusätzlicher Beschaltung seine Aufgaben erfüllen.

Der Mikroprozessor ist also Bestandteil eines Mikrocontrollers. Abgekürzt wird der Prozessor auch CPU genannt (Central-Processing- Unit). Diesem Ausdruck werden wir im weiteren noch oft begegnen.

2.4. Minimalkonfiguration einer Mikrocontroller-Schaltung

Für den Hobby-Bereich ist es wichtig, daß der eingesetzte Controller leicht zu beschaffen ist. Diese Voraussetzung erfüllen die Controller der 8051-Familie. Auf einem der Compuboards, mit dem wir die Programmbeispiele austesten wollen, ist ein 8032 eingesetzt. Der 8032 ist eine Weiterentwicklung des 8031, der sich wiederum vom 8051 dadurch unterscheidet, daß er keinen internen Programmspeicher hat. Der 8051 kann ohne zusätzlichen Programmspeicher eingesetzt werden. Bei ihm wird der vom Anwender erstellte Programmcode schon bei der Fertigung des Controllers in den im Bauteil integrierten Programmspeicher abgelegt. Solche Controller werden nur in größeren Serien eingesetzt, denn nur dann sind die Kosten für dieses kundenspezifische Bauteil wirtschaftlich sinnvoll.

Dieser Typ kommt für uns natürlich nicht in Frage. Wir brauchen einen Controller, der sich den Programmcode aus einem externen Programmspeicher holt. Die Minimalbeschaltung hierfür ist in Bild 2.1. dargestellt.

An dieser Stelle noch ein Hinweis: Wenn vom 8051 die Rede ist, dann ist nicht dieser spezielle Controller gemeint, sondern ganz allgemein die Vertreter dieser Controller-Serie. Das gilt auch für das folgende Bild, das für alle Weiterentwicklungen des Ursprungscontrollers 8051 Gültigkeit hat.

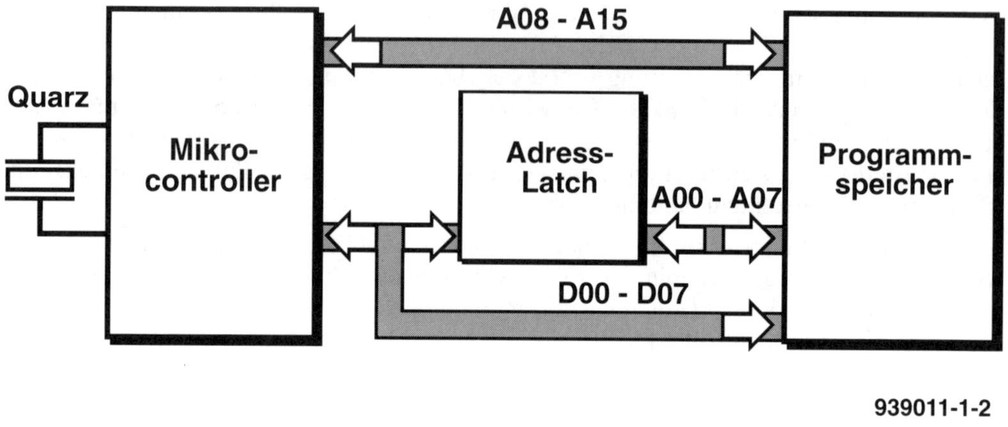

Bild 2.1. Die Minimalkonfiguration.

Das Herzstück der Schaltung ist der Mikrocontroller. Als Schrittmacher für seine Arbeit benötigt er ein Taktsignal, von dem die Arbeitsgeschwindigkeit abhängt. Auf dem Chip ist ein Oszillator integriert, so daß zur Taktgenerierung nur noch ein Quarz angeschlossen werden muß. Der 8051 benötigt zur Abarbeitung der meisten Befehle 12 Taktzyklen.

Den Programmcode holt sich der Controller aus dem Programmspeicher. Der 8051 ist ein 8-Bit-Rechner, d. h. die Datenworte haben eine Breite von 8 Bit. Für den Datenbus, über den der Datentransfer zwischen den Bauteilen erfolgt, werden somit 8 Leitungen benötigt.

Der 16-Bit breite Adreßbus (A00 bis A15) adressiert den Programmspeicher. Das Highbyte (A08 bis A15) des Adreßbusses ist direkt mit dem Programmspeicher verbunden, während das Lowbyte (A00 bis A07) in einem Speicherbaustein, dem Adreß-Latch, zwischengespeichert werden muß. Das ist notwendig, da die vom Programmspeicher ausgegebenen Daten D00 bis D07 an denselben Pins des 8051 eingelesen werden. Die Ausgabe des Lowbytes der Adresse und das Einlesen der Daten erfolgt im Zeitmultiplexverfahren. Dieser Vorgang wird noch an anderer Stelle detailliert beschrieben.

Mit diesen wenigen Bauteilen ist eine Schaltung bereits funktionsfähig. Es fehlen nur noch Aufbereitungsschaltungen für eventuell benötigte Eingangssignale, sowie Treiberstufen für Ausgangssignale.

2.5. Programmspeicher

Die Funktionen, die über eine controllergesteuerte Schaltung ausgeführt werden sollen, müssen erst einmal softwaremäßig festgelegt werden. Als Programmspeicher kann ein Eprom (Erasable Programmable Read Only Memory) eingesetzt werden. Das ist ein programmierbarer Lesespeicher, der bei Bedarf wieder gelöscht werden kann. Der Löschvorgang erfolgt durch Bestrahlung mit UV-Licht. Deshalb ist bei diesem Speicher-IC der Chip durch ein Quarzglasfenster sichtbar. Dieses Fenster sollte bei fertig programmierten Eproms unbedingt abgeklebt werden, da schon normales Tageslicht den Speicher im Laufe der Zeit, zumindest teilweise löschen kann.

Das Programmieren des Eproms übernimmt ein Programmiergerät. Dabei wird der Programmcode Adresse für Adresse in das Eprom „eingebrannt".

Als Programmspeicher ist ein Eprom vom Typ 27256 geeignet. Die Ziffern nach der 27 geben die Speichergröße an. Hier handelt es sich um ein Eprom mit einer Speicherkapazität von 256 kbit. 8 Bit sind zu einem Byte organisiert. Daraus ergibt sich eine Speicherkapazität von 32 kbyte.

Aus der Speicherkapazität ergibt sich die notwendige Breite des Adreßbusses. Um 32 kbyte adressieren zu können, werden 15 Adreßleitungen benötigt (A00 bis A14). Denn mit 15 Bit lassen sich $2^{15} = 32768$ Zustände realisieren. 1 kbyte entspricht also nicht genau 1000 byte, sondern 1024 byte.

Der Adreßbus der 8051-Controller ist 16 Bit breit. Damit können maximal 64 kbyte Speicher adressiert werden. Auf dem Compuboard, mit dem wir arbeiten werden, ist ein 27256-Eprom eingesetzt. Eine Adreßleitung wird somit nicht für die Adressierung des Eproms benötigt.

2.6. Programmablauf

Der Prozessor holt sich seine Anweisungen, wie schon gesagt, aus dem Programmspeicher. Der Zahlenwert des im Prozessor residenten 16-Bit Programmzählers (abgekürzt PC von Program-Counter) wird auf den Adreßbus gelegt. Dadurch ist der Programmspeicher adressiert und legt nun den 8-Bit Zahlenwert, der im Speicher unter dieser Adresse abgelegt ist, auf den Datenbus. Der Prozessor liest diesen Wert ein, interpretiert ihn, und führt die entsprechende Anweisung aus. Der Programmzähler wird um 1 erhöht (inkrementiert), und der Prozessor holt sich nun auf die gleiche Weise das nächste Byte aus dem Programmspeicher. Bei Befehlen, die aus mehr als einem Byte zusammengesetzt sind, müssen nacheinander 2 oder 3 Bytes eingelesen werden, bevor der Befehl ausgeführt werden kann.

Nun gibt es auch Befehle, die den Programmzähler beeinflussen. Der Programmzähler wird dann nicht einfach inkrementiert, sondern mit einem bestimmten Wert geladen. Diese Befehle ermöglichen definierte Sprünge an definierte Stellen im Programm.

Das ist eine einfache, aber anschauliche Darstellung für den Programmablauf in einem Mikrocontroller. Für einen kurzen Einblick soll das vorerst einmal genügen.

2.7. Programmieren eines Mikrocontrollers

Einem Computer muß man mehr oder weniger mühsam erst einmal beibringen, was er zu tun hat – er muß programmiert werden. Für diesen Vorgang stehen unterschiedliche Hilfsmittel zur Verfügung, die hier gegeneinander abgegrenzt werden sollen.

2.7.1. Interpreter

Bei einem Interpreter „liest" der Computer sozusagen den Programmtext und führt die durch den Text festgelegten Anweisungen aus. Eine Übersetzung in die jeweilige Maschinensprache findet nicht statt. Die Interpretation des Textes ist ein relativ langsamer Vorgang, und sie wird für jede Programmzeile immer wieder neu durchgeführt. Das bedeutet, daß vor allem bei Befehlswiederholungen viel Zeit durch eine Neuinterpretation vergeudet wird. Vielfach wird die Programmiersprache BASIC durch einen Interpreter realisiert.

2.7.2. Compiler

Die in letzter Zeit immer häufiger benutzten Programmiersprachen sind „C" und Pascal. Diese Programmiersprachen werden vorwiegend im professionellen Bereich eingesetzt. Dem Programmierer stehen auch hier eine Reihe von Befehlen zur Verfügung, aus denen er das Programm zusammenstellt. Der Prozessor im PC kann aber den vom Programmierer geschriebenen Code nicht „verstehen". Das in „C" oder Pascal geschriebene Programm muß nach Fertigstellung ertst übersetzt werden. Hierfür stehen spezielle „C"- bzw. Pascal-Compiler zur Verfügung, die aus dem C- oder Pascal-Programm ein vom Prozessor ausführbares Maschinenprogramm erzeugen.

2.7.3. Assembler

Die höheren Programmiersprachen verfügen über Befehle, die sehr komplex sein können. Das heißt, daß der Prozessor mehrere Befehle ausführen muß, bis der in der Hochsprache angegebene Befehl abgearbeitet ist.

Ein Programm muß aber nicht unbedingt in einer Hochsprache erstellt zu werden. Es besteht auch die Möglichkeit, direkt den Maschinencode einzutippen. Das ist jedoch eine recht mühsame Angelegenheit, die nur in Ausnahmefällen für kleine Programmteile sinnvoll ist. Eine sehr große Hilfe steht mit dem Assembler zur Verfügung. Den vom Prozessor ausführbaren Befehlen sind Mnemonics, leicht zu merkende Abkürzungen aus denen auch die Funktion hervorgeht, zugeordnet, die die Funktion der Befehle beschreiben. So bewirkt die in Assemblercode geschriebene Befehlsfolge

```
MOV A,#12
ADD A,#5
```

beispielsweise folgendes: Der erste Befehl überschreibt den Akkumulator (A), das Arbeitsregister des Prozessors, mit dem Zahlenwert „12". Der zweite Befehl führt die Addition des Akkumulatorinhalts mit dem Zahlenwert „5" aus und überschreibt den alten Akkumulatorwert mit dem Ergebnis der Addition.

Diese Schreibweise verdeutlicht schon sehr gut, was der Prozessor bei Abarbeitung der Befehle macht. Jede Zeile eines mit diesen Mnemonics erstellten Programmes stellt genau einen Befehl dar. Das Programm muß jetzt nur noch übersetzt zu werden. Dazu startet man den Assembler, der den Mnemonics wieder den Maschinencode zuordnet.

Der Assembler ist somit prinzipiell vergleichbar mit dem Compiler, beide erzeugen aus einem in einer speziellen Darstellung vorliegenden Programm einen vom Prozessor ausführbaren Maschinencode.

2.7.4. Crossassembler

Das oben genannte Beispiel für die beiden Befehlszeilen stammt aus dem Befehlssatz der 8051-Familie. Der PC, auf dem wir die Programme für das Compuboard entwickeln möchten, arbeitet jedochz mit einem 286-, 386- oder 486-Prozessor. Der zur Verfügung stehende Assembler kennt somit nur den Befehlssatz dieser Prozessorfamilie. Wir brauchen aber einen Assembler, der den Befehlsvorrat der 8051-Familie kennt. Zudem möchten wir Programme auf einem System assemblieren, das mit einem andern Prozessor arbeitet. Die Lösung bringt der Crossassembler: Eine auf dem PC lauffähige Software, die den Befehlsvorrat der 8051-Familie kennt, und somit den Mnemonics des von uns für das Compuboard erstellten Programmes den korrekten Maschinencode zuordnet. Das Ergebnis des Assembliervorganges stellt eine Aneinanderreihung von Hexzahlen dar, die der PC in einem Datenfile ablegt. Dieses File muß nun nur noch auf irgend eine Art in den Programmspeicher des Compuboards übertragen, und schon kann man das Ergebnis seiner Programmierkünste bewundern.

Der Vollständigkeit halber möchten wir doch noch das Ergebnis einer Assemblierung der beiden Programmzeilen aus unserm Beispiel angeben. Angenommen, unser Beispiel wären die ersten beiden Zeilen aus einem Programm, dann würde das Ergebnis folgendermaßen aussehen:

```
Adresse         Code         Mnemonic

 0000           74 0C       MOV  A,#12
 0002           24 05       ADD  A,#5
```

Der erste Befehl steht an der Adresse 0000, falls nicht durch andere Steuerbefehle eine andere Startadresse definiert ist. Der an dieser Adresse eingetragene Befehl besteht aus 2 Bytes. 74 ist der Code für das Beschreiben des Akkumulators mit einem Zahlenwert. Die zweite Stelle des Codes gibt den Zahlenwert an, der dem Akkumulator übergeben wird. Anzumerken ist hier, daß alle Bytes im Code als Hexwerte zu verstehen sind. Die Zahlen in den Mnemonics sind Dezimalwerte, sofern sie nicht durch die bekannten Zeichen als Hex- oder Binärwerte gekennzeichnet sind. Das # (Doppelkreuz) vor den Zahlenwerten gibt an, daß es sich hier um direkte Daten handelt; aber darauf kommen wir bei der Befehlsbeschreibung noch ausführlich zurück. Der zweite Befehl ist an Adresse 0002 angesiedelt, dem nächsten freien Byte im Programmspeicher. Dem Additionsbefehl eines Zahlenwertes ist der Code 24 zugeordnet, gefolgt vom Zahlenwert, der zum Akkumulator aufaddiert wird. In der gleichen Art und Weise werden alle weiteren Zeilen gewandelt, es entsteht so ein vom Mikrocontroller ausführbarer Code.

2.7.5. Datenformate

Der Crossassembler übersetzt das Programm und generiert (erzeugt) ein Datenfile, in dem der Programmcode abgelegt ist. Es gibt nun unterschiedliche Formate, wie der Programmcode abgelegt werden kann.

Binärformat

Das wohl einfachste Datenformat ist das Binärformat. Der Code ist Byte für Byte im Datenfile abgelegt. Angenommen, die beiden Zeilen aus unserm Beispiel würden das komplette Programm darstellen, stünden im Datenfile folgende Zeichen:

```
740C2405
```

Beim Datentransfer auf ein Programmiergerät würden der Reihe nach diese Bytes übertragen. Ein durch eine Störung verursachter Übertragungsfehler kann mit diesem Verfahren vom Empfänger aber nicht detektiert werden. Das ist der Schwachpunkt bei diesem Datenformat. Das Ende der Datenübertragung erkennt der Empfänger daran, daß für eine bestimmte Zeit (Time-out) keine Daten mehr übertragen werden.

Intel-Hex-Format

Der gesamte Programmcode ist bei diesem Datenformat in Blöcke unterteilt. Ein Block besteht aus einer Zeile mit einer definierten Anzahl von Bytes. Zusätzlich zu den eigentlichen Datenbytes werden noch weitere Bytes hinzugefügt.

Wie zuvor beim Binärformat möchten wir auch hier den Code für die beiden Programmzeilen aus unserem Beispiel angeben. Der komplette Code im Intel-Hex-Format sieht wie folgt aus:

```
:040000000740C240553          Datenzeile
:00000001FF                   Endezeile
```

Die Bedeutung der einzelnen Bytes sollen anhand der ersten Zeile erläutert werden.

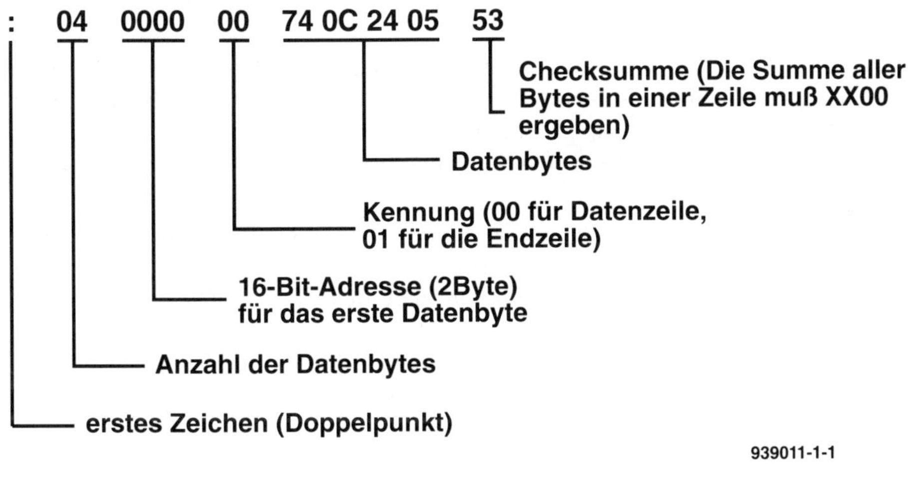

Bild 2.2. Die Bedeutung der Bytes im Intel-Hex-Format.

Jede Zeile beginnt grundsätzlich mit einem Doppelpunkt. Das nächste Byte gibt die Anzahl der Datenbytes in dieser Zeile an. In unserem Beispiel sind das die Werte 74, 0C, 24 und 05. Also beträgt die Anzahl der Datenbytes 04. Nun folgt die 16-Bit-Adresse, an der das erste Datenbyte (74) dieser Zeile im Programmspeicher steht. In diesem Fall ist es die Adresse 0000. Der Adresse folgt die Kennung, die angibt, ob es sich um eine Zeile mit Programmcode, oder um die letzte Zeile handelt. Die weiteren Bytes stellen den Programmcode dar. Das letzte Byte ist so gewählt, daß es summiert mit dem Lowbyte der Summe aller dem Doppelpunkt folgenden Werte (bis auf den Checksummenwert natürlich) die Zahl 00 ergibt.

Damit kann bei einer Datenübertragung im Intel-Hex-Format auf der Empfängerseite geprüft werden, ob Übertragungsfehler aufgetreten sind. Mit dem Aussenden der Endezeile erkennt der Empfänger das Ende der Übertragung.

Dieses Beispiel macht deutlich, daß Übertragungssicherheit nur durch einen Mehraufwand an zu übertragendem Code erreicht werden kann. Das bedeutet, daß die Übertragung eines Datenfiles bei einer vorgegebenen Übertragungsgeschwindigkeit mehr Zeit in Anspruch nimmt, als der Transfer eines im Binärformat abgelegten Programmes.

Eine Zeile eines im Intel-Hex-Format abgelegten Programmes enthält bei den Programmbeispielen üblicherweise 16 (= 10 Hex) Datenbytes.

Weitere Formate

Die beiden beschriebenen Datenformate sind nicht die einzig möglichen. Es gibt noch weitere, wie den Motorola S-Record, auf den wir hier aber nicht näher eingehen wollen, da dieses Datenformat für Anwendungen von Mikrocontrollern der Firma Motorola konzipiert ist.

Ein speziell entwickeltes Datenformat, für die kursusartige Erläuterung der Assemblerprogrammierung in Kapitel 8, bietet die Möglichkeit, beim Laden des Programmcodes in das Compuboard den Download zu kontrollieren. Dieses Format ist dem Intel-Hex-Format sehr ähnlich. Da es aber keinen Standard darstellt, möchten wir darauf auch nicht näher eingehen.

Damit der auf der Buchdiskette zur Verfügung stehenden Programmcode auch auf Eprom-Programmiergeräte oder Eprom-Emulatoren übertragen werden kann, ist die Möglichkeit gegeben, den Programmcode im Intel-Hex-Format auszugeben.

3. Die Kontrollsignale des 8051

Aus den Schaltbildern der Compuboards (siehe Seite 38,39 und 64) erkennt man, daß eine Reihe von Bauteilen mit dem Adreß- und Datenbus des Mikrocontrollers verbunden sind. Zur Steuerung des Datentransfers generiert der Controller einige Kontrollsignale. Beim Erstellen des Programmes braucht man sich über diese Signale aber keine Gedanken zu machen, der Prozessor erzeugt sie automatisch. Wir möchten aber trotzdem darauf eingehen, weil diese Signale wichtig für das Verständnis der Compuboard-Hardware sind. Diese Signale sind für alle Controller der 8051-Familie gleich.

Es gibt zwei unterschiedliche Arten von Speicherzugriffen. Zunächst das Einlesen des Befehlscode aus dem Programmspeicher, und schließlich das Lesen und Beschreiben von Datenspeichern. Bild 3.1. zeigt, wie Programm- und Datenspeicher an den Mikrocontroller angekoppelt sind. Nicht berücksichtigt ist dabei, daß sowohl mehrere Programm-, als auch mehrere Datenspeicher vorhanden sein können.

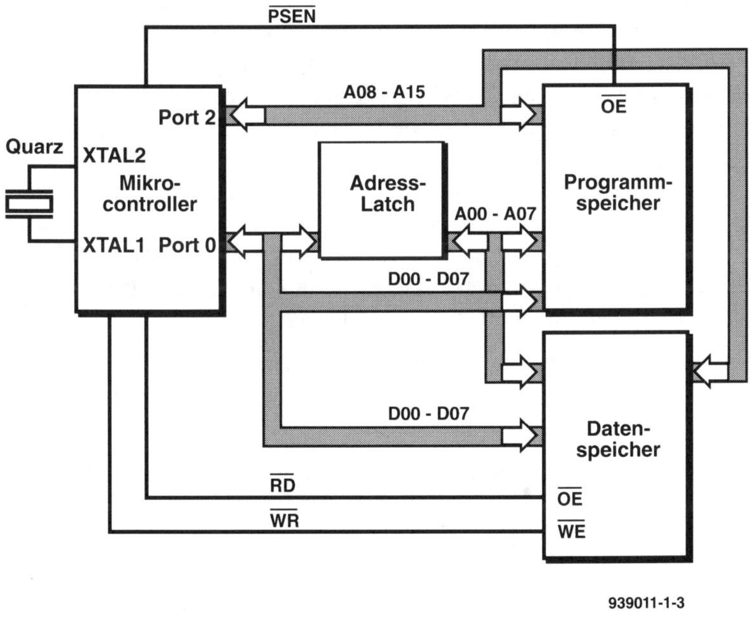

Bild 3.1. Beschaltung eines Mikrocontrollers mit Programm- und Datenspeicher.

Nehmen wir an, ein Eprom diene als Programmspeicher. Der Datenspeicher sei durch einen RAM-Baustein vertreten. Das RAM kann genauso wie das Eprom gelesen werden, zusätzlich kann es aber auch beschrieben werden. Für diese Lese- und Schreibvorgänge werden die nun beschriebenen Kontrollsignale generiert.

Der Controller wird von dem am Pin XTAL2 anliegenden Signal getaktet. Dieses Signal kann beispielsweise von einem Quarz (Oszillator) abgeleitet sein. Der Maschinenzyklus ist die Zeitdauer für 12 Taktperioden dieses Oszillatorsignals. Die Ausführung der meisten Befehle nimmt genau diese Zeit in Anspruch. Mit einer Quarzfrequenz von 12 MHz ergibt sich die Zeit für einen Maschinenzyklus zu 1 μs.

Um darstellen zu können, was zu welchem Zeitpunkt innerhalb der CPU (Zentrale Prozessoreinheit) abläuft, ist ein Maschinenzyklus in 6 Schritte zu je 2 Oszillatorperioden eingeteilt. Jeder Schritt ist wiederum in 2 Phasen unterteilt. Die Zeitdauer für eine Phase ist damit gleich der Zeit für eine Oszillatorperiode. Die Durchnummerierung der Schritte (S) und Phasen (P) erfolgt von S1P1 bis S6P2.

3.1. Das ALE-Signal

Port 0 gibt das Lowbyte für die Adressierung des externen Programm- und Datenspeichers aus. Dieser Port liest auch das Datenwort ein, das der externe Speicher ausgibt. Adreß-Lowbyte und Datenwort müssen daher nacheinander ausgegeben und eingelesen werden. Die Adresse muß deshalb im Adreßlatch zwischengespeichert werden. Das Latch ist transparent bei positivem Pegel des ALE-Signals (Adreß-Latch-Enable). Dies bedeutet, die Pegel an den Latcheingängen werden direkt auf die Latchausgänge durchgeschaltet. Damit liegt die vom Controller ausgegebene Adresse am Programm- und Datenspeicher an. Zum Zeitpunkt der negativen ALE-Flanke gibt der Controller gerade das Adreß-Lowbyte aus. Bei Lowpegel des ALE-Signals bleibt die Adresse an den Latchausgängen gespeichert. Die Adresse liegt somit noch am externen Speicher an, während Port 0 die zu dieser Adresse zugehörigen Daten einlesen kann. Das Adreß-Highbyte steht während des Speicherzugriffs immer an Port 2 zur Verfügung.

Das ALE-Signal wird zweimal während jedem Maschinenzyklus generiert. Eine Ausnahme bildet der MOVX-Befehl, ein Zugriff auf einen externen Datenspeicher. In diesem Fall fehlt das ALE einmal.

Ohne Zugriff auf externe Datenspeicher beträgt die Frequenz des ALE genau:

$$f_{ALE} = \frac{f_{osz}}{2}$$

(mit f_{osz}= Taktfrequenz)

Dieses Signal kann noch für weitere Zwecke als Taktsignal verwendet werden.

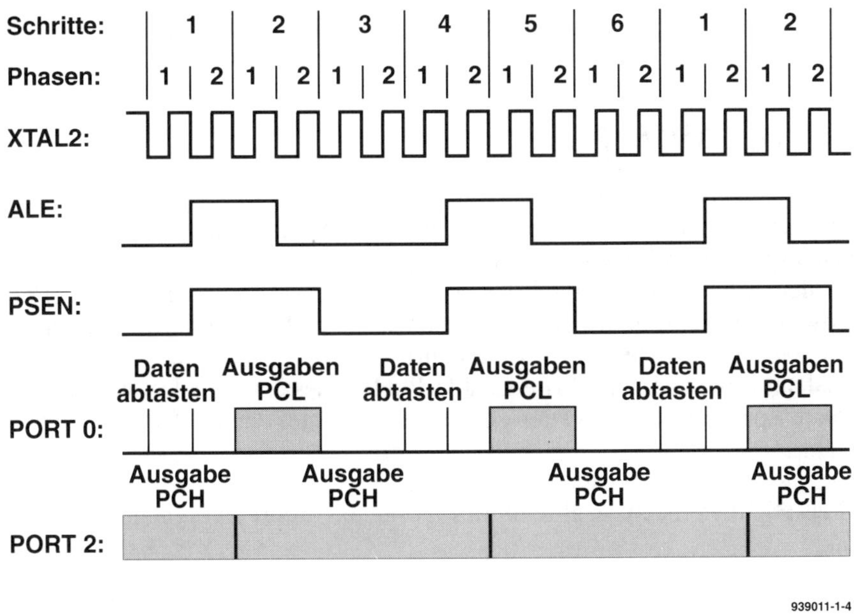

Bild 3.2. Zeitdiagramm des ALE- und $\overline{PSEN}$-Signals.

3.2. Das $\overline{PSEN}$-Signal

Das $\overline{PSEN}$-Signal (Program-Store-Enable) gibt mit negativem Pegel den Zugriff auf den externen Programmspeicher frei. Aus dem vorhergehenden Zeitdiagramm ist zu erkennen, daß $\overline{PSEN}$ nach dem Zwischenspeichern der Adresse in das Latch (bei der negativen Flanke von ALE) aktiv wird. Das $\overline{PSEN}$ ist auf den Output-Enable ($\overline{OE}$) des Programmspeichers geschaltet. Während der Aktivphase von $\overline{PSEN}$ (LOW) gibt der Programmspeicher die Daten auf den Datenbus aus. Der Controller tastet die Daten an Port 0 ab.

Das $\overline{PSEN}$ erscheint phasengleich mit ALE, es fehlt bei MOVX-Befehlen ebenso. Beim Zugriff auf den internen Programmspeicher des 8051 wird es jedoch nicht generiert.

3.3. Das $\overline{WR}$-Signal

Der Controller erzeugt das $\overline{WR}$-Signal (Write Enable) beim Schreibvorgang in einen externen Datenspeicher. Adressiert wird der Datenspeicher wie der externe Programmspeicher über den Adreßbus. Während der negativen Flanke von ALE liegt an Port 0 das Adreß-Lowbyte an, das nun im Latch gespeichert bleibt. Einen Taktzyklus später werden die Daten über Port 0 ausgegeben. Im darauffolgenden Zyklus zieht der Controller das $\overline{WR}$-Signal auf Lowpegel, der Write-Enable-Pin $\overline{WE}$ des externen Datenspeichers ist aktiv. Der Datenspeicher liest die Daten ein und legt sie unter der am Adreßbus anstehenden Adresse ab.

Das Adreß-Highbyte steht während des gesamten Schreibvorgangs an Port 2 zur Verfügung.

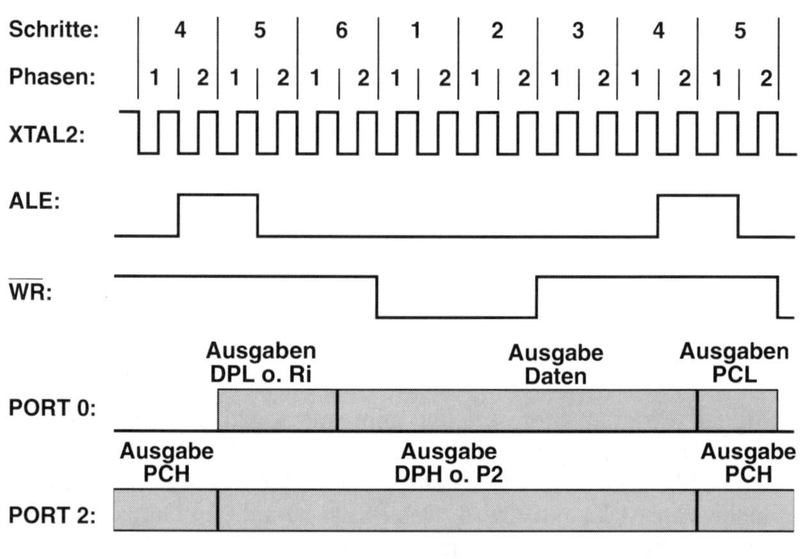

Bild 3.3. Schreibzugriff auf externen Datenspeicher.

3.4. Das $\overline{RD}$-Signal

Der Prozessor generiert das $\overline{RD}$-Signal (Read Enable) beim Lesevorgang aus einem externen Datenspeicher. Nach dem Abspeichern des Adreß-Lowbytes in das Adreßlatch zieht der Prozessor das $\overline{RD}$-Signal auf Lowpegel. Der Output-Enable-Pin $\overline{OE}$ des externen Datenspeichers ist somit aktiv. Der Datenspeicher legt das in dieser Adresse gespeicherte Byte auf den Datenbus. Während $\overline{RD}$ noch auf Lowpegel liegt, werden die an Port 0 anliegenden Daten vom Controller eingelesen.

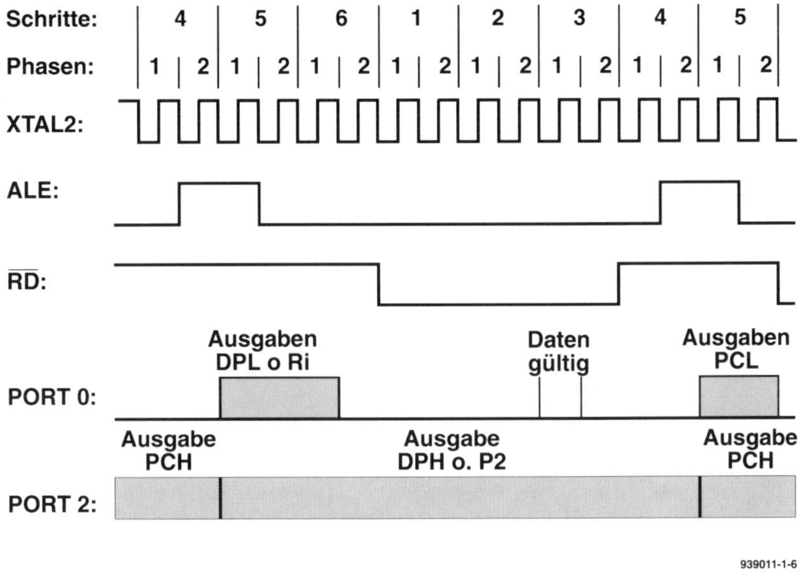

Bild 3.4. Lesezugriff auf externen Datenspeicher.

Anhand der letzten beiden Zeitdiagramme ist ersichtlich, warum das ALE-Signal bei MOVX-Befehlen ein Mal fehlt. Während S2P1, wo bei den andern Befehlen die fallende Flanke von ALE erzeugt wird, ist hier $\overline{RD}$ bzw. $\overline{WR}$ aktiv. Zu diesem Zeitpunkt darf aber die am Datenspeicher anliegende Adresse nicht verändert werden. Das $\overline{PSEN}$ muß an dieser Stelle fehlen, damit beim MOVX-Lesebefehl nur der Datenspeicher die Daten auf den Bus legt, nicht aber das Eprom.

4. Die Entwicklungsumgebung

Bisher haben wir hauptsächlich grundlegende Dinge behandelt, um dem Neuling den Einstieg in die Technik der Mikrocontroller zu erleichtern. Sicherlich wollen Sie endlich einmal ein Programm sehen, das auf dem Compuboard lauffähig ist. Doch dazu müssen wir noch die Hardware des Compuboards kennenlernen. Bevor wir darauf eingehen, haben wir aber noch etwas wichtiges zu klären. Das soll am folgenden Programmbeispiel veranschaulicht werden.

```
               Mnemonic        Kommentare
----------------------------------------------------------------
     MAIN:     MOV  R0,#100    ;Anfangswert für äußere Schleife
     LAB1:     MOV  R1,#250    ;Anfangswert für mittlere Schleife
     LAB2:     MOV  R2,#10     ;Anfangswert für innere Schleife
     LAB3:     DJNZ R2,LAB3    ;innere Schleife
               DJNZ R1,LAB2    ;mittlere Schleife
               DJNZ R0,LAB1    ;äußere Schleife
               CPL  P1.0       ;1 sec abgelaufen -> Port P1.0
                               ; komplementieren
               SJMP MAIN       ;Springe an Anfang, alles
                               ; beginnt von vorne
```

Dieses kleine Programm erfüllt eine ganz einfache Aufgabe. Im Sekundentakt schaltet der Portpin P1.0 (das ist beim 8032-Controller Pin 1) ein und aus. Mit einem Multimeter kann das einfach überprüft werden. Dieses Programm ist schon mit der Minimalkonfiguration aus Controller, Latch und Programmspeicher lauffähig. Wir brauchen hierfür keine weiteren Bausteine. Wir stehen aber trotzdem vor einem kleinen Problem. Wie bringen wir den Programmcode in den Programmspeicher?

4.1. Eprommer

Die einfachste Möglichkeit, den Programmcode lauffähig zu machen, besteht darin, ihn in ein Eprom zu brennen, und das programmierte Eprom anschließend in die Schaltung einzusetzen. Dieses Vorgehen ist jedoch recht nervig, da während des Entwicklungsprozesses das Eprom sehr oft programmiert und wieder gelöscht werden muß. Nicht alle Programme sind so leicht zu überschauen, wie das oben gezeigte Beispiel. In der Regel sind auch dort Programmfehler versteckt, wo man sie auf den ersten Blick kaum vermuten würde. Diese Fehler findet man nur durch Testen. Deshalb ist die Lösung, nach jeder Programmänderung das Eprom neu zu brennen, umständlich und zeitraubend.

4.2. Eprom-Emulator

Ein Eprom ist eigentlich von seiner Funktion her ein Datenspeicher, der nur gelesen werden soll. Warum also nicht an Stelle des Eproms ein RAM, mit der gleichen Speicherkapazität einsetzen? Damit ließe sich das Eprom emulieren (nachbilden). Von dieser Möglichkeit macht der Eprom-Emulator Gebrauch. Er enthält ein RAM, das über ein Flachbandkabel mit den Pins des Eprom-Sockels verbunden wird. Das Eprom wird also durch den Eprom-Emulator ersetzt. Im Emulatorbetrieb arbeitet das RAM als Lesespeicher.

Der Emulator ist über die serielle Schnittstelle mit einem PC verbunden. So kann der PC den Programmcode an den Emulator übertragen. Der Code wird nun in das RAM geschrieben, und schon arbeitet der Controller auf der Zielhardware mit dem neuen Programm.

Einen kleinen Haken hat die Geschichte aber doch. So ein Emulator ist nicht ganz billig, er kostet unter Umständen mehr als unser komplettes Compuboard.

4.3. In-Circuit-Emulator

Bei den Überlegungen, welches Hilfsmittel zur Progammentwicklung wir einsetzen können, sind wir bisher von der Annahme ausgegangen, daß zur Hardware ein externer Programmspeicher dazugehört. Wie würden wir aber vorgehen, wenn in einem Projekt der 8051 mit internem ROM eingesetzt werden soll? Ein Eprom-Emulator hilft nun nicht mehr weiter, da hier kein Eprom mehr vorhanden ist. Doch auch für dieses Problem gibt es eine Lösung.

Ein In-Circuit-Emulator wird an Stelle des Controllers eingesetzt. In diesen Emulator kann man den Programmcode laden. Dadurch ist die Programmentwicklung sehr komfortabel möglich. Man kann Stellen im Programm definieren, an denen das Programm anhält (Breakpoint), um die Registerinhalte an dieser Stelle auszulesen. Zudem lassen sich auch die abgearbeiteten Befehle auflisten (Trace), um den Programmablauf verfolgen zu können. Die Software-Entwicklung ist durch diese Möglichkeiten sehr effizient. Daß dieses Hilfsmittel hauptsächlich im professionellen Bereich Anwendung findet, liegt, wie Sie sicher schon erahnen können, an den hohen Kosten.

4.4. Monitor-Betrieb

Es gibt noch eine Möglichkeit, kostengünstig ein Entwicklungssystem aufzubauen. Unser Compuboard kann, ähnlich wie der Eprom-Emulator, den vom PC übertragenen Programmcode über die serielle Schnittstelle empfangen und in einem RAM speichern. Der Unterschied zum Betrieb mit einem Eprom-Emulator liegt darin, daß das als Programmspeicher arbeitende RAM auf dem Compuboard integriert ist. Dadurch ist der Mehrpreis für solch ein Entwicklungssystem gering.

Um den vom PC übertragenen Programmcode empfangen und im RAM abspeichern zu können, benötigen wir ein Ladeprogramm. Dieses Programm ist in einem Eprom abgelegt. Wir benötigen also zwei getrennte Programmspeicher, ein Eprom und ein RAM. Welcher Speicher gerade angesprochen ist, hängt von der Adresse am Adreßbus ab. Die Zusammenhänge werden gleich klar, wenn wir die Hardware des Compuboards untersuchen.

Das Eprom enthält nicht nur den Code für den Empfangsalgorithmus. Wir können in unseren Programmen an gezielten Stellen Unterprogramme im Eprom aufrufen, die beispielsweise Register des Controllers auslesen und zum PC übertragen. Der PC stellt diese Register am Bildschirm dar. Diese Funktion ist sehr nützlich beim Testen unserer Programme. Welche Möglichkeiten sich hier bieten, sehen wir am besten nachher bei den Programmbeispielen.

4.5. 8051-Simulator

Da wir schon bei den Entwicklungshilfsmitteln sind, möchten wir auch noch Softwarelösungen ansprechen, die für den Programmtest eingesetzt werden können.

Ein 8051-Simulator bildet auf dem PC einen 8051 nach. Man kann so ein Programm Schritt für Schritt ausführen lassen. Dabei werden alle Register des Controllers angezeigt. Die Simulatoren sind geeignet, um reine Software-Probleme und -Fehler zu erkennen und zu beheben. Wenig nützen sie dann, wenn ein Problem dadurch entsteht, daß Hardware und Software nicht richtig zusammenarbeiten. Da ein Mikrocontroller naturgemäß mit externen Hardwareerweiterungen betrieben werden muß, ist der Einsatz von Simulatoren hier nur bedingt sinnvoll. Weil Simulatoren aber oft schon preiswert angeboten werden, sind sie auf jeden Fall in die eigenen Überlegungen mit einzubeziehen. Auch für die Programmieranfänger können sie eine wertvolle Hilfe sein, da die Wirkung einzelner Befehle am Bildschirm des PCs aufs genaueste verfolgt werden kann.

4.6. Makro-Assembler

Zu den Entwicklungswerkzeugen gehört natürlich auch der Assembler (eigentlich Crossassembler). Wir verwenden einen sehr einfachen Assembler, der jedoch für den Anfänger voll ausreicht. Der professionelle Anwender, der mehr Geld investieren kann, wird natürlich bessere Werkzeuge einsetzen. Die auf dem Markt angebotenen Assembler bieten dabei ein wesentlich erweitertes Leistungsspektrum. Zum einen können sie häufig sogenannte Makros verarbeiten. Als Makro bezeichnet man die Möglichkeit, für längere, häufig gleich oder fast gleich wiederkehrende Befehlsfolgen, eine abkürzende Schreibweise einzuführen. Der Assembler ersetzt dann diese Abkürzung jeweils durch den verabredeten Text.

Neben dieser Möglichkeit erlauben viele Assembler auch die getrennte Assemblierung verschiedener Programmteile, die später durch den Binder (Linker) zu einem Gesamtprogramm zusammengebaut werden. Bei sehr großen Programmen erweist sich dieses Vorgehen als äußerst praktisch. Als Hobbyprogrammierer kommt man allerdings in der Regel ohne diese Möglichkeit aus.

5. Experimentierplatinen

Zum testen der Programmbeispiele, die wir nachher erstellen wollen, ist Hardware erforderlich. Im folgenden werden geeignete Schaltungen beschrieben. Die Platinen können übrigens direkt vom Elektor-Verlag bezogen werden (Bestellhinweise finden Sie im Anhang).

Bild 5.1. Das komplett bestückte 8032-Compuboard.

5.1. Das 8032-Compuboard

In der Zeitschrift Elektor (Heft 4/91) wurde ein Entwicklungssystem vorgestellt, das ganz hervorragend für unsere Zwecke geeignet ist – das 8032-Compuboard. Da es einfach aufzubauen ist, und Probleme bei der Teilebeschaffung auszuschließen sind, stützen wir uns bei den folgenden Ausführungen auf diese bewährte Hardware. Möglicherweise arbeiten ja schon einige Leser mit dieser Platine.

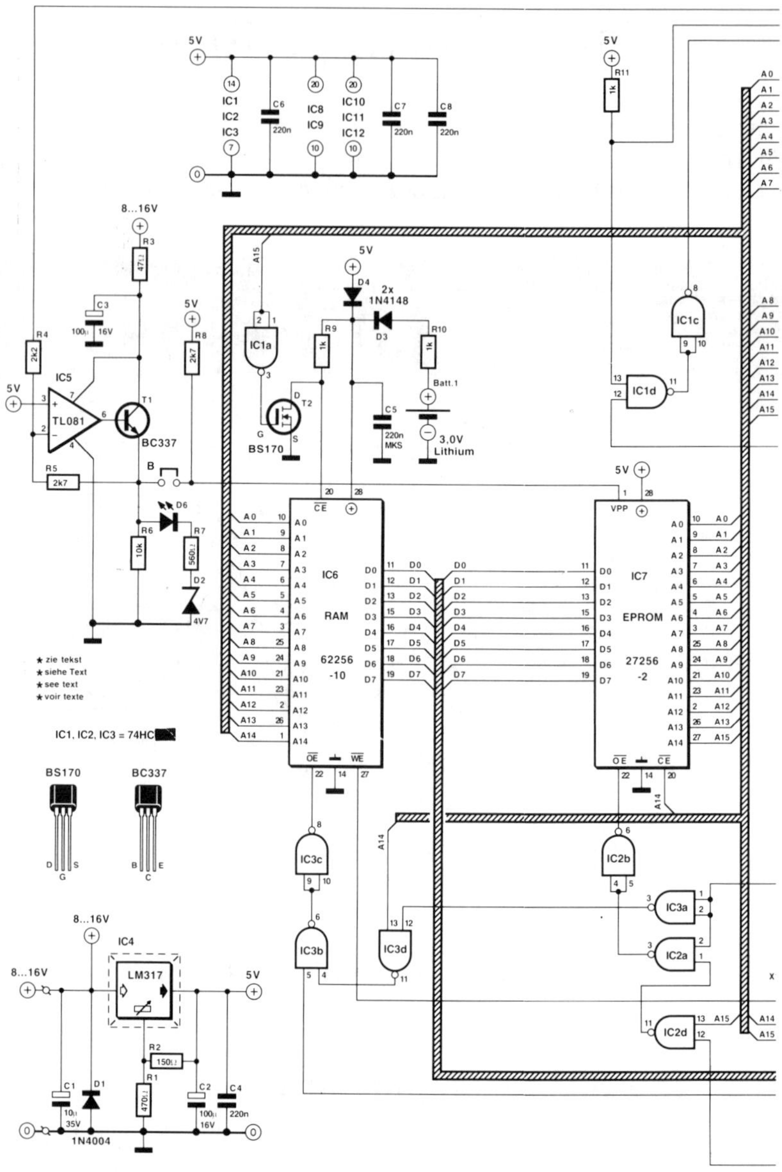

Bild 5.2. Die Schaltung des Compuboards.

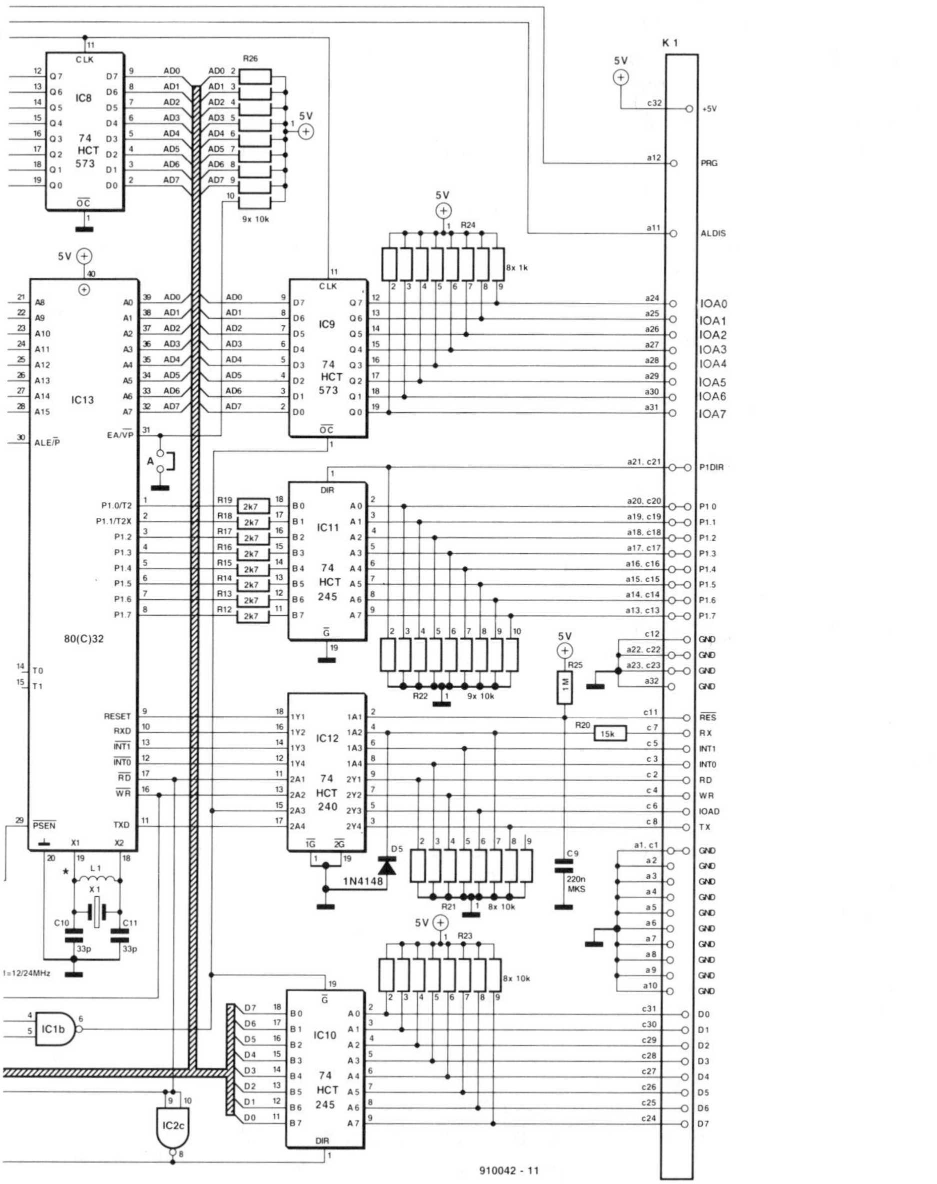
IC8
74 HCT 573
R26
9x 10k
5V
IC13
80(C)32
IC9
74 HCT 573
R24
8x 1k
IC11
74 HCT 245
R22
9x 10k
R25
1M
R20
15k
IC12
74 HCT 240
D5
1N4148
C9
220n MKS
R21
8x 10k
R23
8x 10k
IC10
74 HCT 245
IC1b
IC2c
L1
X1
C10
C11
33p
=12/24MHz
K1
+5V
PRG
ALDIS
IOA0
IOA1
IOA2
IOA3
IOA4
IOA5
IOA6
IOA7
P1DIR
P1.0
P1.1
P1.2
P1.3
P1.4
P1.5
P1.6
P1.7
GND
RES
RX
INT1
INT0
RD
WR
IOAD
TX
D0
D1
D2
D3
D4
D5
D6
D7
910042 - 11

Anhand der Schaltung möchten wir detailliert auf die Zusammenhänge eingehen.

Das Zusammenwirken von Mikrocontroller, Eprom und Adreß-Latch haben wir schon kennengelernt. Die Kontrollsignale ALE, $\overline{\text{PSEN}}$, $\overline{\text{WR}}$ und $\overline{\text{RD}}$ steuern den Zugriff auf Programm- und Datenspeicher. Vergleichen wir doch einmal das Schaltbild des Compuboards mit der Konfiguration in Abbildung 3.1. (Seite 27). Um die Darstellung übersichtlicher zu gestalten, sind die Bus- und Adreßleitungen beim Compuboard zusammengefaßt. Wir erkennen den Controller (IC 13), das Adreß-Latch (IC 8), das Eprom (IC 7) und das RAM (IC 6). Das Adreß-Lowbyte wird auf die Eingänge des Latches vom Typ 74HC 573 geschaltet. Die Latchausgänge sind mit den Adresseingängen A 00 bis A 07 des Eproms und des RAMs verbunden. RAM und Eprom haben jeweils ein Kapazität von 32 kbyte. Für die Adressierung von 32 kbyte genügen 15 Adreßleitungen. Deshalb werden vom Adreß-Highbyte nur 7 Adreßleitungen auf die Speicherbausteine gelegt. Die 8 Datenpins von RAM, Eprom und Controller sind untereinander verbunden. Soweit ähneln sich die beiden Schaltbilder.

Auswahl externer/interner Programmspeicher

Gehen wir der Reihe nach alle wichtigen Bauteile auf der Platine des Compuboards durch. Da wäre zunächst der $\overline{\text{EA}}$-Pin. Da wir mit einem Controller ohne ROM arbeiten werden, muß dieser Pin auf LOW-Pegel liegen. Der Controller greift dann ausschließlich auf den externen Programmspeicher zu. Die Brücke A muß also bestückt werden.

Takt

Die Beschaltung des Quarzes (X1) mit den Kondensatoren C 10 und C 11 ist so aus dem Intel-Datenblatt entnommen. Als Taktfrequenz benutzen wir zweckmäßigerweise 12 MHz, daraus ergibt sich der interne Takt, mit dem die Timer und die serielle Schnittstelle arbeiten, zu 1 μs.

Adreß-Latch-Enable (ALE)

Das vom Controller ausgegebene ALE-Signal wird über das vom Stecker K1 eingespeiste Signal ALDIS verknüpft. Dieser Steckerpin ist nur beim Einsatz des 8051AH-BASIC Controllers beschaltet. Damit kann bei LOW-Pegel das ALE-Signal gesperrt werden. Wir haben jedoch den 8032-Controller eingesetzt, der Steckerpin ALDIS darf deshalb nicht auf LOW-Pegel geschaltet werden. Bei offenem Pin ist der Pegel am NAND-Gatter (IC 1d Pin 13) wegen des Pull-up-Widerstands R11 HIGH. Das ALE wird somit lediglich zwei mal invertiert, bevor es das Adreß-Latch (IC 8) ansteuert.

EPROMs schießen

Mit dem 8051AH-Basic Controller können auf der Platine Eproms programmiert werden, was mit dem 8032 nicht möglich ist. Deshalb lassen wir für unsere Zwecke den Jumper B, der die Programmierspannung auf den VPP-Pin schaltet, einfach weg.

Selektierung von Programm- und Datenspeicher

Etwas komplizierter ist die Verarbeitung der Kontrollsignale $\overline{\text{PSEN}}$ und $\overline{\text{RD}}$. Beides sind Lesesignale für den Programm- bzw. Datenspeicher. Da sowohl das RAM als auch das EPROM als Programmspeicher arbeiten soll, muß eine Selektierung von $\overline{\text{PSEN}}$ und $\overline{\text{RD}}$ vorgenommen werden, damit nicht beide Bauteile gleichzeitig Daten auf den Datenbus geben. Das heißt, daß diese Speicher beim Lesen nur unter bestimmten Bedingungen den unter der anliegenden Adresse abgespeicherten Wert auf den Datenbus legen dürfen. Die Selektierung erfolgt mit den Adreßleitungen A 14 und A 15. Die über den Adreßbus ausgegebene Adresse bestimmt demnach, welcher Speicher angesprochen wird.

Beginnen wir mit der Selektierung des RAMs. Der Chip-Enable (Pin $\overline{\text{CE}}$) des RAMs wird von der Adreßleitung A 15 über einen selbstsperrenden MOS-FET (T2) angesteuert. Wenn A 15 auf HIGH-Pegel liegt, ist wegen der Invertierung durch IC 1a das Gate von T2 LOW. Der MOS-FET sperrt. Dadurch liegt der $\overline{\text{CE}}$-Pin des RAMs auf HIGH-Pegel. A 15 ist HIGH, wenn die angewählte Adresse größer oder gleich 8000 H beträgt. Der Chip-enable ist aber aktiv bei LOW-Pegel. Bei HIGH-Pegel ist keinerlei Zugriff auf das RAM möglich. Sowohl Lese- als auch Schreibzugriffe sind gesperrt. Somit ist das RAM nur für Adressen kleiner 8000 H selektiert. Das geht auch aus dem Memory Map (Abb.5.3.) hervor.

Das vom Controller ausgegebene $\overline{\text{WR}}$-Signal führt auf direktem Weg an den $\overline{\text{WE}}$-Pin des RAMs. Somit ist das RAM im gesamten Adreßbereich von 0000 H bis 7FFF H mit dem MOVX-Schreibbefehl beschreibbar.

Bei einem Lesezugriff auf das RAM ist $\overline{\text{PSEN}}$ HIGH. IC 3a invertiert diesen Pegel. Dadurch ist der Ausgang des NAND-Gatters IC 3d und somit der Eingang von IC 3b HIGH. Der andere Eingang von IC 3b ist mit dem $\overline{\text{RD}}$-Signal vom Controller verbunden. Das beim MOVX-Lesebefehl generierte Lesesignal $\overline{\text{RD}}$ geht somit wegen der beiden Invertierungen an IC 3b und IC 3c phasengleich auf den $\overline{\text{OE}}$-Pin (Output-Enable) des RAMs. Bei LOW-Pegel gibt das RAM die an dieser Adresse abgelegten Daten auf den Datenbus. Das RAM kann deshalb im gesamten Adreßbereich von 0000 H bis 7FFF H mit dem MOVX-Lesebefehl gelesen werden.

Damit wäre der Adreßbereich von 0000 H bis 7FFF H festgelegt, in dem das RAM mit dem MOVX-Schreibbefehl beschrieben, und mit dem MOVX-Lesebefehl gelesen werden kann. In diesem Bereich kann das RAM also als Datenspeicher eingesetzt werden. Das ist mit einem Blick auf das Memory Map zu sehen.

Unser Compuboard läßt sich, abgesehen vom PC, ohne weitere Hilfsmittel betreiben. Das ist möglich, da der Programmcode vom PC ins RAM geladen wird. Anschließend arbeitet das RAM als Programmspeicher. Deshalb muß auch das Lesesignal $\overline{\text{PSEN}}$, das der Controller beim Lesen aus dem Programmspeicher (opcode-fetch) erzeugt, auf den $\overline{\text{OE}}$-Pin des RAMs geschaltet werden. Hardwaremäßig ist das folgendermaßen realisiert:

Während eines opcode-fetches führt das $\overline{\text{RD}}$-Signal HIGH-Pegel. Damit ist einer der Eingangspins von IC 3b HIGH. Der andere Eingangspin ist mit dem Ausgang von IC 3d verbunden. Um das RAM in dieser Phase zu aktivieren, muß IC 3d LOW-Pegel führen. Durch die NAND-Verknüpfung mit IC 3b ist dessen Ausgang HIGH, IC 3c invertiert wieder auf LOW. Das RAM wäre somit lesebereit. Wann ist aber der Ausgang von IC 3d LOW. Nur dann, wenn beide Eingangssignale HIGH-Pegel führen. Für Pin 12 ist diese Bedingung während eines opcode-fetches erfüllt ($\overline{\text{PSEN}}$ ist LOW-aktiv). Das als Invertierer geschaltete NAND-Gatter IC 3a gibt während dieser Phase HIGH-Pegel auf IC 3d. Der zweite Eingang von IC 3d ist mit der Adreßleitung A 14 verbunden. A 14 ist genau dann HIGH, wenn der Controller Adressen zwischen 4000 H und 7FFF H ausgibt. Zur Verdeutlichung:

```
01000000 00000000B = 4000H
01111111 11111111B = 7FFFH
 ↑
A14
```

Ab Adresse 8000 H ist A 14 wieder LOW, oberhalb von C000 H HIGH. Aber hier ist das RAM wegen HIGH-Pegel an $\overline{\text{CE}}$ sowieso nicht mehr selektiert.

Das RAM kann im Adreßbereich von 4000 H bis 7FFF H als Programmspeicher benutzt werden. In diesen Bereich legen wir auch den Programmcode unserer Programmbeispiele ab. Damit wären alle Adreßbereiche bekannt, in denen das RAM arbeiten kann.

Nun zu den Adreßbereichen, in denen das Eprom angesprochen werden kann. Wie beim RAM wird auch hier das Chip-Enable ($\overline{\text{CE}}$) von einer Adreßleitung angesteuert. Wegen der negativen Logik des Chip-Enable ist das Eprom nur dann selektiert, wenn die Adreßleitung A 14 auf LOW-Pegel liegt. Anders ausgedrückt: Das Eprom ist nicht aktiv, wenn die Adreßleitung A 14 HIGH-Pegel führt. Den zugehörigen Adreßbereich erhält man wieder durch die Binärdarstellung:

```
01000000 00000000B = 4000H
01111111 11111111B = 7FFFH

11000000 00000000B = C000H
11111111 11111111B = FFFFH
```

Innerhalb der Adreßbereiche von 4000 H bis 7FFF H und von C000 H bis FFFF H ist A 14 HIGH, das Eprom kann in diesen beiden Bereichen also nicht angesprochen werden. Die Memory Map zeigt diese Bereiche auf.

Nun stellt sich die Frage, wie das Eprom in den beiden andern Adreßbereichen (0000 H bis 3FFF H, 8000 H bis BFFF H) angesprochen werden kann. Auffallend ist auch hier, daß das Output-Enable sowohl vom $\overline{\text{PSEN}}$- als auch vom $\overline{\text{RD}}$-Signal angesteuert wird. Die Verknüpfung geschieht auch hier über NAND-Gatter.

Zunächst wollen wir die Funktion des $\overline{\text{PSEN}}$-Signals untersuchen. Gehen wir davon aus, daß kein MOVX-Lesebefehl das $\overline{\text{RD}}$-Signal aktiviert. Dann invertiert das als Inverter geschaltete NAND-Gatter IC 2c den HIGH-Pegel – Pin 12 von IC 2d ist somit LOW. Damit ist dessen Ausgang HIGH, unabhängig vom Zustand der Adreßleitung A 15, die auf den zweiten Eingang von IC 2d geschaltet ist. HIGH-Pegel an Pin 1 von IC 2a bedeutet aber, daß das $\overline{\text{PSEN}}$ durchgeschaltet wird. Durch das zweimalige Invertieren an IC 2a und IC 2b liegt $\overline{\text{PSEN}}$ direkt am $\overline{\text{OE}}$-Pin des Eproms an. Damit ist das Eprom im ganzen selektierten Adreßbereich als Programmspeicher lesbar.

Beim Zugriff auf einen Datenspeicher mit dem MOVX-Lesebefehl wird $\overline{\text{RD}}$ aktiv und geht somit auf LOW-Pegel. Das $\overline{\text{PSEN}}$-Signal hingegen ist bei diesem Zugriff HIGH. IC 2c invertiert das $\overline{\text{RD}}$-Signal, das nun auf einen Eingang von IC 2d geschaltet ist. Der zweite Eingang von IC 2d wird von der Adreßleitung A 15 angesteuert. Bei aktivem $\overline{\text{RD}}$ und Adressen größer oder gleich 8000 H (A 15 HIGH) sind beide Eingänge von IC 2d HIGH. Nur in diesem Fall ist dessen Ausgang LOW. Wegen des HIGH-Pegels von $\overline{\text{PSEN}}$ ist nur bei dieser Bedingung der Ausgang von IC 2a HIGH, und somit der Ausgang von IC 2b LOW. Wegen des aktiven LOW-Pegels am Output-Enable ($\overline{\text{OE}}$) kann das EPROM beim MOVX-Lesebefehl Daten auf den Datenbus legen. Der oben genannte Adreßbereich ab 8000 H reduziert sich jedoch, da das Eprom oberhalb der Adresse C000 H über den Chip-Enable ($\overline{\text{CE}}$) deaktiviert ist. Der Adreßbereich, in dem das Eprom mit dem MOVX-Lesebefehl wie ein RAM gelesen werden kann, beschränkt sich demnach auf den Adreßbereich zwischen 8000 H und BFFF H.

Haben wir jetzt nicht einen Widerspruch? Auf dem Compuboard ist doch ein 32 K-Eprom eingesetzt, mit dem man nur den Adreßbereich von 0000 H bis 7FFF H adressieren kann. Der Trick besteht darin, daß durch die Selektierung zwei 16 K-Speicherblöcke im Eprom adressiert werden (0000 H bis 3FFF H sowie 8000 H bis BFFF H). Der Zugriff auf den oberen Block ist aber dadurch "verbogen", daß die Adreßleitung A 15 auf den Adreßpin A 14 des Eproms geschaltet wird. Somit geht ein Speicherzugriff auf Adresse 8000 H in Wirklichkeit auf die physikalisch im Eprom vorhandene Adresse 4000 H.

Memory Map

Damit wären die Adreßbereiche, in denen Eprom und RAM angesprochen werden können, bekannt. Die Memory Map in Abbildung 5.3. zeigt dies auf einen Blick. Die Memory Map zeigt auch, daß sich nirgendwo ROM- und RAM-Bereich überschneiden. Besonders interessant für uns ist der Adreßbereich von 4000 H bis 7FFF H im RAM. In diesen Bereich können wir den Maschinencode unserer Programme schreiben. Hierfür behandeln wir das RAM als Datenspeicher. Das in diesem Bereich abgelegte Programm kann anschließend ausgeführt werden, wobei das RAM als Programmspeicher behandelt wird.

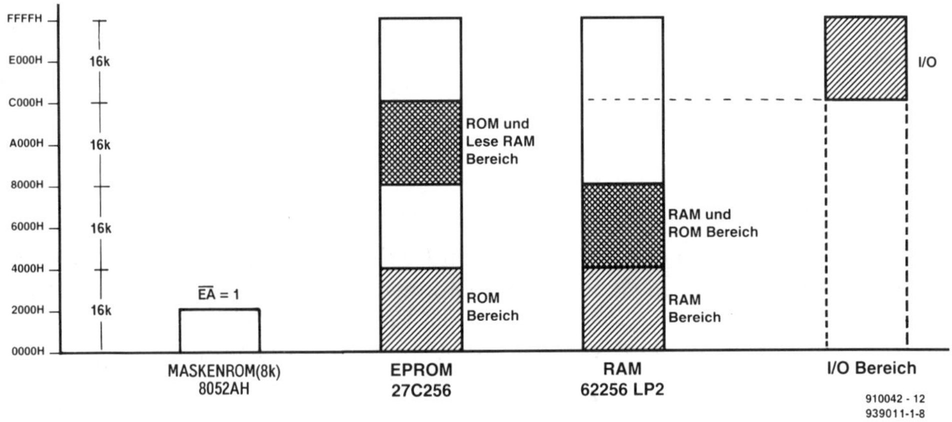

Bild 5.3. Memory Map

Eingangs/Ausgangs-Erweiterungen

An Adreß- und Datenbus sind noch zwei weitere Bauteile angeschlossen. Das 8-fache nichtinvertierende Tri-State-Latch IC 9 und der 8-fach Tri-State-Bustreiber IC 10. Das Latch IC 9 ist genauso beschaltet wie das Adreß-Latch IC 8. Nur mit dem Unterschied, daß der Output-Enable ($\overline{OE}$ Pin 1) nicht wie bei IC 8 auf Masse liegt und somit immer selektiert ist, sondern von einem, über die Adreßleitungen A 14 und A 15 NAND-verknüpften Signal angesteuert wird. Der Pegel muß LOW sein, um das Latch zu selektieren. Dann werden die bei der negativen Flanke des ALE-Signals an den 8 Adreßpins AD 0 bis AD 7 anliegenden Informationen, nämlich die unteren 8 Adreßbits, auf die Ausgänge Q 0 bis Q 7 durchgeschaltet.

Der Pegel am Output-Enable ($\overline{\text{IOAD}}$) ist nur LOW, wenn die Eingänge von IC 1b, die Adreßleitungen A 14 und A 15, beide HIGH sind. Das ist dann der Fall, wenn die Adresse größer oder gleich C000 H ist. Bei Adressen kleiner C000 H ist der Output-Enable HIGH, die deaktivierten Ausgänge des Latches liegen über das Widerstandsarray R 24 auf +5 V.

Das gleiche von A 14 und A 15 abgeleitete Select-Signal steuert den bidirektionalen Tri-State-Bustreiber 74HC 245 (IC 10). Auch hier werden die Ausgänge nur für den Adreßbereich ab C000 H aktiviert. Die Pins B 0 bis B 7 sind mit dem Datenbus des Controllers verbunden, die Pins A 0 bis A 7 führen auf den Stecker K 1. Das vom Controller kommende $\overline{\text{RD}}$-Signal bestimmt, nach Invertierung durch IC 2c, die Datenflußrichtung von IC 10 (Schreiben/Lesen). Bei aktivem $\overline{\text{RD}}$-Signal ist die Datenflußrichtung von den Pins A x nach B x, die am Stecker K 1 anliegende Information kann vom Controller eingelesen werden. Im andern Fall ist die Datenrichtung von B x nach A x. Mit dem MOVX-Schreibbefehl können Daten auf den Stecker K 1 ausgegeben werden. Im deaktivierten Zustand liegen die dem Stecker K 1 zugewandten Pins über das Widerstandsnetzwerk R 23 an +5 V.

Die Ausgabe der Adressen über IC 9 sowie die Ausgabe und das Einlesen von Daten über IC 10 benötigen wir für die Ansteuerung der Baugruppen auf der Compuboard-Erweiterung.

Bustreiber für Port P 1

Der freie Port 1 eignet sich sowohl zur Datenausgabe als auch zum Lesen von Daten. Ein weiterer bidirektionaler Bustreiber IC 11 vom Typ 74HC 245 schützt den Controller und erhöht die Belastbarkeit bei der Verwendung als Ausgang. Der Pegel am K 1-Anschluß P1DIR bestimmt die Datenflußrichtung. Wenn P1DIR unbeschaltet ist oder auf Masse liegt, wird nach außen geschrieben, ein HIGH-Pegel bedeutet Lesen. Die 2k7-Widerstände zwischen Controller und IC 11 fungieren als Strombegrenzungswiderstände für den Fall, daß Port 1 als Ausgang programmiert ist, und IC 11 dem Controller durch falsche Richtungsprogrammierung etwas mitteilen will. Dann arbeitet Ausgang gegen Ausgang. Den mit den Widerständen auf weniger als 2 mA begrenzten Strom verkraftet der Controller problemlos.

Bustreiber für Port P 3

Über einen 8-fachen invertierenden Buffer 74HCT 240 (IC 12) sind weitere Pins des Controllers über den Stecker K 1 zugänglich. Dabei handelt es sich um sechs Pins von Port P 3, die nicht nur zur normalen Ein- und Ausgabe von Signalen verwendet werden können, sondern auch für spezielle Funktionen herangezogen werden (z. B. serielle Schnittstelle). Die beiden übrigen Leitungen, die über IC 12 laufen, sind das Reset- und das Select-Signal IOAD.

Über den Steckerpin $\overline{\text{RES}}$ kann der Controller in den Reset-Zustand gebracht werden. Wegen der Invertierung von IC 12 ist dafür am Stecker LOW-Pegel notwendig. Beim Einschalten des Compuboards geschieht dies automatisch durch ein Power-On-Reset. Dann wird über das RC-Glied (C 9 und R 25) ein Resetimpuls erzeugt. Dies funktioniert so: Der Kondensator C 9 stellt im Einschaltmoment einen Kurzschluß dar. Dadurch liegt an 1A 1 LOW. Wegen der Invertierung von IC 12 ist dadurch RESET aktiv. Jetzt lädt sich der Kondensator über den Widerstand R 25 auf. Wenn der Kondensator aufgeladen ist, liegt über R 25 HIGH an Pin 2 von IC 12 und damit der Reset-Eingang am Controller auf LOW. Das geladene Programm kann ausgeführt werden.

Zum Laden des Programmes vom PC zum Compuboard und für die Kommunikation zwischen PC und Compuboard ist eine serielle Schnittstelle realisiert, die intern mit TTL-Pegeln arbeitet. Die Anschlüsse liegen am Stecker K 1 an den Pins RX und TX. Der Anschluß eines üblicherweise mit +/– 12V arbeitenden RS-232-Terminals oder IBM-Kompatiblen ist trotzdem unproblematisch, da fast jeder PC auch mit TTL-Pegel gefüttert werden kann. Allerdings verringert sich durch den 5 V-Betrieb der Störabstand auf den Signalleitungen, was die maximale Kabellänge zwischen Compuboard und PC auf einige Meter beschränkt. Der durch R 20 und einen der Widerstände des Arrays R 21 gebildete Spannungsteiler reduziert den 12 V-Pegel von der PC-Schnittstelle auf 5 V, die Diode D 5 begrenzt negative Spannungen. Da der achtfach-Buffer IC 12 invertierend arbeitet, ist auch schon für die richtige Phasenlage gesorgt. Der Anschluß RX (receive data) wird nun an den Sende-Ausgang der PC-Schnittstelle angeschlossen.

Der Sendepin TXD der seriellen Schnittstelle des Controllers wird ebenso über IC 12 invertiert und auf den Stecker K 1 geschaltet. Die Datenflußrichtung in IC 12 geht hier vom Controller auf den Stecker. Der Steckerpin TX wird mit dem Empfangs-Eingang der PC-Schnittstelle verbunden.

Mit den beiden Interrupt-Eingängen INT0 (K 1, Pin c3) und INT1 (K 1, Pin c5) läßt sich eine schnelle Reaktion des Compuboards auf äußere Ereignisse erreichen. Diese beiden möglichen Signale werden über diese Steckerpins eingespeist.

Das Lese- ($\overline{\text{RD}}$) und das Schreibsignal ($\overline{\text{WR}}$) steht wegen der Invertierung in IC 12 mit positivem Pegel am Stecker K 1 zur Verfügung. Ebenso das mit IOAD bezeichnete Select-Signal, mit dem IC 8 und IC 10 aktiviert werden. Diese 3 Signale werden zur Ansteuerung der weiteren, an K 1 anzuschließenden Peripherie benötigt.

Backup-Schaltung

Die Backup-Schaltung konserviert den RAM-Inhalt auch bei abgeschaltetem Netzteil. Die 3,6 V-Lithiumzelle (Batt 1) liefert den dazu nötigen Notstrom über R 10 und D 3 an den RAM-Chip IC 6. Bei eingeschaltetem Netzteil leitet D 4, und D 3 sperrt den Batteriezweig. Mit einem empfindlichen Multimeter kann man die Stromaufnahme indirekt durch den Spannungsabfall an R 10 messen: Pro mV zieht das RAM etwa 1 μA Strom.

Neben der automatischen Umschaltung auf Batteriebetrieb muß das RAM auch noch deselektiert werden. Diese Aufgabe fällt dem selbstsperrenden MOS-FET T2 zu.

Solange die Versorgungsspannung vom Netzteil kommt, ist genügend Spannung da, um den erst ab etwa 3 V Gate-Spannung leitenden FET durchzuschalten und den Chip-Enable $\overline{CE}$ von IC 6 auf 0 V zu legen (aktiver Zustand). Wenn die Versorgungsspannung aus irgendeinem Grund zusammenbricht, schaltet der FET wegen der hohen Gate-Spannung rechtzeitig genug ab. Der Steuereingang $\overline{CE}$ liegt dann über den Widerstand R 9 auf dem Versorgungsspannungpotential des RAMs, was gleichbedeutend mit dem Stand-by-Modus des ICs ist.

Stromversorgung

Die Versorgungsspannung wird über die Lötstifte zugeführt. Sie kann zwischen 8 V und 12 V schwanken, wobei aber 8 V nicht unterschritten werden dürfen, da sonst der Spannungsregler IC 4 nicht mehr richtig arbeitet. Sollte doch einmal der 8052-AH-BASIC Controller eingesetzt werden, muß zur EPROM-Programmierung die Versorgungsspannung auf mindestens 16 V erhöht werden, damit die Schaltung um IC 5 und T 1 die Programmierspannung von 12,5 V erzeugen kann.

Sollte kein Labornetzteil zur Verfügung stehen, genügt ein Trafo mit einer Ausgangsspannung von 9 V, ein Brückengleichricher zur Erzeugung der gepulsten Gleichspannung, sowie ein 1000 μF-Kondensator, der die gepulste Gleichspannung glättet. Diese Bauteile können einfach auf einer kleinen Lochrasterplatine aufgebaut werden.

Die Stromaufnahme ist abhängig von der IC-Bestückung. Mit der CMOS-Version des Controllers nimmt das Compuboard etwa 150 mA auf, bei der HMOS-Version ist von mindestens 300 mA auszugehen. Nicht vergessen werden darf, daß eventuell noch die Erweiterungsplatine und andere peripheren Zusätze mitversorgt werden müssen oder sollen. Das ist bei der Festlegung der Netzteilkomponenten unbedingt zu berücksichtigen.

Die Platine des Compuboardes

Das Layout des 8032-Compuboards ist relativ großzügig. Leider kommt man bei der Bestückung nicht um einige Drahtbrücken herum. Das ist der Preis, den wir für das einseiteige Layout bezahlen müssen. Das kopierfähige Originallayout finden Sie im Anhang.

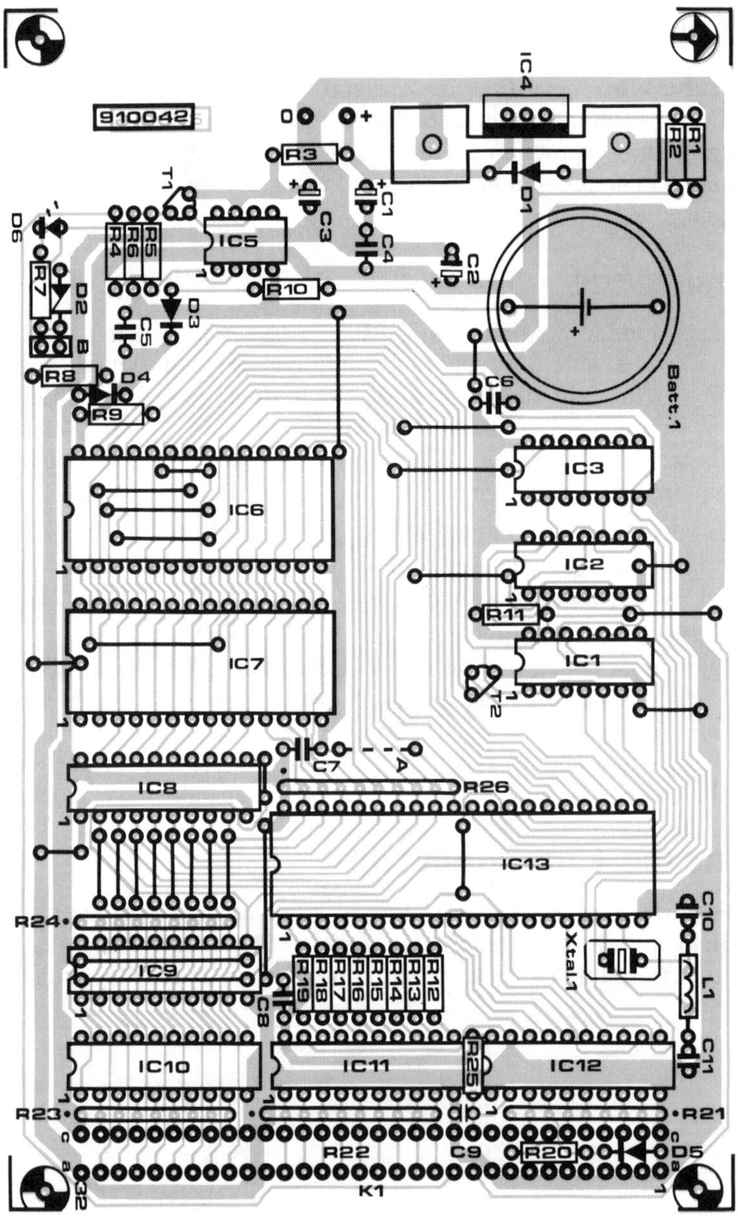

Bild 5.4. Der Bestückungsplan des 8032-Compuboards.

5.2. Die 8032-Compuboard-Erweiterung

Die Compuboard-Erweiterung ist eine sinnvolle Ergänzung für das zuvor vorgestellte 8032-Compuboard. Es enthält einige weitere sehr nützliche Komponenten, die den Anwendungsbereich des Compuboards erweitern. Die Platine kann einfach über eine 64polige Federleiste mit dem Compuboard verbunden werden. Über diese Steckverbindung ist auch die serielle Schnittstelle des Controllers auf die Erweiterungsplatine geführt, wo sie über einen 9poligen SUB-D-Stecker herausgeführt wird. Mit einem handelsüblichen Kabel wird so der PC an die Erweiterungsplatine angeschlossen. Mit der Kombination aus Compuboard und Compuboard-Erweiterung steht somit ein universelles Mikrocomputer-Experimentiersystem zur Verfügung. Die vielfältigen Möglichkeiten der Compuboard-Erweiterung sollen nun anhand des Schaltplanes erläutert werden.

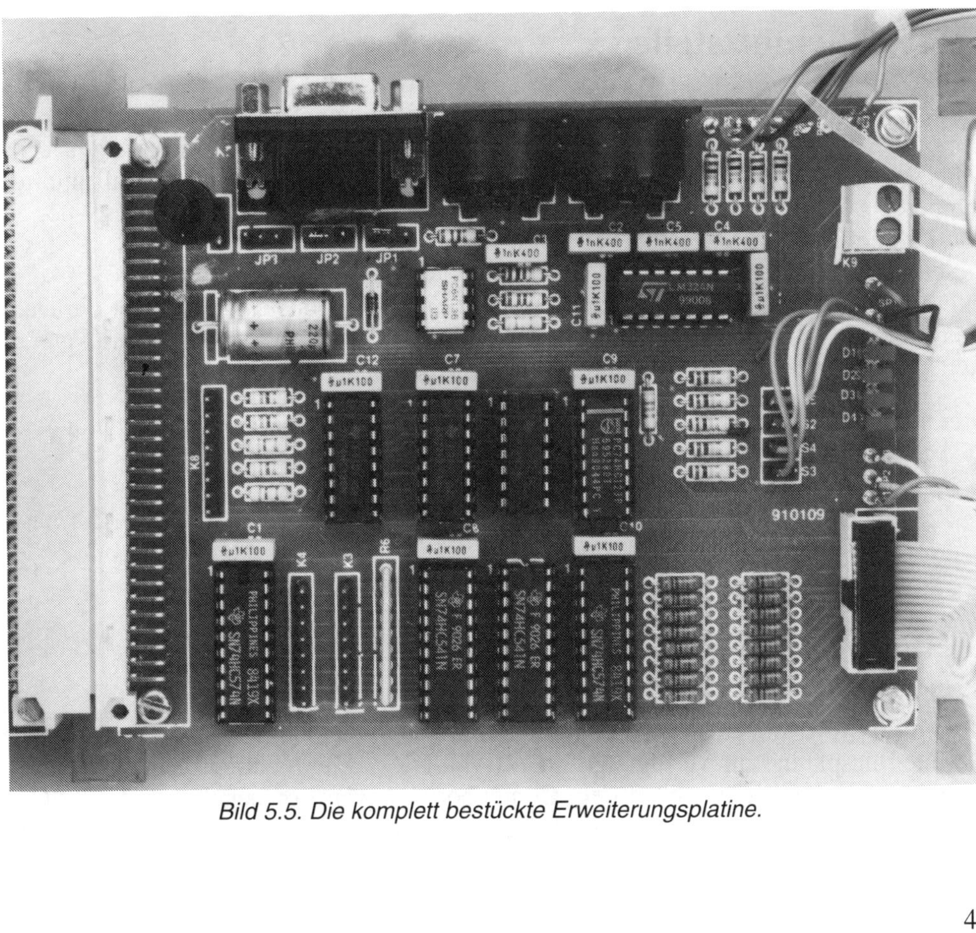

Bild 5.5. Die komplett bestückte Erweiterungsplatine.

Reset

Der Taster S1 löst einen Reset des Controllers aus. Somit kann ein Programm, das durch eine Störung unkontrolliert weiterläuft, von einer definierten Adresse neu gestartet werden. Der Reset-Taster muß auch betätigt werden, wenn beim Betrieb mit dem fertig erhältlichen Monitor-Eprom EMON51 (Bestellhinweise dazu finden Sie im Anhang) das zu testende Programm in das RAM des Compuboards übertragen werden soll. Vor diesem Download muß der Reset ausgelöst werden, um den im Eprom abgelegten Monitor zu starten. Nach dem Reset leuchten aufgrund der Initialisierung von Port 1 die Leuchtdioden D 1 bis D 4 auf.

Serielle Schnittstelle

Das Compuboard verfügt über eine (nicht ganz normgemäße) V 24-Schnittstelle. Der Controller gibt die Daten über die TxD-Leitung aus. Über Pin c8 der Federleiste K 2 gelangen die Daten auf die Erweiterungsplatine. Für diesen Anwendungsfall muß der Jumper JP 1 in Position A gesetzt werden. Damit ist die Verbindung zu Pin 2 des 9-poligen Sub-D-Steckers K 7 hergestellt. Pin 2 von K 7 ist mit der Empfangsleitung RxD des an diesem Stecker angeschlossenen PCs verbunden. Der PC sendet seinerseits auf seiner TxD-Leitung Daten über Pin 3 von K 7 aus. Jumper JP 2 in Position B gibt die Daten über Stecker K 2 an den Empfangseingang RxD des Controllers weiter. Damit kann die Kommunikation zwischen Compuboard und PC aufgebaut werden.

Hier noch einmal die erforderlichen Jumperstellungen, wenn das Compuboard mit einem PC kommunizieren soll:

JP 1 in Position A
JP 2 in Position B

Port 1

Über die Pins a13 bis a20 der Federleiste K 2 stehen die acht Pins von Port 1 auf der Erweiterungsplatine zur Verfügung. Pin a21 von K 2 ist hier nicht beschaltet, so daß der bidirektionale Treiber IC 11 auf dem Compuboard wegen Lowpegel an P1DIR (IC 11, Pin 1) nur den Datenfluß vom Controller zur Erweiterungsplatine zuläßt. Das bedeutet, daß Port 1 hier nur zur Ausgabe verwendet wird.

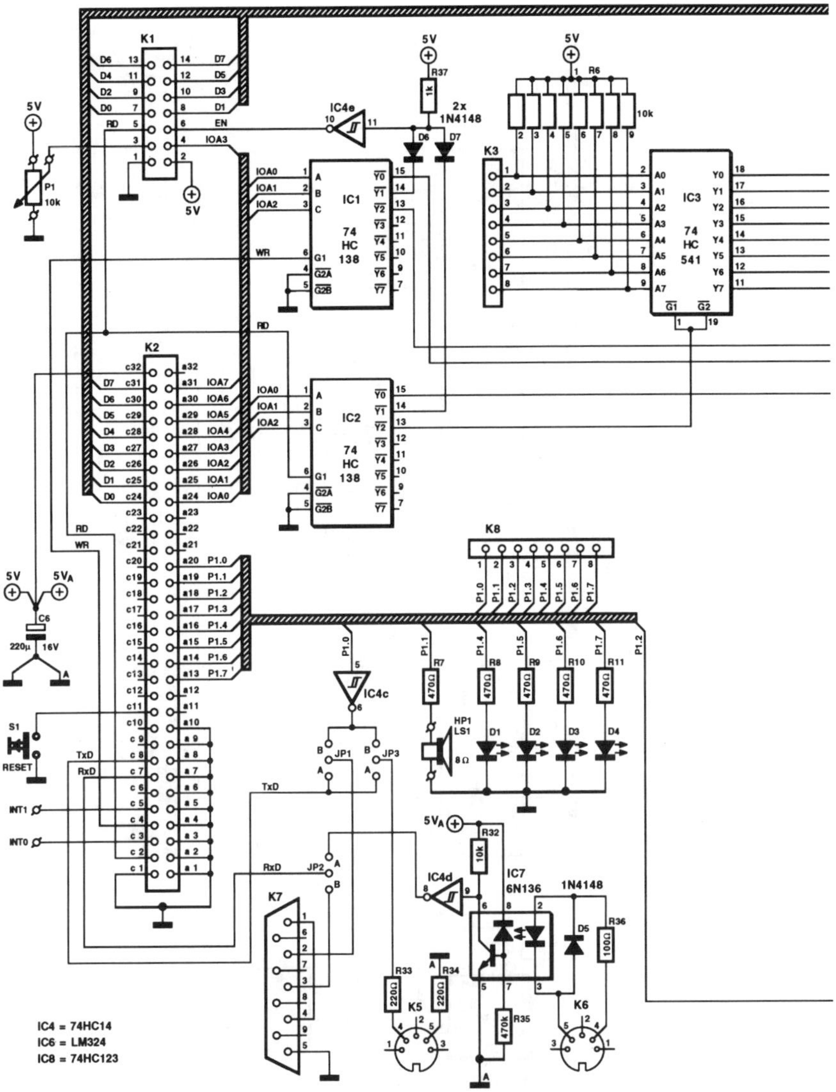

Bild 5.6. Die Schaltung der Erweiterungsplatine.

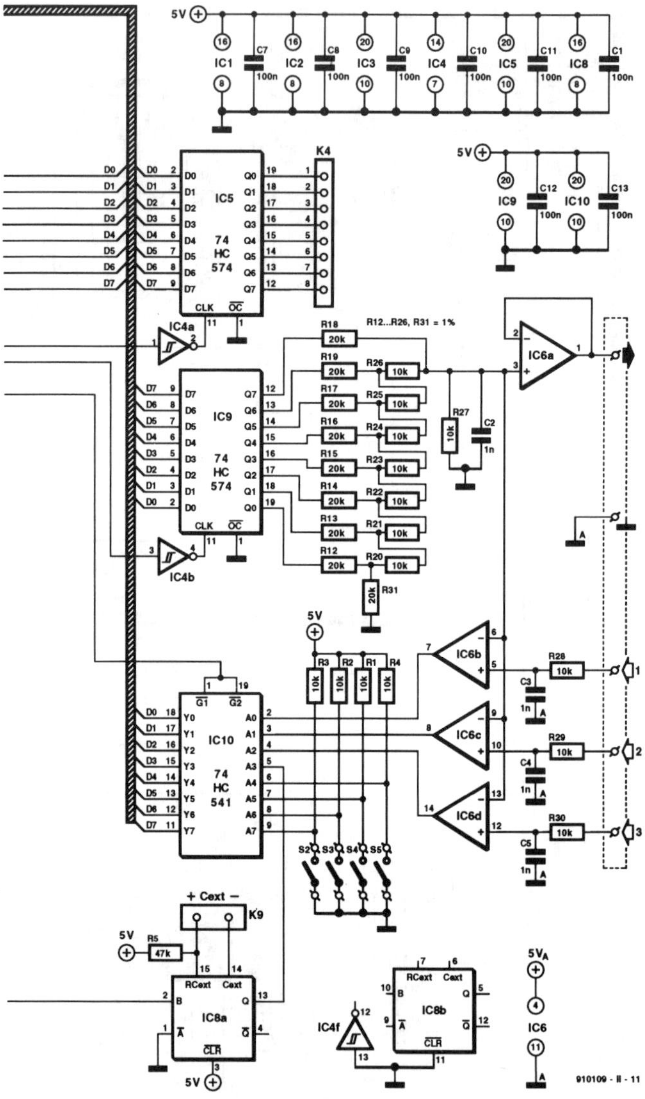

IC1
IC2
IC3
IC4
IC5
IC8
IC9
IC10
K4
74 HC 574
74 HC 541
IC4a
IC4b
IC6a
IC6b
IC6c
IC6d
IC8a
IC8b
IC4f
R12...R26, R31 = 1%
+ Cext −
K9
910109 - II - 11

Die einzelnen Bits von Port 1 haben folgende Bedeutung:

Portbit	Bedeutung
P1.0	Mit dem Jumper JP 1 in Position B kann dieser Portpin als V 24-Ausgang verwendet werden. P1.0 ist mit Pin 2 des Steckers K 7 verbunden. Mit dem Jumper JP 3 in Position B ist P1.0 mit dem MIDI-Ausgang K 5 verbunden.
P1.1	Dieser Pin steuert den Lautsprecher an.
P1.2	Eine positive Flanke triggert das Monoflop IC 8a.
P1.3	Dieser Pin wird nicht benutzt.
P1.4	Dieser Pin steuert die Leuchtdiode D 1 an.
P1.5	Dieser Pin steuert die Leuchtdiode D 2 an.
P1.6	Dieser Pin steuert die Leuchtdiode D 3 an.
P1.7	Dieser Pin steuert die Leuchtdiode D 4 an.

Alle acht Pins von Port 1 werden zusätzlich auf die Stiftleiste K 8 ausgegeben. Damit können weitere Interfaces angeschlossen werden. Beispielsweise könnten von hier über Treiberendstufen Relais angesteuert werden, so daß damit eine Schaltuhr mit bis zu acht Schaltausgängen realisiert werden kann.

MIDI Eingang

Die Buchse K 6 liefert das MIDI-Signal an den Optokoppler IC 7. Sein Ausgangssignal gelangt über einen Schmitt-Trigger an den Jumper JP 2, der in Position A zu setzen ist. Das MIDI-Signal gelangt dann über Pin c7 von K 2 zur seriellen Schnittstelle des Compuboards. Allerdings wird das Signal auf dem Compuboard durch den Spannungsteiler R 20/R 21 gedämpft, so daß es nicht mehr TTL-kompatibel ist. Gegebenenfalls kann man R 20 auf dem Compuboard auf 1 kΩ verkleinern.

MIDI Ausgang

Der Jumper JP 3 legt fest, wie die MIDI-Ausgangsbuchse gespeist wird. In Position A wird das TxD-Signal der seriellen Schnittstelle des Controllers auf dem Compuboard benutzt. In Position B muß das MIDI-Signal softwaremäßig generiert und über Port P1.0 ausgegeben werden. Das ist dann notwendig, wenn die serielle Schnittstelle für andere Zwecke benötigt wird.

D/A-Wandler

Die Widerstände R 12...R 26 und R 31 bilden ein R2R-Netzwerk, das zusammen mit dem Latch IC 9 und dem Operationsverstärker IC 6a als D/A-Wandler arbeitet. Der an den Ausgängen von IC 9 anstehende 8-Bit Digitalwert erzeugt am Ausgang von IC 6a über das Widerstandsnetzwerk einen entsprechende Analogspannung. Der Maximalwert der Analogspannung beträgt beim Digitalwert 0FF H etwa 2,5 Volt.

Es stellt sich nun die Frage, wie der zu wandelnde Digitalwert dem Latch IC 9 übergeben werden kann. Die Dateneingänge von IC 9 sind auf die Federleiste K 2 geführt. Wie wir vorhin gesehen haben, schaltet das Compuboard die Daten (D 0...D 7) über C 24...C 31 auf den Datenbus der Erweiterungsplatine, wenn die Adresse größer oder gleich 0C000 H ist. In diesem Adreßbereich kann der Controller auf dem Compuboard jedoch keinen Programmspeicher ansprechen. Ein Zugriff auf diesen Adreßbereich ist nur mit den bereits erwähnten MOVX-Befehlen möglich. Ob das Latch IC 9 die an den Eingängen anliegenden Daten übernimmt, hängt vom Zustand des CLK-Pins ab. Dieser Pin wird von dem Adreßdecoder IC 1 angesteuert. Er aktiviert die Datenübernahme ins IC 9, wenn die Eingänge A, B und C von IC 1 LOW sind. Da diese drei Eingänge von den drei unteren Bits des Adreßbusses angesteuert werden, ist das Beschreiben des D/A-Wandlers mit Adresse 0C00 H möglich.

A/D-Wandler

Die Spannung des D/A-Wandlers gelangt an die Komparatoren IC 6b, IC 6c und IC 6d. Damit können drei Analogsignale eingelesen werden. Die Komparatoren vergleichen das analoge Eingangssignal mit dem vom D/A-Wandler erzeugten Analogwert. Um ein Analogsignal zu wandeln, kann der auf den D/A-Wandler ausgegebene Digitalwert schrittweise vergrößert werden. Sobald die D/A-gewandelte Spannung größer als die zu messende Analogspannung ist, schaltet der Ausgang des Komparators von HIGH auf LOW. Damit entspricht der Digitalwert, den man zuletzt auf den D/A-Wandler gegeben hat, der zu wandelnden Analogspannung.

Jetzt muß man nur noch wissen, wie das Compuboard den Zustand der Komparatoren mitbekommt. Die Ausgänge der Komparatoren sind über das Latch IC 10 mit dem Datenbus gekoppelt. Dieses Latch muß auch separat selektiert werden, damit es nicht ständig auf den Datenbus schreibt. Die Auswahl erfolgt über einen zweiten Adreßdecoder IC 2. Er aktiviert IC 10, wenn die Eingänge A, B und C LOW sind. Das ist bei Adresse 0C000 H der Fall. Ein MOVX-Lesebefehl von Adresse 0C00 H liest damit die Ausgangssignale der Komparatoren. Bit 0 gibt den Zustand von Komparator IC 6b wider, Bit 1 ist für IC 6c, und Bit 2 für IC 6d zuständig.

Schalter und Monoflop

Die weiteren Eingänge von IC 10 sind mit dem Ausgang des Monoflops IC 8a sowie vier Schaltern verbunden. Mit einem Lesezugriff auf Adresse 0C000 H erhält man mit Bit 3 den Zustand des Monoflops, mit Bit 4 bis Bit 7 die Schalterstellungen von S 2 bis S 5.

Parallele 8-Bit Eingabe

Über den Bustreiber IC 3 können weitere acht Bits, via Steckverbinder K 3, parallel über den Datenbus eingelesen werden. IC 3 wird vom Adreßdecoder IC 2 selektiert, wenn die Adresse 0C002 H ausgegeben wird. Damit stehen zusätzlich acht Eingänge zur Verfügung, um beispielsweise ein 4x4-Tastenfeld einlesen zu können. Die 16 Taster müssen allerdings in einer Matrix angeordnet sein, um mit der vorgegebenen Anzahl von acht Eingängen auszukommen.

Parallele 8-Bit Ausgabe

Die Ausgabe von acht Bits an den Steckverbinder K 4 erfolgt über das Latch IC 5. In dieses können unter Adresse 0C002 H Daten geschrieben werden. Diese Porterweiterung kann dann benötigt werden, wenn die Ausgänge vom Steckverbinder K 8 nicht zur Verfügung stehen, weil vielleicht die LEDs für Statusanzeigen benötigt werden.

LC-Display

An K 1 kann ein LC-Display angeschlossen werden, das für viele Anwendungsbeispiele sinnvoll eingesetzt werden kann. Leider entspricht das Timing der Ansteuersignale nicht ganz den geforderten Werten. Bei den folgenden Displays führt das aber nicht zu Problemen.

Typ	Zeichen/Zeilen	Hersteller
H 2570	(1 * 16 Zeichen)	Hitachi
H 2572	(1 * 40 Zeichen)	Hitachi
LM 016L	(2 * 16 Zeichen)	Hitachi
LM 018L	(2 * 40 Zeichen)	Hitachi
LM 038L	(1 * 20 Zeichen)	Hitachi
LM 1612A	(1 * 16 Zeichen)	Sharp
VK 2116L	(1 * 16 Zeichen)	Vikay

Die Anschlußbelegung der Displays sieht folgendermaßen aus.

Stift	Bedeutung
Pin 1:	Masse
Pin 2:	+5 V
Pin 3:	Kontrast, mit P 1 einstellbar
Pin 4:	RS: Register Select, verbunden mit Adresse IOA 3 0 = Kommando 1 = Daten
Pin 5:	RD: Read (High-aktiv) 0 = Schreiben 1 = Lesen
Pin 6:	E: Enable, HIGH-aktiv bei Zugriff auf Adresse 0C001 H Kommando-Austausch mit LCD 0C009 H Datenaustausch mit LCD
Pin 7 bis Pin 14:	Datenbus Bit 0 bis Bit 7

Das LC-Display hat 14 Anschlüsse, die entweder in einer Reihe oder in zwei Reihen zu 7 Lötpunkten angeordnet sind. Am besten lötet man an diese Punkte direkt ein 14 adriges Flachkabel. Pin 1 ist auf der Displayplatine mit "1"gekennzeichnet. **Achtung: Bei 2 reihiger Anordnung sind die Pins paarweise durchnumeriert.** Die Anschlüsse 1 bis 14 des Displays verbindet man direkt mit den korrespondierenden Anschlüssen 1 bis 14 des Pfostenfeldsteckers K1 der Erweiterungsplatine. Dazu wird das andere Ende des Flachkabels mit einer normalen, 2-reihigen 14-poligen Pfostenfeldbuchse bequetscht, die auf den 14-poligen Pfostenfeldstecker paßt. Pin 1 der Buchse ist mit einem dreieckigen Pfeilsymbol gekennzeichnet.

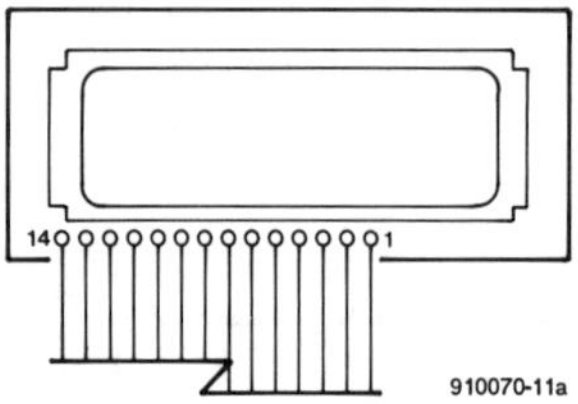

910070-11a

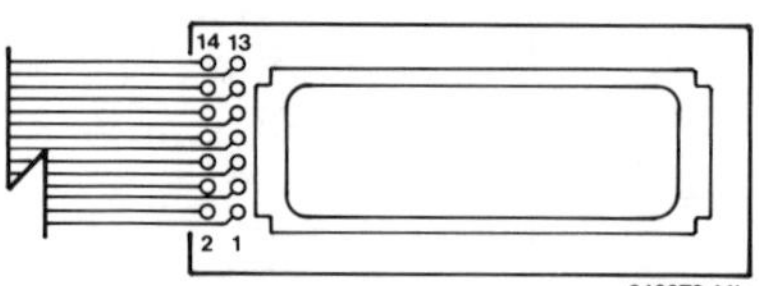

910070-11b

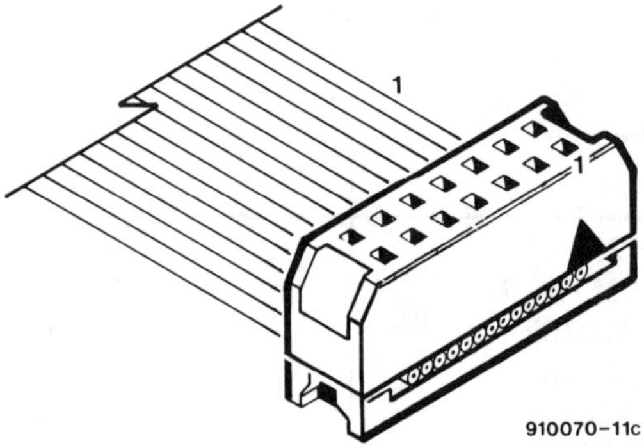

910070-11c

Memory-Map für I/O-Bereich

Zusammenfassend möchten wir hier noch einmal alle Adressen auflisten, über die die I/O-Bausteine auf der Erweiterungsplatine angesprochen werden.

0C000 H	Lesen:	Lese Daten vom A/D-Wandler Bit 0: =1 falls U(Eingang 1) > U(D/A-Wandler) Bit 1: =1 falls U(Eingang 2) > U(D/A-Wandler) Bit 2: =1 falls U(Eingang 3) > U(D/A-Wandler) Bit 3: =1 falls Monoflop noch aktiv Bit 4: =1 falls Taster S 5 offen Bit 5: =1 falls Taster S 4 offen Bit 6: =1 falls Taster S 3 offen Bit 7: =1 falls Taster S 2 offen
0C000 H	Schreiben:	Ausgabe an den D/A-Wandler
0C001 H	Lesen:	Lese Kommandostatus vom LC-Display
0C001 H	Schreiben:	Gib Kommandos an LC-Display
0C002 H	Lesen:	Lese Daten vom IC 3
0C002 H	Schreiben:	Gib Daten an IC 6 aus
0C009 H	Lesen:	Lese Daten vom LC-Display
0C009 H	Schreiben:	Gib Daten an das LC-Display aus

Wie die Erweiterungen in Programmen benutzt werden, sehen wir ausführlich bei den Programmbeispielen.

Die Platine der Erweiterungskarte

Wie schon die Platine des Compuboards, ist auch die der Erweiterungskarte ab Verlag erhältlich. Bei ihr war es leider unumgänglich auf ein doppelseitiges Layout zurückzugreifen. Selbstätzer finden im Anhang des Buches das komplette Patinen-Layout. Wem das zu kompliziert ist, der kann bei den Bestellhinweisen, ebenfalls im Anhang, nachlesen, wie man sonst noch an die Platine kommen kann.

Auf den nächsten Seiten sind zwei Fotos der fertig aufgebauten Erweiterung, angesteckt an das Compuboard, sowie der Bestückungsplan und die Stückliste abgebildet.

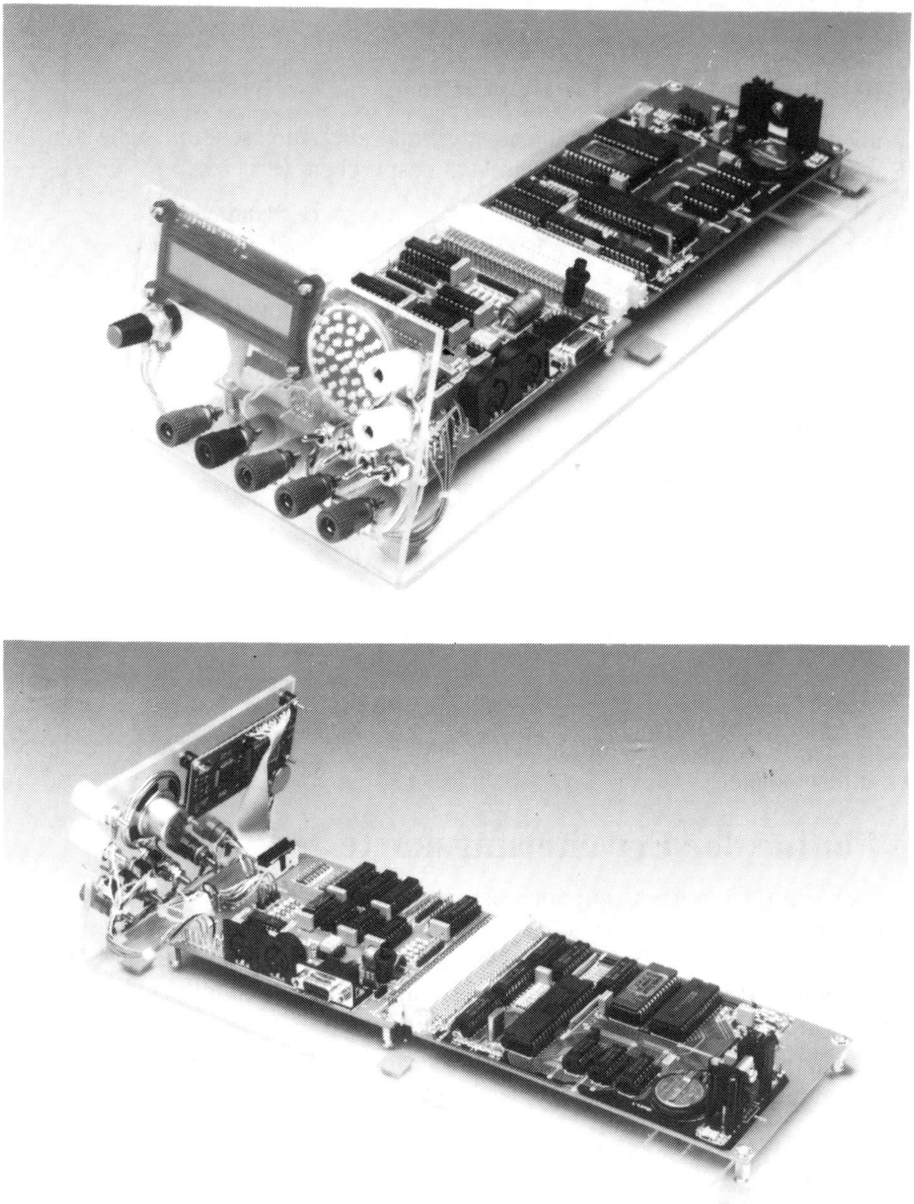

Bild 5.8a und 5.8b. So sieht es aus, wenn die Erweiterungsplatine mit 8032-Compuboard zusammengesteckt ist. Die externen Bauteile bringt man zweckmäßigerweise an einer Frontplatte an.

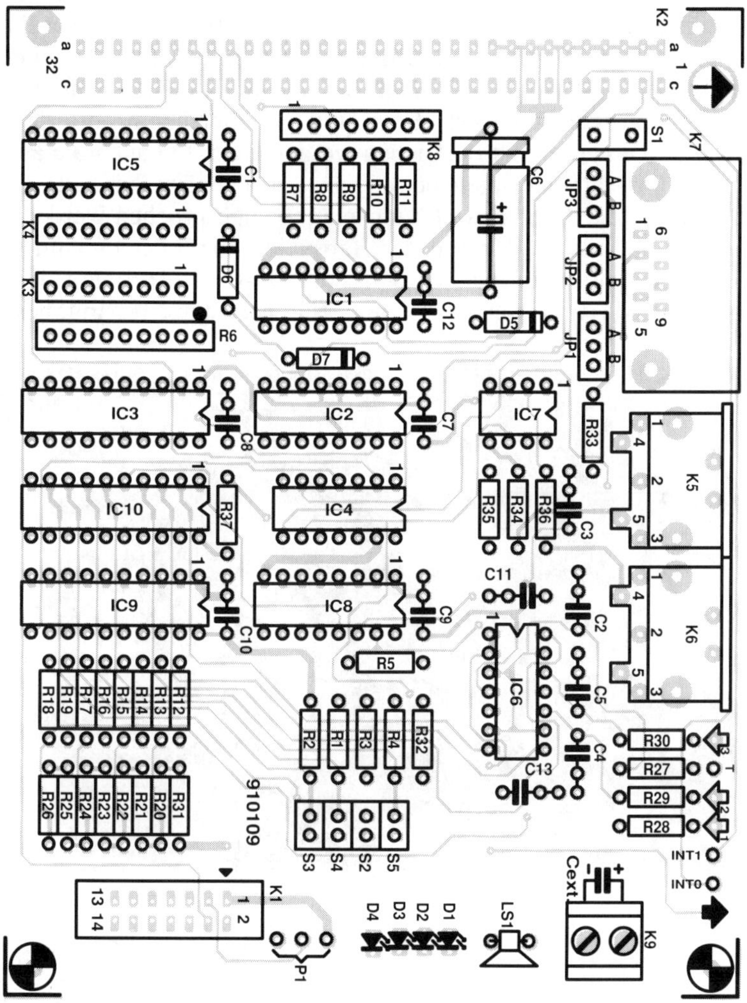

Bild 5.9. Der Bestückungsplan der Compuboard-Erweiterung.

5.3. Das 80C 535-Compuboard

Als Alternative zum 8032-Compuboard haben Sie mit der hier vorgestellten Platine ebenfalls ein sehr gutes Entwicklungssystem zur Hand. Herzstück dieser Platine ist mit dem 80C 535 ein weiterer Vertreter von Mikrocontrollern der 8051-Familie. Es handelt sich auch hier um eine Weiterentwicklung, die mit dem gleichen Befehlssatz arbeitet. Die Schaltung ist so ausgelegt, daß das Board mit dem gleichen Monitorprogramm, das auch im 8032-Board eingesetzt ist, betrieben werden kann. Ob auch die auf dem 8032-Board lauffähigen Programmbeispiele betrieben werden können, hängt davon ab, welche peripheren Baugruppen auf der Erweiterungsplatine angesprochen werden. Ich schicke schon mal voraus, daß ein großer Teil der Beispiele ohne, oder nur mit ganz kleinen Abänderungen in der Software, auch auf dem 80C 535-Board lauffähig sind. Allerdings benötigen wir dazu etwas an Zusatzhardware, die im nächsten Abschnitt beschrieben ist.

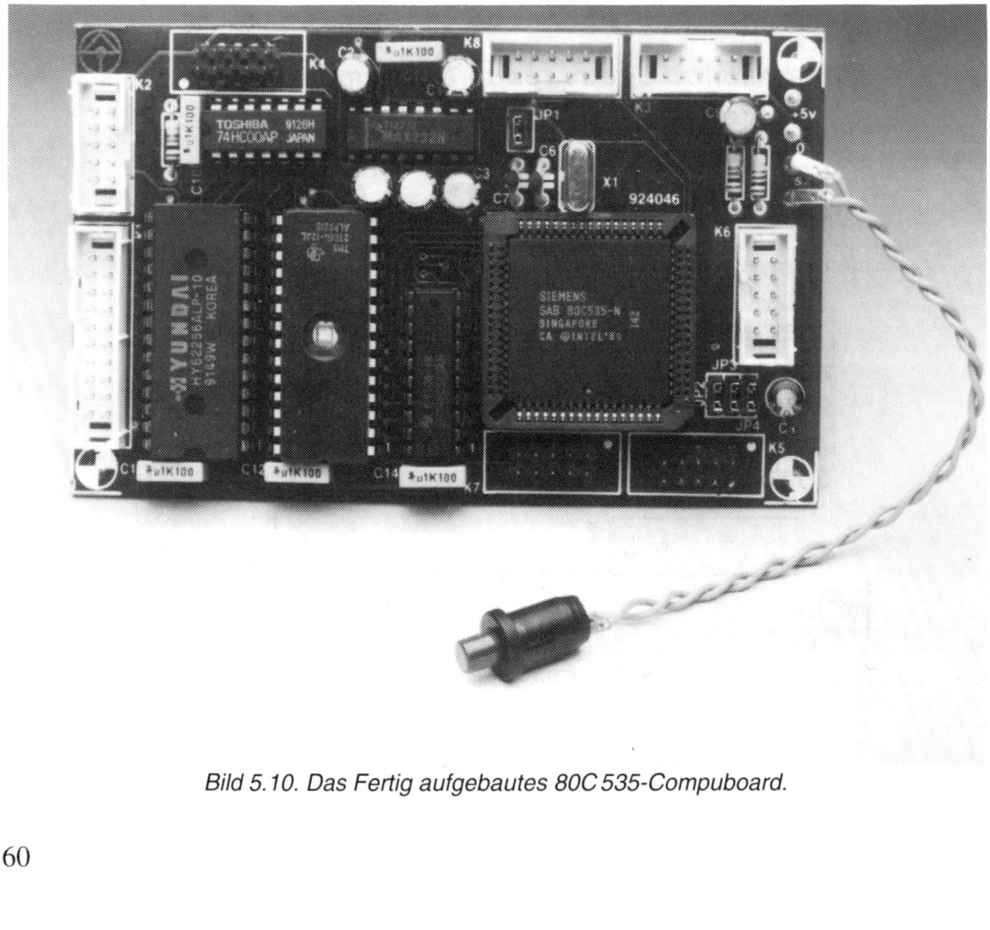

Bild 5.10. Das Fertig aufgebautes 80C 535-Compuboard.

Die Gesamtschaltung entspricht der Standardschaltung bei Mikrocontrollern der 8051-Serie. Alle Port- und Steuerleitungen des Prozessors sind über die Steckverbinder K 1 bis K 8 nach außen geführt. Schon hier sieht man, daß mit dem 80C 535 mehr Ports zur Verfügung stehen als beim 8032-Board.

Controller

Als Controller darf man nur die CMOS-Version 80C 535 verwenden. Ein 80535 in der NMOS-Version würde sich innerhalb kürzester Zeit mit Rauchzeichen verabschieden, da Pin 4 und Pin 37 bei ihm anders beschaltet sind.

Adreßdekodierung

Das 8-fach-Latch IC 4 dient als Adreß-Zwischenspeicher. An seinen Ausgängen liegen die acht niederwertigen Adreßbits A 0... A 7, die über K 1 nach außen geführt sind. IC 3 (32 K-Eprom) und IC 1 (32 K-RAM) bilden den Lese- beziehungsweise den Schreib-Lesespeicher des Boards. Die Adreßdekodierung ist etwas anders ausgeführt als beim 8032-Board. Da der Speicher in 4 Segmente à 16 KByte aufgeteilt ist, reicht zur Adreßdekodierung ein simples 4-fach NAND-Gatter vom Typ '00 (IC 2). Der 80C 535 kann, wie alle Controller der 8051-Serie, 64 K-Programmspeicher (Code-Memory) und 64 K-Datenspeicher (Data- oder External Memory) adressieren. Ein Zugriff auf den Codespeicher wird durch LOW-Pegel auf der $\overline{\text{PSEN}}$-Leitung signalisiert, ein Zugriff auf den Datenspeicher durch $\overline{\text{RD}}$ = LOW (Lesezugriff) oder durch $\overline{\text{WR}}$ = LOW (Schreibzugriff).

Selektieren von Programm- und Datenspeicher

Wir wollen nun untersuchen, wie die Speicheraufteilung aussieht. Fangen wir mit der Selektierung von Eprom und RAM an. Über Pin 3 des Steckverbinders K 4 kann man durch LOW-Pegel die Ausgänge der beiden NAND-Gatter IC 2c und IC 2d auf HIGH setzen, wodurch Eprom und RAM ausgeschaltet werden. Im Normalfall lassen wir diesen Pin unbeschaltet, so daß er über R 1 auf HIGH-Pegel liegt. Die Ausschaltmöglichkeit wurde vorgesehen, um das Board zusätzlich mit externem EEPROM oder batteriegepuffertem RAM versehen zu können. Auch bei der Ansteuerung von Ein- und Ausgabebausteinen (Memory mapped-I/O) kann dieses Ausschaltsignal sinnvoll eingesetzt werden.

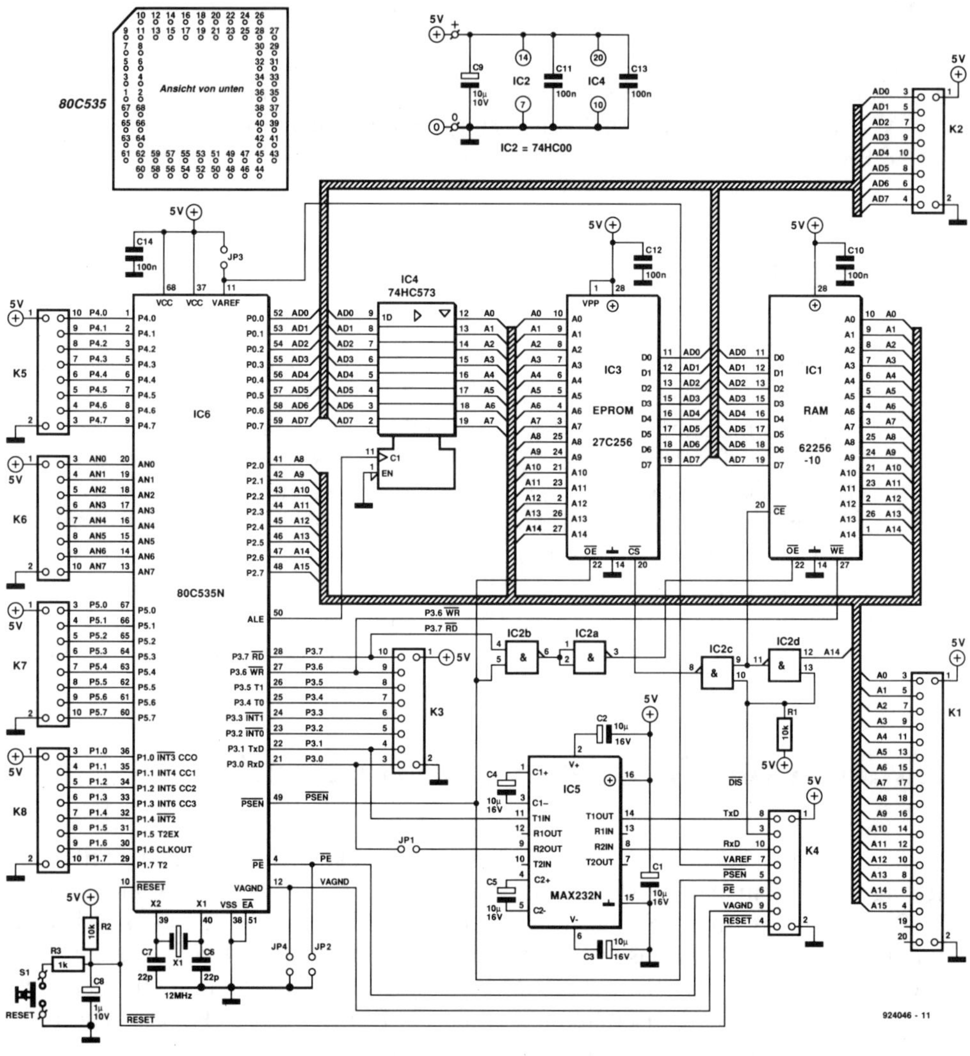

Bild 5.11. Der Schaltplan des 80C 535-Boards.

Das RAM erhält das Chip-Select-Signal von der Adreßleitung A 14. Diese Leitung ist in ganz bestimmten Adreßbereichen gesetzt.

```
(nur Highbyte dargestellt)

0000 0000B bis 0011 1111B   =  0000H bis 03FFH : A14 = LOW
0100 0000B bis 0111 1111B   =  4000H bis 7FFFH : A14 = HIGH

1000 0000B bis 1011 1111B   =  8000H bis BFFFH : A14 = LOW
1100 0000B bis 1111 1111B   =  C000H bis FFFFH : A14 = HIGH
 ↑
A14
```

Wegen der Invertierung in IC 2d ist das Chip-Select-Signal für das RAM auf LOW (=aktiv) geschaltet, wenn A 14 HIGH ist. Das sind die Adreßbereiche von 4000 H bis 7FFF H sowie C000 H bis FFFF H.

Das Chip-Select für das Eprom ist durch das NAND-Gatter IC 2c invertiert, so daß das Eprom in den Adreßbereichen 0000 H bis 3FFF H, sowie 8000 H bis BFFF H aktiviert ist.

Das vom Controller erzeugte $\overline{\text{PSEN}}$-Signal wird direkt auf den Output-Enable ($\overline{\text{OE}}$) der Eproms geführt. Dadurch wird das Eprom im oben genannten Adreßbereich angesprochen. Auch hier wieder der Trick mit der Umleitung der Adreßleitung A 15 auf den Eprom-Pin A 14 (wie beim 8032-Board), der bewirkt, daß bei Adressierung des Bereichs von 8000 H bis BFFF H auf den Eprom-Bereich von 4000 H bis 7FFF H zugegriffen wird.

Das $\overline{\text{PSEN}}$-Signal spricht nicht nur das Eprom, sondern auch das RAM als Programmspeicher an. Hierfür wird das über das NAND-Gatter IC 2b mit dem $\overline{\text{RD}}$-Signal verknüpfte $\overline{\text{PSEN}}$ nach nochmaliger Invertierung durch IC 2a dem Output-Enable-Pin des RAMs zugeführt. Damit ist im selektierten Adreßbereich das RAM sowohl als Programmspeicher (Zugriff über $\overline{\text{PSEN}}$) als auch als Datenspeicher (Lesezugriff über $\overline{\text{RD}}$) adressierbar. Das $\overline{\text{WR}}$-Signal, das den Schreibzugriff auf das RAM freigibt, geht direkt auf den Write-Eenable-Eingang ($\overline{\text{WE}}$) des RAMs.

Memory-Map

Bild 5.12. zeigt die Adreßbereiche, in denen RAM und Eprom selektiert sind, nochmals in der Übersicht.

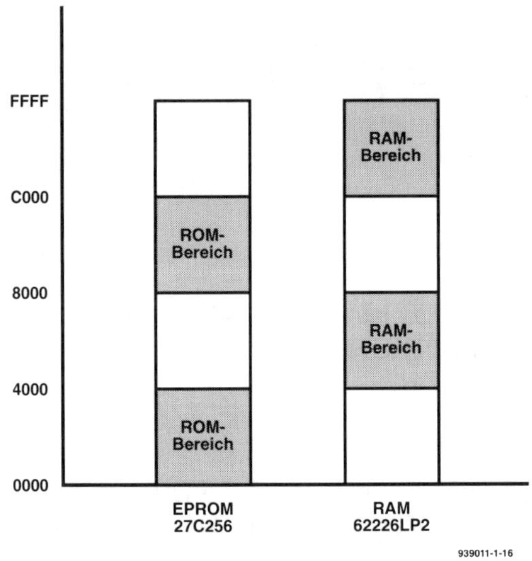

Bild 5.12. Die Memory map des 80C 535-Compuboards.

Serielle Schnittstelle

Auch das 80C 535-Board kann mit dem im Eprom abgespeicherten Monitorprogramm EMON51 betrieben werden, so daß über die serielle Schnittstelle des Controllers die Kommunikation mit dem PC aufgebaut werden kann. Dafür müssen wir aber auch hier etwas Hardware spendieren. Normalerweise reichen die TTL-Pegel für die RS-232-Schnittstelle aus, damit die Kommunikation mit dem PC funktioniert. Beim 8032-Board ist die Schnittstelle so realisiert. Um hier allen Eventualitäten vorzubeugen, haben wir mit IC 5 einen Pegelwandler von TTL auf RS-232 eingesetzt, der den richtigen Pegel von +/– 12 V erzeugt. Die Sende- und Empfangsleitung (TxD und RxD) sind über den Steckverbinder K 4 zugänglich.

Takt

Damit die Übertragungsgeschwindigkeit (Baudrate), mit der Daten ausgesendet und empfangen werden, mit der vom PC übereinstimmt, ist ein 12 MHz Quarz vorgesehen. Damit kann das PC-Programm V25COM, das für die Kommunikation aufgerufen wird, auch für dieses Board eingesetzt werden. Für andere Verwendungszwecke können natürlich auch andere Quarze zwischen 500 kHz und 12 MHz eingesetzt werden.

Reset

Bei vielen Geräten ist die Reset-Erzeugung durch R 1, R 3 und C 8 sowie Taster S 1 sinnvoll und ausreichend. Beim Einschalten wird infolge der Aufladung von C 8 ein Reset erzeugt, im Betrieb durch Drücken von Taster S 1. Gegenüber dem 8032 hat sich die Polarität des Resets geändert, um einen Reset auszulösen benötigen wir LOW-Pegel. Der Reset-Taster kann an die beiden Stiftleisten angeschlossen werden.

Will man aber ausfallsichere Systeme (evtl. mit batteriegepuffertem CMOS-RAM) realisieren, ist diese Lösung unzureichend. In diesem Fall muß man ein Reset-IC (z. B. mit Watchdog) anschließen können. Dann darf C 8 natürlich nicht bestückt werden. Der externe Reset-Baustein wird an K 4/Pin 4 angeschlossen. Für unsere Anwendungen begnügen wir uns jedoch mit der Beschaltung auf der Platine.

Jumper

Auf der Platine sind 4 Jumper, deren Bedeutung nun kurz erklärt werden soll. Mit Jumper JP 1 wird der Eingang der seriellen Schnittstelle des 80C 535 mit dem Ausgang des Treibers IC 5 verbunden. Für normgerechte V 24-Kommunikation muß er also gesetzt werden. Zur Verbindung des Boards mit seriellen Signalquellen, die nur TTL-Pegel liefern, entfällt JP 1 und das Signal wird dem Controller direkt an Pin P 3.0 (RxD) zugeführt. Dieser Anschluß ist auch an K 3/Pin 3 zugänglich.

Der im 80C 535 integrierte A/D-Wandler muß mit einer Referenzspannung versorgt werden. Diesem Zweck dienen die Anschlüsse VAREF und VAGND des Controllers. Mit gestecktem Jumpern JP 3 und JP 4 wird die 5 V-Versorgungsspannung als Referenzspannung benutzt. Für einfache Anwendungen ist diese Referenz ausreichend genau. Bei Messungen, die auch das letzte Bit digitaler Präzision erfordern, muß man eine externe Referenz verwenden. Die Jumper JP 3 und JP 4 entfallen dann, die Referenzspannung muß an K 4/Pin 7 und K 4/Pin 9 angeschlossen werden. Dabei ist selbstverständlich auf die Einhaltung der vorgeschriebenen Grenzwerte zu achten. VAREF darf nur um 5% von V_{cc} abweichen und VAGND darf um nicht mehr als 0.2 V von GND abweichen. Die analogen Eingangsspannungen dürfen ihrerseits die durch VAGND und VAREF gebildeten Grenzen nicht um mehr als 0,2 V überschreiten, da sonst unzulässige Ströme in die

Eingangsleitungen fließen. VAGND wird man üblicherweise mit der analogen Masse des Geräts verbinden, die an geeigneter Stelle mit der digitalen Masse verbunden ist. VAREF kommt an den Pluspol einer geeigneten Referenzspannungsquelle.

Bleibt noch Jumper JP 2. Dazu etwas zur Funktion des Anschlusses $\overline{PE}$ (Pin 4)des 80C 535. Liegt $\overline{PE}$ aus LOW (JP 2 gesteckt), dann sind die Powerdown- und Idle-Betriebsarten des Prozessors per Software einschaltbar. Wenn $\overline{PE}$ auf HIGH-Pegel liegt (ohne JP 2), dann sind diese Betriebsarten nicht möglich. Das ist bei ausfallsicheren Systemen notwendig, damit der Prozessortakt und die Timer immer weiterlaufen.

Hier noch einmal die Bedeutung der Jumper zusammengefaßt:

Jumper	gesetzt	nicht gesetzt
JP 1	V24 an 80C 535 RxD	externes RxD Signal via K 3 Pin 3
JP 2	POWERDOWN möglich	HIGH: POWERDOWN verboten
JP 3	VAREF an +5 V	externe Referenz via K 3 Pin 7
JP 4	VAGND an GND	externe Analogmasse via K 3 Pin 9

Für unsere Zwecke können alle Jumper auf der Platine gesteckt werden.

Stromversorgung

Das 80C535-Board muß mit einer 5V-Gleichspannung versorgt werden. Dabei ist unbedingt darauf zu achten, daß der Anschluß an die beiden Lötstifte richtig erfolgt. Ein Verpolschutz ist auf der Platine nicht intergriert, so daß ein Fehler bei Anschließen der Versorgungsspannung einige Bauteile beschädigen könnte.

Anschlüsse

Alle wesentlichen Signale und Ports des 80C 535, einschließlich des Adreß- und Datenbusses, sind über Steckverbinder herausgeführt. Auf Bustreiber haben wir bei dieser Schaltung bewußt verzichtet. Oft wird man schließlich die Karte mit so wenigen externen Komponenten betreiben, daß diese Treiber schlicht und ergreifend gar nicht notwendig sind. Notfalls können sie ja auch noch außerhalb des Boards angeschlossen werden. Der Vorteil bei dieser Lösung ist, daß die Platine sehr kompakt gehalten werden konnte.

Das folgende Bild zeigt den Bestückungsplan für das 80C 535-Board. Man sieht hier, wie dicht gepackt die Bauteile angeordnet sind.

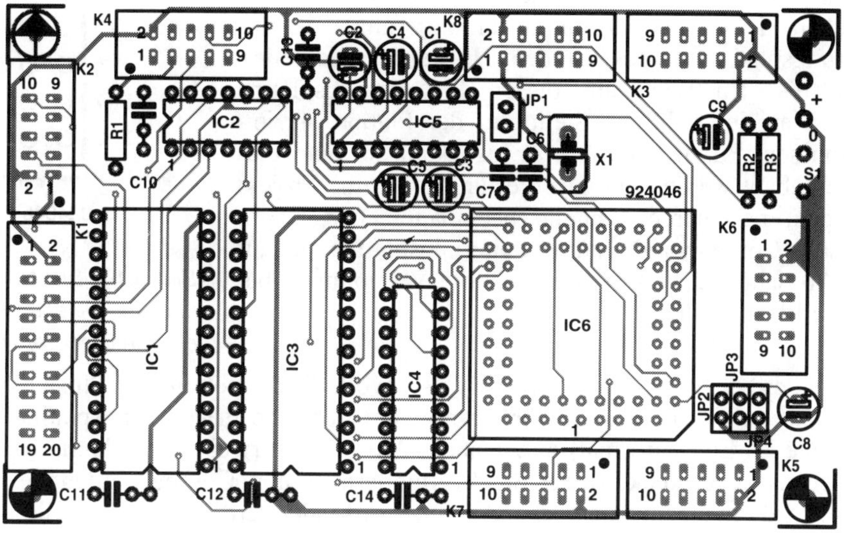

Bild 5.13. Der Bestückungsplan des 80C 535-Compuboards.

Aufbau

Bereits beim Aufbau ist die spätere Verwendung der Platine im Auge zu behalten. Die in Bild 5.10. gezeigten Steckverbinder ermöglichen einen einfachen Anschluß der Peripherie mit Flachbandkabeln. An jedem Steckverbinder ist auch die Versorgungsspannung verfügbar, so daß auch die Stromversorgung externer Komponenten leicht zu realisieren ist.

Die Numerierung und Pin-Anordnung der doppelreihigen Pfostenfeldleisten ist in Bild 5.14. nochmals separat dargestellt. Die Anordnung der einzelnen Pins ist nämlich im Schaltplan nicht exakt angegeben, die Pin-Nummern stimmen aber jeweils.

Beabsichtigen Sie, das Board nach Abschluß des Programmierkurses für verschiedene Projekte einzusetzen, sind andere Steckverbinder zu empfehlen. Man kann doppelreihige Pfostenleisten von der Platinenunterseite her bestücken. Das Board kann so einfach auf eine Erweiterungsplatine gesteckt werden (Huckepack-Methode), wobei die Buchsen auf dieser Erweiterungsplatine natürlich an der richtigen Stelle auf der Platine plaziert sein müssen. Für jeden Einsatzzweck kann so eine Platine aufgebaut werden, die nur die für dieses eine Projekt benötigten peripheren Bauteile beeinhaltet. Die Kopplung von Compuboard und Erweiterungsplatine ist auf diese Art sehr viel komfortabler, als die Verbindung über mehrere Flachbandkabel.

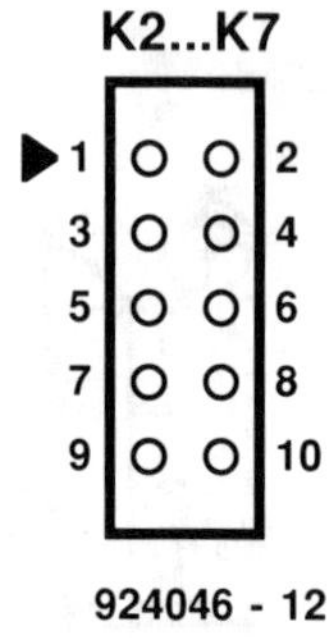

Bild 5.14. Die Numerierung und Pin-Belegung der 10-poligen Steckverbinder.

Aufgrund dieser Vorteile wäre es deshalb sinnvoll, die doppelreihigen Pfostenleisten auf der Unterseite einzulöten, und für diesen Kurs sich eine Erweiterungsplatine (Lochrasterplatine im Europaformat) aufzubauen. Auf dieser Erweiterungsplatine werden alle Buchsen als Gegenstücke zu den Steckverbindern auf dem Compuboard eingelötet. Jede Buchse wird mit einem entsprechenden Steckverbinder verdrahtet, so daß alle vom Controller herausgeführten Signale an der Erweiterungsplatine zugänglich sind.

Das nachträgliche Austauschen der üblichen Steckverbinder ist aufwendig und es besteht die Gefahr, die Platine dabei zu beschädigen. Deshalb sollte man sich von Anfang an über den späteren Verwendungszweck im Klaren sein.

5.4. Erweiterung für das 80C535-Compuboard

Die Erweiterung für das 8032-Compuboard enthält einige Bauteile, die in diesem Assemblerkurs in den Programmbeispielen angesteuert werden. Damit diese Programme, mit wenigen Ausnahmen, auch auf dem 80C535- Board lauffähig sind, sollte noch etwas Hardware aufgebaut werden. Der Aufwand hierfür hält sich jedoch in Grenzen. Aber auch ohne diese Erweiterung können einige Programmbeispiele bearbeitet werden. Bild 5.15 zeigt eine geeignete Beschaltung mit den zusätzlichen Bauteilen.

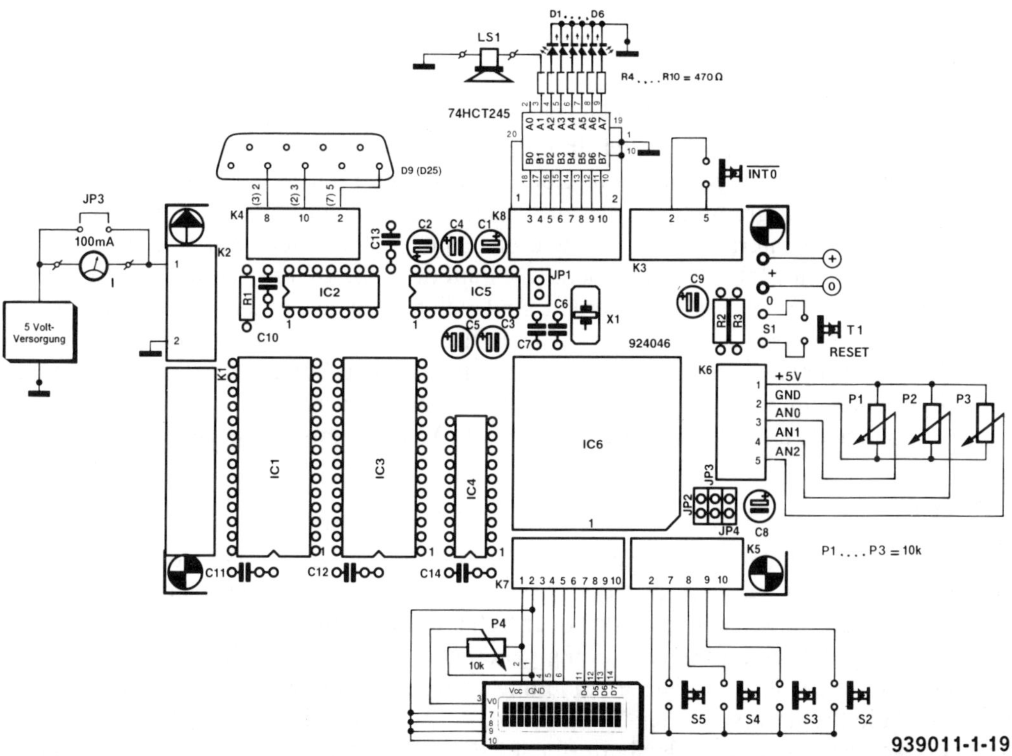

Bild 5.15. 80C535-Platine und die Erweiterungen.

Serielle Schnittstelle

Das 80C535-Board muß mit dem PC kommunizieren können. Über den Steckverbinder K 4 stellen wir die Verbindung her. Da es kein Anschlußkabel gibt, das auf der einen Seite ein passendes Gegenstück für die Stiftleiste K 4 besitzt, ist ein 9-poliger Sub-D-Stecker in der vorgegebenen Weise mit K 4 verbunden. Den PC kann man so über ein handelsübliches Kabel verbinden.

Reset

Ebenfalls an K 4 ist der Resetpin des 80C535 zugänglich. Um den Reset- Taster nicht zusätzlich über Kabel am Compuboard anschließen zu müssen, ist hierfür Taster S 1 auf der Platine vorgesehen.

LEDs

Für Statusanzeigen sind Leuchtdioden sehr gut geeignet (die auf der 8032-Erweiterung angeschlossenen LEDs werden auch in einigen Programmbeispielen angesteuert). Sie sind dort an Port P 1 angeschlossen. Ebenso wird der Lautsprecher hin und wieder benötigt. Um die Programmbeispiele an diesen Stellen nicht ändern zu müssen, sind für die 80C535-Erweiterung die LEDs und der Lautsprecher nach Bild 5.15 verdrahtet. Der Treiberbaustein 74HC 245 entspricht IC 11 auf dem 8032-Compuboard. Da LEDs in Programmen sehr gerne eingesetzt werden, sind gleich mehr als nur die vier von der 8032-Erweiterung vorgesehen. Mit sechs LEDs kann man schon eine Ampelsteuerung mit zwei unabhängigen Ampeln programmieren und testen. Um den Aufbau des Treiber-ICs und der Widerstände einfach zu gestalten, wird ein Widerstandsarray (IC 2) verwendet. Das ist hier möglich, da alle Widerstände den gleichen Widerstandswert aufweisen.

Taster

Für einige Anwendungen benötigen wir auch Taster, die beim 8032-Board über den Datenbus eingelesen werden. Mit dem 80C535 haben wir aber zusätzliche Ports zur Verfügung, über die wir einige Taster oder Schalter einlesen können. Wir müssen hier nicht den Weg über eine Porterweiterung gehen und schließen die Taster direkt an Port P 4 (Steckverbinder K 5) an. Diese Änderung gegenüber dem 8032-Board hat aber zur Folge, daß die Programme an den Stellen, wo die Taster eingelesen werden, geringfügig geändert werden müssen. An den betreffenden Stellen wird aber darauf hingewiesen und die Programmänderung beschrieben. Beachtet werden muß auch, daß die Bitposition der Taster gegenüber der 8032-Erweiterung geändert ist (Bit 0 bis Bit 3 gegenüber Bit 7 bis Bit 4).

Die übrigen Eingänge halten wir uns frei, um gegebenenfalls ein ganzes Tastenfeld anschließen zu können. Für komplexere Aufgaben kann es sehr sinnvoll sein, den Programmablauf über eine tastengesteuerte Menüführung festzulegen.

A/D-Wandler

Der D/A-Wandler wird auf der 8032-Erweiterung in Verbindung mit dem A/D-Wandler benötigt. Der 80C535 hat jedoch die A/D-Wandler auf dem Chip integriert, so daß wir auf den D/A-Wandler verzichten können. Wenn Sie aber für bestimmte Anwendungen ein Analogsignal ausgeben wollen, müssen Sie diesen Teil entsprechend der 8032-Erweiterung aufbauen. Auf unserer Platine haben wir den D/A-Wandler nicht berücksichtigt.

Über den Steckverbinder K 6 können die Analogsignale eingespeist werden. Hier benutzen wir den A/D-Wandler hauptsächlich, um die Vorgehensweise kennenzulernen. Es genügt deshalb, die Analogspannungen über Potentiometer zu erzeugen. Wenn Sie schon Ideen haben, wie Sie für Steuerungen mehr als nur ein Potentiometer einsetzen wollen (z. B. Steuerung einer Modelleisenbahn mit mehreren voneinander unabhängigen Kreisen), dann können Sie gleich mehrere Potis an den Steckverbinder K 6 anschließen.

Interrupt

Am Steckverbinder K 3 schließen wir an Pin 5 einen Taster S 6 gegen Masse an. Diesen Taster benötigen wir bei der Besprechung des 80C535, um Interrupts auszulösen.

LC-Display

Auf der 8032-Erweiterungsplatine kann über den Datenbus ein LC-Display angesteuert werden. Diese Displays können auch in einem andern Modus betrieben werden, so daß sie direkt an einem Port angeschlossen werden können. Wir benötigen dafür nur vier Daten- und drei Steuerleitungen. Diese Signale werden softwaremäßig über Port 5 (Steckverbinder K 7) ausgegeben. Das Potentiometer P 3 ist für den Kontrast der Anzeige zuständig.

Stromversorgung

In Bild 5.15 ist zwischen der 5-Volt Versorgung und dem Compuboard ein Ampere-Meter eingezeichnet. Dieses Meßgerät setzen wir ein, um die Reduzierung des Stromverbrauchs beobachten zu können, wenn wir den Controller in einen bestimmten Modus bringen. Für den ständigen Einsatz des Compuboards können wir das Meßgerät natürlich weglassen und den Jumper JP 1 einsetzen.

Als Spannungsquelle eignet sich ein Steckernetzteil mit Klinkenstecker sehr gut, das an die Klinkenbuchse K 9 angeschlossen werden kann. Über die Lötstifte ist der Anschluß eines Labornetzgerätes möglich. Der Spannungsregler IC 3 stabilisiert die Eingangsspannung auf 5 Volt. Soll jedoch eine 5-Volt Spannungsquelle eingesetzt werden, dann muß sie über die Lötstifte am Compuboard angeschlossen werden. Der Jumper JP 1 auf der Erweiterungsplatine ist in diesem Fall zu ziehen.

Aufbau

Für den Zusammenbau der Bauteile nach Bild 5.15 empfiehlt sich die vorhin beschriebene Huckepack-Methode. Die wenigen Bauteile und die Buchsen für die Verbindung zum Compuboard können auf die Erweiterungsplatine (Layout im Anhang) gelötet werden, das Compuboard wird dann ganz einfach aufgesteckt. Die bekannten Digitaster, die anreihbar auf die Platine gelötet werden können, erleichtern ebenfalls den Aufbau. In die Platine des LC-Displays wird eine 14-polige abgewinkelte Stiftleiste gelötet. Die Buchsenleiste als Gegenstück ist auf der Erweiterungsplatine verdrahtet. Das Display kann somit einfach aufgesteckt werden. Das ist wichtig, wenn für mehrere Projekte verschiedene Erweiterungsplatinen eingesetzt werden, aber nur ein einziges Display vorhanden ist. Mit diesem Aufbau hinterläßt das gesamte 80C535-Entwicklungssystem einen aufgeräumten Eindruck.

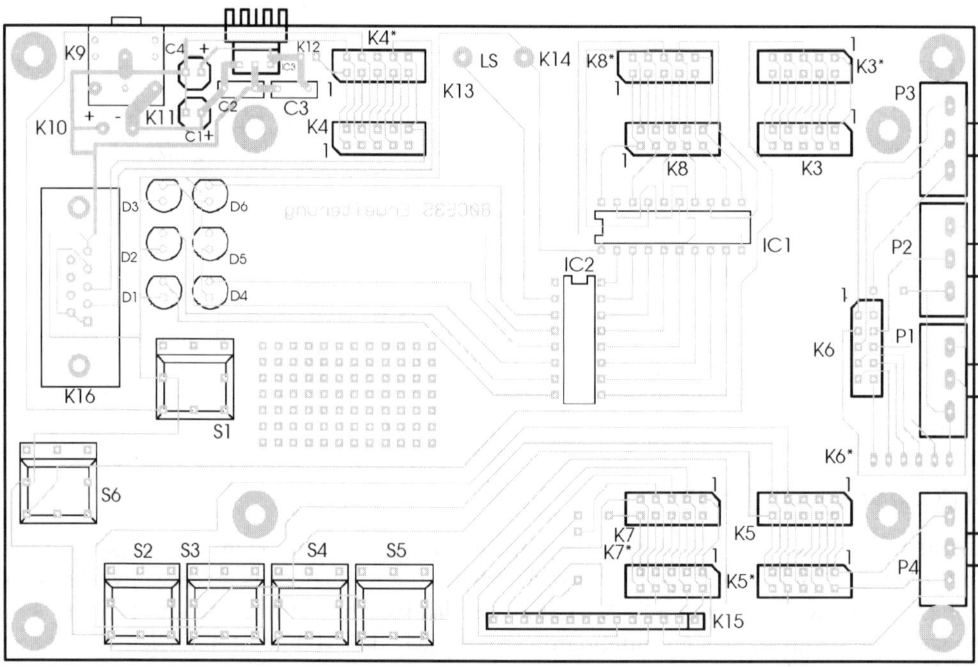

Bild 5.16. Der Bestückungsplan der 80C535-Erweiterungsplatine

6. Inbetriebnahme des Compuboards

Sie sind jetzt mit dem Aufbau des Compuboards vertraut und kennen die Funktionsweise der Schaltung. Sie haben die Platinen sicherlich schon bestückt, so daß Sie das Compuboard in Betrieb nehmen können.

Jeder Computer benötigt nach dem Einschalten ein ausführbares Programm. Mit dem Compuboard wollen wir unsere selbst entwickelten Programme testen. Den Programmcode laden wir dabei in das RAM, das aufgrund der Beschaltung innerhalb des Adreßbereiches von 4000 H bis 7FFF H auch als Programmspeicher betrieben werden kann. Dafür benötigen wir ein Ladeprogramm, das den vom PC übertragenen Programmcode empfängt und in das RAM schreibt. Anschließend fungiert das RAM als Programmspeicher, so daß das von uns erstellte Programm ausgeführt werden kann. Das Ladeprogramm ist im Eprom abgelegt. Wir benötigen zum Betrieb des Compuboards also ein im Eprom abgelegtes Grundprogramm, das nach dem Reset ausgeführt wird. Dieses Programm nennt man Monitor-Programm. Das Eprom können Sie vom Verlag beziehen (siehe Anhang), oder Sie programmieren mit einem Eprommer das Eprom selbst, mit der auf der Programmdiskette abgelegten Datei EMON52.HEX.

Auch ohne die Erweiterungsplatine können Sie das 8032-Compuboard für viele Anwendungen einsetzen. In diesem Fall müssen Sie einen 9-poligen Sub-D-Stecker und einen Taster, wie in Bild 6.1a gezeigt, anschließen. Über ein handelsübliches Kabel mit einer 9-poligen Sub-D-Buchse auf der einen Seite und ein passender Stecker auf der PC-Seite stellen Sie die Verbindung zwischen dem PC und Compuboard her.

Der Reset-Taster wird benötigt, um das im Eprom abgespeicherte Monitorprogramm zu starten. Wenn Sie jedoch die Compuboard-Erweiterung an das 8032-Board anschließen, haben Sie die Sub-D-Buchse und den Anschluß für den Reset-Taster schon auf der Platine. Die Verdrahtung nach Bild 6.1 entfällt somit.

Wenn Sie mit dem 80C535-Board arbeiten und keine weitere Zusatzplatine haben, auf die Sie das Board aufstecken, müssen Sie nur über den Steckverbinder K 4 die serielle Schnittstelle, wie in Bild 6.1b gezeigt, anschließen. Der Anschluß für den Reset-Taster ist direkt auf dem 80C535-Board.

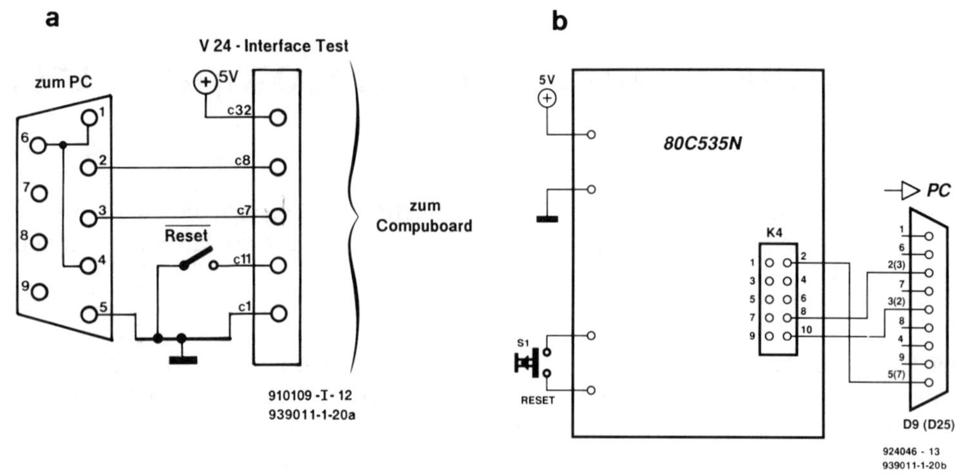

Bild 6.1. Verbindung zwischen PC und a) 8032-Compuboard b) 80C535-Compuboard.

6.1. Hardwaretest

Für einen ersten Hardwaretest benötigen wir die Verbindung zum PC noch nicht. Sie verbinden, wie Bild 6.2 zeigt, den Lautsprecher mit Masse und dem TxD- und RxD-Anschluß (Pin c8 und c7 des 64-poligen Steckverbinders beim 8032-Board, Pin 8 und Pin 10 des Steckverbinders K 4 beim 80C535-Board). Nach Betätigen des Reset-Tasters müssen aus dem Lautsprecher ein paar Töne erklingen. Wenn nicht, geht die leidige Fehlersuche los. Der erste Test beim 8032-Board läuft auch dann noch, wenn man IC 6 (RAM), IC 9 (Adreß-Treiber extern), IC 11 (Port-Treiber extern) und IC 10 (Bus-Treiber extern) entfernt hat. Man kann also diese ICs erstmal entfernen und erneut sein Glück versuchen. Beim 80C535-Board kann man für diesen Test das RAM IC 1 weglassen.

Wer ein Oszilloskop besitzt, kann sich davon überzeugen, ob der Controller überhaupt arbeitet. Das ALE-Signal muß als Rechtecksignal mit 166 ns langen Impulsen und 833 ns langen Pausen zu sehen sein. Das Puls-Pause-Verhältnis beträgt somit 1:5, die Spitzenspannung liegt bei etwa 4 V. Aussetzer oder Jitter entstehen eigentlich nur dann, wenn der Quarz defekt ist.

Wenn das ALE-Signal sauber erzeugt wird, das $\overline{\text{PSEN}}$-Signal aber fehlt, sollte die Brücke A (beim 8032-Board) überprüft werden. $\overline{\text{PSEN}}$ fehlt, wenn der $\overline{\text{EA}}$-Pin auf HIGH-Pegel liegt. Dann erfolgt der Zugriff auf den internen Programmspeicher, der in unserem Controller aber nicht vorhanden ist. Die Brücke A sorgt dafür, daß $\overline{\text{EA}}$ auf LOW-Pegel liegt.

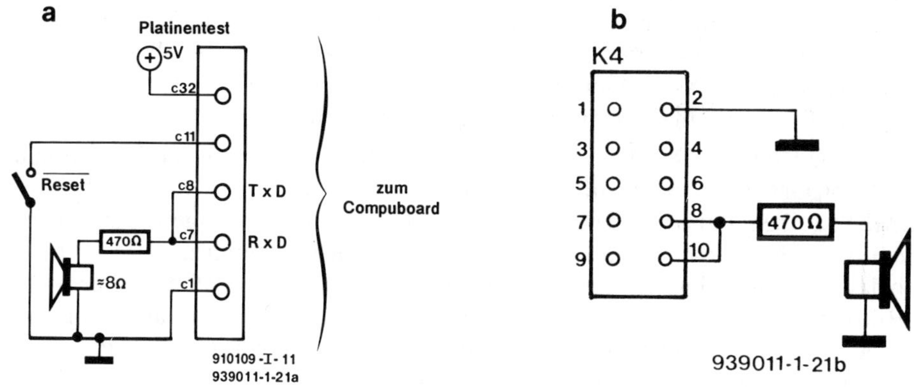

Bild 6.2. Beschaltung für einen ersten Hardwaretest a) des 8032-Boards b) des 80C535-Boards.

Sollte der Test negativ verlaufen sein, empfiehlt es sich, alle Lötstellen nochmal zu überprüfen. Mögliche Fehlerquellen sind kalte Lötstellen und Kurzschlüsse zwischen Lötstellen. Auf jeden Fall sollten Sie überprüfen, ob alle ICs mit Spannung versorgt werden. Das können Sie ganz einfach mit einem Multimeter messen.

Mit dem Oszilloskop kontrolliert man die Signale auf allen Adreß- und Datenleitungen. Ist auf irgendeiner dieser Leitungen ein Pegel zu entdecken, der nicht TTL-gerecht ist, so liegt mit hoher Wahrscheinlichkeit ein Kurzschluß zwischen zwei Leiterbahnen vor. Ein 2,5-V-Pegel gegenüber Masse deutet beispielsweise stark darauf hin.

6.2. Test der seriellen Schnittstelle

Um mit dem Compuboard Verbindung aufzunehmen, verwendet man die vorgesehene V24-Schnittstelle. Auf dem 80C535-Board sorgt dabei der MAX 232N für die richtigen Pegel, beim 8032-Board hingegen ist die Schnittstelle mit ihren Pegeln nicht ganz normgerecht. In der Regel arbeitet sie mit den PCs aber doch einwandfrei zusammen. Ein erster Test dieser V24-Verbindung kann erfolgen, nachdem das Compuboard wie in Bild 6.1 dargestellt verdrahtet wurde. Wenn sie die 8032-Compuboard-Erweiterung einsetzen, haben Sie diese Verdrahtung schon auf der Platine. Über ein Verbindungskabel stellen Sie die Verbindung zum PC her. Auf der einen Seite hat das Kabel eine Sub-D-Buchse für den Anschluß an das Compuboard, das andere Ende des Kabels muß an die serielle Schnittstelle des PCs passen. In der Regel ist das auch ein 9-poliger Sub-D-Stecker. Das Kabel kann an die serielle Schnittstelle 1 (COM1) oder 2 (COM2) angeschlossen werden.

6. Inbetriebnahme des Compuboards

Die Verbindung zwischen Compuboard und PC ist nun hergestellt. Um die Kommunikation aufzubauen, benötigen wir ein geeignetes PC-Programm. Dieses Programm V25COM ist auf der mitgelieferten Diskette vorhanden. Gegenüber der älteren Version V24COM, das beim 8051-Assemblerkurs benutzt wurde, sind einige Erweiterungen eingefügt worden, auf die wir hier aber nicht einzugehen brauchen.

Für den Test der Kommunikation starten wir das auf COM1 voreingestelle Terminal-Programm V25COM mit dem Aufruf „V25COM". Wenn Sie das Board über die Schnittstelle COM2 betreiben, müssen Sie den Befehl „V25COM -COM2" eingeben. Nach dem Einschalten des Compuboards und dem obligatorischen Reset durch den Reset-Taster sollte sich das Monitor-Programm mit einer kurzen Text-Meldung (EMON 51 Version...) auf dem Bildschirm bemerkbar machen. Wir wissen dann, daß die Kommunikation zwischen PC und Board aufgebaut werden kann. Wenn sich hierbei nichts tut, kann mit einem Oszilloskop überprüft werden, ob die Schnittstelle auf der TxD-Leitung nach einem Reset etwas aussendet. Auf der RxD-Leitung muß nach Betätigen von Control-D (Download) etwas zu sehen sein. Wenn das alles in Ordnung ist, der PC nach einem Reset am Compuboard sich aber trotzdem nicht meldet, kann es am Verbindungskabel liegen. Es sind Kabel erhältlich, die das TxD-Signal (Pin 2) auf Pin 4 der PC-Schnittstelle legen. Der PC bekommt so natürlich nicht mit, was das Compuboard aussendet.

Sind bisher alle Tests erfolgreich absolviert, steht dem erfolgreichen Start ins Programmieren nichts mehr im Wege.

7. Arbeitsweise

Das Compuboard haben wir einem kurzen Test unterzogen und festgestellt, daß der Controller mit dem Programmcode aus dem Eprom arbeitet, und daß über die serielle Schnittstelle die Kommunikation mit dem PC möglich ist. Wir können nun die ersten Programmbeispiele starten. Wie unsere Entwicklungsumgebung aussieht, möchten wir Ihnen hier zeigen. Als Anschauungsobjekt verwenden wir das Programmbeispiel BSP1.

7.1. Programme

Für die Entwicklung eines Assemblerprogrammes benötigen Sie entsprechende PC-Software, die Ihnen jedoch auf der Buchdiskette zur Verfügung steht. Deshalb sollten, falls noch nicht geschehen, alle Dateien von der Diskette auf die Festplatte kopiert werden. Lesen Sie hierzu die auf der Diskette befindliche Datei README.DOC. Für die Weiterarbeit sind folgende Programme erforderlich:

Editor

Für die Erstellung des Programmes benötigen wir einen Text-Editor, der alle Zeichen als ASCII-Zeichen ablegt. Der Editor befindet sich **nicht** auf der Diskette. Ein geeigneter Editor ist aber sicherlich auf Ihrem PC installiert, schließlich wollen Sie auf Ihrem PC auch für andere Zwecke Texte erstellen.

Als Beispiel für ein Assemblerprogramm sehen Sie in Bild 7.1. das Programmbeispiel BSP1.A51. Diese Datei können Sie in den Editor laden und bearbeiten. Es handelt sich um ein sehr kleines Programm, das nur in Verbindung mit dem Monitorprogramm im Eprom lauffähig ist. Mit diesem Beispiel möchten wir Ihnen die weitere Vorgehensweise aufzeigen.

Assembler

Anhand des Programmbeispiels BSP1.A51 wollen wir zeigen, wie ein erstelltes Programm assembliert wird. Der Assembler (Datei EASM51.EXE) hat die Aufgabe, aus den Mnemonics im Quellcode (Datei BSP1.A51) einen vom Controller ausführbaren Code zu erzeugen. Zu beachten ist, daß nicht jede Zeile in der Text-Datei einen Befehl darstellt. Manche Zeilen enthalten Steueranweisungen wie hier z. B. die ORG-Anweisung, die den Assembler dazu veranlaßt, den Code ab der vorgegebenen Adresse 4100 H anzusiedeln.Die Equate-Anweisungen (EQU) dienen dazu, den Programmcode durch aussagefähige Symbole verständlicher zu machen.

```
;               DATEI BSP1.A51
;
        ORG     4100H           ; Programm steht spaeter ab 4100H
START   MOV     DPTR,#text      ; DPTR zeigt auf text
        LCALL   STXT            ; MONITOR Routine drucke text
        RET                     ; zurueck zum MONITOR
;
text    DB      'Das ERSTE Programm ...',13,10,0
;
;------------------------------------------------------------
;             MONITOR INTERFACE
;
ccSTXT  EQU     2               ; MONITOR Kommando um Text zu senden
COMMAND EQU     030H            ; MONITOR Kommando Speicherstelle
MON     EQU     0200H           ; MONITOR Einsprungadresse
;
STXT    MOV     COMMAND,#ccSTXT ; MONITOR Kommando setzen
        LJMP    MON             ; MONITOR aufrufen
;
;------------------------------------------------------------
;
        END
```

Bild 7.1. Beispiel für ein Assemblerprogramm (Quellcode).

Nicht zu vergessen sind die Kommentarzeilen, die das Programm erklären. Alles, was in einer Zeile nach einem Semikolon (;) folgt, interpretiert der Assembler als Kommentar. Der bei der Assemblierung entstandene, vom Controller ausführbare, Code nennt man Objektcode und wird in der Datei BSP1.HEX abgelegt.

Unser Assembler erzeugt außer der Objektcode- auch die Listingdatei BSP1.LST (Bild 7.2.). Hier steht vor jeder ursprünglichen Quellcode-Zeile der Objektcode (Spalte OBJ), den der Assembler erzeugt hat und davor die Adresse im Eprom (Spalte LOC), an der das erste Byte dieser Code-Zeile steht. Die Zeilennummern (Spalte LINE), die Anzahl der für diesen Befehl erforderlichen Maschinenzyklen (Spalte T), sowie die Symboltabelle am Ende der Datei ergänzen das Programmlisting. Mit dieser Listingdatei kann zwar der Controller nichts anfangen, aber für den Programmierer ist sie sehr nützlich, um die Arbeitsweise des Assemblers bis ins letzte Bit leicht nachzuvollziehen zu können.

Mit Eingabe von EASM51 BSP1 starten wir den Assembler. Wenn sich kein Fehler eingeschlichen hat, gibt der Assembler über den Bildschirm eine entsprechende Meldung aus. Andernfalls erfolgt eine Meldung, in welcher Zeile ein Fehler gefunden wurde. Sie rufen daraufhin den Editor wieder auf und korrigieren diese Zeile. Der Assembler erzeugt

```
BSP1.LST                    23.3.93         Seite 1
****** LISTING of EASM51 (BSP1) ******
LINE LOC  OBJ         T         SOURCE
   1 0000                ; DATEI BSP1.A51
   2 0000                ;
   3 0000                        ORG    4100H               ; Programm steht spaeter ab 4100H
   4 4100 90 41 07 [2] START    MOV    DPTR,#text          ; DPTR zeigt auf text
   5 4103 12 41 20 [2]          LCALL  STXT                ; MONITOR Routine drucke text
   6 4106 22       [2]          RET                        ; zurueck zum MONITOR
   7 4107                ;
   8 4107 44 61 73      text     DB     'Das ERSTE Programm ...',13,10,0
          20 45 52
          53 54 45
          20 50 72
          6F 67 72
          61 6D 6D
          20 2E 2E
          2E 0D 0A
          00
   9 4120                ;
  10 4120                ;------------------------------------------------------------------
  11 4120                ;  MONITOR INTERFACE
  12 4120                ;
  13 4120                ccSTXT  EQU 2        ; MONITOR Kommando um Text zu senden
  14 4120                COMMAND EQU 030H     ; MONITOR Kommando Speicherstelle
  15 4120                MON     EQU 0200H    ; MONITOR Einsprungadresse
  16 4120                ;
  17 4120 75 30 02 [2] STXT     MOV COMMAND,#ccSTXT         ; MONITOR Kommando setzen
  18 4123 02 02 00 [2]          LJMP MON                    ; MONITOR aufrufen
  19 4126                ;
  20 4126                ;------------------------------------------------------------------
  21 4126                ;
  22 4126                        END
********** SYMBOLTABLE (6 symbols) **********
     START :4100      text :4107     ccSTXT :0002    COMMAND :0030
       MON :0200      STXT :4120
```

939011-1-24

Bild 7.2. Beispiel für ein Programmlisting.

nun bei fehlerfreiem Durchlauf einen ausführbaren Code (BSP1.HEX), den wir auf das Compuboard übertragen wollen.

Die auf der Buchdiskette vorhandene Datei EASM51.DOC enthält eine Beschreibung des Assemblers. Sie enthält Informationen, wie ein Programm aufgebaut werden muß, welche Pseudo-Codes (Assembler Steuerbefehle) verwendet und wie numerische Ausdrücke eingesetzt werden können. Sie sollten sich deshalb diese Datei unbedingt ansehen.

Wer sich mit PASCAL-Programmen auskennt, kann sich den Code des in dieser Programmiersprache erstellten Assemblers zu Gemüte führen. Er ist ebenso wie der Code für das Terminalprogramm V25COM auf der Diskette enthalten.

Datenübertragung

Der vom Assembler erzeugte Programmcode stellt ein vom Controller, in Verbindung mit dem im Eprom abgelegten Monitorprogramm, ausführbares Programm dar. In unserm Beispiel rufen wir die Übertragung durch Eingabe von V25COM BSP1 auf. Spätestens jetzt muß die Versorgungsspannung des Compuboards eingeschaltet werden. Nach Betätigen des Reset-Tasters macht sich das Board mit einer kurzen Text-Meldung (EMON 51 Version...) bemerkbar. Jetzt können wir die Übertragung zum Compuboard mit „Control D" starten. Mit „Control F" können Sie auch ein anderes File auswählen. Nach erfolgreichem Transfer befindet sich der Programmcode im RAM des Compuboards und kann vom PC aus durch den Befehl X4100 gestartet werden. Der Zahlenwert nach dem X ist dabei die Anfangsadresse des Programmcodes, die bei diesem Beispiel an Adresse 4100 H liegt. Daraufhin überträgt das Board über die serielle Schnittstelle die in BSP1 unter dem Label „text" abgelegte Zeichenfolge, die am PC als „Das ERSTE Programm.." dargestellt wird.

An dieser Stelle nochmals der Hinweis: Die Voreinstellung geht davon aus, daß das Compuboard über die serielle Schnittstelle 1 (COM1) mit dem PC verbunden ist. Sollten Sie an dieser Schnittstelle vielleicht die Maus angeschlossen haben, können Sie das Compuboard auch über COM2 anschließen. In diesem Fall müssen Sie das durch den Aufruf von V25COM BSP1.HEX -COM2 bekanntgeben.

Dieser Vorgang, vom Erstellen des Quellcodes bis zur Programmausführung auf dem Compuboard, ist in Bild 7.3. schematisch dargestellt.

Die Datei V24COM.DOC auf der Diskette informiert über alle Optionen, die beim Aufruf von V25COM möglich sind, sowie die zulässigen Kommandos im interaktiven Dialog-Modus. Die Datei EMON51.DOC enthält weitere Information über die Möglichkeiten des Monitor-Programms. Neben dem X-Befehl zum Start des Programms können noch weitere Befehle eingesetzt werden, um die Softwareentwicklung zu unterstützen. Außerdem sind alle Monitorroutinen beschrieben, die vom Anwenderprogramm aufgerufen werden können, um zum Beispiel auf einfache Weise 16-Bit Additionen oder Multiplikationen auszuführen, definierte Warteschleifen zu realisieren oder Schnappschüsse der Registerinhalte auf dem Bildschirm auszugeben. Diese Datei sollten Sie auch noch einmal lesen, wenn Sie schon mehr Erfahrungen beim Programmieren gesammelt haben. Mit einem gewissen Maß an Erfahrung in der Softwareentwicklung können Sie auch einen Blick in die Datei EMON51.A51, dem Quellcode des Monitorprogramms, werfen. Sie sehen hier, wie die Monitorroutinen realisiert sind, die Sie innerhalb der Programmbeispiele aufrufen.

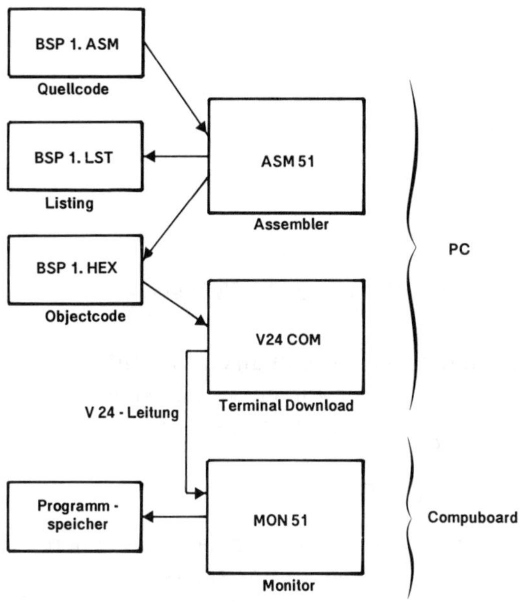

Bild 7.3. An der Programmerstellung beteiligte Dateien und Programme.

7.2. Menüführung

Um es dem Anwender so einfach wie möglich zu machen steht eine Menüführung zur Verfügung. Sie brauchen nur noch „MENU BSP1“ aufrufen, und schon haben Sie eine Bedieneroberfläche vor sich, mit der Sie über die Pfeiltasten die gewünschte Funktion – Editieren, Assemblieren oder Übertragen – anwählen können.

Bevor Sie die Menüführung aufrufen, müssen Sie die Konfigurationsdatei MENU.PAR Ihren Verhältnissen anpassen. Das geht aber auch einfach. Sie rufen einen Editor auf und laden MENU.PAR. In der ersten Zeile tragen Sie den kompletten Pfad ein, auf dem sich der Editor, den Sie zum Erstellen der Assemblerprogramme benutzen wollen, befindet. Der zweite Punkt, den Sie gegebenenfalls ändern müssen, ist die Wahl der seriellen Schnittstelle (COM1 oder COM2). Ein Beispiel für das Konfigurationsfile MENU.PAR sehen Sie in Bild 7.4. Auf keinen Fall dürfen Sie bei einer Änderung die Leerzeilen herausnehmen.

```
c:\tp5\turbo.exe

easm52.exe

v25com.exe
-COM1 -4800
epsim.exe
-W20 -LPT1
```

Bild 7.4. Konfigurationsfile MENU.PAR für die Menüführung.

Die Datei MENU.DOC auf der Diskette enthält eine ausführlichere Beschreibung, die Sie sich bei Problemen genauer anschauen sollten. Am Beispiel der Datei BSP1.DOC können Sie die Vorgehensweise vom Assemblieren bis zum Download nochmals nachvollziehen.

7.3. Programmtest

Das im Eprom gespeicherte Monitorprogramm hat unter anderen die Aufgabe, den vom PC übertragenen Objektcode des Programmbeispiels zu empfangen und in das RAM zu übertragen. Nach Start des Programmes durch Eingabe des Befehls X4100 betrachtet der Controller im angegebenen Adreßbereich das RAM als Programmspeicher, wodurch der Objektcode unseres Programmbeispiels ausgeführt wird. Die Erfahrung zeigt, daß neu erstellte Programme in den seltensten Fällen fehlerfrei sind. Ein großer Teil der Zeit für die Entwicklung eines Programmes verbringt man mit Fehlersuche - also nicht gleich die Flinte ins Korn werfen, wenn es auf Anhieb nicht klappen sollte.

Das Eprom enthält Unterprogramme, die aus dem eigentlich abzuarbeitenden Programm aufgerufen werden können, und so die Fehlersuche erleichtern. Das erste Hilfsmittel ist schon im Beispiel BSP1 eingebaut. Um zu testen, ob ein bestimmter Zweig im Programm durchlaufen wird, fügt man einen Unterprogrammaufruf von STXT ein. Zuvor muß ein bestimmtes Register, der Datenpointer DPTR, auf die Adresse gesetzt werden, unter der im Eprom ein als ASCII-Zeichen codierter Text steht. Dieser Text kann in Hochkommas im Quellcode eingetragen werden – der Assembler übersetzt dann die Buchstaben in ASCII-Zeichen. Das Unterprogramm STXT beschreibt das mit dem Label COMMAND bezeichnete RAM mit dem Kommando ccSTXT, dem über eine Equate-Anweisung der Zahlenwert 02 zugeordnet ist. Anschließend wird das im Eprom an Adresse 0200 H gespeicherte Unterprogramm MON aufgerufen. Dieses Unterprogramm überträgt den ab dem Label „text“ abgelegten Text über die serielle Schnittstelle zum PC, der diesen Text am Bildschirm ausgibt.

Ein weiteres Hilfsmittel für die Programmentwicklung steht mit dem Unterprogramm SNAP zur Verfügung. Dieses Unterprogramm lädt das RAM COMMAND mit dem Zahlenwert ccSNAP, dem zuvor in einer Equate-Anweisung der Wert 20 H zugeordnet wurde.

Der Unterprogrammaufruf LCALL MON verzweigt wieder in das Eprom. Anhand des Wertes im RAM COMMAND erkennt das Unterprogramm, daß bestimmte Prozessorregister zum PC übertragen werden sollen. Die Inhalte der Register werden am Bildschirm ausgegeben. Das Beispiel BSP2 enthält solche Aufrufe. Bild 7.5. zeigt, wie die Ausgabe am Bildschirm erscheinen sollte. Die Inhalte der Register sind hexadezimal dargestellt.

Inwieweit diese Funktion für den Softwaretest hilfreich sein kann, können wir erst sehen, wenn wir die Bedeutung der Prozessorregister kennengelernt haben. An dieser Stelle soll es zunächst genügen, zu wissen, daß wir auf diese Funktion zugreifen können.

```
BSP2

 A  B PSW  SP DPTR R0 R1 R2 R3 R4 R5 R6 R7
00 00  00  0D 4000 FF 0A 10 64 00 00 00 00   Nach Zeile 17

14 00  00  0D 4000 FF 14 10 64 00 00 00 00   Nach Zeile 20

12 00  00  0D 4000 FF 14 10 12 00 00 00 00   Nach Zeile 23

10 00  01  0D 4000 02 14 12 12 00 00 00 00   Nach Zeile 27

93 00  00  0D 412B 02 14 12 12 00 00 00 00   Nach Zeile 31

74 00  00  0D 412B 02 12 12 12 00 00 00 00   Nach Zeile 34

02 00  01  0D 0000 02 12 12 12 00 00 00 00   Nach Zeile 40

F2 00  01  0D 0000 02 12 12 12 00 00 00 00   Nach Zeile 42
```

939011-2-1

Bild 7.5. Ausgabe von Prozessorregistern mit Hilfe des Unterprogrammes SNAP.

8. Der 8032-Mikrocontroller

Die ersten Tests der Hardware haben wir erfolgreich abgeschlossen, wir wissen auch, wie wir mit der Entwicklungsumgebung umgehen müssen. Damit können wir ein weiteres Ziel, die Assemblerprogrammierung eines Mikrocontrollers der 8051-Familie, ins Auge fassen. Doch ganz so einfach ist das nicht – vor den Erfolg haben die Götter den Schweiß gesetzt. Um einen Mikrocontroller einsetzen zu können, sind Kenntnisse über den inneren Aufbau dieses Bauteils unumgänglich. Aber keine Angst, das bedeutet nicht, daß die Hardware bis ins letzte Detail bekannt sein muß. Es genügt die Struktur zu kennen und wie die on-chip-Peripherie (Timer, Interrupts u.s.w.) bedient wird.

Eine vollständige Beschreibung der Hardware des Controllers inklusive des gesamten Befehlsatzes würde den Rahmen des Buches sprengen. Wir beschränken uns auf das wesentliche, insbesondere auf Hardware-Spezifikationen wollen wir nicht näher eingehen. Für die Aneignung von Assemblerkentnissen ist das auch nicht unbedingt notwendig, wir verwenden schließlich Compuboards, die hinreichend erprobt sind. Bei Bedarf kann man immer noch auf die angegebene Literatur zurückgreifen.

Die angebotenen Compuboards sind mit einem 8032- bzw. einem 80C535-Controller bestückt. Der 80C535 ist eine Weiterentwicklung des 8032. Die Programme, die auf dem 8032 lauffähig sind, arbeiten auch mit dem 80C535, sofern die Programme nicht gezielt Peripherie auf der 8032-Erweiterungsplatine ansprechen. Das Eprom mit dem Monitorprogramm ist für beide Boards identisch. Die beiden Controller unterscheiden sich, was die Software betrifft, nur durch die zusätzlichen Möglichkeiten, die der 80C535 bietet. Diese Features werden wir an anderer Stelle getrennt behandeln.

Unser Ziel soll sein, den Controller soweit kennenzulernen, daß die Programmbeispiele verstanden und nachvollzogen werden können. Wenn das erreicht worden ist, sollten Sie selbst in der Lage sein, Ihre eigene Ideen mit einem selbst entworfenen Programm zu realisieren.

Wie werden in diesem Abschnitt nach und nach die Hard- und Softwareaspekte des 8032 besprechen. Mit dem jeweils besprochenem werden bereits Programmbeispiele vorgestellt, damit das neu erlernte Wissen gleich in der Praxis getestet werden kann. Anhand dieser Programmbeispiele lernen wir auch Schritt für Schritt die Möglichkeiten kennen, die unsere Erweiterungsplatine bietet, und wie solche externen Baugruppen angesprochen werden. Das ist wichtig, da in vielen Anwendungsfällen der Controller alleine nicht ausreicht, sondern zusätzliche Hardware erforderlich ist.

8.1. Der Speicher des 8051

Ein sehr wichtiger Bestandteil der 8051-Controller ist das interne RAM. Dieser Schreib- und Lesespeicher wird benötigt, um Daten innerhalb des Programmablaufs abzuspeichern und wieder zu lesen. Das gesamte RAM ist in Bereiche mit unterschiedlichen Funktionen unterteilt.

8.1.1. Spezial-Funktions-Register (SFR)

Eine Sonderstellung innerhalb des RAMs nehmen die sogenannten Spezial-Funktions-Register, im weiteren durch SFR abgekürzt, ein. Wie der Name schon sagt, sind diese Register für bestimmte Funktionen zuständig. Dabei haben die verschiedenen Controller-Versionen der 8051-Familie durchaus eine verschiedene Anzahl von SFRs, da die Nachfolgemodelle meist mehr on-chip-Peripherie integriert haben, die durch zusätzliche SFRs angesprochen werden. Der Befehlssatz mußte auf diese Weise bei den Weiterentwicklungen nicht erweitert werden. Die folgende kurze Beschreibung der SFRs soll einem kleinen Überblick über deren Funktion geben. Detailliertere Informationen erhalten Sie erst später, wenn die Komponenten des Controllers beschrieben werden, die von den entsprechenden SFRs gesteuert werden (Timer, Interrupt u.s.w).

❐ **Akkumulator (A)**

Über den Akkumulator werden alle arithmetischen Operationen, die der 8051 ausführen kann, abgewickelt. Desweiteren kann er als Arbeitsregister verwendet werden, um beispielsweise Informationen zwischenzuspeichern. Wie wir noch sehen werden, gibt es Befehle, die nur über den Akku bearbeitet werden. In diesen Fällen muß die Information, die durch diesen Befehl bearbeitet werden soll, zuerst in den Akku übertragen werden.

❐ **B-Register (B)**

Das B-Register, auch Hilfs-Akku genannt, kommt bei den Multiplikations- und Divisionsbefehlen (MUL AB und DIV AB) zum Einsatz. Auch dieses Register kann als Arbeitsregister verwendet werden.

❐ **Stackpointer (SP)**

Im Stackpointer (oder Stapelzeiger) steht die Speicheradresse, in welche das letzte Byte im Stack abgelegt wurde. Dieses Register wird unter anderem mit jedem Unterprogrammaufruf beeinflußt, um die Rücksprungadressen zu verwalten.

❐ **Datenpointer (DPTR)**

Der Datenpointer (DPTR) ist ein 16-Bit Register, wobei das Highbyte (DPH) und das Lowbyte (DPL) auch einzeln angesprochen werden kann. Der Datenpointer wird verwendet für die Adressierung von Daten, die im Programmspeicher abgelegt sind, sowie für den Zugriff auf externe Bauteile (RAM-Baustein).

❒ **Portregister (Px)**

Die Portregister P0, P1, P2 und P3 steuern die Ausgangstreiber für die Ein-/Ausgabeports. Zu beachten ist, daß P0 und P2 nur bei Controllern mit internen Programmspeicher zur freien Verfügung stehen. Der Controller, den wir verwenden, gibt über diese beiden Ports die Adressen für die Adressierung von Eprom und RAM aus.

❒ **Interrupt-Priorität-Register (IP)**

Das Interrupt-Priorität-Register IP enthält die Information über die Prioritätenverteilung der verschiedenen Interruptquellen.

❒ **Interrupt-Enable-Register (IE)**

Durch Setzen der entsprechenden Bits im Interrupt-Enable-Register (IE) werden die Interrupts freigegeben.

❒ **Timer-Mode-Register (TMOD)**

Das Timer-Mode-Register (TMOD) bestimmt, in welchem Modus Timer 0 und Timer 1 arbeiten.

❒ **Timer-Control-Register (TCON und T2CON)**

Das Timer-Control-Register TCON enthält die Steuerbits für die Timer 0 und Timer 1. Durch T2CON wird Timer 2 beeinflußt. Dieses Register steht erst ab der 8032-Version zur Verfügung, also nicht beim 8031 bzw. der ROM-Version 8051.

❒ **Timer 0, Timer 1**

Die aktuellen Zählerstände von Timer 0 und Timer 1 sind in den Registern TH0, TL0 sowie TH1, TL1 enthalten.

❒ **Timer 2**

Für Timer 2 stehen neben den Registern TH2, TL2, die den aktuellen Zählerstand beinhalten, noch 2 Capture-Register (RCAP2H, RCAP2L) zur Verfügung, um den Zählerstand einzufrieren.

❒ **Serial-Control-Register (SCON)**

Das Serial-Control-Register steuert die serielle Schnittstelle des Controllers.

❒ **Serial-Data-Buffer (SBUF)**

Der Serial-Data-Buffer enthält den Wert, den die serielle Schnittstelle ausgibt oder empfangen hat.

❒ **Processor-Control-Register (PCON)**

In diesem Register ist beim 8032 nur ein Bit adressierbar. Es bestimmt die Baudrate der seriellen Schnittstelle. Dieses Bit hat die Bezeichnung SMOD und ist in PCON.7 abgelegt.

❐ Programm-Status-Wort (PSW)

Das PSW ist ein bitadressierbares Register. Die Bits werden dabei mit 0 beginnend vom niederwertigen Bit hochgezählt. Dem höchstwertigen ist damit die Position 7 zugeordnet. Diese Vereinbarung gilt für alle bitadressierbaren Register. Im PSW gibt es Bits (Flags), die beispielsweise darüber Auskunft geben, ob bei der letzten Addition oder Subtraktion ein Übertrag (engl. Carry) aufgetreten ist. Diese Information wird in Bit 7 gespeichert und kann damit unter der Bitadresse PSW.7 angesprochen bzw. abgefragt werden. Dieses, auch C-Flag genannte Bit, kann auch über viele Bitmanipulationsbefehle direkt angesprochen werden. Es dient bei der 8051-Serie sozusagen als Ein-Bit-Akkumulator zur Bitmanipulation. In ihm wird das Ergebnis von Bit-Verknüpfungen (OR, AND und NOT) gespeichert.

```
Bits (Flags) im Programmstatuswort PSW

CY  PSW.7  Carry Flag          : Ueberlauf-Flagge , Bit Akkumulator C
AC  PSW.6  Auxiliary Carry     : Hilfsflagge fuer BCD Addition
F0  PSW.5  FLAG0               : frei fuer allgemeine Anwendungen
RS1 PSW.4  Reg. Bank select 1  : Anwahl der Register-Bank Bit 1
RS0 PSW.3  Reg. Bank select 0  : Anwahl der Register-Bank Bit 0
OV  PSW.2  Overflow            : Ueberlauf-Flagge
    PSW.1                      : frei fuer allgemeine Anwendungen
P   PSW.0  Parity              : Paritaet im Akkumulator

Register-Bank-Anwahl
RS1  RS0  Register-Bank   Adressen im internen RAM
 0    0        0            00H-07H
 0    1        1            08H-0FH
 1    0        2            10H-17H
 1    1        3            18H-1FH
```

910109-4-11
939011-2-3

Bild 8.1. Bedeutung der Flags im Programmstatuswort PSW.

Das Parity-Flag (PSW.0) wird gesetzt, wenn im Akkumulator eine ungerade Anzahl von Einsen steht. Die Flags OV (PSW.2) und AC (PSW.6) dienen zur Kontrolle beim Rechnen mit vorzeichenbehafteten sowie BCD-Zahlen. Über die Bits 3 und 4 im PSW kann man festlegen, welche Registerbank angesprochen wird. Die Bits 1 (F1) und 5 (F0) sind zur allgemeinen Verwendung frei und können beliebig gesetzt und abgefragt werden.

In der in Bild 8.1 dargestellten Tabelle ist die Bedeutung der Bits noch einmal zusammengefaßt. In Bild 8.2 sind die Befehle angegeben, die die Flags im PSW beeinflussen.

```
Flagbeeinflussende Befehle

     INST OP       C  OV  AC
     ADD           x  x  x
     ADDC          x  x  x
     SUBB          x  x  x
     MUL           0  x
     DIV           0  x
     DA            x
     RRC           x
     RLC           x
     SETB C        1
     CLR  C        0
     CPL  C        x
     ANL  C,bit    x
     ANL  C,/bit   x
     ORL  C,bit    x
     ORL  C,/bit   x
     MOV  C,bit    x
     CJNE          x
x    : wird beeinflusst
1    : wird gesetzt
0    : wird zurueckgesetzt
/bit : das invertierte Bit wird verknuepft

Notiz: Auch das Beschreiben unter SFR Adresse 0D0H veraendert die Flags.
```

Bild 8.2. Die hier dargestellten Befehle beeinflussen die PSW-Flags.

Nicht aufgeführt ist das Parity-Flag. Dieses Bit kann durch jeden Befehl, der den Akkumulator beeinflußt, geändert werden. Dies als kleiner Vorgriff, denn die Befehle des 8051 besprechen wir erst in den nächsten Abschnitten.

Adressen und Initialisierungswerte der SFRs

In Bild 8.3 sind alle SFRs des 8032 noch einmal tabellarisch zusammengefaßt. In der Spalte „ADR“ sind die Adressen angegeben, unter der das betreffende SFR angesprochen werden kann. Diese Register liegen alle im Adreßbereich zwischen 80 H und 0FF H. Ganz wichtig ist, daß der Zugriff auf diese Register über die direkte Adressierung erfolgen muß. Was das bedeutet, sehen wir gleich, wenn wir die verschiedenen Adressierungsarten besprechen. In der Spalte „binval“ sind die Initialisierungswerte der Register nach dem Einschalten und nach einem Reset in Binärformat angegeben. Durch das definierte Setzen dieser Register nach dem Reset kann die Initialisierung der SFRs in unseren Programmen wegfallen, nur bei Bedarf setzen wir sie auf die gewünschten Werte.

Tabelle der Spezial Funktion Register

Symbol	ADR	bit	binval	Kommentar	Name
ACC	0E0H	*	00000000B		Akkumulator
B	0F0H	*	00000000B		Hilfs-Akkumulator
PSW	0D0H	*	00000000B		Programm Status Wort
SP	081H		00000111B		Stapelzeiger (Stack-pointer)
DPTR				16 Bit	Datenzeiger (DAta-Pointer)
DPL	082H		00000000B		DPTR niederwertiges (LOW) Byte
DPH	083H		00000000B		DPTR hoeherwertiges Byte
P0	080H	*	11111111B		Port0 bzw. Adress/Datenbus
P1	090H	*	11111111B		Port1
P2	0A0H	*	11111111B		Port2 bzw. Adressbus High-Byte
P3	0B0H	*	11111111B		Port3
IP	0B8H	*	xxx00000B	8051	Interrupt Prioritaets-register
			xx000000B	8052	
IE	0A8H	*	0xx00000B	8051	Interrupt Einschalt (Enable) Reg.
			0x000000B	8052	
TMOD	089H		00000000B		Timer-Modus Register
TCON	088H	*	00000000B		Timer-Control
T2CON	0C8H	*	00000000B	nur 8052	Timer2-Control
TH0	08CH		00000000B		Timer0 Hoeherwertiges (HIGH) Byte
TL0	08AH		00000000B		0 niederwertiges (LOW) Byte
TH1	08DH		00000000B		Timer1 Hoeherwertiges Byte
TL1	08BH		00000000B		1 niederwertiges (LOW) Byte
TH2	0CDH		00000000B	nur 8052	Timer2 Hoeherwertiges Byte
TL2	0CCH		00000000B	nur 8052	1 niederwertiges (LOW) Byte
RCAP2H	0CBH		00000000B	nur 8052	Capture-Register HIGH BYTE
RCAP2L	0CAH		00000000B	nur 8052	Capture-Register LOW Byte
SCON	098H	*	00000000B		Serial-Control serielle Kontrolle
SBUF	099H		xxxxxxxxB		Serial Buffer serieller Puffer
PCON	087H		0xxxxxxxB	HMOS	Processor Control
			0xxx0000B	CHMOS	

ADR: Adresse unter der das SFR angesprochen wird.
bit: * falls Bit-adressierbares SFR
binval: Inhalt (binaer) nach dem einschalten bzw. Reset., x=undefiniert.

939011-2-5

Bild 8.3. Diese Tabelle gibt Auskunft über die Bezeichnungen der Spezial-Funktions-Register.

8.1.2. Direkt adressierbarer RAM-Bereich

Der direkt adressierbare Speicherbereich der 8051-Familie erstreckt sich von Adresse 00 bis 7F H. In diesem Bereich kann ein Lese- oder Schreibbefehl direkt auf das RAM zugreifen.

8.1.3. Registerbänke

Eine besondere Funktion innerhalb der direkt adressierbaren RAMs hat der Bereich von 00 bis 01F H. Diese Speicherstellen werden als Register bezeichnet. Für sie stehen besondere Befehle zur Verfügung, die einen schnellen und codeeffizienten Zugriff auf den Datenspeicher ermöglichen. Die Register sind in 4 Registerbanken unterteilt. Die Zuordnung zeigt folgende Tabelle:

Registerbank	R7	R6	R5	R4	R3	R2	R1	R0
Registerbank 3	1F	1E	1D	1C	1B	1A	19	18
Registerbank 2	17	16	15	14	13	12	11	10
Registerbank 1	0F	0E	0D	0C	0B	0A	09	08
Registerbank 0	07	06	05	04	03	02	01	00

Bild 8.4. Adressen der Register des 8051.

Ein und demselben Register sind demnach 4 verschiedene RAM-Bereiche zugeordnet. Welcher Bereich nun angesprochen ist, hängt von der ausgewählten Registerbank ab. Dies wird im Programm-Status-Wort PSW durch die Bits RS0 und RS1 eingestellt und kann beliebig geändert werden.

Bank	RAM-Adresse	RS1	RS0
0	00H - 07H	0	0
1	08H - 0FH	0	1
2	10H - 17H	1	0
3	18H - 1FH	1	1

Bild 8.5. Auswahl der Registerbänke.

Wie diese Register eingesetzt werden, sehen wir nachher, wenn wir zu den Adressierungsarten kommen.

8.1.4. Bitadressierbarer RAM-Bereich

Bei den Befehlen für den 8051 ist es möglich, direkt einzelne Bits zu verarbeiten. Diese Bits liegen im RAM-Adreßbereich von 20 H bis 2F H. Es stehen somit 16 RAM-Breiche zur Verfügung, deren jeweils 8 Bits direkt angesprochen werden können. Wir können in diesem Speicherbereich somit insgesamt 128 Bits adressieren, die von 0 bis 127 (00 bis 7F H) durchnumeriert sind. Bitadresse 00 ist dabei das niederwertigste Bit in der RAM-Adresse 20 H, Bitadresse 07 das höchstwertigste Bit desselben RAM-Bereichs. Die Numerierung setzt sich so fort bis zur Bitadresse 7F H als höchstwertiges Bit in der RAM-Adresse 2F H.

8.1.5. Indirekt adressierbarer RAM-Bereich

Für den 8031-Controller wäre der Speicherbereich besprochen. Ab dem 8032 stehet ein weiterer RAM-Bereich zur Verfügung, der im Adreßbereich von 80 H bis 0FF H liegt. Dieser Bereich wird somit über die gleichen Adressen wie die SFRs angesprochen, es handelt sich aber dennoch um zwei unterschiedliche Speicherbereiche. Möglich ist das dadurch, daß die SFRs direkt angesprochen werden müssen. Die RAMs in diesem Bereich hingegen müssen über einen Zeiger adressiert werden. Der RAM-Zugriff erfolgt also indirekt.

8.1.6. Stapelspeicher

Programme enthalten in der Regel auch Unterprogramme, die an jeder beliebigen Stelle aufgerufen werden können. Damit am Ende des Unterprogramms das Hauptprogramm wieder an der richtigen Stelle fortgesetzt werden kann, muß diese Aussprungadresse abgespeichert werden. Für diese Zwecke ist ein Bereich im RAM-Speicher zu reservieren, der sonst nicht beschrieben werden darf. Die zu rettenden Daten werden in diesem Speicherbereich jeweils an die nächst höhere freie RAM-Adresse geschrieben, die Daten werden also gestapelt. Wie der Stapelspeicher verwaltet wird, und für welche Zwecke er auch noch verwendet werden kann, sehen wir später. Zum Verständnis hierfür benötigen wir noch einige Kenntnisse über den Controller.

8.1.7. Übersicht des internen RAM-Bereichs

Die RAM-Bereiche der 8051-Mikrocontroller sind in der Übersicht nochmals dargestellt. Darin ist auch der Bereich ersichtlich, der vom Monitorprogramm reserviert wird und somit in den Anwenderprogrammen nicht benutzt werden kann.

8.1.7. Übersicht des internen RAM-Bereichs

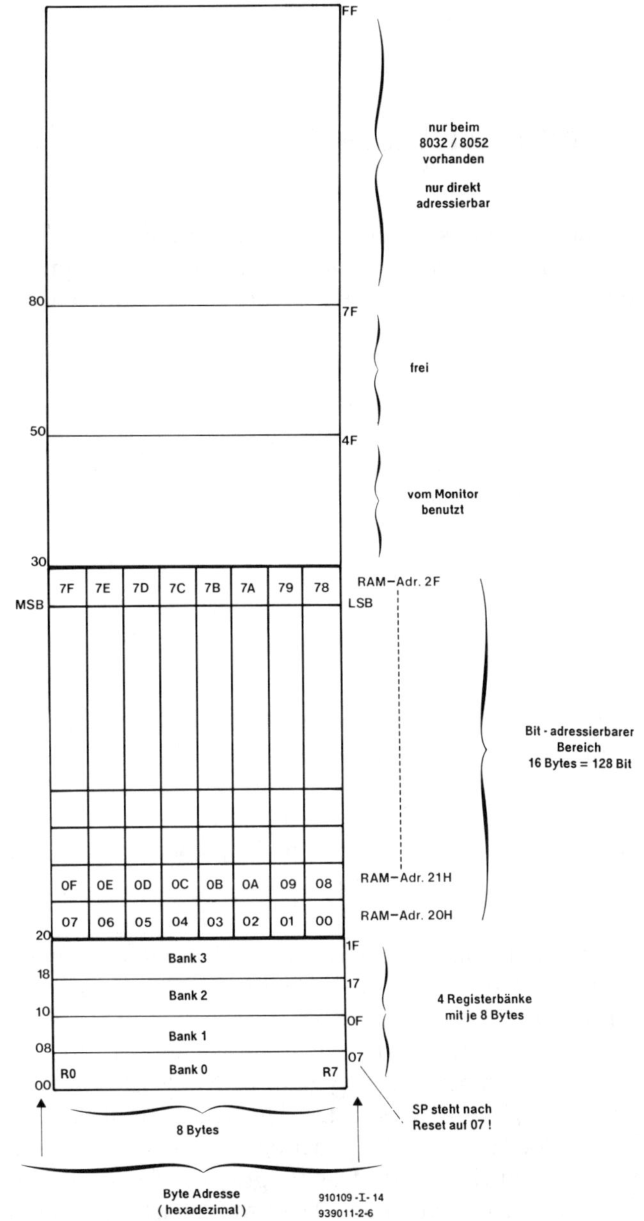

Bild 8.6. Aufteilung des internen Datenspeichers.

8.2. Adressierungsarten

Als Beispiel für die unterschiedlichen Adressierungsarten schauen wir uns das Programmbeispiel BSP2 (Bild 8.7) an. Die Aufgabe dieses Beispiels besteht darin, die Wirkung und Anwendung der verschiedenen Adressierungsarten der 8051-Familie zu veranschaulichen.

Nach einigen einleitenden Kommentaren und Pseudobefehlen, die die Arbeit des Assemblers steuern, beginnt das eigentliche Programm in Zeile 9. Zuerst werden einige Register und der Akkumulator vorbesetzt. Dafür steht aus dem 8051-Befehlsatz der MOV-Befehl zur Verfügung. Die allgemeine Form dieses Befehls lautet:

```
MOV ziel,quelle
```

Das Byte, das bewegt oder geändert wird, bezeichnet man auch als Operanden. Je nachdem, wo dieser Operand steht oder wohin er gebracht werden soll, sind verschiedene Adressierungsarten notwendig. Als Ziele kommen dabei zum Beispiel der Akkumulator, die Register R0 bis R7, oder eine Stelle im RAM in Frage. Als Quelle sind zusätzlich noch Konstanten möglich. Es sind dabei nicht alle Kombinationen möglich, sondern nur die in der Befehlsliste (Bild 8.9) aufgeführten.

Damit wir prüfen können, wie sich die MOV-Befehle auswirken, bedienen wir uns eines Hilfsmittels aus dem Eprom. Zeile 17 ruft das Unterprogramm SNAP auf, das einen ersten Prozessor-Schnappschuß via V24 ausgibt. Dieses Unterprogramm ruft das Unterprogramm MON auf, nachdem dem RAM COMMAND ein entsprechender Wert (ccSNAP) übergeben wurde. Dem Symbol ccSNAP ist durch eine Equate-Anweisung (Zeile 48) der Wert 20 H zugewiesen. Das Unterprogramm MON befindet sich im Eprom an der Adresse 0200 H. Diese Information muß in dem Programmbeispiel natürlich auch festgelegt werden (Zeile 50). Das Programm arbeitet nach dem Aufruf von MON (Zeile 55) dieses Unterprogramm ab. Dabei werden über die serielle Schnittstelle einige Prozessor-Register ausgegeben und vom PC empfangen. Die Werte der Register zum Zeitpunkt des Unterprogrammaufrufes ACALL SNAP werden nun auf dem Bildschirm des PCs ausgegeben.

Durch Einfügen von Testausgaben dieser Art den Ablauf eines Programmes durchschaubar zu machen, ist ein wichtiges Hilfsmittel bei der Fehlersuche.

An dieser Stelle möchten wir nochmals auf einen Punkt eingehen: Der Aufruf der Monitor-Routine in Zeile 54 und 55 könnte man auch wie folgt programmieren:

```
MOV   030H,#020H
LCALL 0200H
```

Diese Art des Programmierens ist jedoch sehr schwer zu lesen, so daß ein Einarbeiten in ein fremdes Programm fast unmöglich wird. Der RAM-Adresse 030 H wird deshalb in Zeile 49 das Symbol COMMAND zugewiesen. Bei jedem Monitoraufruf erfolgt der erforderliche Schreibbefehl in die RAM-Adresse 030 H über den symbolischen Namen COMMAND. Dieses Symbol prägt sich der Programmierer natürlich besser ein, als eine nichtssagende Adresse. Wenn in einem umfangreichem Programm sehr viele RAM-Bereiche benutzt werden, kann auf die symbolische Wertzuweisung der Speicherplätze nicht verzichtet werden. Nicht nur diesen, auch den Konstanten werden Symbole zugewiesen. Damit muß man bei Erstellen der Software nicht immer nachsehen, welcher Wert dem Byte COMMAND übergeben werden muß, um die gewünschte Monitor-Routine aufzurufen. Die Symbole ccSTXT zur Ausgabe eines Textes, sowie das Symbol ccSNAP zum Auslösen eines Schnappschusses sind aussagekräftige Namen, die nicht verwechselt werden. Ein weiterer Vorteil bietet die symbolische Adressierung bei Änderungen. Wenn beispielsweise ein Programm, das für eine 8032-Hardware entwickelt wurde, auf eine 80C535-Schaltung übertragen werden soll, sind u. U. Änderungen der Portbelegung erforderlich. Wenn im Programm alle Ports konsequent durch Symbole adressiert sind, genügt es, die Portänderung in den Equate-Zuweisungen (EQU) zu ändern. Die richtige Zuordnung im erzeugten Code übernimmt dann der Assembler.

Anhand der Codezeilen aus dem Beispiel BSP2 wollen wir nun die verschiedenen Adressierungsarten durchgehen.

8.2.1. Unmittelbare (immediate) Adressierung

Will man als Quell-Operanden eine konstante Zahl verwenden, benutzt man die unmittelbare Adressierung. Der Assembler erkennt diese am, der Konstanten vorgestellten, Doppelkreuz (#). Die nachfolgende Konstante kann dezimal (Zeile 12), hexadezimal (Zeile 14, gekennzeichnet durch ein nachgestelltes H), binär (Zeile 26, gekennzeichnet durch ein nachgestelltes B) oder auch als symbolischer Name (Label, wie in Zeile 15) notiert werden. Damit der Assembler Label von Hexadezimalzahlen unterscheiden kann, muß den Hexadezimalzahlen, die mit einem Buchstaben beginnen, eine 0 vorangestellt werden.

```
****** LISTING of EASM51 (BSP2) ******
LINE LOC  OBJ          T          SOURCE
   1 0000                  ; ****** DATEI BSP2.A51 ****************************************
   2 0000                  ;
   3 0000                  ACC      EQU   0E0H              ; SFR Akkumulator Adresse ist 0E0H
   4 0000                  P1       EQU   090H              ; SFR PORT1 Adresse ist 090H
   5 0000                  xR3      EQU   3                 ; Adresse vom Register R3 in Bank 0
   6 0000                  WERT     EQU   100
   7 0000                  ;
   8 0000                           ORG   4100H             ; Programm steht spaeter ab 4100H
   9 4100 90 41 44 [2] START  MOV   DPTR,#txt1
  10 4103 31 49    [2]        ACALL STXT
  11 4105 74 00    [1]        MOV   A,#0                ; Initialisiere einige Register
  12 4107 78 FF    [1]        MOV   R0,#255             ; ist 0FFH hexadezimal
  13 4109 79 0A    [1]        MOV   R1,#10              ; 10 dezimal ist 0AH hexadezimal
  14 410B 7A 10    [1]        MOV   R2,#10H             ; 10H hexadezimal ist 16 dezimal
  15 410D 7B 64    [1]        MOV   R3,#WERT            ; vgl. mit EQU Befehl oben
  16 410F 90 40 00 [2]        MOV   DPTR,#04000H        ; lade mit 16-bit Konstante
  17 4112 31 4F    [2]        ACALL SNAP                ; Ausgabe erster Schnappschuß
  18 4114 74 14    [1]        MOV   A,#20               ; Adressierung: immediate
  19 4116 F9       [1]        MOV   R1,A                ; Adressierung: register,A
  20 4117 31 4F    [2]        ACALL SNAP
  21 4119 75 E0 12 [2]        MOV   ACC,#12H            ; Adressierung: direct,immediate
  22 411C F5 03    [1]        MOV   xR3,A               ; Adressierung: direct,A
  23 411E 31 4F    [2]        ACALL SNAP
  24 4120 78 02    [1]        MOV   R0,#2               ; Adressierung: register,immediate
  25 4122 C6       [1]        XCH   A,@R0               ; Adressierung: A,indirect
  26 4123 75 90 55 [2]        MOV   P1,#01010101B       ; binaere Konstante an Port senden
  27 4126 31 4F    [2]        ACALL SNAP
  28 4128 90 41 2B [2]        MOV   DPTR,#adr1          ; Zeige auf den MOV  A,#2 Befehl
  29 412B 74 02    [1] adr1   MOV   A,#2                ; Adressierungs-Offset
  30 412D 93       [2]        MOVC  A,@A+DPTR           ; Adressierung: A,code-byte relative
  31 412E 31 4F    [2]        ACALL SNAP
  32 4130 E0       [2]        MOVX  A,@DPTR             ; Adressierung: A,external RAM
  33 4131 A9 02    [2]        MOV   R1,2                ; Raetselfrage
  34 4133 31 4F    [2]        ACALL SNAP
  35 4135 90 00 00 [2]        MOV   DPTR,#0             ; Adressierung; DPTR,16-bit immediate
  36 4138 74 F2    [1]        MOV   A,#0F2H             ; externer Datensp. Adr 0 wird 0F2H
  37 413A F0       [2]        MOVX  @DPTR,A
  38 413B 74 00    [1]        MOV   A,#0                ; Programm Speicher Offset
  39 413D 93       [2]        MOVC  A,@A+DPTR           ; Adressierung: A,code-byte relative
  40 413E 31 4F    [2]        ACALL SNAP
  41 4140 E0       [2]        MOVX  A,@DPTR             ; Adressierung: A,external RAM
  42 4141 31 4F    [2]        ACALL SNAP
  43 4143 22       [2]        RET                       ; zurueck zum MONITOR
  44 4144 42 53 50     txt1   DB 'BSP2',0
          32 00
  45 4149                  ;
  46 4149                  ;  MONITOR INTERFACE
  47 4149                  ccSTXT  EQU  2      ; MONITOR Kommando um Text zu senden
  48 4149                  ccSNAP  EQU  020H   ; MONITOR Kommando um Schnappschuss auszugeben
  49 4149                  COMMAND EQU  030H   ; MONITOR Kommando Speicherstelle
  50 4149                  MON     EQU  0200H  ; MONITOR Einsprungadresse
  51 4149                  ;
  52 4149 75 30 02 [2] STXT   MOV COMMAND,#ccSTXT  ; MONITOR Kommando setzen
  53 414C 02 02 00 [2]        LJMP MON             ; zum MONITOR springen (RET von da)
  54 414F 75 30 20 [2] SNAP   MOV COMMAND,#ccSNAP  ; MONITOR Kommando setzen
  55 4152 12 02 00 [2]        LCALL MON            ; Monitor aufrufen
  56 4155 22       [2]        RET                  ; zurueck zum Aufrufer
  57 4156                     END
********** SYMBOLTABLE (13 symbols) **********
      ACC :00E0        P1 :0090       xR3 :0003      WERT :0064
    START :4100      adr1 :412B      txt1 :4144    ccSTXT :0002
   ccSNAP :0020   COMMAND :0030       MON :0200      STXT :4149
     SNAP :414F
```

939011-2-7

Bild 8.7. Ein Programm veranschaulicht alle Adressierungsarten des 8051.

8.2.2. Direkte Adressierung

Mit der direkten Adressierung kann man auf die unteren 128 Bytes des internen RAMs und die Spezial-Funktions-Register (SFR) zugreifen. Ist die angegebene Adresse kleiner als 128 (80 H), wird auf das interne RAM zugegriffen, ansonsten auf ein SFR. Der Akkumulator kann auch als SFR unter der Adresse 0E0 H angesprochen werden. Mit Zeile 3 geben wir dieser Konstanten den Namen ACC. Zeile 21 lädt eine Konstante in den Akkumulator. Dieser Befehl benötigt aber 3 Bytes. Zeile 18 spricht den Akkumulator als SFR an, wodurch der Befehl nur 2 Bytes erforderlich macht.

Auf dem Compuboard ist der Port P 1 nach außen geführt. Die Portpins werden durch das SFR mit dem gleichen Namen, nämlich P 1, angesteuert. Das SFR P 1 ist über die Adresse 90 H ansprechbar. Der Befehl in Zeile 26 gibt an Port 1 das Bitmuster 01010101 B aus, unsere erste Verbindung mit der Außenwelt ist somit hergestellt. Die entsprechenden LEDs, die über Port 1 angeschlossen sind, werden ein- bzw. ausgeschaltet.

Diesen Befehlen ist allen gemeinsam, daß auf die RAM-Bereiche oder Register direkt zugegriffen wird.

8.2.3. Indirekte Adressierung

Bei der indirekten Adressierung, notiert durch @R0 oder @R1, steht in dem angegebenen Register R 0 oder R 1 die Adresse des zu verwendenden Bytes aus dem internen RAM. Die Register R 2 bis R 7 können leider nicht zur indirekten Adressierung verwendet werden. Steht in R 0 der Wert 43 H, so wird mit @R 0 das Byte mit Adresse 43 H im internen RAM angesprochen. Als Beispiel sei Zeile 25 genannt. Hier zeigt R 0 auf Speicherzelle 02 im internen RAM (in Zeile 24 zugewiesen), wo aber genau auch Register R 2 von der Registerbank 0 gespeichert wird. Daher ändert sich durch diesen Befehl der Wert, der im Register R 2 steht. XCH tauscht Ziel und Quell-Byte aus.

Im Gegensatz zur direkten Adressierung führen Adressen größer 127 (7F H) nicht zur SFR-Adressierung, sondern sprechen die oberen 128 Bytes vom internen RAM des Mikrocontrollers an. Diese Bytes können nur mit Hilfe der indirekten Adressierung angesprochen werden.

8.2.4. Register-Adressierung

Mit dem 8051-Befehlssatz stehen Befehle zur Verfügung, die sowohl als Quelle als auch als Ziel Register ansprechen. In Zeile 13 wird das Register R 1 mit dem Wert 10 (0A H) beschrieben. Da nach dem Reset Registerbank 0 aktiviert ist, und das in diesem Programm nicht geändert wurde, ist durch R 1 die RAM-Adresse 01 angesprochen. Das Beschreiben der RAM-Adresse 01 mittels direkter Adressierung würde aber 3 Byte Code und 2 Zyklen kosten. Die Register-Adressierung ist also schneller und benötigt weniger Code. Das macht man sich zunutze, indem man in unterschiedlichen Programmebenen Registerbefehle verwendet, zu Beginn der Ebene aber die Registerbank definiert umschaltet. Das ist besonders bei Interruptroutinen wichtig, da hier die Laufzeitbelastung oft hoch ist und darum laufzeitoptimiert programmiert werden muß.

8.2.5. Bit-Adressierung

Oftmals hängt die von einem Programm auszuführende Tätigkeit vom Zustand eines bestimmten Signals ab. Dieses Signal kann ein externes Signal sein, z. B. der Ausgang eines Komparators, der auf einen Eingabe-Port geführt ist. Es kann sich auch um ein internes Signal (Bit, Flag) handeln, z. B um das Bit 3 im Akkumulator (notiert als ACC.3). Um solche Ein-bit-Informationen einfach auswerten zu können, verfügt der 8051 über eine weitere Adressierungsart, die Bitadressierung. Will man die Bits nicht nur abfragen, sondern auch (z. B. logisch durch ODER) verknüpfen, kann man dazu die Bit-Manipulationsbefehle benutzen.

Insgesamt kann ein Mikrocontroller der 8051-Serie 256 Bits unter den Adressen 00 H bis 0FF H adressieren. Ähnlich der direkten Adressierung haben Adressen kleiner 128 (80 H) bzw. größer oder gleich 128 unterschiedliche Bedeutung. Mit Adressen von 00 bis 127 werden Bits im internen RAM angesprochen. Die Bit-Adresse 00 greift dabei auf das Bit 0 des Bytes mit der Adresse 20 H im internen RAM zu. Die Bitadresse 127 greift auf das Bit 7 des Bytes mit Adresse 2F H zu. Die 16 Bytes 20 H bis 2F H des internen RAMs speichern also die Bits von 00 bis 127.

Mit den Bitadressen von 128 bis 255 kann man die Bits in den Spezial-Funktions-Registern ansprechen. Nicht jede Bitadresse ist aber vorhanden, so daß der Zugriff undefiniert ist. Die effektive Bitadresse ergibt sich als Summe der SFR-Adresse und der anzusprechenden Bitnummer. Um also im Akkumulator (SFR 0E0 H) das Bit 3 anzusprechen, ist die Bitadresse 0E3 H zu verwenden. Der Assembler nimmt einem diese Additionsarbeit ab, wenn man zur Bitadressierung die „Punkt-Notation“ verwendet. Dabei wird hinter der SFR-Adresse einfach durch einen Punkt getrennt die anzusprechende Bitnummer angegeben. Hierzu folgendes Beispiel:

```
JB   ACC.3,WOHIN   ;springe zum Label WOHIN, wenn
                   ;Bit 3 vom Akkumulator gesetzt ist
```

Im internen RAM kann der Bereich von 20 H bis 2F H bitadressiert werden. Für die übrigen RAMs ist diese Adressierung nicht möglich. Von den SFRs können ebenso nicht alle Register bitadressiert werden, sondern nur die, bei deren Adresse die letzten drei Bits 0 sind.

8.2.6. Adressierung des Programmspeichers

Aus dem Programmspeicher, der ja üblicherweise ein ROM oder Eprom ist, kann der Prozessor nur lesen. Dazu dient der Befehl MOVC, der als Ziel übrigens immer den Akkumulator hat. Das dem MOV nachgestellte C steht für Code-Memory. Die effektive Adresse wird durch Addition des Akkumulators zum Datenpointer DPTR (MOVC A,@A+DPTR) beziehungsweise zum aktuellen Befehlszählerstand (MOVC @A+PC) gebildet. In Zeile 39 ist die effektive Adresse 0000, da sowohl DPTR als auch der Akkumulator A den Inhalt 00 haben.

Im Programmspeicher kann man feste Tabellen oder Texte speichern, die dann über den DPTR gelesen werden können. Man kann zum Beispiel im Monitor EMON51.A51 nachschauen, wie die Routine STXT programmiert ist, die einen im Programmspeicher stehenden Text ausgibt.

8.2.7. Adressierung des (externen) Datenspeichers

Zum Zugriff auf den externen Datenspeicher, der üblicherweise ein RAM ist, dient der Befehl MOVX. Das X steht dabei für „eXternal". Bei der Angabe von @DPTR wie in Zeile 37 oder 41 wird der Inhalt des Datenzeigers DPTR als 16-Bit-Adresse verwendet. Bei Angabe von @R 0 oder @R 1 wird als niederwertiger Adreßteil der Inhalt von R 0 oder R 1, als höherwertiger Adreßteil der Inhalt des Ports P 2 (SFR-Adresse 0A0 H) verwendet.

Beim 8032-Compuboard ist der Adreßbereich von 0C000 H bis 0FFFF H des „Datenspeichers" für Ein/Ausgabezwecke vorgesehen (memory mapped I/O). Will man also Ausgabebausteine unter diesen Adressen ansprechen, verwendet man den Befehl MOVX.

8.3. Ein-/Ausgabe-Möglichkeiten der 8051-Familie

Der 8032 verfügt über 4 bidirektionale Ports, über die zu verarbeitende Signale eingelesen werden, oder an denen vom Prozessor erzeugte Signale ausgegeben werden können. Die Ports ermöglichen die Kommunikation mit der Außenwelt.

Die Spezial-Funktions-Register P 0, P 1, P 2 und P 3 sind die Register, die bei Lese- und Schreibbefehlen auf einen Port angesprochen werden. Diese vier Portregister sind bitadressierbar – jedes Bit kann einzeln adressiert werden. Die Information, die ein Schreibbefehl einem Portbit überträgt, muß natürlich gespeichert bleiben. Die Speicherelemente (Bitlatch) sind durch D-Flipflops realisiert. Für jeden der acht Pins eines Ports wird solch ein Flipflop benötigt. Bei einem Schreibbefehl aktiviert die CPU das interne Signal „WRITE TO LATCH", wodurch die Information vom internen Bus auf den Ausgang des Flipflops getaktet wird. Dieser Teil der Beschaltung ist, wie aus den nachfolgenden Schaltbildern ersichtlich, für alle Ports gleich. Der Ausgang des Flipflops steuert über eine Verstärkerstufe den Portpin an. In der Weiterverarbeitung des Flipflop-Ausgangssignals unterscheiden sich die Ports. Anzumerken sei noch, daß als Treiberendstufen Feldeffekt-Transistoren eingesetzt sind. Die Ausgangstreiber von Port 0 können bis zu acht LS TTL Eingänge treiben, die übrigen Ports hingegen nur vier.

In Klammern ist die interne Beschaltung der 80C535-Ports angegeben. Man sieht, daß beim 80C535 die Portbits von P 1 zusätzlich für Alternativ-Funktionen benutzt werden. Die Beschaltung von P 4 und P 5 entspricht derjenigen von Port P 1 des 8032.

Read-Modify-Write-Befehle

Beim Lesen eines Portpins wird entweder der Pegel am Prozessorpin oder die Information im Bitlatch auf den internen Bus gelegt. Einige Befehle aktivieren das Signal „READ LATCH", und legen somit den Ausgang Q des Flipflops auf den Bus. Andere Lesebefehle aktivieren „READ PIN", wodurch das Signal am Pin auf den Bus geschaltet wird. Diese Unterscheidung ist notwendig, da sonst Fehlinterpretationen bei Einlesen eines Signals auftreten können. Treibt ein Portpin beispielsweise die Basis eines nachgeschalteten Transistors, so würde bei angesteuertem Transistor, Portpin also HIGH, die Basis des Transistors den Pegel am Port auf etwa $U = 0.7\,V$ ziehen. Die CPU würde beim Lesen dieses Ports fälschlicherweise LOW interpretieren. Bei Beeinflussung eines Ports durch einen Befehl, der das „READ LATCH" aktiviert, wird zuerst das Register gelesen, dann geändert, und schließlich wieder zurückgeschrieben. Daher der Name: Read-Modify-Write-Befehl

Wenn wir nachher in den Programmbeispielen Information über die Ports einlesen, müssen wir natürlich wissen, welche Befehle welches Signal lesen. Die folgende Tabelle listet alle Read-Modify-Write-Befehle auf, die der Befehlssatz des 8051 bietet.

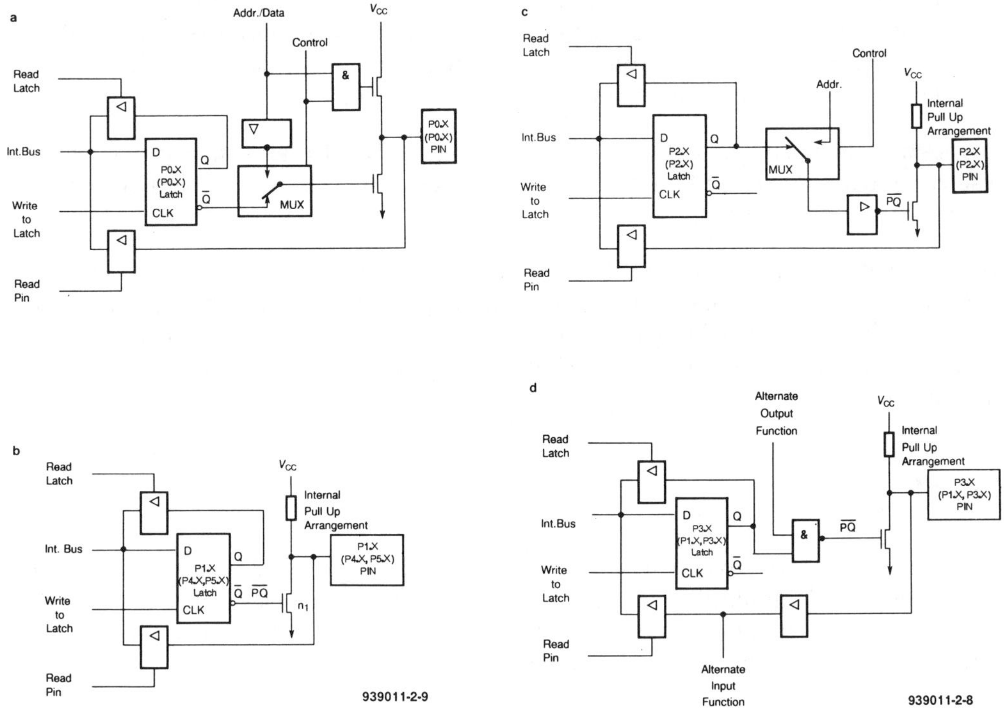

Bild 8.8. Die interne Beschaltung der Ports (in Klammern für den 80C535).

Befehl	Beschreibung
ANL	Logisches UND
ORL	Logisches ODER
XRL	Logisches Exclusiv-ODER
JBC	Springe wenn Bit=1 und lösche Bit
CPL	Komplementiere Bit
INC	Inkrementiere
DEC	Dekrementiere
DJNZ	Dekrementiere und springe, wenn Byte nicht Null
MOV Px.y,C	Beschreibe Bit y von Port x mit dem Carry-Flag
CLR Px.y	Lösche Bit y von Port x
SETB Px.y	Setze Bit y von Port x

Der Ziel-Operand dieser Befehle muß natürlich immer ein Portregister oder Portbit sein. Auf den ersten Blick ist nicht zu erkennen, daß auch die letzten drei Befehle zu dieser Gruppe gehören. Sie lesen das komplette Port-Register, ändern das adressierte Bit, und schreiben das neue Byte wieder in das Portregister zurück.

An dieser Stelle noch eine ganz wichtige Information: Das Bitlatch muß softwaremäßig gesetzt werden, wenn der Port als Eingang dienen soll. Das ist erforderlich, um den Ausgangstreiber zu sperren.

Im folgenden beleuchten wir für die einzelnen Ports den Verwendungszweck und gehen kurz auf die interne Beschaltung ein. Hierzu betrachten wir die oben gezeigten Bilder für die interne Beschaltung der Ports. Kenntnisse über diese Zusammenhänge sind vorteilhaft, um einige Besonderheiten (Verwendung als Eingang, Einsatz der Alternativ-Funktionen) zu verstehen.

Port 0

Bei Verwendung von externen Speichererweiterungen gibt Port 0 das Lowbyte der Adresse aus. Im Zeitmultiplex werden über diesen Port die Daten aus dem externen Speicher eingelesen. Wird kein externer Speicher angeschlossen (ROM-Version 8052), kann Port 0 als Ein-/Ausgabeport verwendet werden.

Ein Schreibbefehl in ein Bitlatch aktiviert das interne Signal „WRITE TO LATCH". Dadurch wird die Information am internen Bus negiert an den Ausgang $\overline{Q}$ des Flipflops übertragen. Das Signal „CONTROL" steuert die Umschaltung für den externen Speicherzugriff. Der Ausgang des AND-Gatters steuert den FET an, der als Pull-up-Widerstand für den Portpin dient. Dies ist nur der Fall bei der Ausgabe von HIGH während eines externen Speicherzugriffs. Bei Verwendung als Ein-/Ausgabeport ist Port 0 als Open-Drain-Ausgang verwendbar.

Port 2

Bei Verwendung von externen Speichern gibt Port 2 das Highbyte der Adresse aus. Wird kein externer Speicher angesprochen, so kann jeder Pin dieses Ports wie bei Port 0 als Eingang oder Ausgang eingesetzt werden.

Die Beschaltung von Port 2 benötigt ebenso ein Signal, das die Umschaltung für den externen Speicherzugriff steuert. CONTROL steuert den Umschalter an, wenn ein Zugriff auf einen externen Speicher erfolgt. Ansonsten wird der Ausgang des Flipflops auf den Portpin durchgeschaltet.

Port 1

Die Anschlüsse von Port 1 dienen der Ausgabe oder Eingabe, dieser Port hat beim 8032 sonst keine weitere Funktion. Dashalb kann das Ausgangssignal $\overline{Q}$ des Flipflops direkt den Ausgangstreiber ansteuern. Im Schaltbild von Port 1 wird deutlich, warum wir für den Einsatz als Eingang das Bitlatch setzen müssen. Eine 0 würde den Ausgang $\overline{Q}$ des Flipflops auf 1 setzen und den Transistor durchschalten. Mit Befehlen, die das Signal READ PIN aktivieren und somit den Portpin lesen, könnte dadurch nur LOW eingelesen werden.

Port 3

Neben der Ein-/Ausgabe-Funktion kann Port 3 auch noch für Sonderfunktionen (Alternativ-Funktionen) verwendet werden. Zwei dieser Funktionen haben wir schon kennengelernt. Das $\overline{WR}$ und $\overline{RD}$-Signal zum Adressieren von externen Datenspeichern. Hier sind die übrigen Funktionen aufgelistet, auf deren Funktionsweise wir natürlich erst später im Detail eingehen können.

Portpin	Signal	Funktion
P3.0	RxD	Serieller Eingangsport
P3.1	TxD	Serieller Ausgangsport
P3.2	$\overline{INT0}$	Externer Interrupt 0
P3.3	$\overline{INT1}$	Externer Interrupt 1
P3.4	T0	Eingang Timer 0
P3.5	T1	Eingang Timer 1
P3.6	$\overline{WR}$	Write Enable für externe Datenspeicher
P3.7	$\overline{RD}$	Read Enable für externe Datenspeicher

Einige dieser Sonderfunktionen geben über den betreffenden Pin Signale aus. Um diese Funktion zu aktivieren, muß das entsprechende Bitlatch von der Software gesetzt werden. Bei gesetztem Flipflop-Ausgang Q schaltet das AND-Gatter das Signal ALTERNATIVE AUSGANGSFUNKTION auf den Feldeffekt-Transistor durch. Somit kann zum Beispiel der Inhalt des Senderegisters SBUF der seriellen Schnittstelle über den Portpin P3.1 (TxD) ausgegeben werden. Das für eine Sonderfunktion benötigte Eingangssignal an Portpin P3.x steht immer zur Verfügung, unabhängig vom Zustand des Bitlatches.

8.4. Der Befehlssatz der 8051-Familie

Mit dem, was wir bisher über den Controller schon wissen, können wir uns den Befehlssatz ansehen. Ein Assemblerprogramm besteht aus einer Aneinanderreihung von Mnemonics, die jeweils einen Befehl darstellen. Einige Befehle haben wir in den ersten beiden Programmbeispielen schon kennengelernt. Auch auf den MOVX-Befehl, über den der Zugriff auf einen externen Datenspeicher erfolgt, sind wir schon gestoßen. Auf die Wirkung der Befehle sind wir jedoch nicht detailliert eingegangen. Es ist auch schwierig, alle Befehle genau zu beschreiben. Andere Bücher sind damit zur Hälfte ausgelastet. Wir wollen einen Weg gehen, der den Praxisbezug in den Vordergrund stellt – die Beschreibung der Befehle kurz fassen und durch die Programmbeispiele die Auswirkung der Befehle verdeutlichen.

Die Befehlsliste gibt eine Übersicht über alle Befehle der 8051-Mikrocontroller-Familie. In den beiden Spalten „Byte“ und „Cyc“ ist der Speicherbedarf im Eprom, sowie die Ausführungszeit für den betreffenden Befehl angegeben. Mit 12 MHz Taktfrequenz entspricht 1 Maschinenzyklus 1 μsec. Der größte Teil der Befehle ist somit nach 1 μsec abgearbeitet.

Die Befehle sind in Funktionsgruppen gegliedert, die wir der Reihe nach besprechen. Um alle möglichen Befehle, die beim Programmieren mit einem 8051-Controller eingesetzt werden können, auf einen Blick übersehen zu können, ist der komplette Befehlssatz in Bild 8.9. wiedergegeben.

8.4.1. Daten-Transfer

MOV-Befehle

Das Beispiel BSP2 enthält vornehmlich Befehle, die Register mit definierten Zahlenwerten beschreiben. Diese Befehle nennt man „MOV-Befehle“. Mit einer Ausnahme (MOV DPTR,#data16) werden mit dem MOV-Befehl nur Bytes beeinflußt. Einige der möglichen MOV-Befehle sind uns schon bei der Besprechung der Adressierungsarten begegnet. Zur Erinnerung nochmal die allgemeine Form der MOV-Befehle:

```
MOV  ziel,quelle
```

Der Befehlsliste können wir entnehmen, welche Bytes als Ziel und welche Bytes als Quelle in Frage kommen. Dieser Befehl überschreibt das Zielbyte mit dem Quellbyte, läßt das Quellbyte aber unverändert.

ARITHMETIC OPERATIONS

Mnemonic		Description	Byte	Cyc
ADD	A,Rn	Add register to Accumulator	1	1
ADD	A,direct	Add direct byte to Accumulator	2	1
ADD	A,@Ri	Add indirect RAM to Accumulator	1	1
ADD	A,#data	Add immediate data to Accumulator	2	1
ADDC	A,Rn	Add register to Accumulator with Carry	1	1
ADDC	A,direct	Add direct byte to A with Carry flag	2	1
ADDC	A,@Ri	Add indirect RAM to A with Carry flag	1	1
ADDC	A,#data	Add immediate data to A with Carry flag	2	1
SUBB	A,Rn	Subtract register from A with Borrow	1	1
SUBB	A,direct	Subtract direct byte from A with Borrow	2	1
SUBB	A,@Ri	Subtract indirect RAM from A w/ Borrow	1	1
SUBB	A,#data	Subtract immed data from A w/ Borrow	2	1
INC	A	Increment Accumulator	1	1
INC	Rn	Increment register	1	1
INC	direct	Increment direct byte	2	1
INC	@Ri	Increment indirect RAM	1	1
DEC	A	Decrement Accumulator	1	1
DEC	Rn	Decrement register	1	1
DEC	direct	Decrement direct byte	2	1
DEC	@Ri	Decrement indirect RAM	1	1
INC	DPTR	Increment Data Pointer	1	2
MUL	AB	Multiply A & B	1	4
DIV	AB	Divide A by B	1	4
DA	A	Decimal Adjust Accumulator	1	1

LOGICAL OPERATIONS

Mnemonic		Destination	Byte	Cyc
ANL	A,Rn	AND register to Accumulator	1	1
ANL	A,direct	AND direct byte to Accumulator	2	1
ANL	A,@Ri	AND indirect RAM to Accumulator	1	1
ANL	A,#data	AND immediate data to Accumulator	2	1
ANL	direct,A	AND Accumulator to direct byte	2	1
ANL	direct,#data	AND immediate data to direct byte	3	2
ORL	A,Rn	OR register to Accumulator	1	1
ORL	A,direct	OR direct byte to Accumulator	2	1
ORL	A,@Ri	OR indirect RAM to Accumulator	1	1
ORL	A,#data	OR immediate data to Accumulator	2	1
ORL	direct,A	OR Accumulator to direct byte	2	1
ORL	direct,#data	OR immediate data to direct byte	3	2
XRL	A,Rn	Exclusive-OR register to Accumulator	1	1
XRL	A,direct	Exclusive-OR direct byte to Accumulator	2	1
XRL	A,@Ri	Exclusive-OR indirect RAM to A	1	1
XRL	A,#data	Exclusive-OR immediate data to A	2	1
XRL	direct,A	Exclusive-OR Accumulator to direct byte	2	1
XRL	direct,#data	Exclusive-OR immediate data to direct	3	2
CLR	A	Clear Accumulator	1	1
CPL	A	Complement Accumulator	1	1
RL	A	Rotate Accumulator Left	1	1
RLC	A	Rotate A Left through the Carry flag	1	1
RR	A	Rotate Accumulator Right	1	1
RRC	A	Rotate A Right through Carry flag	1	1
SWAP	A	Swap nibbles within the Accumulator	1	1

DATA TRANSFER

Mnemonic		Description	Byte	Cyc
MOV	A,Rn	Move register to Accumulator	1	1
MOV	A,direct	Move direct byte to Accumulator	2	1
MOV	A,@Ri	Move indirect RAM to Accumulator	1	1
MOV	A,#data	Move immediate data to Accumulator	2	1
MOV	Rn,A	Move Accumulator to register	1	1
MOV	Rn,direct	Move direct byte to register	2	2
MOV	Rn,#data	Move immediate data to register	2	1
MOV	direct,A	Move Accumulator to direct byte	2	1
MOV	direct,Rn	Move register to direct byte	2	2
MOV	direct,direct	Move direct byte to direct	3	2
MOV	direct,@Ri	Move indirect RAM to direct byte	2	2
MOV	direct,#data	Move immediate data to direct byte	3	2
MOV	@Ri,A	Move Accumulator to indirect RAM	1	1
MOV	@Ri,direct	Move direct byte to indirect RAM	2	2
MOV	@Ri,#data	Move immediate data to indirect RAM	2	1
MOV	DPTR,#data16	Load Data Pointer with a 16-bit constant	3	2

DATA TRANSFER (cont.)

Mnemonic		Description	Byte	Cyc
MOVC	A,@A+DPTR	Move Code byte relative to DPTR to A	1	2
MOVC	A,@A+PC	Move Code byte relative to PC to A	1	2
MOVX	A,@Ri	Move External RAM (8-bit addr) to A	1	2
MOVX	A,@DPTR	Move External RAM (16-bit addr) to A	1	2
MOVX	@Ri,A	Move A to External RAM (8-bit addr)	1	2
MOVX	@DPTR,A	Move A to External RAM (16-bit addr)	1	2
PUSH	direct	Push direct byte onto stack	2	2
POP	direct	Pop direct byte from stack	2	2
XCH	A,Rn	Exchange register with Accumulator	1	1
XCH	A,direct	Exchange direct byte with Accumulator	2	1
XCH	A,@Ri	Exchange indirect RAM with A	1	1
XCHD	A,@Ri	Exchange low-order Digit ind. RAM w A	1	1

BOOLEAN VARIABLE MANIPULATION

Mnemonic		Description	Byte	Cyc
CLR	C	Clear Carry flag	1	1
CLR	bit	Clear direct bit	2	1
SETB	C	Set Carry flag	1	1
SETB	bit	Set direct Bit	2	1
CPL	C	Complement Carry flag	1	1
CPL	bit	Complement direct bit	2	1
ANL	C,bit	AND direct bit to Carry flag	2	2
ANL	C,/bit	AND complement of direct bit to Carry	2	2
ORL	C,bit	OR direct bit to Carry flag	2	2
ORL	C,/bit	OR complement of direct bit to Carry	2	2
MOV	C,bit	Move direct bit to Carry flag	2	1
MOV	bit,C	Move Carry flag to direct bit	2	2

PROGRAM AND MACHINE CONTROL

Mnemonic		Description	Byte	Cyc
ACALL	addr11	Absolute Subroutine Call	2	2
LCALL	addr16	Long Subroutine Call	3	2
RET		Return from subroutine	1	2
RETI		Return from interrupt	1	2
AJMP	addr11	Absolute Jump	2	2
LJMP	addr16	Long Jump	3	2
SJMP	rel	Short Jump (relative addr)	2	2
JMP	@A+DPTR	Jump indirect relative to the DPTR	1	2
JZ	rel	Jump if Accumulator is Zero	2	2
JNZ	rel	Jump if Accumulator is Not Zero	2	2
JC	rel	Jump if Carry flag is set	2	2
JNC	rel	Jump if No Carry flag	2	2
JB	bit,rel	Jump if direct Bit set	3	2
JNB	bit,rel	Jump if direct Bit Not set	3	2
JBC	bit,rel	Jump if direct Bit is set & Clear bit	3	2
CJNE	A,direct,rel	Compare direct to A & Jump if Not Equal	3	2
CJNE	A,#data,rel	Comp. immed. to A & Jump if Not Equal	3	2
CJNE	Rn,#data,rel	Comp. immed. to reg. & Jump if Not Equal	3	2
CJNE	@Ri,#data,rel	Comp. immed. to ind. & Jump if Not Equal	3	2
DJNZ	Rn,rel	Decrement register & Jump if Not Zero	2	2
DJNZ	direct,rel	Decrement direct & Jump if Not Zero	3	2
NOP		No operation	1	1

Notes on data addressing modes:

Rn	Working register R0-R7
direct	128 internal RAM locations, any I/O port, control or status register
@Ri	Indirect internal RAM location addressed by register R0 or R1
#data	8-bit constant included in instruction
#data16	16-bit constant included as bytes 2 & 3 of instruction
bit	128 software flags, any I/O pin, control or status bit

Notes on program addressing modes:

addr16	Destination address for LCALL & LJMP may be anywhere within the 64-Kilobyte program memory address space.
addr11	Destination address for ACALL & AJMP will be within the same 2-Kilobyte page of program memory as the first byte of the following instruction.
rel	SJMP and all conditional jumps include an 8-bit offset byte. Range is +127 -128 bytes relative to first byte of the following instruction.

Bild 8.9. Vollständige Befehlsliste der 8051-Mikrocontroller.

Der einzige MOV-Befehl, der ein 16-Bit Register beeinflußt, ist der „MOV DPTR,#data16“. Der 16-Bit Datenpointer DPTR wird dabei mit einer 16-Bit Konstanten geladen. Als Beispiel können wir uns in Beispiel BSP2 die Zeile 9 ansehen. Nach dem Laden des Datenpointers wird das Unterprogramm STXT aufgerufen, das eine Routine im Monitorprogramm aufruft.

MOVC-Befehl

Damit sind wir beim MOVC-Befehl (MOVC A,@A+DPTR), der im Monitorprogramm aufgerufen wird. Dieser Befehl adressiert die Adresse im Programmspeicher, die sich aus der Summe von Datenpointer- und Akkuinhalt ergibt, und liest das an dieser Stelle im Programmspeicher abgelegte Byte. Im Fall von BSP2 wird der Datenpointer mit dem Wert 4144 H geladen. An dieser Adresse sind durch die DB-Anweisung (definiere Byte) ASCII-Zeichen abgelegt, die der Assembler generiert. Man braucht dafür nur einen Text, hier 'BSP2', in Hochkommas abzulegen. Das Monitorprogramm liest der Reihe nach diese 4 ASCII-Zeichen ein. Der Datenpointer behält dabei seinen Wert – die Adressierung der fogenden Bytes ab Adresse 4144 H erreicht man durch Hochzählen des Akkumulators. Beispielsweise wird mit dem Wert 02 im Akkumulator durch „MOV A,@A+DPTR“ der Wert in Adresse 4146 H gelesen. Das Ziel ist bei diesem Befehl immer der Akku, jetzt steht also im Akku der Wert 50 H. Das ist der ASCII-Wert für den Buchstaben P. Das Monitorprogramm überträgt diese Zeichen an den PC, der sie am Bildschirm ausgibt. Das letzte Zeichen hinter dem auszugebenden Textstring muß eine 0 sein, damit der Monitor das Ende dieser Zeichenfolge erkennen kann. In einigen Programmbeispielen stehen als letzte Zeichen vor der 0 die Werte 13 und 10. Das sind die ASCII-Zeichen für LF (line feet, Papiervorschub) und CR (carriage return, Wagenrücklauf). Der Cursor am Bildschirm rückt durch diese Zeichen in die nächste Zeile an den linken Bildschirmrand.

Noch ein Satz zur Bedeutung dieser ASCII-Zeichen. Jedem Zeichen auf der PC-Tastatur ist ein Wert zugeordnet. Diese, als ASCII-Code bezeichneten Werte, überträgt die Tastatur an den Bildschirm, der diese Werte wieder in die betreffenden Zeichen umsetzt und am Bildschirm ausgibt. Das Zeichen, das der Zeichenfolge 'BSP2' folgt, ist eine 0. Das ist jedoch nicht der ASCII-Wert für die Ziffer 0, sondern ein Steuerzeichen, das am Bildschirm nicht sichtbar ist. Dieses Zeichen würde in einem Textstring also nie vorkommen, deshalb benutzt man es als Kennung für das Ende.

MOVX-Befehle

Nach diesem kleinen Ausflug wollen wir wieder zurückkehren zu den 8051-Befehlen. Auf dem Compuboard steht uns für größere Projekte, die viel Speicher benötigen, ein externer Datenspeicher zur Verfügung. Der Datentransfer zwischen Controller und RAM-Baustein läuft über die MOVX-Befehle ab. Auch dafür haben wir in BSP2 ein Beispiel. Zeile 35 adressiert den Datenpointer auf den Wert 0000 H. Diese Adresse liegt im

Adreßbereich, in dem das externe RAM als Datenspeicher angesprochen wird. In Zeile 37 beschreibt der Befehl „MOVX @DPTR,A" die RAM-Adresse 0000 mit dem Wert aus dem Akkumulator. Dieser wurde zuvor in Zeile 36 mit 0F2 H beschrieben. Der Zugriff auf das RAM erfolgt durch Aktivieren des $\overline{WR}$-Signals. Wie das Zeitverhalten bei den MOVX-Befehlen aussieht, haben wir schon bei der Beschreibung der Kontrollsignale gesehen.

Wie können wir feststellen, daß der Wert 0F2 H wirklich abgespeichert ist? Ganz einfach. Wir lesen in Zeile 41 das RAM wieder aus. Der Datenpointer steht an dieser Stelle immer noch auf dem Wert 0000 H, so daß die gleiche RAM-Adresse angesprochen wird. Der MOVX-Lesebefehl lädt den Akkumulator mit dem RAM-Inhalt. Deshalb sollte jetzt im Akku 0F2 H stehen. Der nächste Befehl in Zeile 42 ruft das Schnappschuß-Unterprogramm auf, das die Register am Bildschirm ausgibt. Nun sieht man, ob die MOVX-Befehle die gewünschte Wirkung haben.

XCH-Befehle

Ebenfalls zu dieser Gruppe von Befehlen gehören die XCH-Befehle. Einer dieser Befehle ist auch in BSP2 eingefügt. Zeile 24 schreibt in das Register R 0 die RAM-Adresse 02. Der folgende XCH-Befehl tauscht die Inhalte von Akkumulator und von dem durch R 0 adressierten RAM aus. R 0 adressiert die RAM-Adresse 02, das ist aber gerade das Register 2 (R 2) von der eingestellten Registerbank 0. In Zeile 14 ist R 2 die Konstante 10 H zugewiesen. Der Schnappschuß in Zeile 27 muß für den Akkumulator den Wert 10 H ausgeben.

Der XCHD-Befehl tauscht auch Informationen zwischen den beiden Operanden aus. Im Gegensatz zum XCH werden aber nicht die kompletten Bytes ausgetauscht, sondern nur die niederwertigen Halb-Bytes.

PUSH und POP

Die beiden Befehle PUSH und POP spielen eine wichtige Rolle bei den Interrupt-Routinen, in Verbindung mit dem Stapelbereich. Die Wirkung ist eigentlich einfach. Mit dem PUSH-Befehl können direkt adressierte RAM-Bereiches in den Stapelbereich abgebildet werden. Daraufhin kann eine Routine abgearbeitet werden, die diese RAM-Inhalte verändern kann. Das ist natürlich häufig beim Akkumulator der Fall, da über dieses Register sehr viele Befehle abgearbeitet werden. Nehmen wir an, daß der ursprüngliche Wert aus dem RAM nach Beenden der Routine noch gebraucht wird. Der POP-Befehl holt den zuvor durch den PUSH-Befehl geretteten Wert zurück. Der Datenzugriff läuft über den Stapelzeiger SP. Dieses Register steht nach dem Reset auf 07 H. PUSH inkrementiert SP, so daß er auf die RAM-Adresse 08 H, das Register 0 (R 0) der Registerbank 1, zeigt. An diese Stelle wird das von PUSH adressierte Byte abgelegt. In umgekehrter Reihenfolge läuft der POP-Befehl ab. Zunächst wird das vom Stapelzeiger SP adressierte

Byte gelesen und dem von POP adressierten direkten Byte übergeben. Daraufhin wird SP dekrementiert.

Die Wichtigkeit dieser beiden Befehle erkennen wir, wenn wir Programmbeispiele mit Interupts testen.

8.4.2. Programm-Kontroll-Befehle

Als nächstes wollen wir uns Befehlen zuwenden, die zu Verzweigungen im Programmablauf führen. Auch von dieser Gruppe von Befehlen haben wir schon einige Vertreter in den Programmbeispielen angetroffen.

Unterprogramme

Ein Programm besteht häufig aus kleineren Unterprogrammen. Ein einmal geschriebenes Unterprogramm kann später oft wieder verwendet werden. In unserem Beispiel BSP2 gibt es beispielsweise das Unterprogramm SNAP, das an mehreren Stellen aufgerufen wird. Nach jedem Aufruf werden die Prozessor-Register via V24 zum PC übertragen und am Bildschirm angezeigt. Nach Abarbeiten des Unterprogrammes fährt das Programm mit dem Befehl fort, der dem Unterprogrammaufruf folgt.

Beim 8051 können Unterprogramme durch die beiden Befehle

```
ACALL addr11
LCALL addr16
```

aufgerufen werden. Beide Befehle haben die gleiche Wirkung, nämlich das Starten eines Unterprogrammes an der angegebenen Adresse (addr11 beziehungsweise addr16). Liegt die Adresse des Unterprogrammes im gleichen 2K-Block wie der CALL-Befehl selbst, kann der ACALL (Absolute-CALL) verwendet werden. Die oberen 5 Bits der 16-Bit-Adressen müssen also übereinstimmen. Steht der ACALL-Befehl also beispielsweise auf Adresse 9A12 H, so sind alle Adressen zwischen 9800 H und 9FFF H erreichbar. Der Vorteil dieses CALL-Befehls liegt darin, daß er nur 2 Bytes benötigt. Der LCALL-Befehl hingegen benötigt 3 Bytes, da im Befehlscode die vollständige 16-Bit-Adresse angegeben ist. Dadurch kann aber jede Adresse innerhalb des 64K-Bereichs angesprungen werden.

Bei umfangreichen Programmen kann der Speicherplatz knapp werden. So kann es durchaus wichtig sein, ACALLs einzusetzen, wo es möglich ist. Ist die angegebene Adresse durch den ACALL nicht erreichbar, gibt der Assembler eine Fehlermeldung aus.

Beispiel für die Verwendung eines LCALLs ist die Zeile 55 in BSP2. Hier würde ein ACALL nicht ausreichen, da das aufgerufene Unterprogramm MON mit Adresse 0200 H zu weit von unserem Programm (Startadresse 4100 H) entfernt liegt.

Das Ende eines Unterprogramms wird mit dem Befehl RET (Return) bewirkt. Er veranlaßt die Rückkehr der Programmausführung zum aufrufenden Programm. Mit dem RET-Befehl in Zeile 43 wird beispielsweise das gesamte Beispielsprogramm beendet, und es wird mit der Ausführung des Monitorprogramms fortgesetzt.

Eine ähnliche Funktion wie der RET hat der RETI-Befehl. Wir benötigen ihn, um Interruptprogramme abzuschließen. Das Programm fährt dann an der unterbrochenen Stelle fort. Einen kleinen Unterschied gibt es aber doch zwischen RET und RETI. Doch dazu mehr an geeigneter Stelle.

Sprungbefehle

Die CALL-Befehle führen dazu, daß das Programm an die angegebene Adresse verzweigt, kehrt aber nach Beenden des Unterprogramms wieder zurück. Nicht so bei den Sprungbefehlen JMP. Sie bewirken die Fortführung an der angegebenen Adresse. Es handelt sich um sogenannte unbedingte Sprünge, da auf jeden Fall gesprungen wird. Der Sprung ist mit den folgenden Befehlen möglich:

```
SJMP rel
AJMP addr11
LJMP addr16
```

Die dem JMP (JuMP) vorgestellten Buchstaben A (AJMP) und L (LJMP) haben die gleiche Bedeutung wie bei CALL. Zusätzlich gibt es noch den Short-Jump SJMP, mit dem nur Adressen zwischen –128 und +127 Bytes erreicht werden können. Ein Sprung nach vorne im Programmcode wird erreicht, wenn die relative Adresse zwischen 00 und 7F H (127) liegt. Relative Sprungadressen von 80 H bis 0FF H bewirken Rücksprünge. Natürlich berechnet der Assembler auch diese Adressen, wenn das Sprungziel durch ein Label definiert ist.

Ein Beispiel für einen Sprungbefehl finden wir in Zeile 53 im Beispiel BSP2. Hier ist ein LJMP erforderlich, da die Zieladresse zu weit weg liegt für einen SJMP oder AJMP.

Bedingte Sprungbefehle

Um in Abhängigkeit von bestimmten Signalen oder Ereignissen verschiedene Aktionen innerhalb eines Programmes zu veranlassen, verwendet man bedingte Sprungbefehle. Ist bei einem bedingten Sprungbefehl die angegebene Bedingung erfüllt, so wird das Programm an der beim Befehl angegebenen Adresse fortgeführt. Ist die Bedingung nicht erfüllt, fährt das Programm einfach mit dem nächsten Befehl fort.

Der 8051 kennt die folgenden bedingten Sprungbefehle:

```
JZ  adr     ;Springe nach adr wenn Akkumulator = 0
JC  adr     ;Springe, wenn Übertragsflag (PSW.7) gesetzt ist
JB  bit,adr ;Springe, wenn das Bit mit Bitadresse bit = 1 ist
JBC bit,adr ;wie JB, loesche zusätzlich das Bit
```

Die ersten drei dieser Befehle gibt es zusätzlich noch mit negierter Sprungbedingung (gekennzeichnet durch ein N). Die angegebene Sprungadresse muß mit einem kurzen Sprung erreicht werden können (−128 bis +127 Sprungdifferenz). Manchmal ist es daher notwendig, mit einem bedingten Sprung zu einem langen Sprung zu springen, der somit als Sprungverlängerung wirkt.

Vergleichsbefehl

Als weiteren Sprungbefehl kennt der 8051 den Befehl

```
CJNE op1,op2,adr  ;Springe wenn op1 ungleich op2 nach adr
```

Die zugelassenen Operanden sind der Befehlstabelle zu entnehmen. Mit diesem Befehl kann man prüfen, ob ein Register einen vorgegebenen Wert enthält und dann entsprechend verzweigen.

Sehr gerne wird dieser Vergleichsbefehl auch eingesetzt, um zu prüfen, ob der Operand op1 kleiner als der Operand op2 ist. Der CJNE setzt das Carry-Flag C, wenn op1 kleiner op2 ist. Im andern Fall ist C gelöscht. Als Sprungadresse im CJNE-Befehl gibt man die nächste Zeile an, in der man das Carry-Flag mit einem JC- oder JNC-Befehl abfragt. Diesem Befehl, die „Kleiner"-Abfrage, werden Sie in unsern Programmbeispielen oft begegnen.

Zählbefehl

Vielfach benötigt man bei der Programmierung sogenannte Schleifen. Es sollen also bestimmte Befehle mehrfach wiederholt werden. Liegt diese Anzahl zwischen 1 und 255, so kann man diese mit dem Befehl

```
DJNZ  Rn,rel
```

leicht erreichen. Der Befehl vermindert (dekrementiert) zuerst den Inhalt des angegebenen Registers um 1. Anschließend wird geprüft, ob der Inhalt des Registers Null ist. Wenn nicht, so wird das Programm bei der angegebenen Sprungadresse (rel) fortgeführt. Im andern Fall wird das Programm beim nächsten Befehl fortgesetzt. Anstelle der Register können auch direkt adressierbare Bytes zum Zählen verwendet werden, so auch der Akkumulator, wenn man ihn im Programmcode als ACC (mit Adresse 0E0 H) anspricht.

Ein Beispiel für den DJNZ-Zählbefehl kann in den Programmen nach dem Reset abgearbeitet werden:

```
     MOV  R0,#0FFH  ;
     CLR  A         ;
WDH: MOV  @R0,A     ;
     DJNZ R0,WDH    ;
```

Was bewirkt diese Befehlsfolge?

Der erste Befehl beschreibt das Register R 0 mit dem Wert 0FF H. Daraufhin wird der Akku gelöscht. Der nächste Befehl überträgt den Wert im Akku (=00) in das durch R 0 adressierte RAM. R 0 steht auf 0FF H, womit das oberste Byte im internen RAM gelöscht wird. Der DJNZ-Befehl dekrementiert den Wert in R 0 und fragt ab, ob jetzt im Register Null steht. Wenn R 0 noch nicht Null erreicht hat, wiederholt das Programm den Befehl „MOV @R0,A“. Dadurch wird das nächste Byte gelöscht. Das geht so weiter, bis R 0 die Byte-Adresse 01 adressiert. Der darauffolgende DJNZ bricht die Schleife ab, da R 0 nun den Wert 00 erreicht. Diese vier Zeilen haben also einen gewaltigen Effekt – das komplette interne RAM ist gelöscht. Das ist sinnvoll nach dem Reset, da das RAM durch einen Reset nicht auf definierte Werte initialisiert wird. Auf diese Weise erhält man saubere Verhältnisse. In unseren Programmbeispielen dürfen wir das nicht tun, da sonst die vom Monitor belegten RAM-Bereiche gelöscht werden. Die Adresse 4100 H, die wir als Einsprung verwenden, stellt nicht die Einsprungadresse nach dem Reset dar.

Eine weitere Anwendung, für die häufig der DJNZ eingesetzt wird, sind Zeitschleifen. Die Befehlsfolge

```
      MOV  RO,#200
WDH:  DJNZ RO,WDH
```

bewirkt, daß der DJNZ 200 mal hintereinander durchlaufen wird. Die Sprungadresse WDH zeigt gleich wieder auf den DJNZ. Aus der Befehlsliste entnehmen wir, daß dieser Befehl für die Abarbeitung 2 Zyklen benötigt. In der Schleife werden somit 400 Zyklen, mit einem 12 MHz-Quarz entspricht das ca. 400 μsec, mit nichtstun verbracht.

Auf ganz einfache Weise läßt sich die maximal mögliche Schleifenzeit verlängern. In unserem Beispiel erhalten wir mit dem größtmöglichen Startwert 255 eine Schleifendauer von 2 mal 255 Zyklen. Das entspricht 510 μsec. Wir fügen nun einige Befehle in die Schleife ein. Dafür eignet sich hervorragend der NOP-Befehl, der keine Operation im eigentlichen Sinne ausführt.

```
      MOV  RO,#200
WDH:  NOP
      NOP
      NOP
      DJNZ RO,WDH
```

Die Zeit für einen Schleifendurchgang erhöht sich mit dieser Maßnahme auf 5 Zyklen (1+1+1+2). Mit dem Startwert 200 ergibt sich eine Laufzeit von 1 ms.

Für welche Funktionen Zeitschleifen Anwendung finden können, sehen wir im Programmbeispiel BSP5. Zunächst fällt auf, daß zwei verschiedene Programme im Programmspeicher abgelegt sind. Das erste Programm steht im Speicher ab Adresse 4100 H. Durch den SJMP zum Label START wiederholt sich das Programm immer wieder. Das andere Programm, das im Speicher ab Adresse 4200 H abgelegt ist, kann vom ersten Programm aus nicht bedient werden. Jetzt muß man wissen, daß die Programme im Compuboard über die PC-Tastatur an jeder beliebigen Stelle gestartet werden können. Das erste Programm wird mit dem Aufruf X4100, das zweite mit X4200 gestartet.

Um die beiden Programme testen zu können, benötigen wir die Erweiterungsplatine für das 8032-Compuboard, oder wenigstens die in Bild 8.11. gezeigte Zusammenschaltung der wenigen Bauteile. Die Beschaltung kann einfach an die 64-polige Steckerleiste des Compuboards angeschlossen werden. Die Ansteuerung der LEDs und des Lautsprechers erfolgt dann genauso wie mit der 8032-Erweiterung.

```
; ****** DATEI BSP5.A51 ****************************************
;
P1      EQU   090H              ; SFR PORT1 Adresse ist 090H
;
        ORG   4100H             ; 1. Programm steht spaeter ab 4100H
START   MOV   P1,#00010000B     ; LED D1 an, Rest aus
        MOV   DPTR,#500         ; 500 Millisekunden
        ACALL ZEIT              ; Warten
        MOV   P1,#11100000B     ; LED D2,D3,D4 an D1 aus
        MOV   DPTR,#100         ; 100 Millisekunden
        ACALL ZEIT              ; Warten
        SJMP  START             ; Wiederholen
;
        ORG   4200H             ; 2. Programm steht spaeter ab 4100H
START2  MOV   P1,#010B          ; Lautsprecher +5 Volt
        MOV   DPTR,#1           ; 1 Millisekunde
        ACALL ZEIT              ; Warten
        MOV   P1,#000B          ; Lautsprecher 0 Volt
        MOV   DPTR,#1           ; 1 Millisekunde
        ACALL ZEIT              ; Warten
        SJMP  START2            ; von vorne los
;
; MONITOR INTERFACE
ccLTIME EQU  021H   ; MONITOR Kommando , DPTR Millisekunden Verzoegerung
COMMAND EQU  030H   ; MONITOR Kommando Speicherstelle
MON     EQU  0200H  ; MONITOR Einsprungadresse
;
ZEIT    MOV   COMMAND,#ccLTIME
        LJMP MON
        END
```

939011-2-11

Bild 8.10. Zwei Programme in einem. Ab Adresse 4100 H beginnen Leuchtdioden zu blinken. Ab Startadresse 4200 H wird ein Ton erzeugt.

Wenn Sie das 80C535-Compuboard einsetzen, benötigen Sie zusätzlich zu den Dioden ein Treiber-IC, das den Strom für die Ansteuerung von LEDs und den Lautsprecher aufbringen kann. Über den Stecker K 8 des 80C535-Boards ist Port 1 des Controllers zugänglich, der den notwendigen Strom nicht aufbringen kann. Eine geeignete Schaltung ist bei der Hardware-Beschreibung des Boards zu finden.

Die beiden Programme in BSP5 unterscheiden sich durch die Werte, mit denen der Datenpointer geladen wird, sowie durch die Bitmuster, die auf Port 1 ausgegeben werden. Schauen wir uns zunächst die Befehle nach dem Label START an. Port 1 wird mit dem Wert 00010000 B beschrieben. Diese Konstante ist in Binärdarstellung angegeben, damit man sofort sieht, daß Pin 4 von Port 1 gesetzt wird. Alle andern Pins sind nun gelöscht. Von Port P1.4 wird über den Treiber die LED D 1 angesteuert. Diese Leuchtdiode ist nun eingeschaltet, alle andern LEDs sind aus, ebenso der Lautsprecher an P1.1.

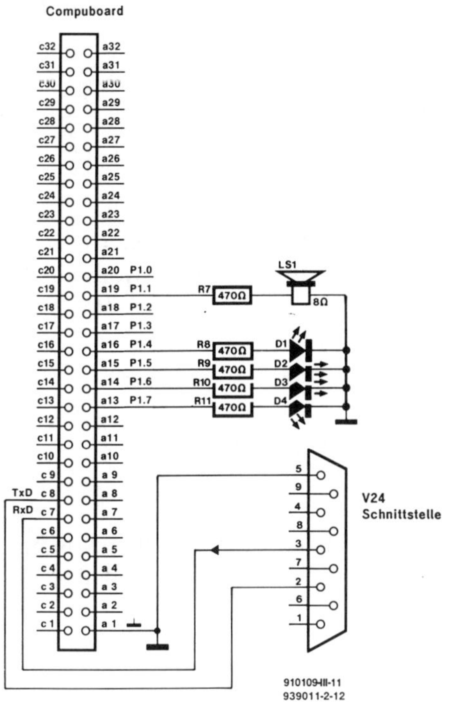

Bild 8.11. Die Verschaltung zur Leuchtdioden- und Lautsprecherausgabe über Port P 1 beim 8032-Board.

Der nächste Befehl übergibt an den Datenpointer den Wert 500. In Hexdarstellung entspricht das dem 16-Bit-Wert 01F4 H. Das ist der Übergabeparameter für das Unterprogramm ZEIT, das mit dem Kommando ccLTIME in das Monitorprogramm im Eprom springt und dort eine Zeitschleife abarbeitet. Wie die Zeitschleife dort realisiert ist, braucht uns eigentlich nicht zu kümmern. Wichtig ist nur zu wissen, welche Funktion das Unterprogramm hat und welche Eingangsgrößen es benötigt. In diesem Fall muß dem Datenpointer ein Wert übergeben werden, der pro Inkrement eine Zeitschleife von 1 ms verursacht. Mit dem Wert 500 ergibt sich eine Verzögerung von 500 ms. Nach dieser Zeit kehrt das Programm aus dem Monitor zurück und fährt mit dem nächsten Befehl fort. Dieser Befehl gibt an Port 1 das Bitmuster 11100000 B aus. Die Bits 5, 6 und 7 werden gesetzt, alle andern gelöscht. Das bedeutet, daß die LEDs D 2, D 3 und D 4 nun eingeschaltet, und D 1 ausgeschaltet werden. Wieder wird die Zeitschleife im Monitor angesprungen, doch diesmal nur für die Dauer von 100 ms. Das ganze Spiel beginnt durch den SJMP nach START wieder von vorne, die LEDs blinken. Übergeben Sie dem Datenpointer auch andere Werte, damit Sie sich von der Wirkung dieser Befehle überzeugen können.

Das Programm ab Adresse 4200 H in BSP5 löscht die Bits von Port 1, die die LEDs ansteuern. Durch P1.1 wird mit dem ersten Befehl der Lautsprecher eingeschaltet. Die Zeitschleife, die im Monitorprogramm aufgerufen wird, ist nach bereits 1 ms abgearbeitet. Der Lautsprecher wird durch löschen von P1.1 wieder abgeschaltet. Nach wiederum 1 ms Wartezeit beginnt das ganze von vorne beim Label START2. Das Ein- und Ausschalten des Lautsprechers im Takt von 1 ms macht sich als 500-Hz-Ton bemerkbar.

An dieser Stelle ein Tip: Um die bis jetzt gewonnenen Kenntnisse zu vertiefen, sollte man unbedingt mit dem Compuboard und den zur Verfügung stehenden Programmierhilfen spielen und auch eigene Ideen ausprobieren. Hier dazu eine erste Anregung: Man modifiziere das Programm BSP5 so, daß nach einer Anfangswartezeit von 2 Minuten und 50 Sekunden ein Ton ertönt. Damit ist das Compuboard bereit, als Teatimer eingesetzt zu werden. Auch als einfacher Rechteckgenerator kann ein modifiziertes Programm BSP5 nun schon zum Einsatz kommen.

8.4.3. Logische Verknüpfungen

UND/ODER/EXOR

Für logische Verknüpfungen bietet der 8051 die Befehle zur Und-(AND), Oder-(OR) und Exclusiv-Oder-(XOR) Verknüpfung an. Die Verknüpfung wird dabei für jeweils alle Bits der beiden Operanden ausgeführt. Die Befehle sind:

```
ANL ziel,quelle  ;ziel wird durch (ziel UND  quelle) ersetzt
ORL ziel,quelle  ;ziel wird durch (ziel ODER quelle) ersetzt
XRL ziel,quelle  ;ziel wird durch (ziel EXOR quelle) ersetzt
```

Als Ziel und Quelle sind jeweils wieder die in der Befehlsliste angegebenen Kombinationen erlaubt. Zur Verdeutlichung hier ein Beispiel. Gehen wir davon aus, daß im Akkumulator der Wert

```
A = 10010111B=97H=151
```

steht und im Register R 0 der Wert

```
R0 = 11110010B=F2H=242,
```

so ergeben die Befehle die folgenden Resultate:

Befehl	ANL A,R0	ORL A,R0	XRL A,R0
A vorher	10010111	10010111	10010111
R 0 vorher	11110010	11110010	11110010
A danach	10010010	11110111	01100101

Das Ergebnis der logischen Verknüpfung von ziel und quelle wird in ziel abgelegt. In unserem Beispiel ist der Akkumulator das Zielbyte. Das Quellbyte, hier das Register R 0, bleibt unverändert. Die Verknüpfung der beiden Operanden erfolgt Bit für Bit. Das

Ergebnis der ANL-Funktion ist 1, wenn beide Bits der Operanden an der betreffenden Bit-Position 1 sind. Damit sind nach der Verknüpfung Bit 1, Bit 4 und Bit 7 gesetzt. Das Ergebnis der ORL-Verknüpfung ist 0, wenn beide Bits 0 sind. Das ist nur an der Bitposition 3 der Fall. Um im Ergebnis eine 1 zu erhalten, genügt es also, wenn wenigstens eines der Bit an der betreffenden Bitposition 1 ist. Bei der XRL-Funktion muß genau eines der zu verknüpfenden Bits 1 sein, damit das Ergebnis 1 ist. Diese Zusammenhänge können in der obenstehenden Tabelle nachvollzogen werden.

Der ANL-Befehl kann verwendet werden, um bestimmte Bits innerhalb eines Bytes zu löschen, ohne die anderen Bits zu verändern. Der Befehl „ANL P1,#11101111B“ würde das Portbit P1.4 löschen und somit die LED D 1 abschalten, während alle andern P1-Pins unverändert bleiben, egal wie sie stehen. Analog hierzu setzt der Befehl „ORL P1,#00010000B“ den Pin P1.4, so daß die LED D 1 eingeschaltet wird, ohne die andern Pins zu verändern.

Ein anderes beliebtes Hilfsmittel sind diese Befehle, um zu testen, ob z. B. eines der Bits 0, 1, 2 oder 7 im Akkumulator gesetzt ist. Dazu programmiert man

```
ANL A,#10000111B    ;maskiere Bits 7, 2, 1, 0
JNZ GESETZT         ;A nicht Null, wenn eines der Bits gesetzt
```

Löschen und Komplementieren des Akkus

Für den Akkumulator stehen Befehle zur Verfügung, die mit nur einem einzigen Byte dessen Inhalt beeinflussen. Mit den Befehlen

```
CLR A  ;Lösche den Akkumulator
CPL A  ;invertiere Bits im Akkumulator
```

kann der Akkumulator gelöscht (auf Null gesetzt) werden, bzw. es werden alle Bits in ihm invertiert.

Rotieren

Zu den logischen Verknüpfungen gehören auch die Rotationsbefehle. Als Operand kommt nur der Akkumulator in Frage. Es stehen folgende Befehle zur Verfügung:

```
RL  A     ;Rotiere Akkumulator links
RLC A     ;Rotiere Akkumulator links durch das Carry
RR  A     ;Rotiere Akkumulator rechts
RRC A     ;Rotiere Akkumulator rechts durch das Carry
```

RLC A wird häufig dazu benutzt, um den Wert im Akku zu verdoppeln. Das Carry-Flag ist zuvor zu löschen. Durch den RLC-Befehl wird das Carry in die Bitposition ACC.0 geschoben, und alle Bits im Akku wandern eine Stelle nach links. Bit 7 wird bei dieser Aktion in das Carry geschoben. Wenn der Wert im Akkumulator vor dem Rotationsbefehl kleiner als 128 war, entspricht der RLC einer Multiplikation mit dem Faktor 2. Werte größer als 2 mal 127 können nicht mehr als Byte dargestellt werden, wir benötigen dann mindestens 2 Bytes. Anhand von 2 Bytes wollen wir uns eine 16-Bit Operation ansehen. Der erste RLC verschiebt das niederwertige Byte um eine Stelle nach links. In die Bitposition 0 gelangt das Carry, das zuvor gelöscht wurde. Bit 7 des niederwertigen Bytes befindet sich nach der Operation im Carry. Gleich darauf folgt der RLC für das höherwertige Byte. Dabei wird in dessen Bitposition 0 das Carry geschoben, also die Information, die sich vor der ersten Schiebeoperation in Bit 7 vom niederwertigen Byte befand. Die übrigen Bits des höherwertigen Bytes werden auch um eine Stelle nach links geschoben, Bit 7 gelangt dabei wieder in das Carry. Ist dieses Bit gesetzt, reichen für diese Rechenoperation die beiden Bytes noch nicht aus, das Endergebnis ist größer als FFFF H. In diesem Fall kann dieses 2-Byte-Schieberegister um weitere Bytes erweitert werden.

Wie der RLC-Befehl den Akkumulator beeinflußt, sehen sie nochmals in Bild 8.12. Zum Vergleich sehen Sie auch die Wirkung des RL-Befehls, der die Bits im Akku auch verschiebt, jedoch nicht den Umweg über das Carry macht.

Eine ähnliche Funktion, wie der RL- und RLC-Befehl, haben RR und RRC. Lediglich die Rotationsrichtung wird umgekehrt. Die Bits werden nach rechts geschoben. Der RRC-Befehl entspricht somit einer Division durch 2, wenn zuvor das Carry gelöscht wird. Durch das Rechtsschieben gelangt das Carry in Bitposition 7 des Akkus, während Bit 0 ins Carry wandert.

Ein Beispiel dafür, wie Rotationsbefehle für arithmetische Operationen eingesetzt werden, finden Sie im Monitorprogramm EMON51 bei der Realisation der DIV-Routinen.

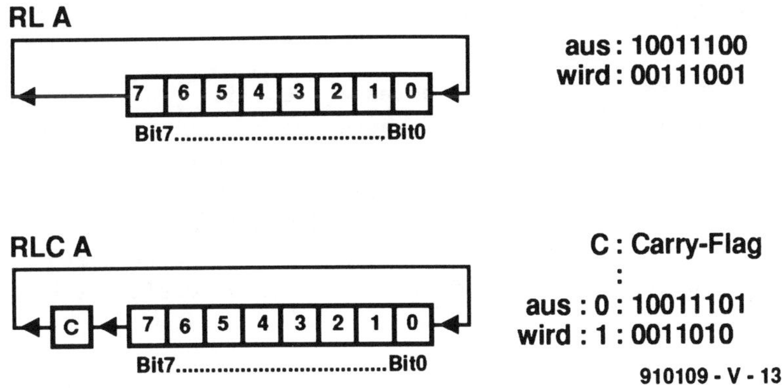

Bild 8.12. Arbeitsweise der Rotationsbefehle.

SWAP

Ein Blick in die Befehlsliste zeigt uns, daß es in dieser Gruppe noch einen Befehl gibt, den SWAP. Dieser Befehl kann ebenso nur auf den Akkumulator angewandt werden. Er vertauscht das untere mit dem oberen Halbbyte im Akkumulator. Den Sinn dieses Befehls zu erraten, dürfte etwas schwierig sein. Oft wird er benutzt, um trickreich Bits verschieben zu können. Wie dieser Befehl eingesetzt werden kann, sehen wir später.

8.4.4. Bitmanipulationsbefehle

Mit den Bitmanipulationsbefehlen können einzelne Bits verändert und beeinflußt werden. Auch logische Verknüpfungen können durchgeführt werden. Hier die Liste aller möglichen Befehle, die Bits beeinflussen können:

```
CLR  bit-operand         ;Lösche adressiertes Bit
SETB bit-operand         ;Setze adressiertes Bit
CPL  bit-operand         ;Invertiere adressiertes Bit
ANL  C,bit-operand       ;C wird ersetzt durch (C UND bit)
ORL  C,bit-operand       ;C wird ersetzt durch (C OR bit)
MOV  bit-oprerand,C      ;Adressiertes Bit wird ersetzt durch C
MOV  C,bit-operand       ;C wird ersetzt durch adressiertes Bit
```

Als bit-operand ist jedes direkt adressierbare Bit möglich. Also auch die Bits in den Spezial-Funktions-Registern. Das Ergebnis der ANL- und ORL-Funktionen ist im Carry gespeichert.

Eine Besonderheit bilden die Bitbefehle, die ausschließlich auf das Carry wirken. Sie benötigen im Programmspeicher nur 1 Byte, wenn das Bit als symbolischer Name C angegeben wird. Diese Befehle lauten:

```
CLR  C                ;Lösche Carry-Flag
SETB C                ;Setze Carry-FLag
CPL  C                ;Komplementiere Carry-Flag
```

Die Bitbefehle werden oft benutzt, um einzelne Bits (z. B. eines Ausgabe-Ports) zu setzen oder zurückzusetzen, ohne die andern Bits dabei zu beeinflussen.

Anwendungsbeispiel – Rauschgenerator

In Bild 8.13. ist der Aufbau eines Rauschgenerators mit rückgekoppelten Schieberegistern und einem XNOR-Gatter aufgezeigt. Bit 7 des höchstwertigsten Schieberegisters steuert einen Lautsprecher an. Diese hardwaremäßig aufgebaute Schaltung läßt sich auch per Software realisieren. Bild 8.14. zeigt das Programm, das auf der Diskette als Beispiel BSP9 zu finden ist. Das Schieberegister wird in vier aufeinanderfolgenden Bytes im internen RAM gespeichert, das rechteste Bit steht im Byte mit der niedrigsten Adresse. Diese Speicherung entspricht genau der Darstellung einer 32-Bit-Zahl. Diese muß nun nach

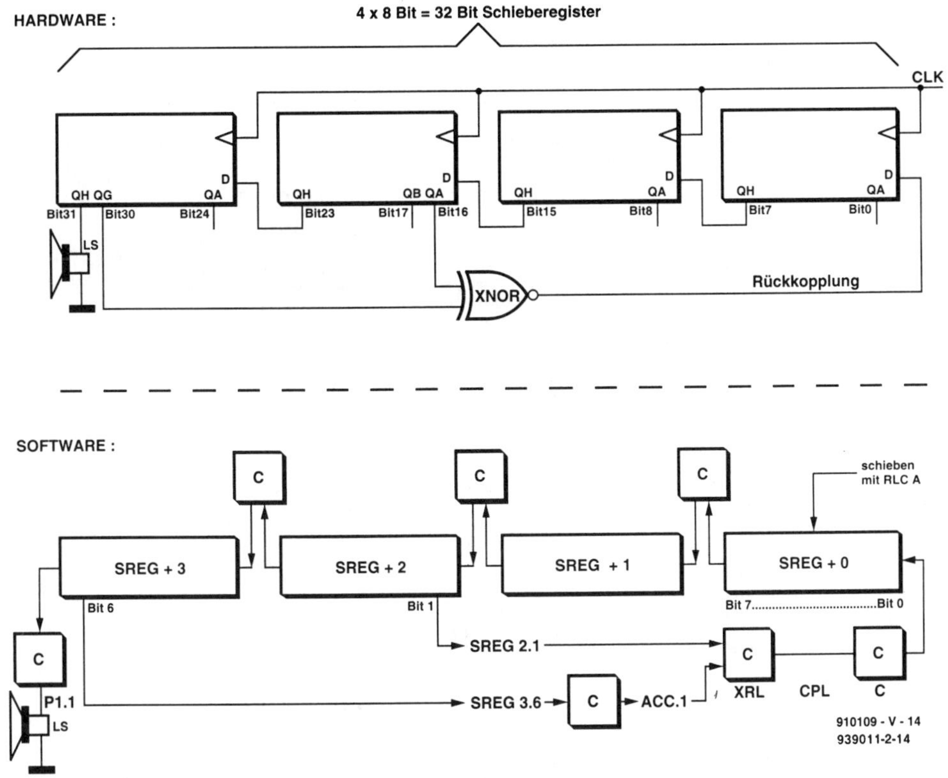

Bild 8.13. Schieberegister zur Rauscherzeugung, Hardware und Software gegenübergestellt.

links geschoben werden, wobei durch das EXCLUSIV-NOR-Gatter vorgegeben wird, mit welchem Bit das Schieberegister von rechts nachgeladen werden muß. An der höchsten Position (Bit 31) ist dann der Lautsprecherausgang.

Das Programmlisting ist die direkte Umsetzung von Bild 8.13. Der einzige Trick besteht in der Realisierung des EXCLUSIV-NOR-Gatters (Zeilen 15 bis 20), wobei Bit 1 des Akkumulators zur Bildung des benötigten neuen Bits aus den Bits SREG3.6 und SREG2.1 benutzt wird. Das rückgekoppelte Schieberegister erzeugt ein zufällig erscheinendes Muster (Pseudo-Zufallszahlenfolge), das sich erst nach sehr sehr langer Zeit wiederholt. Um genau zu sein: Ein Schleifendurchlauf dauert 23 Mikrosekunden, das Schieberegister durchläuft ca. 2 Milliarden Zustände, bis es sich wiederholt. Es wird also ein „Zufallssignal“ mit einer Abtastrate von ca. 43 kHz erzeugt, das sich nach ungefähr 13 Stunden wiederholt. Für eine Verwendung als Meß-Rauschgenerator wäre natürlich noch ein Tiefpaßfilter zur Spektralformung nachzuschalten. In unserem Lautsprecher rauscht es auch ohne Tiefpaß recht kräftig – mit einem annähernd weißen Spektrum bis 20 kHz.

```
****** LISTING of EASM51 (BSP9) ******
LINE LOC  OBJ         T          SOURCE
   1 0000                  ; ****** DATEI BSP9.A51 ****************************************
   2 0000                  ;
   3 0000                  P1      EQU 090H        ; SFR Adressen wie immer
   4 0000                  ACC     EQU 0E0H
   5 0000                  ;
   6 0000                  MONTOP  EQU    050H     ; benutze Assembler zur RAM Verwaltung
   7 0000                          ORG    MONTOP   ; ueber MONITOR RAM
   8 0050                  SREG    DS     4        ; 32 Bit Schieberegister
   9 0054                  ;
  10 0054                          ORG    4100H          ; Anfangsadresse des Programms
  11 4100 75 50 00 [2]             MOV    SREG+0,#0      ; Schieberegister (32 Bit) loeschen
  12 4103 75 51 00 [2]             MOV    SREG+1,#0
  13 4106 75 52 00 [2]             MOV    SREG+2,#0
  14 4109 75 53 00 [2]             MOV    SREG+3,#0
  15 410C E5 53    [1] NEU     MOV    A,SREG+3       ; bilde EXNOR verknuepfung
  16 410E A2 E6    [1]         MOV    C,ACC.6        ; Bit 6 von SREG Byte 3
  17 4110 92 E1    [2]         MOV    ACC.1,C        ; nach Bit 1 im Akku
  18 4112 65 52    [1]         XRL    A,SREG+2       ; mit Position 1 von SREG+2 XOR
  19 4114 A2 E1    [1]         MOV    C,ACC.1        ; ist XOR von Bit 17 und 30
  20 4116 B3       [1]         CPL    C              ; C ist NOT-XOR von Bits 17 und 30
  21 4117              ;
  22 4117 E5 50    [1] SCHIEBE MOV    A,SREG+0       ; 32 Bit Schiebergister
  23 4119 33       [1]         RLC    A              ; rechtestes Byte schieben
  24 411A F5 50    [1]         MOV    SREG+0,A       ; und abspeichern
  25 411C E5 51    [1]         MOV    A,SREG+1       ; naechstes Byte holen
  26 411E 33       [1]         RLC    A              ; Bit wird in C gespeichert
  27 411F F5 51    [1]         MOV    SREG+1,A
  28 4121 E5 52    [1]         MOV    A,SREG+2       ; usw.
  29 4123 33       [1]         RLC    A
  30 4124 F5 52    [1]         MOV    SREG+2,A
  31 4126 E5 53    [1]         MOV    A,SREG+3
  32 4128 33       [1]         RLC    A
  33 4129 F5 53    [1]         MOV    SREG+3,A       ; C enthaelt nun neue Ausgabe
  34 412B 92 91    [2]         MOV    P1.1,C         ; an Lautsprecher raus
  35 412D 80 DD    [2]         SJMP   NEU            ; und von vorne weitermachen
  36 412F                      END
********** SYMBOLTABLE (6 symbols) **********
       P1 :0090       ACC :00E0    MONTOP :0050      SREG :0050
      NEU :410C   SCHIEBE :4117
```

Bild 8.14. Listing des digitalen Rauschgenerators.

Anwendungsbeispiel – Servostester

Das nächste Programmbeispiel soll verdeutlichen, wie die bedingten Sprungbefehle eingesetzt werden können. Durch solche Sprünge sind Programme nicht mehr so übersichtlich, wenn man den Ablauf nur im Listing nachvollziehen möchte. Deshalb möchten wir Ihnen hier das Flußdiagramm als Hilfsmittel vorstellen, das sich auch schon bei der Programmentwicklung als sehr nützlich erweisen kann.

Die Aufgabe des Programmbeispiels BSP6 ist, Impulse zum Test eines Fernsteuer-Servos (Rudermaschine) zu erzeugen. Bild 8.15. zeigt das Impulsdiagramm, das wir dafür benötigen. Dabei sollen kurze Impulse (Rudermaschine nach links ausgelenkt) von 800 Mikrosekunden Dauer erzeugt werden, wenn Taster (bzw. Schalter) A gedrückt ist. Lange

Impulse (Auslenkung nach rechts) einer Dauer von 1600 Mikrosekunden sollen erzeugt werden, wenn Taster B gedrückt ist. Wenn kein Taster betätigt wird, sollen Impulse einer Länge von 1200 Mikrosekunden erzeugt werden (Mittelstellung). Zwischen den einzelnen Impulsen liegt eine Impulspause von 10 Millisekunden. Taster A entspricht auf der Erweiterungsplatine S 2, Taster B ist S 3 zugeordnet. Das erkennt man an den Bitabfragen von ACC.7 (S 2) und ACC.6 (S 3).

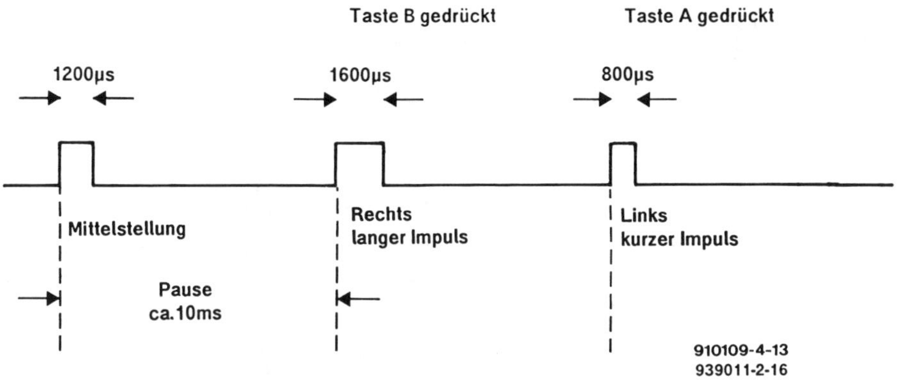

Bild 8.15. Impulse zur Servosteuerung.

Nicht jeder Leser hat eine Rudermaschine zur Verfügung, um dieses Programm zu testen. Mit einem Oszilloskop können die Impulse aber auch sehr schön überprüft werden.

Für diese Anwendung benötigen wir zwei der Taster, die von der 8032-Compuboard-erweiterung eingelesen werden können. Diese Taster können wir unter der Adresse 0C000 H (Zugriff auf externes RAM, Memory mapped I/O) abfragen. Die Signale wollen wir am MIDI-Ausgang (Buchse K 5 Pin 4) bereitstellen. Damit das Signal zur Buchse weitergeleitet wird, müssen wir auf der Erweiterungsplatine Jumper JP 3 in Position B bringen. Aufgrund des Inverters auf dem Board ergibt die Ausgabe einer 1 am Port P1.0 LOW-Pegel an K 5. Der resultierende Signalfluß ist schematisch in Bild 8.16. dargestellt.

Die Leser, die mit dem 80C535-Compuboard arbeiten, müssen sich die wenigen Bauteile, die wir für dieses Beispiel benötigen, auf einer Lochrasterplatine aufbauen. Oder Sie haben die komplette Erweiterung aufgebaut. Die Schaltung hierfür finden Sie bei der Hardwarebeschreibung des 80C535-Boards. Was Port P 1 betrifft, sind die beiden Boards dann kompatibel, d. h. die Programmbeispiele, die zunächst für das 8032-Board erstellt wurden, können auch für das 80C535-Board verwendet werden. Die Taster hingegen, die wir für den Impulsgenerator benötigen, werden auf dem 8032-Board über den Datenbus, wie ein Datenspeicher, eingelesen. An dieser Stelle sind die Boards nicht kompatibel, weil

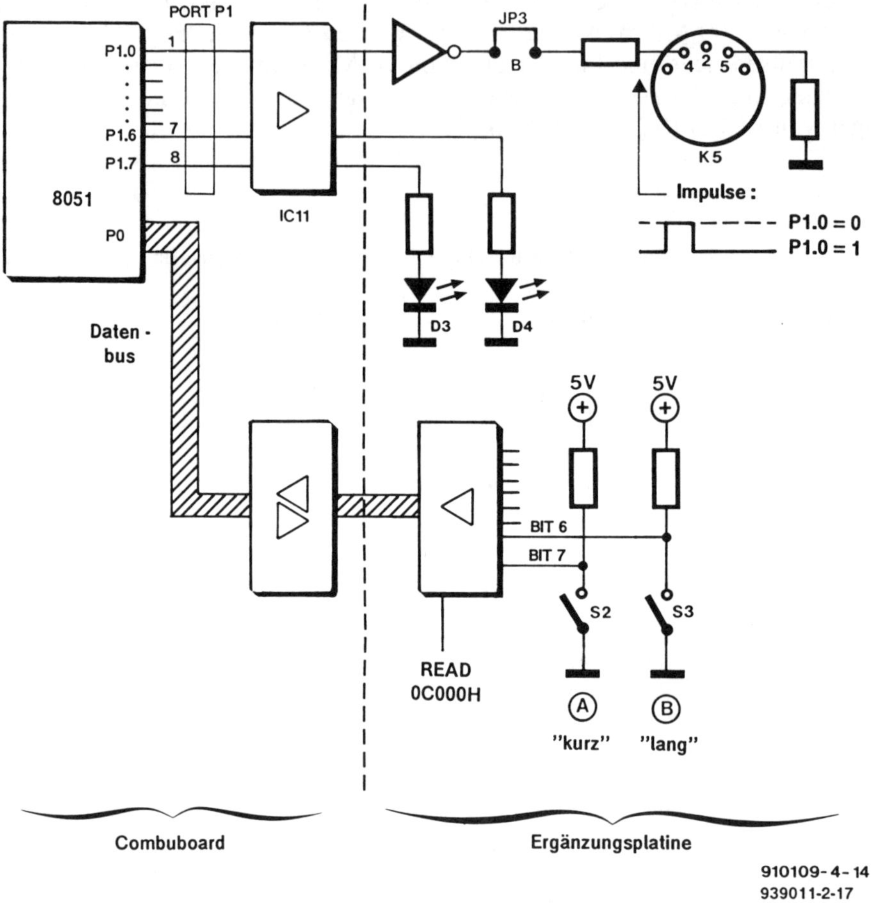

Bild 8.16. Signalflußplan des Impulsgenerators.

das dem 8032-Board entsprechende Signal IOAD für die Adressierung einer Porterweiterung beim 80C535-Board nicht generiert wird. Mit dem 80C535 stehen aber mit Port 4 und Port 5 zusätzliche Ein- und Ausgänge zur Verfügung, so daß wir die Taster direkt einlesen können, und nicht dem Umweg über eine Porterweiterung gehen müssen. Deshalb ergänzen wir die kleine Erweiterungsplatine für das 80C535-Board um die Taster, und verbinden die Platine zusätzlich mit der Steckerleiste K 5 (Port 4) des 80C535-Boards. Die Software müssen wir geringfügig ändern, um die Taster einlesen zu können.

In Bild 8.17. finden Sie das Programmlisting für das 8032-Board, das wir nun kurz besprechen wollen. Nach der Initialisierung von Port P 1 wird eine Endlosschleife bei Label

```
****** LISTING of EASM51 (BSP6) ******
LINE LOC  OBJ        T         SOURCE
   1 0000               ; ****** DATEI BSP6.A51 *****************************************
   2 0000               ;
   3 0000               ACC     EQU   0E0H          ; SFR Adresse des Akkumulators
   4 0000               P1      EQU   090H          ; SFR PORT1 Adresse ist 090H
   5 0000               TASTEN  EQU   0C000H        ; Tasten Adresse im externen Datensp.
   6 0000               kurz    EQU   80            ; kurzer Impuls 800 Microsec.
   7 0000               mittel  EQU   120           ; mittellnager Impuls 1000 Microsec.
   8 0000               lang    EQU   160           ; langer Impuls 1600 Microsec.
   9 0000               ;
  10 0000                       ORG   4100H         ; 1. Programm steht spaeter ab 4100H
  11 4100 75 90 FF [2] START   MOV   P1,#11111111B ; Alle Port Bits 1
  12 4103 90 C0 00 [2] NEU     MOV   DPTR,#TASTEN  ; Tasten Adresse
  13 4106 E0       [2]         MOVX  A,@DPTR       ; Tasten einlesen (Bits 4,5,6,7)
  14 4107 44 0F    [1]         ORL   A,#00001111B  ; Bits 0,1,2,3 auf 1 setzen
  15 4109 F5 90    [1]         MOV   P1,A          ; LEDS entsprechen Tasten, P1.0=1
  16 410B 30 E7 07 [2]         JNB   ACC.7,TASTEa  ; Taste A = Kurzer Impuls
  17 410E 30 E6 08 [2]         JNB   ACC.6,TASTEb  ; Taste B = Langer Impuls
  18 4111 79 78    [1]         MOV   R1,#mittel    ; keine Taste, Impuls mittellang
  19 4113 80 06    [2]         SJMP  PULS          ; Puls ausgebegen
  20 4115 79 50    [1] TASTEa  MOV   R1,#kurz      ; andere Laenge
  21 4117 80 02    [2]         SJMP  PULS
  22 4119 79 A0    [1] TASTEb  MOV   R1,#lang      ; andere Laenge
  23 411B C2 90    [1] PULS    CLR   P1.0          ; P1.0 wird LOW , MIDI wird High
  24 411D 31 25    [2]         ACALL WARTE         ; Pulslaenge (R1) abwarten
  25 411F D2 90    [1]         SETB  P1.0          ; Impuls beenden
  26 4121 31 30    [2]         ACALL PAUSE         ; 10 Millisekunden Pause
  27 4123 80 DE    [2]         SJMP  NEU           ; von vorne los
  28 4125               ;
  29 4125 AF E0    [2] WARTE   MOV   R7,ACC        ; Unterprogramm R1*10 Microsecunden
  30 4127 AF E0    [2]         MOV   R7,ACC        ; jeweiles 2 microsekunden
  31 4129 AF E0    [2]         MOV   R7,ACC        ; Zeit verschwenden
  32 412B AF E0    [2]         MOV   R7,ACC
  33 412D D9 F6    [2]         DJNZ  R1,WARTE      ; R1 mal 10 Zyklen a 1 Mikroesc.
  34 412F 22       [2]         RET                 ; Ende des Unterprogramms
  35 4130               ;
  36 4130 7A 0A    [1] PAUSE   MOV   R2,#10        ; 10 Millisekunden
  37 4132 79 64    [1] PAUSE1  MOV   R1,#100       ; sind 10*100*10 Mikrosekunden
  38 4134 31 25    [2]         ACALL WARTE         ; hier 1000 mikrosekunden warten
  39 4136 DA FA    [2]         DJNZ  R2,PAUSE1     ; aeussere Schleife fortsetzen
  40 4138 22       [2]         RET                 ; Ende des Unterprogramms
  41 4139               ;
  42 4139                       END
********** SYMBOLTABLE (14 symbols) **********
     ACC :00E0        P1 :0090    TASTEN :C000      kurz :0050
  mittel :0078      lang :00A0     START :4100       NEU :4103
  TASTEa :4115    TASTEb :4119      PULS :411B     WARTE :4125
   PAUSE :4130    PAUSE1 :4132
```

910109-4-18
939011-2-18

Bild 8.17. Das Programm BSP6 erzeugt Impulse zur Ansteuerung einer Rudermaschine (Servo), die je nach gedrückter Taste verschieden lang sind.

NEU begonnen. Zunächst wird der Datenpointer mit der Konstanten TASTEN geladen. Der nachfolgende MOVX-Lesebefehl in Zeile 13 liest den externen „Datenspeicher“, der durch das Latch IC 10 auf der 8032-Erweiterung repräsentiert wird (s. auch Memory map I/O der 8032-Compuboard-Erweiterung). Das Ergebnis, sprich die Tastenstellungen, stehen jetzt im Akkumulator in den Bitadressen ACC.4 bis ACC.7. Der folgende ORL-Befehl mit der Konstanten 00001111 B ändert diese Bits nicht, setzt aber die übrigen Bits auf 1. Also auch P1.0, an dem wir das Impulssignal ausgeben wollen. Das Ergebnis der ORL-Verknüpfung wird Port P 1 übergeben. Da die LEDs über die gleichen Bitpositionen (4 bis 7) von P 1 angesteuert werden, wie die Taster an P 0 eingelesen werden, kann der Zustand der Taster direkt an den LEDs abgelesen werden. In den Zeilen 16 und 17 kommen die bedingten Sprungbefehle zum Einsatz, und zwar gleich mit der Bit- Adressierung des Akkumulators. Mit ihnen stellen wir den Zustand der Taster fest. Ist Taste A gedrückt, ergibt dies im Akkumulator bei Bit 7 eine Null, die mit dem Befehl in Zeile 16 abgefragt wird.

Je nachdem, welche Taste gedrückt ist, wird in das Register R 1 ein unterschiedlicher Wert geschrieben, der angibt, wie lang ein einzelner Impuls dauern soll. In Zeile 23 wird dann das Ausgabebit P1.0 auf Null gesetzt, damit erscheint am MIDI-Ausgang ein HIGH-Pegel und der Impuls beginnt. Das Unterprogramm WARTE wird in Zeile 24 aufgerufen. Jetzt ist auch klar, wie die in R 1 geschriebenen Werte gewählt werden müssen. Sehen wir uns das Unterprogramm WARTE doch einmal genauer an. Viermal hintereinander wird der Akkumulator dem Register R 7 übergeben. Da dieses Register im gesamten Programm nicht weiter verwendet wird, dienen diese Befehle nur dazu, Programmlaufzeit zu erzeugen. Zu beachten ist dabei, daß der Akkumulator nicht als das SFR A, sondern über das Label ACC als Adresse 0E0 H adressiert ist. Ein Blick in die Befehlsliste zeigt den Unterschied: Der Befehl mit der Adressierung als direkte Adresse benötigt zwei Zyklen Laufzeit. Der DJNZ-Befehl benötigt ebenso zwei Zyklen, womit sich ein Schleifendurchlauf von 10 Zyklen für das Unterprogramm WARTE ergibt. Mit dem 12 MHz-Quarz, den wir einsetzen, entspricht das 10 Mikrosekunden. Bei gedrückter Taste A wird dem Register R 1 der Wert 50 H (=80 dez) übergeben. In der Warteschleife werden somit 800 Mikrosekunden leerlauf erzeugt. Nach Ablauf der Warteschleife beendet der SETB-Befehl den Impuls.

Anschließend wird durch Aufruf des Unterprogramms PAUSE die Impulspause von ca. 10 Millisekunden abgewartet. Dann geht's mit dem Sprung zum Label NEU wieder von vorne los. Die Zeitschleife PAUSE ist eine Verschachtelung von zwei Zeitschleifen. Vielleicht machen Sie sich einmal klar, wie hier die angegebene Verzögerung von 10 Millisekunden zustande kommt.

Und nun zu den Programmänderungen, die für den Einsatz des 80C535- Boards notwendig sind. Die von uns vorgeschlagene 80C535- Erweiterungsplatine ist so beschaltet, daß die LEDs genauso angesteuert werden, wie beim 8032-Board. Auch die Ansteuerung des Servos über P1.0 ist kompatibel. Lediglich die Tasten werden unterschiedlich abgefragt, nämlich über den Port P 4. Die Bitpositionen, an denen die Taster angeschlossen sind, wollen wir der Einfachheit wegen nicht ändern. Somit ändern sich im Programm nur die Zeilen 12 und 13.

Anstelle der Befehle

```
MOV  DPTR,#TASTEN
MOVX A,@DPTR
```

schreiben wir

```
MOV  A,P4
NOP
```

Damit ist die Information über die Tasten ebenso, wie zuvor, im Akkumulator enthalten. Wozu aber der NOP, der doch eigentlich gar keine Operation ausführt? Die Erklärung ist ganz einfach. Damit die Zeilennummern in der Programmbeschreibung von oben auch für das geänderte Programm passen, ist diese Zeile mit dem NOP eingefügt. Mit einer Leerzeile, die nur ein Semikolon enthält (Kommentarzeile), würde man den gleichen Effekt erreichen, da Kommentarzeilen im Listing auch mitgezählt werden.

Bild 8.18. zeigt ein Flußdiagramm, das den Programmablauf verdeutlicht. Solche Diagramme zu erstellen ist empfehlenswert, wenn ein Programm entwickelt werden soll, in dem viele Verzweigungen vorkommen. Aber auch für die Dokumentation sind Flußdiagramme nützlich, wenn beispielsweise ein Programmierer ein bestehendes Programm weiterentwickeln soll. Das Flußdiagramm ist oft einfacher zu lesen als ein vielleicht auch noch schlecht dokumentiertes Programm. Bei der Erstellung des Flußdiagrammes beschränkt man sich auf das Wesentliche, die einzelnen Befehle des Unterprogrammes WARTE beispielsweise interessieren hier wenig, so daß die gesamte Routine als einzelner Block dargestellt wird.

Nach einer geringfügigen Modifikation kann das Programm auch zur Tonerzeugung benutzt werden. Dazu ersetzt man den Befehl in Zeile 36 durch den Befehl

```
MOV  R2,#01
```

und ersetzt in den Zeilen 23 und 25 das Bit P1.0 durch das Bit P1.1. Das bewirkt, daß der Lautsprecher (an P1.1 angeschlossen) angesteuert wird, dessen Tonhöhe vom Drücken der beiden Tasten abhängt.

Wir haben noch weitere Taster zur Verfügung, die Sie mit in das Programm einbinden können. Fügen Sie doch weitere bedingte Sprünge ein, die die übrigen Taster abfragen, und setzen das Register R 1 auf andere Werte. Damit lassen sich weitere Tonhöhen erzeugen. Durch Erweiterungen dieses Programms kann man beliebige Impulse und Impulsfolgen erzeugen. Das wäre beispielsweise der erste Schritt in Richtung eines programmierbaren Impulsgenerators.

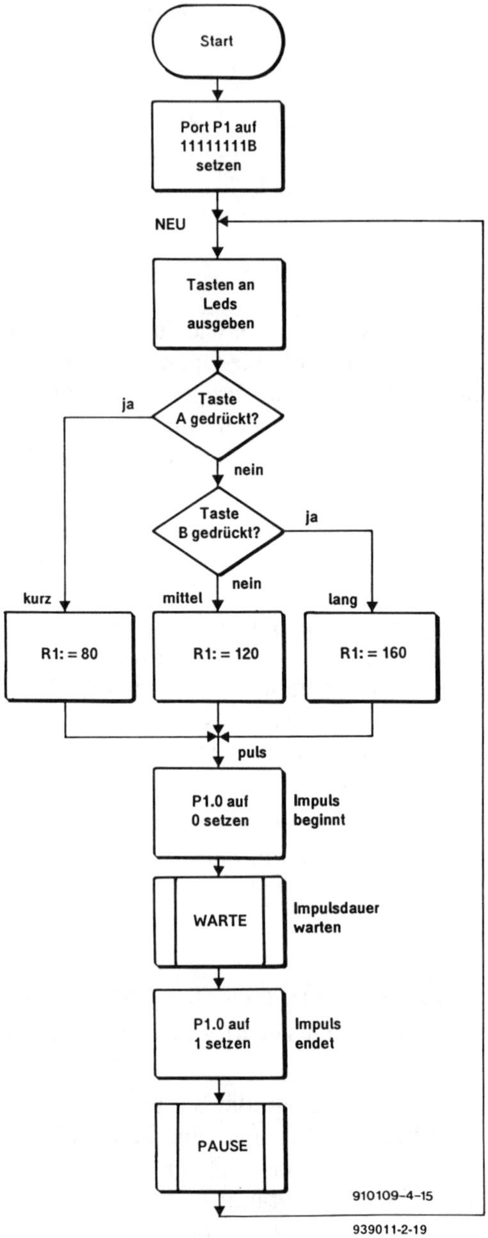

Bild 8.18. Flußdiagramm der Impulserzeugung.

8.4.5. Arithmetik-Befehle

Mit dem Befehlssatz des 8051 können Rechenoperationen durchgeführt werden, die Befehle können jedoch nur Bytes als Operanden verarbeiten.

Addition

Zur Addition zweier 8-bit-Werte (Bytes) verfügt der 8051 über den folgenden Addierbefehl:

```
ADD  A,BYTE-OPERAND     ;Addiere BYTE-OPERAND zum Inhalt
                        ;des  Akkumulators
```

Die möglichen Operanden entnehmen Sie bitte der Befehlsliste auf den Seiten 105 und 106.

Das hört sich einfach an, aber der Teufel steckt im Detail – nämlich in der Flag-Beeinflussung des Programm-Status-Worts (PSW). Die Bedingungen für die einzelnen Flags sind wie folgt:

❒ Das Übertragsbit C wird gesetzt, wenn ein Übertrag in Bitposition 7 entsteht; andernfalls wird es zurückgesetzt. Damit zeigt das Carry-Flag genau einen Übertrag bei der Addition vorzeichenloser Zahlen im Bereich von 0 bis 255 an.

❒ Das Hilfsflag zur BCD-Addition AC (Auxiliary Carry) wird gesetzt, wenn ein Übertrag in Bitposition 3 entsteht; andernfalls wird es zurückgesetzt. Dieses Flag wird vom DA A-Befehl (s. u.) benutzt.

❒ Das Überlauf-Flag OV wird gesetzt, wenn ein Übertrag in Bitposition 6 entsteht, aber keiner in Position 7. Es wird auch gesetzt, wenn in Position 7 ein Übertrag entsteht, aber keiner in Position 6. In allen andern Fällen wird es zurückgesetzt. Damit kann bei der Addition vorzeichenbehafteter Zahlen im Bereich –128 bis +127 ein Überlauf festgestellt werden.

Die Bedeutung der Flags hängt davon ab, wie man den Inhalt eines Bytes interpretiert: ob als vorzeichenlose, vorzeichenbehaftete oder BCD-Zahl.

Möchte man Zahlen addieren, die aus mehreren Bytes zusammengesetzt sind, muß man die einzelnen Bytes getrennt addieren. Wie bei der Addition von Dezimalzahlen muß man auch hier mit der niederwertigsten Stelle beginnen. Ein Überlauf bei der Addition muß bei der Addition der nächsten Stelle berücksichtigt werden. Dazu dient der Befehl

```
ADDC  A,BYTE-OPERAND  ;Addiere BYTE-OPERAND + C (Übertrag)
                      ;zum Inhalt des Akkumulators
```

Er addiert zusätzlich zu dem angegebenen Byte auch noch das Carry-Flag zum Inhalt des Akkumulators hinzu. Um z. B. zu einer ab Adresse ZAHL1 stehenden, im internen RAM abgelegten 16-Bit-Zahl die ZAHL2 zu addieren, programmiert man:

```
MOV  A,ZAHL1     ;hole niederwertiges Byte von ZAHL1
ADD  A,ZAHL2     ;addiere niederwertiges Byte von ZAHL2
MOV  ZAHL1,A     ;speichere Ergebnis nach ZAHL1
MOV  A,ZAHL1+1   ;hole höherwertiges Byte von ZAHL1
ADDC A,ZAHL2+1   ;addiere höherwertiges Byte von ZAHL2 mit
                 ;vorherigem Übertrag
MOV  ZAHL1+1,A   ;Ergebnis speichern in ZAHL1+1
```

Das Ergebnis der 16-Bit-Addition ist in den aufeinanderfolgenden RAM-Stellen ZAHL1 (LOW-Byte) und ZAHL1+1 (HIGH-Byte) abgelegt. Wichtig ist, daß zwischen die beiden Additionsbefehlen ADD und ADDC kein Befehl eingefügt wird, der das Übertragsflag beeinflußt.

BCD-Korrektur

Um nach der Addition zweier BCD-Zahlen im Akkumulator wieder eine BCD-Zahl zu erhalten, muß direkt nach der Addition der Befehl

```
DA  A    ;BCD-Korrektur
```

ausgeführt werden. Der Befehl bewirkt das folgende: Wenn der Wert der 4 niederwertigsten Bits im Akkumulator größer als 9 ist oder das AC-Flag (Auxiliary-Carry-Flag) gesetzt ist, wird zum Akkumulator der Wert 6 addiert. Dadurch ergibt sich in der niederwertigen BCD-Position bereits die richtige Ziffer. Falls diese Korrekturaddition einen Übertrag ergibt, der sich durch alle höherwertigen Bitpositionen durchschiebt, so wird auch das Carry-Flag gesetzt. Danach wird getestet, ob das Carry-Flag gesetzt ist oder der Wert in den höherwertigen 4 Bits den Wert 9 überschreitet. Falls ja, wird nun der Wert 6 zu den höherwertigen Bits addiert. Dies ergibt die nächste BCD-Ziffer. Wenn hierbei ein Übertrag auftritt, wird wiederum das Übertragsflag C gesetzt. Damit signalisiert das C-Flag nach dem DA-Befehl, daß bei der Addition durch den vorhergehenden ADD bzw. ADDC-Befehl ein Resultat größer als 99 H entstanden ist.

Die Wirkung des DA-Befehls sei an folgendem Beispiel erläutert:

```
;                   ;Addition von 99 und 11
;                   ;---------------------
    MOV  A,#11H     ;BCD-Zahl nach Akku      00010001B   11
    ADD  A,#99H     ;+ BCD-Zahl 99 ergibt    10011001B   99
;                   ;keine BCD-Zahl  =       10101010B   AA
    DA   A          ;ergibt                  00010000B + Übertrag
;                   ;entspricht BCD        1 00010000B = 110
```

Der DA-Befehl hat zuerst zur hinteren Ziffer A den Wert 6 addiert, so daß sich für die gewandelte BCD-Zahl an letzter Stelle die Ziffer 0 ergibt (0A H+6 H=10 H). Der Übertrag, der sich bei dieser Korrekturaddition ergibt, wird bei der notwendigen Korrekturaddition der höherwertigen BCD-Ziffer verrechnet (0A H+6 H+Carry=11 H). Der Übertrag (höherwertige Ziffer von 11 H), der hier entsteht, zeigt sich im gesetzten Carry-Flag. Das eigentliche Korrekturergebniss (1 oder Binär 0001) wird in den Akkumulator an die höherwertige Ziffer (Halbbyte) geschrieben.

Einsatzgebiete für den DA-Befehl finden sich überall dort, wo mit Dezimalwerten gerechnet wird. Beispielsweise bei der Programmierung einer Uhr. Der Sekundenzähler wird immer um 1 erhöht. Wenn er den Wert 09 erreicht hat, kommt als nächstes die Erhöhung auf 0A. Diesen Wert kann man jetzt wandeln. Der DA-Befehl macht daraus die als BCD-Zahl zu interpretierende Zahl 10. Damit kann man das Byte, das die Sekunden zählt, direkt auf einer Anzeige ausgeben. Genauso erhält man die Werte für Sekunden und Stunden.

Subtraktion

Zur Subtraktion gibt es nur einen Befehl, nämlich

```
    SUBB  A,BYTE-OPERAND  ;subtrahiere BYTE-OPERAND und
                          ;Übertrag vom Akkumulator
```

Mit ihm wird der angegebene Operand vom Akkumulator subtrahiert. Zusätzlich wird auch das Übertrags-Flag C subtrahiert. Will man das verhindern, muß man vor dem SUBB-Befehl das C-Flag explizit durch den CLR C-Befehl zurücksetzen.

Der Subtraktionsbefehl hat beim 8051 noch eine weitere Bedeutung. Man kann ihn benutzen, um zwei Werte miteinander zu vergleichen. Dazu macht man sich die folgende Tatsache zunutze: Subtrahiert man von einer Zahl x eine Zahl y, so entsteht genau dann ein Übertrag, wenn y größer als x ist. Um zu testen, ob eine Zahl y größer als eine Zahl x ist, subtrahiert man also y von x und testet danach das Carry- Flag. Im Programm sieht das dann so aus:

```
MOV  A,x       ;Zahl x aus internem RAM in Akku holen
CLR  C         ;Übertrag rücksetzen
SUBB A,y       ;Bilde Differenz x-y
JC   GROESSER  ;Springe wenn y>x nach Label GROESSER
```

Beide Zahlen werden dabei als vorzeichenlos interpretiert. Der Vergleich vorzeichenbehafteter Zahlen ist etwas schwieriger durchzuführen.

Increment und Decrement

Zum Zählen innerhalb des in einem Byte darstellbaren Zahlenbereichs von 0 bis 255 gibt es die Befehle

```
INC  Byte-Operand    ;erhöhe das adressierte Byte um 1
DEC  Byte-Operand    ;vermindere adressierte Byte um 1
INC  DPTR            ;erhöhe 16-Bit DPTR um 1
```

Diese Befehle beeinflussen keine Flags, auch nicht das Übertragsflag. Hat das zu erhöhende Byte der Wert 255, so resultiert eine 0, wird der Wert 0 dekrementiert, ergibt sich der Wert 255. Beim Inkrementieren des Datenpointers wird das gesamte 16-Bit Register beeinflußt. Er kann demnach innerhalb des Bereichs von 0 bis 65535 erhöht werden. Hat der Datenpointer vor dem INC-Befehl den Wert 65535, ergibt sich anschließend der neue Wert zu 0.

Multiplikation und Division

Der 8051 verfügt über einen Hilfsakkumulator, B genannt. Er besitzt die SFR-Adresse 0F0 H und wird für die Multiplikation und Division vorzeichenloser 8-Bit-Zahlen benutzt. Dazu gibt es die Befehle

```
MUL  AB  ;multipliziere A*B, niederwertiges Byte in A,
         ;                   höherwertiges Byte in B.
DIV  AB  ;dividiere A/B,     ganzzahliger Teil in A,
         ;                   Rest in B.
```

Der erste Befehl multipliziert die Inhalte der Akkumulatoren A und B und speichert das Ergebnis (eine 16-Bit-Zahl) in A und B ab. In den Akkumulator A kommt dabei das niederwertige Byte des Produkts. Das höherwertige Byte wird in B gespeichert. Ist das Resultat größer als 255, wird das OV-Flag gesetzt. Das Carry-Flag ist nach der Multiplikation stets gelöscht.

Der Divisionsbefehl dividiert A durch B. Der ganzzahlige Teil des Quotienten gelangt danach in den Akkumulator A. Der Rest, der bei der Division übrigbleibt, wird im Akkumulator B gespeichert. Eine Division durch 00 führt dazu, daß die durch den DIV-Befehl in A und B gebrachten Werte nicht definiert sind. Das Überlaufbit OV wird dann gesetzt. Nach einer zulässigen Division ist OV gelöscht. Das Carry- Flag ist in jedem Fall zurückgesetzt.

Die Befehle zur Multiplikation und Division sind nicht sehr leistungsfähig, da man weder ein 16x16-Bit-Produkt bilden kann, noch eine 16-Bit-Zahl durch ein Byte dividieren kann. Nachfolgemodelle des 8051 (z. B. der 80537 von Siemens) sind diesbezüglich leistungsfähiger. Um die arithmetischen Schwächen des 8051 etwas zu mildern, wurden in den Monitor EMON51 Unterprogramme integriert, die ein 16x16-Bit-Produkt mit 32-Bit-Resultat bilden können. Im Listing auf der Kursdiskette (EMON51.LST) kann man nachsehen, wie dies realisiert wurde. Weiter kann der Monitor eine 32-Bit/16-Bit-Division ausführen. Hierzu wird sozusagen schriftlich mit 16- und 32-Bit-Werten gerechnet. Wen es interessiert: Im Listing nachschauen. Man kann sich aber auch so schon ausmalen, daß diese Routinen relativ viel Rechenzeit beanspruchen.

Um die Arithmetik-Befehle in der Praxis kennenzulernen, kann das Programm BSP2 herangezogen werden. Fügen Sie hier die Befehle ein, die Sie testen wollen, und geben die Ergebnisse durch Aufruf von Unterprogramm SNAP am Bildschirm aus. Wenn Sie beispielsweise die vorhin angesprochene 16-Bit-Addition ausprobieren wollen, dann übertragen Sie das in ZAHL1 und ZAHL1+1 gespeicherte Ergebnis in Register, bevor sie SNAP aufrufen. Die Register werden durch den Schnappschuß am Bildschirm ausgegeben. ZAHL1 und ZAHL2 müssen Sie natürlich Adressen zuweisen. Das können Sie hier auf eine einfache Art tun. Hängen Sie an die EQU-Anweisungen ab Zeile 7 in BSP2 folgende Wertzuweisungen an:

```
ZAHL1  EQU  50H
ZAHL2  EQU  52H
```

Damit sind die als Doppelbyte dargestellten Zahlen ZAHL1 ab Adresse 50 H, ZAHL2 ab Adresse 52 H abgelegt. Adressen kleiner 50 H sind nicht möglich, da dieser RAM-Bereich vom Monitorprogramm belegt ist.

Anwendungsbeispiel – Kapazitätsmessung

Nach der nun abgeschlossenen Besprechung der Rechenmöglichkeit wollen wir diese gleich einsetzen, um ein einfaches Kapazitätsmeßgerät zu bauen, das den Wert der zu messenden Kapazität über die V24-Schnittstelle ausgibt. Natürlich können nicht nur Kapazitäten auf diese Weise gemessen werden, auch die Widerstands- oder Zeitmessung ist nach dem gleichen Prinzip möglich. Die verwendete Hardware ist auf der 8032-Erweiterungsplatine aufgebaut und im Bild 8.19. schematisch dargestellt. Mit dem 80C535-Compuboard ist diese Messung nicht möglich, es sei denn, Sie setzen auch auf die 80C535-Erweiterung ein Monoflop, entsprechend der 8032-Erweiterung. Der Ausgang des Monoflops kann dann beispielsweise auf den Port P4.3 geschaltet werden. Der Programmcode in BSP8.A51 muß dann an den entsprechenden Stellen geändert werden. Das gleiche Problem hatten wir ja schon bei einem andern Programmbeispiel (BSP6), in dem wir in Abhängigkeit der gedrückten Taster unterschiedlich lange Impulse erzeugen wollten.

Der Flußplan des Programms finden Sie in Bild 8.20. Eigentlich ist alles ganz einfach: Zuerst wird das Monoflop IC 8a per Software getriggert. Dann mißt die Software die Impulsdauer am Monoflop-Ausgang, die von der RC-Zeitkonstanten (R 5 und C_{ext}) abhängt. Die gemessene Zeitdauer wird in den Kapazitätswert umgerechnet und dann ausgegeben. Doch wie schon gesagt: Der Teufel steckt im Detail:

Zeitmessung

Zur Zeitmessung verwenden wir eine 16-bit-Zahl (MZEIT), mit der wir zählen, wie lange der Impuls des Monoflops dauert. Am Anfang einer Messung (Label lp1) wird dieser Wert auf 0 zurückgesetzt (Zeilen 20 und 21 in Bild 8.21.). Danach wird über Port-Bit P1.2 ein Startimpuls (positive Flanke) ans Monoflop geschickt. (Die Warteschleife mit Label lpp

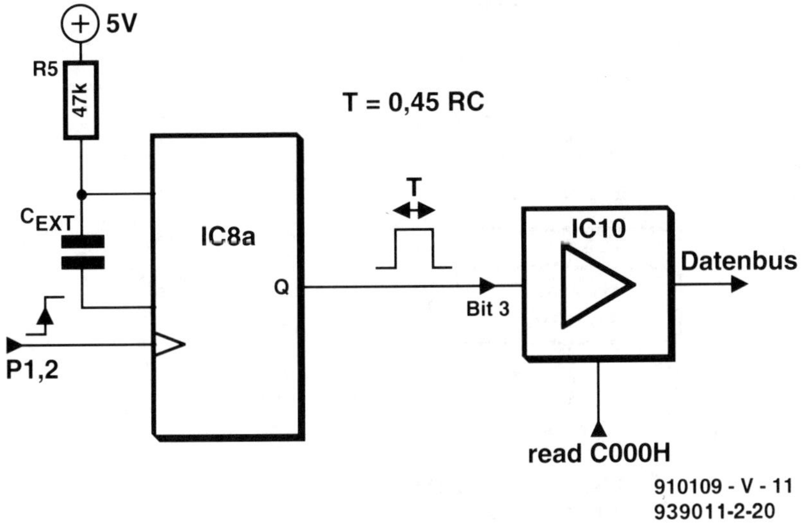

Bild 8.19. Schematische Aufbau des Kapazitätsmessers.

verlängert den Startimpuls, damit das Monoflop etwas Erholzeit vor einer erneuten Triggerung hat). Anschließend wird die Zeitmeßschleife (mit Label MLP) begonnen. Anhand von Bit 3 der „RAM-Adresse" 0C000 H wird festgestellt, ob das Monoflop noch getriggert ist. Der Zugriff auf den externen Datenspeicher über Adresse 0C000 H spricht aber nicht das RAM an, sondern das Latch IC 10, auf dessen Eingang A 3 der Ausgang des Monoflops geschaltet ist. Wenn festgestellt wird, daß das Monoflop noch getriggert ist, wird der Wert in MZEIT um eins erhöht. Wenn nein, ist das Ende der Messung erreicht und es wird zum Label ENDMES gesprungen. Die Erhöhung des 16-bit-Wertes MZEIT erfolgt in den Zeilen 29 bis 34 und veranschaulicht das generelle Vorgehen bei der Rechnung von 16 (bzw. 32) Bitvariablen. Beginnend beim niederwertigen Byte rechnet man „schriftlich" und berücksichtigt jeweils den Übertrag (mit dem Additionsbefehl ADDC). Mit der Erhöhung des MZEIT-Wertes wird wieder am Schleifenbeginn fortgefahren.

Overflow-Erkennung

Es kann nun vorkommen, daß der zulässige Zahlenbereich für eine 16-Bit-Zahl beim Zählen innerhalb der Zeitmeßschleife überschritten wird. Das ist dann der Fall, wenn ein Kondensator mit zu großer Kapazität angeschlossen ist. Dies wird im Programm durch den Befehl in Zeile 35, anhand des entstandenen Übertrags, festgestellt. Im Falle des Überlaufs wird eine entsprechende Meldung via V24 (Zeilen 36 und 37) ausgegeben.

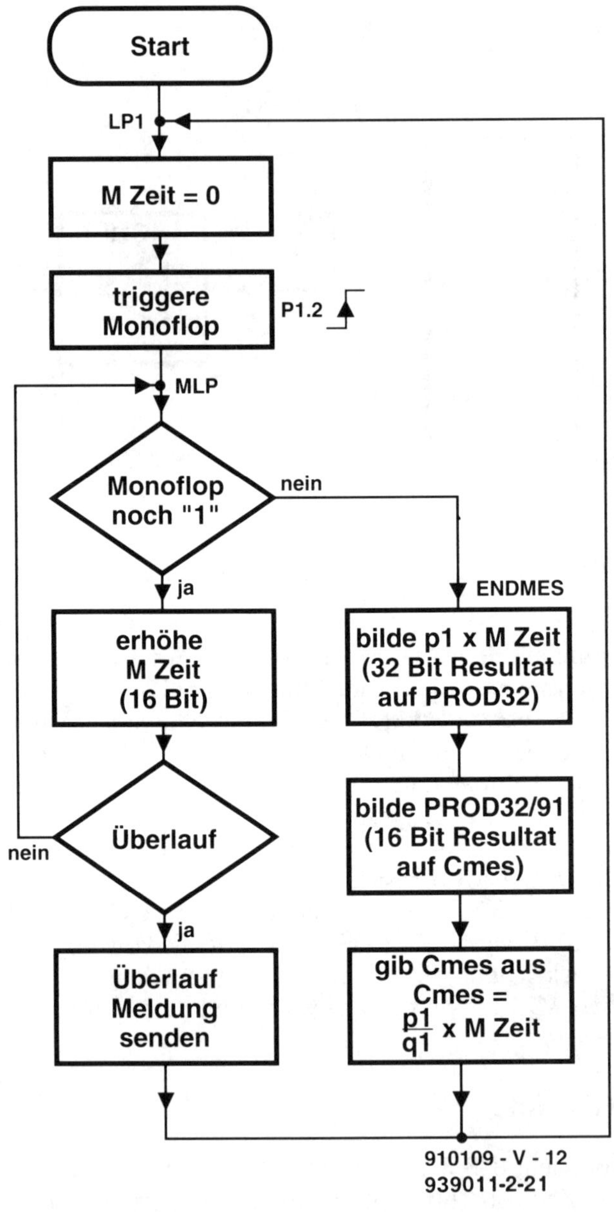

Bild 8.20. Flußdiagramm des Kapazitätsprogramm.

```
****** LISTING of EASM51 (BSP8) ******
LINE LOC  OBJ        T        SOURCE
  1 0000             ; ****** DATEI BSP8.A51 ****************************************
  2 0000             ;
  3 0000             P1      EQU 090H        ; SFR Adressen wie ueblich
  4 0000             ACC     EQU 0E0H
  5 0000             DPL     EQU 082H
  6 0000             DPH     EQU 083H
  7 0000             ;                       ; Eichkonstanten
  8 0000             p1      EQU     1000    ; Zaehler
  9 0000             q1      EQU     1540    ; Nenner des Eichfaktors
 10 0000             ;
 11 0000             MONTOP  EQU     050H    ; benutze Assembler zur RAM Verwaltung
 12 0000                     ORG     MONTOP  ; ueber MONITOR RAM
 13 0050             MZEIT   DS      2       ; 16 Bit gemessene ZEIT
 14 0052             p       DS      2       ; p=p1 : Multiplikator (16 Bit Wert)
 15 0054             q       DS      2       ; q=q1 : Divisor ( 16 Bit Wert)
 16 0056             PROD32  DS      4       ; Produkt MZEIT*p (32 Bit Wert)
 17 005A             Cmes    DS      2       ; Resultat in nF ( 16 Bit Wert)
 18 005C             ;
 19 005C                     ORG     4100H         ; Anfangsadresse des Programms
 20 4100 75 50 00 [2] lp1    MOV     MZEIT+0,#0    ; 16 Bit-Wert MZEIT zuruecksetzen
 21 4103 75 51 00 [2]        MOV     MZEIT+1,#0
 22 4106 C2 92    [1]        CLR     P1.2          ; Trigger:=0
 23 4108 E4       [1]        CLR     A
 24 4109 D5 E0 FD [2] lpp    DJNZ    ACC,lpp       ; Warteschleife Triggerpuls
 25 410C D2 92    [1]        SETB    P1.2          ; Monoflop triggern
 26 410E 90 C0 00 [2]        MOV     DPTR,#0C000H  ; Adresse fuer Monoflop-Ausgang
 27 4111 E0       [2] MLP    MOVX    A,@DPTR       ; Monoflop Ausgang lesen
 28 4112 30 E3 15 [2]        JNB     ACC.3,ENDMES  ; BIT 3 = 0 heisst ENDE
 29 4115 E5 50    [1]        MOV     A,MZEIT       ; sonst 16 Bit Wert erhoehen
 30 4117 24 01    [1]        ADD     A,#1          ; d.h. 1 addieren
 31 4119 F5 50    [1]        MOV     MZEIT,A       ; speichern (LSB)
 32 411B E5 51    [1]        MOV     A,MZEIT+1     ; MSB holen
 33 411D 34 00    [1]        ADDC    A,#0          ; 0 + Uebertrag addieren
 34 411F F5 51    [1]        MOV     MZEIT+1,A     ; MSB speichern
 35 4121 50 EE    [2]        JNC     MLP           ; Uebertrag -> Ueberlauf,sonst weiter
 36 4123 90 41 74 [2]        MOV     DPTR,#OVTXT   ; Ueberlaufmeldung senden
 37 4126 31 88    [2]        ACALL   STXT
 38 4128 80 D6    [2]        SJMP    lp1
 39 412A 90 03 E8 [2] ENDMES MOV     DPTR,#p1      ; Ende der Zeitmessung
 40 412D 85 82 52 [2]        MOV     p+0,DPL       ; p:=p1 ( 16 Bit Wert)
 41 4130 85 83 53 [2]        MOV     p+1,DPH
 42 4133 78 52    [1]        MOV     R0,#p
 43 4135 79 50    [1]        MOV     R1,#MZEIT
 44 4137 75 30 52 [2]        MOV     COMMAND,#ccMUL ; berechne MZEIT*p
 45 413A 12 02 00 [2]        LCALL   MON
 46 413D 86 56    [2]        MOV     PROD32+0,@R0  ; speichere nach PROD32 (32 Bit Wert)
 47 413F 08       [1]        INC     R0
 48 4140 86 57    [2]        MOV     PROD32+1,@R0
 49 4142 08       [1]        INC     R0
 50 4143 86 58    [2]        MOV     PROD32+2,@R0
 51 4145 08       [1]        INC     R0
 52 4146 86 59    [2]        MOV     PROD32+3,@R0
 53 4148 90 06 04 [2]        MOV     DPTR,#q1      ; q:=q1
 54 414B 85 82 54 [2]        MOV     q+0,DPL
 55 414E 85 83 55 [2]        MOV     q+1,DPH
 56 4151 78 56    [1]        MOV     R0,#PROD32
 57 4153 79 54    [1]        MOV     R1,#q
 58 4155 75 30 53 [2]        MOV     COMMAND,#ccDIV ; berechne (MZEIT*p)/q (16 Bit)
 59 4158 12 02 00 [2]        LCALL   MON
 60 415B 86 5A    [2]        MOV     Cmes+0,@R0    ; speichere nach Cmes
 61 415D 08       [1]        INC     R0
 62 415E 86 5B    [2]        MOV     Cmes+1,@R0
 63 4160 90 41 7F [2]        MOV     DPTR,#TXT1    ; sende ersten Text
 64 4163 31 88    [2]        ACALL   STXT
 65 4165 78 5A    [1]        MOV     R0,#Cmes
 66 4167 75 30 05 [2]        MOV     COMMAND,#ccdR016 ; gib Cmes dezimal aus
 67 416A 12 02 00 [2]        LCALL   MON
 68 416D 90 41 82 [2]        MOV     DPTR,#TXT2    ; sende zweiten Text
 69 4170 31 88    [2]        ACALL   STXT
 70 4172 21 00    [2]        AJMP    lp1
 71 4174                 ;
 72 4174 0D 0A 4F        OVTXT   DB      13,10,'Overflow',0
         76 65 72
         66 6C 6F
         77 00
 73 417F 43 3D 00        TXT1    DB      'C=',0
 74 4182 20 6E 46        TXT2    DB      ' nF',13,10,0
         0D 0A 00
 75 4188                 ;
 76 4188                 ccSTXT  EQU  002H  ; Monitor Kommandos und Adressen
 77 4188                 ccdR016 EQU  005H
 78 4188                 ccMUL   EQU  052H
 79 4188                 ccDIV   EQU  053H
 80 4188                 COMMAND EQU  030H
 81 4188                 MON     EQU 0200H
 82 4188                 ;
 83 4188 75 30 02 [2] STXT   MOV COMMAND,#ccSTXT
 84 418B 02 02 00 [2]        LJMP MON
 85 418E                     END
********** SYMBOLTABLE (26 symbols) **********
     P1 :0090     ACC :00E0      DPL :0082      DPH :0083
     p1 :03E8      q1 :0604   MONTOP :0050    MZEIT :0050
      p :0052       q :0054   PROD32 :0056     Cmes :005A
    lp1 :4100     lpp :4109      MLP :4111   ENDMES :412A
  OVTXT :4174    TXT1 :417F     TXT2 :4182   ccSTXT :0002
ccdR016 :0005   ccMUL :0052    ccDIV :0053  COMMAND :0030
    MON :0200    STXT :4188
```

Bild 8.21. Listing unseres Kapazitätsmeßgerätes.

Umrechnung

Nun möchte man den Meßwert des Kondensators natürlich in einer gewohnten Größe ausgeben. Dazu ist es notwendig, aus der Anzahl der Schleifendurchläufe, die Impulsdauer des Monoflops, zu bestimmen. Da jeder Schleifendurchlauf 12 Mikrosekunden dauert, ist die Impulsdauer am Ende der Schleife gerade $T = 12 * MWERT$ in Mikrosekunden. Diese Angabe ist nicht ganz exakt, da bis zum Eintritt in die Schleife bereits 6 zusätzliche Mikrosekunden vergehen, dieser Fehler ist aber für unsere Zwecke vernachlässigbar.

Nach den Herstellerangaben für den 74HC 123 beträgt die Impulsdauer bei diesem Monoflop

$$T = 0.45 * R_{EXT} * C_{EXT}$$

(für C_{EXT} größer 10 nF, Größen in Ohm, Sekunden, Farad).

Bei unserer Beschaltung auf dem Ergänzungsboard hat R_{EXT} (R 5) den Wert 47K und wir erhalten:

$$C_{EXT}(\text{in Mikrofarad}) = 0.5673 * MWERT$$

Wie können wir nun diesen Wert berechnen? Leider stellt der 8051 uns ja keine Fließkommaarithmetik zur Verfügung. Nun, alle Forth-Programmierer werden hier auf bekanntes stoßen – Man rechnet einfach mit Brüchen.

Bekanntermaßen ist 0.5673 = 5673/10000. Den Zähler normieren wir auf den Wert 1000, so daß sich 0.5673 als 1000/1762 darstellen läßt. Zähler und Nenner dieses Bruches (im Programm mit p1 und q1 bezeichnet) passen in 16-Bit-Zahlen. Die Konstante q1 ist im Programmlisting schon durch den geeichten Wert 1540 ersetzt. Doch zur Eichung kommen wir später, bleiben wir für die folgenden Überlegungen bei der Konstanten 0.5673. Um mit 0.5673 zu multiplizieren, multiplizieren wir MWERT erst mit dem Zähler (Zeilen 39 bis 52) und dividieren die entstandene 32-Bit-Zahl (gespeichert auf den 4 Bytes bei PROD32 beginnend) danach (Zeilen 53 bis 63) durch den Nenner und voila: Das Resultat steht zur Ausgabe als 16-Bit-Wert (gespeichert auf Cmes bereit). Die dezimale Ausgabe erfolgt dann mit Hilfe einer EMON51-Routine in Zeile 66.

Theorie und Praxis

Leider stimmt die Sache mit den oben genannten Formeln in der Praxis nur sehr mäßig. Zum einen hat unser 47k-Widerstand gewisse Toleranzen. Noch schwerwiegender sind aber die Toleranzen des 74HC 123. Eine Eichung unseres Kapazitätsmessers ist also doch notwendig. Anstatt nun aber den Widerstand abzugleichen, machen wir den Abgleich im

Programm. Dazu setzen wir die Konstanten p1 und q1 auf 1000 und starten das Programm. Als Ausgabe erfolgt dann nicht die Größe des Kondensators, sondern direkt die Zahl MWERT. Dabei schließen wir einen 1 μF-Kondensator an. Dieser sollte möglichst kleine Toleranzen haben, wenn man genau messen möchte. Die nun ausgegebene Zahl merken wir uns (z. B 1540) und verwenden sie dann im endgültigen Programm als q1. Als p1 verwenden wir p1 = 1000. Damit ist die Eichung schon vollzogen. Wird nun ein Kondensator mit genau 1 μF angeschlossen, ergibt sich als MWERT natürlich wieder 1540. Mit p1=1000 multipliziert und dann durch q1=1540 dividiert ergibt sich genau die richtige Anzeige von 1000 nF. Da die Zeit, die das Monoflop gesetzt ist, näherungsweise proportional der angeschlossenen Kapazität ist, ist damit die Anzeige richtig geeicht.

Schon dieses einfache Meßprogramm hat gezeigt, daß eine Reihe detaillierter Kenntnisse notwendig sind, um Meßwerte umzurechnen. Wer sich hierin Übung verschaffen will, studiere die Monitor-Arithmetikroutinen und teste sie in kleinen Programmen.

8.5. Zähler und Zeitgeber

Wir haben jetzt alle Befehle des 8051 kennengelernt und auch schon sehr viele in Anwendungsbeispielen eingesetzt. Dabei konnten wir auch schon zeitabhängige Signale über Ports ausgeben (siehe BSP6). Das haben wir realisiert, indem sich das Programm für die erforderliche Zeit in Programmschleifen aufhält. Während dieser Zeit können jedoch keine weiteren Aufgaben abgearbeitet werden. Das ist jedoch bei umfangreicheren Programmen erforderlich. Zur Lösung dieses Problems können wir die auf dem Controller integrierten Zähler (Timer) heranziehen. In sehr vielen Fällen stehen die Timer-Anwendungen in Verbindung mit einer Interrupt-Auslösung, die wir im nächsten Abschnitt besprechen wollen. Zunächst müssen wir die Möglichkeiten kennenlernen, die uns die Timer des 8051 bieten.

Timer 0 und Timer 1

Der 8051 verfügt über zwei Zähler, mit denen man Ereignisse zählen kann. Taktet man die Zähler mit dem internen Takt, kann man sie auch als Zeitgeber benutzen. Es gibt also zwei unterschiedliche Anwendungsmöglichkeiten für jeden der beiden Zähler. Der Einfachheit halber benutzen wir im folgenden für beide Betriebsarten den eingebürgerten neudeutschen Begriff „Timer“.

Per Software muß nun festgelegt werden, wie die Timer arbeiten sollen. Erinnern wir uns an die Kurzbeschreibung der Spezial-Funktions-Register (SFR). Dort ist bereits erwähnt, daß einige Register für die Timer-Steuerung reserviert sind. Diese Register im SFR-Bereich wollen wir uns nun genauer ansehen.

TH 0, TL 0

Diese beiden Register enthalten den aktuellen Timerstand von Timer 0. Sie sind kaskadiert, wobei in TH 0 das Highbyte, in TL 0 das Lowbyte abgelegt ist. Damit kann bis zum Wert 65535 (=FFFF H) gezählt werden.

TH 1, TL 1

Analog zu Timer 0 ist in diesen beiden Registern der aktuelle Timerstand von Timer 1 abgelegt.

Diese vier Timer-Register können jederzeit im Programm gelesen und auch überschrieben werden.

TMOD

Mit diesem Register stellen wir die Betriebsart von Timer 0 und Timer 1 ein. Die Bits haben spezielle Namen, sie können jedoch nicht über Bit-Befehle beeinflußt werden. Wir müssen stets das komplette Register TMOD mit definierten Werten beschreiben. Eine weitere Methode, mit der gezielt Bits gesetzt oder gelöscht werden können, bieten der ANL- und ORL-Befehl. Die logische Verknüpfung erfolgt dann über eine Maske (z. B. ORL TMOD,#00000001 B setzt Bit 0 und läßt alle andern Bits unverändert).

Die einzelnen Bits in TMOD haben folgende Bedeutung:

<—— Timer-Modus-Register TMOD ——>

GATE	$C/\overline{T}$	M1	M0	GATE	$C/\overline{T}$	M1	M0

<———— Timer 1 ————>|<———— Timer 0 ————>

Alle Bits sind zweimal aufgeführt. Die Bedeutung ist für Timer 0 und Timer 1 gleich. Beide Timer können also unabhängig voneinander in verschiedenen Betriebsarten arbeiten.

- **GATE:** Wenn dieses Bit gesetzt ist, wird der Timer nur freigegeben, wenn der Pin $\overline{\text{INT0}}$ (für Timer 0) bzw. $\overline{\text{INT1}}$ (für Timer 1) des Controllers HIGH ist. Dadurch kann der Timer über ein externes Signal ein- und ausgeschaltet werden. Ein typisches Anwendungsbeispiel ist die Pulsweitenmessung. Vor dem Puls wird der Timer auf Null gesetzt, nach Ende des Pulses kann die Pulslänge anhand des Inhalts der Timer-Register bestimmt werden.

- **C/$\overline{T}$:** Mit diesem Bit wird die Timer-Funktion festgelegt. Bei gesetztem Bit arbeitet der Timer als Zähler (Counter) und reagiert auf Impulse am Controller-Eingang T 0 (Timer 0 zählt) bzw. T 1 (Timer 1). Damit kann beispielsweise ein Frequenzmeßgerät aufgebaut werden. Ein Timer im Betrieb als Zeitgeber (C/$\overline{T}$ = 0) generiert ein Zeitraster, der andere Timer (C/$\overline{T}$ = 1) zählt die in diesem Zeitraum an Pin T 0 bzw. T 1 ankommenden Impulse. Aus dem Quotienten aus Anzahl von Impulsen pro Zeit ergibt sich die Frequenz.
- **M 1/M 0:** Diese beiden Bits legen den Arbeitsmodus fest. Die folgende Übersicht zeigt die vier unterschiedlichen Modi.

M 1	M 0	Arbeitsmodi
0	0	Modus 0
0	1	Modus 1
1	0	Modus 2
1	1	Modus 3

- **Modus 0:** Das Lowbyte TL x (TL x entspricht TL 0 oder TL 1) arbeitet als 5-Bit-Vorteiler. Er zählt von 0 bis 31 (00000 B bis 11111 B) und läuft dann über auf 00000 B. Mit diesem Überlauf wird das Highbyte TH x des Timers inkrementiert. Damit stellt TL x einen 1:32 Vorteiler für TH x dar. Die höherwertigen Bits in TL x haben einen undefinierten Zustand und sollten deshalb nicht ausgewertet werden.
- **Modus 1:** Das Lowbyte TL x arbeitet als Vorteiler mit seiner vollen 8-Bit-Breite. Damit erhält man einen 1:256 Vorteiler. Modus 0 und Modus 1 unterscheiden sich nur durch den Vorteiler.
- **Modus 2:** Der Timer arbeitet im Auto-Reload-Betrieb. Als Timer arbeitet nur das Lowbyte TL x, während das Highbyte TH x den Reload-Wert bereitstellt. Mit dem Inhalt dieses Registers TH x wird nach dem Timer-Überlauf TL 0 nachgeladen. TH x muß über die Software beschrieben werden, ändert aber beim Reload-Vorgang seinen Wert nicht.
- **Modus 3:** In diesem Modus ist Timer 0 aufgesplittet in die zwei unabhängigen 8-Bit-Timer TL 0 und TH 0. TL 0 kann dabei als Zähler oder auch als Zeitgeber betrieben werden. Er wird durch die Steuerbits von Timer 0 kontrolliert (C/$\overline{T}$, GATE, TR 0, TF 0). TH 0 kann nur als Zeitgeber betrieben werden. Er benutzt dabei die Steuerbits von Timer 1 (TR 1, TF 1, siehe TCON). Timer 1 stoppt in diesem Modus.

  Wählt man für Timer 0 diesen Modus, so erhält man zwei unabhängige Timer. Timer 1 kann aber in einem andern Modus betrieben werden, so daß ein zusätzlicher Timer zur Verfügung steht. TR 1 beeinflußt TH 0, Timer 1 kann aber durch Umschalten auf Modus 3 gestoppt werden. Zu beachten ist aber, daß ein Überlauf von Timer 1 nicht erkannt werden kann, da das Überlaufflag TF 1 von TH 0 bedient wird. Beim Betrieb von Timer 0 in Modus 3 beschränkt sich der Einsatz von Timer 1 auf Anwendungen, für die keine Überlauferkennung erforderlich ist. Diese Voraussetzungen sind beim Betrieb als Baudratengenerator für die serielle Schnittstelle gegeben.

Die folgenden Bilder zeigen die Betriebsarten für Timer 0 und Timer 1 in Diagrammen. Hier wird nochmals deutlich, welche Funktion die unterschiedlichen Bits und Steuereingänge haben.

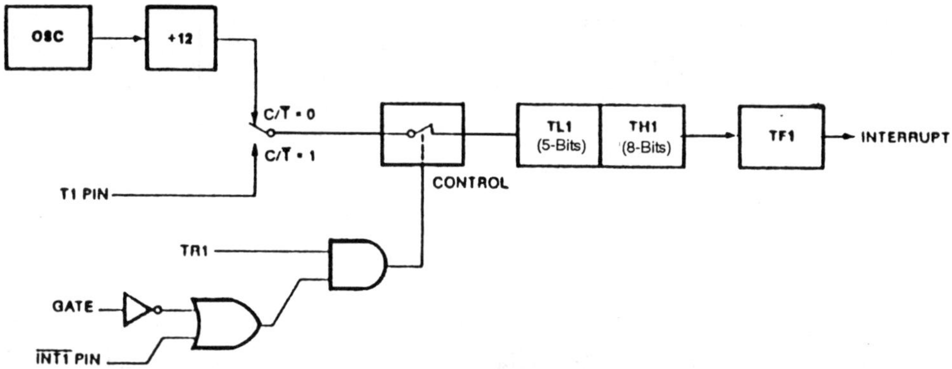

Bild 8.22. Die Arbeitsweise der Timer in Modus 0 (13-Bit-Timer).

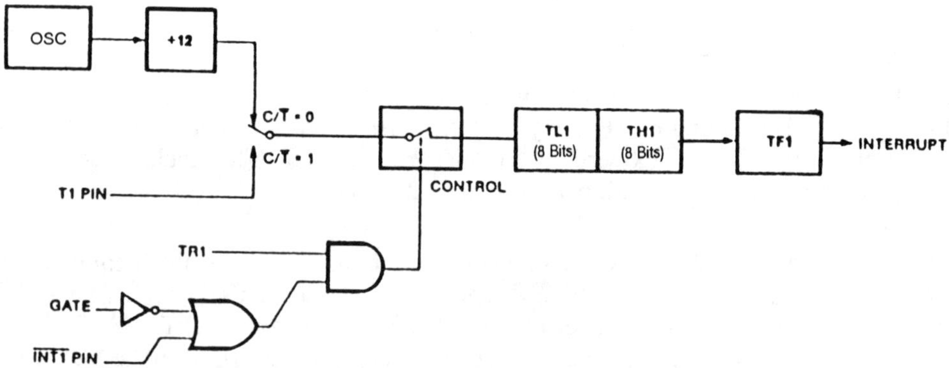

Bild 8.23. Die Arbeitsweise der Timer in Modus 1 (16-Bit-Timer).

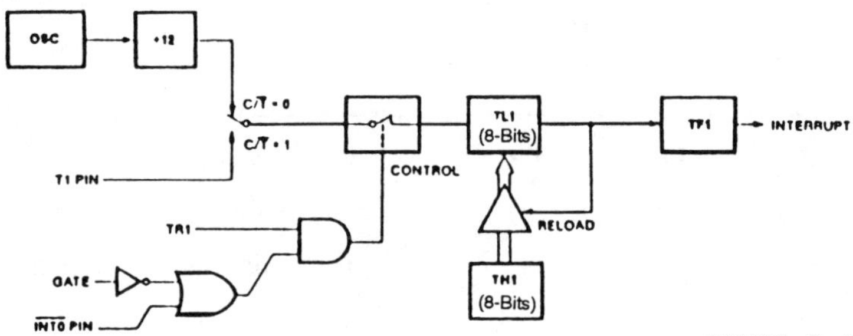

910109 - 6 - 23
939011-2-25

Bild 8.24. Die Arbeitsweise der Timer in Modus 2 (8-Bit Auto-Reload).

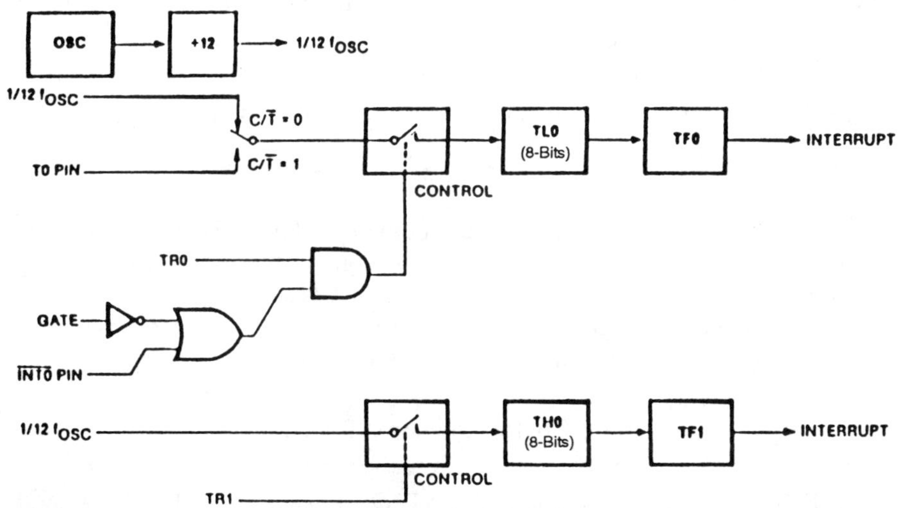

910109 - 6 - 24
939011-3-1

Bild 8.25. Die Arbeitsweise der Timer in Modus 3 (Zwei 8-Bit-Timer).

- **TCON:** In diesem SFR sind die Steuerbits für Timer 0 und Timer 1 abgelegt. Einige Bits in TCON beeinflussen die Interrupts, die wir aber erst nachher behandeln.

<—— Timer-Control-Register TCON ——>

TF1	TR1	TF0	TR0	IE1	IT1	IE0	IT0

Das Register TCON ist bitadressierbar. Die Steuerbits für die Timer haben folgende Bedeutung.

- **TF 1: Timer 1 Überlauf**

  TF 1 wird hardwaremäßig gesetzt, wenn Timer 1 überläuft. Dieses Bit stellt die Anforderung eines Interrupts dar. Mit Aufruf der Interrupt-Routine wird TF 1 wieder von der Hardware gelöscht. Man beachte die Ausnahme in Modus 3, hier setzt ein Überlauf von TH 0 das Flag TF 1.

- **TR 1: Timer 1 Start/Stop**

  Bei gelöschtem TR 1 stoppt Timer 1. Um den Timer zu starten, muß TR 1 gesetzt werden.

- **TF 0: Timer 0 Überlauf**

  TF 0 wird hardwaremäßig gesetzt, wenn Timer 0 überläuft. Mit Aufruf der Interrupt-Routine für Timer 0 wird auch dieses Bit gelöscht.

- **TR 0: Timer 0 Start/Stop**

  Bei gelöschtem TR 0 stoppt Timer 0. Um Timer 0 zu starten, muß TR 0 gesetzt werden.

Timer 2

Die Nachfolgemodelle des 8051 besitzen noch einen weiteren Timer, den Timer 2. Er kann wie die beiden andern Timer sowohl als Ereigniszähler als auch als Zeitgeber betrieben werden. Die Auswahl geschieht mit dem C/$\overline{T2}$-Bit im Spezial-Funktions-Register T2CON. In diesem Register wird auch der Betriebs-Modus festgelegt. Folgende drei Modi sind möglich: Auto-Reload, Baudraten-Generator und Capture.

<—— Timer 2-Control-Register (T2CON) ——>

TF2	EXF2	RCLK	TCLK	EXEN2	TR2	C/$\overline{T2}$	CP/$\overline{RL2}$

Die folgende Tabelle zeigt, wie die Bits in T2CON beschrieben werden müssen, um den gewünschten Modus zu erhalten:

RCLK + TCLK	CP/$\overline{RL2}$	TR2	Modus
0	0	1	16-Bit Auto-Reload
0	1	1	16-Bit Capture
1	x	1	Baudraten-Generator
x	x	0	aus

- **TF2:** Ein Überlauf von Timer 2 setzt das TF2-Flag. Daraufhin kann ein Interrupt ausgelöst werden. TF2 muß von der Software gelöscht werden. Wenn für den Betrieb als Baudratengenerator RCLK oder TCLK gesetzt ist, wird TF2 bei einem Timer-Überlauf nicht gesetzt.
- **EXF2:** Im Fall von EXEN2 = 1 wird durch eine negative Flanke am T2EX-Pin ein Capture-Vorgang oder ein Auto-Reload von Timer 2 ausgelöst. Das Bit EXF2 wird dadurch hardwaremäßig gesetzt. Bei freigegebenen Timer 2 Interrupt ruft das Programm die Interruptroutine auf. EXF2 muß von der Software wieder gelöscht werden.
- **RCLK:** Wenn RCLK = 1, benutzt die serielle Schnittstelle die Überlaufrate von Timer 2 für den Empfang von Daten. Bei RCLK = 0 bestimmt Timer 1 die Baudrate für den Empfang.
- **TCLK:** Wenn TCLK = 1, benutzt die serielle Schnittstelle die Überlaufrate von Timer 2 für das Aussenden von Daten. Bei TCLK = 0 bestimmt Timer 1 die Baudrate für den Sendevorgang.
- **EXEN2:** Wenn EXEN2 gesetzt ist, verursacht eine fallende Flanke am T2EX-Pin einen Capture-Vorgang. Der zu diesem Zeitpunkt in Timer 2 vorhandene Wert wird in die Capture-Register (RCAP2H,RCAP2L) übernommen. Das trifft aber nur zu, wenn CP/$\overline{RL2}$ gesetzt ist. Für CP/$\overline{RL2}$ = 0 wird Timer 2 bei der negativen Flanke am T2EX-Pin mit dem Inhalt von den Capture-Registern RCAP2H und RCAP2L geladen. Das entspricht also einem Reload-Modus.
- **TR2:** Eine 1 in TR2 startet den Timer 2, eine 0 stoppt ihn.
- **C/$\overline{T2}$:** Dieses Bit wählt die Betriebsart für Timer 2 aus.

  C/$\overline{T2}$ = 0 : Zeitgeber mit internem Takt (f_{osc}/12)

  C/$\overline{T2}$ = 1 : Ereigniszähler

- **CP/$\overline{\text{RL2}}$:** Wenn EXEN2 = 1, wird mit gesetztem CP/$\overline{\text{RL2}}$ Timer 2 bei einer negativen Flanke am T2EX-Pin gecaptured (eingefangen). Für CP/$\overline{\text{RL2}}$ erfolgt ein Auto-Reload-Vorgang für Timer 2 mit den Capture-Registern bei einem Überlauf von Timer 2 oder bei einer negativen Flanke am T2EX-Pin. Wenn RCLK oder TCLK gesetzt ist, wird die negative Flanke ignoriert, der Auto-Reload erfolgt nur nach einem Überlauf.

  Der Capture-Modus kann dann eingesetzt werden, wenn der Timer auf externe Ereignisse getriggert werden soll. Die fallende Flanke des externen Ereignisses friert den 16-Bit-Timerstand in zwei Capture-Registern ein, so daß er beim weiteren Verlauf des Programms abgerufen werden kann. Hierzu ein Beispiel:

  Von einem Rechtecksignal wollen wir die Periodendauer messen. Die fallende Flanke löst einen Capture-Vorgang aus. Anschließend werden die Capturewerte gelesen und abgespeichert. Wann dieser Vorgang abgearbeitet wird, ist nicht entscheidend. Durch den Capture-Vorgang ist der Timerstand bei der Flanke eingefroren. Bei der nächsten Flanke spätestens müssen die beiden Capture-Register eingelesen sein. Die Differenz von zwei aufeinanderfolgenden Capture-Werten ergibt die Periodendauer.

  Diese Capture-Funktion wird hauptsächlich in Anwendungen benutzt, in denen sehr zeitkritische Signale ausgewertet werden müssen.

  Die Arbeitsweise von Timer 2 im Capture-Betrieb ist in Bild 8.26. veranschaulicht.

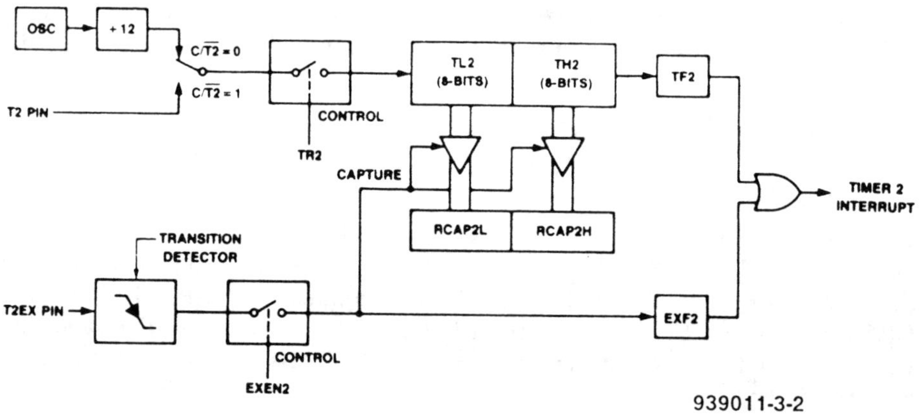

Bild 8.26. Timer 2 im Capture-Modus.

8.6. Interrupt

Was würde es uns nützen, wenn der Timer überläuft, die Software aber nicht in der Lage wäre diesen Überlauf zu bemerken? Eine Möglichkeit zu reagieren wäre, im Programm das entsprechende Überlauf-Flag ständig abzufragen. Die Mikrocontroller bieten jedoch elegantere Möglichkeiten. Die Hardware erkennt, daß ein Überlauf stattgefunden hat, wodurch das laufende Programm sofort unterbrochen wird (Interrupt) und ab einer definierten Adresse im Programmspeicher fortfährt. In der aufgerufenen Interruptroutine können bestimmte Befehle abgearbeitet werden. Ist das Interruptprogramm beendet, kehrt das Programm wieder an die zuvor unterbrochene Stelle zurück und nimmt dort seine Arbeit wieder auf.

Der Einsprung in die Interrupt-Routine ist vergleichbar mit einem Unterprogramm-Aufruf. Damit das Programm nach Bedienen der Interrupt-Service-Routine wieder an die Aussprungadresse zurückfindet, muß vor dem Aussprung diese Adresse im Stack gespeichert werden. Die Interrupt-Routine wird mit dem Befehl „RETI" beendet. Wie „RET" bei den Unterprogrammen, schreibt auch dieser Befehl die im Stack abgespeicherte Rücksprungadresse wieder in den Programmzähler zurück. Zusätzlich wird durch „RETI" die Interruptebene freigegeben, so daß wieder ein Interrupt bedient werden kann.

Gerade die Unvorhersagbarkeit des Eintreffens eines Interrupts macht die Interruptprogrammierung und die Fehlersuche von interruptgesteuerten Systemen zu einem Problem. Wer also selbst mit Interrupts programmieren will, sei schon hier gewarnt: Fast nirgendwo gibt es so viele Fehlermöglichkeiten.

Interruptquellen

Nicht nur die Timer können Interrupts auslösen. Die Interruptschaltung des 8051 umfaßt fünf Interruptquellen, beim 8032 kann man noch auf eine sechste Quelle zurückgreifen.

Interrupt von Timer 0 und Timer 1

Die Anforderungflags für die Timerinterrupts haben wir schon kennengelernt. Es sind die Timer-Überlaufflags TF0 und TF1 im Register TCON.

Externe Interrupts 0 und 1

Neben Timer 0 und Timer 1 können auch zwei externe Ereignisse einen Interrupt auslösen. Eine negative Flanke oder ein LOW-Pegel an den Controller-Eingängen $\overline{\text{INT0}}$ und $\overline{\text{INT1}}$ sind Auslöser für die beiden externen Interrupts. Ob der Interrupt durch eine fallende Flanke oder durch LOW-Pegel ausgelöst wird, ist im SFR TCON festgelegt.

In diesem Register sind auch die Anforderungsflags für die beiden externen Interrupts abgelegt.

<—— Timer-Control-Register TCON ——>

TF1	TR1	TF0	TR0	IE1	IT1	IE0	IT0

Die Bits für die externen Interrupts sind im unteren Halbbyte zu finden. Hier die Bedeutung dieser Bits:

- **IE1: Interrupt 1 Flanke** Eine erkannte negative Flanke am Eingang $\overline{INT1}$ setzt dieses Bit. Der Einsprung in die Interruptroutine löscht dieses Bit wieder, sofern der Interrupt flankengetriggert ist. Bei pegelgetriggerten Interrupt ist IE1 gesetzt, solange der negative Pegel am Eingang $\overline{INT1}$ anliegt. In diesem Fall wird IE1 also nicht automatisch mit Eintritt in die Interrupt-Routine gelöscht.
- **IT1: Interrupt 1 Flanken/Pegelauswahl** Mit diesem Bit legt man fest, ob der Interrupt 1 flanken- oder pegelgetriggert ist. IT1 = 1 hat zur Folge, daß die fallende Flanke den Interrupt auslöst. IT1 = 0 bewirkt, daß der Interrupt durch LOW-Pegel getriggert wird. Das Anforderungsflag IE1 bleibt dann solange gesetzt, wie der LOW-Pegel am Interrupteingang anliegt. Diese Betriebsart wird jedoch nur selten für spezielle Probleme eingestellt. Für die meisten Anwendungen wird IT1 gesetzt, so daß eine fallende Flanke den Interrupt auslöst.
- **IE0: Interrupt 0 Flanke** Dieses Bit wird gesetzt, wenn eine negative Flanke am Eingang $\overline{INT0}$ erkannt wird. Hier gilt das gleiche, wie schon für das Bit IE1 beschrieben.
- **IT0: Interrupt 0 Flanken/Pegelauswahl** Dieses Bit hat die gleiche Aufgabe wie IT1, wirkt aber auf den Eingang $\overline{INT0}$.

Interrupt der seriellen Schnittstelle

Ebenfalls interruptfähig ist die serielle Schnittstelle. An dieser Stelle soll erst einmal die Information genügen, daß beim Empfang von Daten über die Schnittstelle am Eingang RxD das Bit RI gesetzt wird. Wenn der Controller seinerseits an Pin TxD Daten aussendet, wird das Bit TI gesetzt. TI und RI sind im SFR SCON abgelegt. Beide Interruptflags, RI und TI, haben die gleiche Interrupt- Einsprungadresse, so daß in der Interrupt-Routine abgefragt werden muß, ob der Interrupt durch Empfang oder Aussenden von Daten ausgelöst wurde. Auch zu beachten ist, daß die Flags RI und TI in der Interrupt-Routine von der Software gelöscht werden müssen, und nicht automatisch von der Hardware zurückgesetzt werden. Vergißt man das Löschen der Flags, wird die Interrupt-Routine sofort wieder aufgerufen. Diesen Softwarefehler erkennt man aber sehr schnell.

Interrupt von Timer 2

Die Nachfolgemodelle des 8051 verfügen über weitere Interruptquellen. Der 8032 enthält eine weitere, die bei Überlauf von Timer 2 getriggert wird. Die gleiche Adresse wird angesprungen, wenn das Bit EXF2 gesetzt ist. Diese beiden Bits sind im T2CON abgelegt. Auch diese Anforderungflags müssen von der Software gelöscht werden.

Software-Interrupt

Alle Interrupt-Anforderungflags können auch durch die Software gesetzt werden (z. B. SETB TF0). Das hat die gleiche Wirkung, als ob die Hardware das Bit setzt. Alle Interrupts können somit auch von der Software ausgelöst werden. Ausnahmen bilden die pegelgetriggerten externen Interrupts 0 und 1.

Interrupt-Einsprungadressen

Jeder Interruptquelle ist eine genau definierte Einsprungadresse zugeordnet. Wenn die Hardware beispielsweise einen Überlauf von Timer 0 erkennt, verzweigt das Programm an die Adresse 000B H, nachdem die Aussprungadresse im Stack gerettet wurde.

Die folgende Tabelle zeigt alle Interrupts des 8032 und die dazugehörigen Einsprungadressen. Diese Adressen liegen im Bereich von 0000 H bis 002B H, an die wir beim Betrieb mit dem Monitor-Programm aber nicht herankommen. Ein Blick in das Listing des Monitor- Programms EMON51 zeigt, wie dieses kleine Problem gelöst ist. An den Interrupt-Adressen sind Sprungbefehle in den Speicherbereich ab Adresse 4000 H angesiedelt. Das ist der Bereich, in den wir unsere Anwenderprogramme im RAM ablegen können. Diese Adressen (Link-Sprung) sind in der Tabelle ebenfalls aufgeführt.

Interrupt	Interruptadresse	Link-Index	Link-Sprung
IE0	0003 H	1	4003 H
TF0	000B H	2	4006 H
IE1	0013 H	3	4009 H
TF1	001B H	4	400C H
RI+TI	0023 H	5	400F H
TF2+EXF2	002B H	6	4012 H

Jetzt wird auch klar, weshalb wir unsere Programme immer ab Adresse 4100 H starten und nicht ab Adresse 4000 H. Die Adressen 4000 H bis 40FF H im RAM sind für den Monitor reserviert.

Das Anwenderprogramm kann ein im Monitor abgelegtes Unterprogramm aufrufen, das im RAM an die Link-Sprungadressen (4003 H, 4006 H...) LJMP-Befehle an die Interruptadresse im Anwenderprogramm einfügt. Das hört sich kompliziert an, ist aber doch einleuchtend, wenn wir nachher die Programmsequenz im Beispiel BSP11 sehen.

Interrupt-Freigabe

Nach dem Reset sind alle Einsprünge in die Interrupt-Routinen verboten, auch wenn die Anforderungflags gesetzt werden. Im Interrupt-Enable-Register IE müssen die im Anwenderprogramm benötigten Interrupts erlaubt werden. Jeder Interruptquelle ist in IE ein Enable-Bit zugeordnet. Zusätzlich muß das Bit EA gesetzt werden, mit dem global alle Interrupts verboten werden können.

<——— Interrupt-Enable-Register IE ———>

EA	–	ET2	ES	ET1	EX1	ET0	EX0

- **EA: Generelle Interrupt-Freigabe.** Mit EA = 0 können alle Interrupts gesperrt werden. Wenn mindestens ein Interrupt zugelassen werden soll, muß EA auf 1 gesetzt werden.
- **EX0: Freigabe externer Interrupt 0.** Mit EX0 = 0 ist der externe Interrupt 0 gesperrt, bei EX0 = 1 ist er freigegeben.
- **ET0: Freigabe Timer 0 Interrupt.** Mit ET0 = 0 ist der Interrupt von Timer 0 gesperrt, bei ET0 = 1 ist er freigegeben.
- **EX1: Freigabe externer Interrupt 1.** Mit EX1 = 0 ist der externe Interrupt 1 gesperrt, bei EX1 = 1 ist er freigegeben.
- **ET1: Freigabe Timer 1 Interrupt.** Mit ET1 = 0 ist der Interrupt von Timer 1 gesperrt, bei ET1 = 1 ist er freigegeben.
- **ES: Freigabe serieller Interrupt.** Mit ES = 0 ist der Empfangs- und Sendeinterrupt der seriellen Schnittstelle gesperrt, bei ES = 1 sind diese beiden Interrupts freigegeben.
- **ET2: Freigabe Timer 2 Interrupt.** Mit ET2 = 0 ist der Interrupt von Timer 2 gesperrt, bei ET2 = 1 ist er freigegeben.

Interrupt-Prioritätstruktur

Bei Anwendungen mit mehreren freigegebenen Interruptquellen ist natürlich die Wahrscheinlichkeit gegeben, daß während der Abarbeitung einer Interruptroutine ein weiterer Interrupt ausgelöst wird. Nun gibt es zwei Möglichkeiten, wie das Programm reagieren kann:

Fall 1: Die gerade bearbeitete Interrupt-Routine wird zu Ende geführt, im Anschluß daran wird die zweite Interruptanforderung bedient.

Fall 2: Die gerade bearbeitete Interrupt-Routine wird unterbrochen, damit die erkannte Interrupt-Anforderung sofort bedient werden kann. Nachdem diese Routine beendet ist, wird die unterbrochene Interrupt- Routine weiterbearbeitet.

Welche der beiden Möglichkeiten zum Zuge kommen soll, kann im Interrupt-Prioritäts-Register IP festgelegt werden. Der 8032 kann den Interrupts zwei Interrupt-Ebenen zuordnen. Ein Interrupt, dem eine hohe Priorität zugeordnet ist, kann einen Interrupt niedrigerer Priorität unterbrechen. Er muß jedoch warten, wenn gerade ein Interrupt mit der gleichen Prioritätsstufe abgearbeitet wird. Beim 80C535 können die Interruptquellen auf mehrere Prioritätsebenen verteilt werden. Diese Möglichkeit werden wir nachher behandeln.

<—— Interrupt-Prioritäts-Register IP ——>

–	–	PT2	PS	PT1	PX1	PT0	PX0

Um den Interrupts die hohe Priorität zuzuordnen, muß das betreffende Bit im Interrupt-Prioritäts-Register IP gesetzt werden. Bei gelöschtem Bit erhält der Interrupt die niedrige Priorität.

Die Bits in IP sind den Interrupt-Quellen wie folgt zugeordnet:

Interrupt-Quelle	Bit in IP
Timer 2 Interrupt	PT2
serieller Interrupt	PS
Timer 1 Interrupt	PT1
externer Interrupt 1	PX1
Timer 0 Interrupt	PT0
externer Interrupt 0	PX0

Prinzipiell ist es möglich, daß die Prozessor-Hardware gleichzeitig mehrere Interrupt-Anforderungen gleicher Priorität erkennt. Welche Interrupt-Quelle wird nun zuerst bedient? In diesem Fall legt eine fest vorgegebene Reihenfolge fest, wie die Interrupts nacheinander abgearbeitet werden, wenn die auslösenden Ereignisse gleichzeitig aufgetreten sind (Polling sequence). Die folgende Tabelle zeigt diese Reihenfolge auf.

Interrupt-Quelle	Priorität
IE0	Hoch
TF0	↑
IE1	|
TF1	|
RI + TI	|
TF2	Niedrig

Das gesamte Interrupt-Kontrollsystem kann in einem Schaubild verdeutlicht werden. Dabei kommt noch einmal die Bedeutung der verschiedenen Bits zur Geltung.

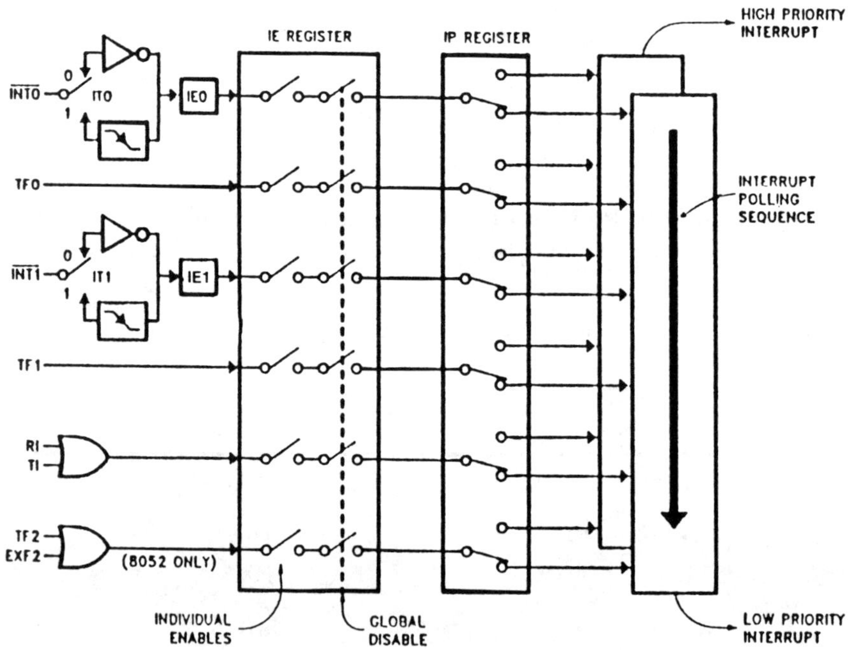

Bild 8.27. Das Interrupt-Kontrollsystem des 8032.

Hier muß nochmals darauf hingewiesen werden, daß diese Ausführungen über das Interruptsystem für den 8032 gelten. Das Interruptsystem des 80C535 ist noch leistungsfähiger. Es bietet noch mehr Interrupt-Quellen, die auf insgesamt vier Prioritätsebenen gelegt werden können.

Anwendungsbeispiel – Interruptgesteuerte Uhr

Nach soviel Theorie wird es Zeit, die erworbenen Kenntnisse in der Praxis anzuwenden. Zuerst wollen wir die Möglichkeiten kennenlernen, die uns der Timerinterrupt bietet. Eine Anwendung, die immer wieder benötigt wird, ist die interruptgesteuerte Uhr. Damit können Zeitraster generiert werden, um beispielsweise ein Rechtecksignal mit einer bestimmten Frequenz auszugeben. Das Programmbeispiel BSP11 hat die Aufgabe, im Sekundentakt einen Stern (*) am PC auszugeben. Das Beispiel soll also nur dazu dienen, die Anwendungsmöglichkeit des Timerinterrupts aufzuzeigen. Sie werden sicherlich Ideen haben, wie Sie diese Interruptroutine in eigene Projekte einbinden können.

Das Flußdiagramm erweist sich auch hier wieder bei diesem Programmbeispiel als ideal, um den Programmablauf schematisch daszustellen. Zuerst besprechen wir die eigentliche Interruptroutine, die beim Label INTT0 beginnt.

Der Labelname INTT0 für die Interruptroutine deutet schon daraufhin, daß wir zur Erzeugung des Zeitrasters den Timer 0 verwenden. Leider ist es nicht direkt möglich, mit einem einzelnen Timer einen Ein-Sekunden-Takt zu erzeugen. Denn selbst wenn wir den internen Takt mit einem 16-Bit-Zähler teilen, können wir maximal die Zeit zwischen zwei Timerüberläufen von 65536 Mikrosekunden (etwa 0.065 Sekunden) realisieren. Wir gehen daher einen anderen Weg.

Wir arbeiten mit einer Interruptrate (Anzahl von Timer-Interrupts pro Sekunde) von 4 KHz. Zwischen zwei Interrupts sollen also genau 250 Mikrosekunden vergehen. Dies können wir bequem erreichen, indem wir Timer 0 im Auto-Reload-Modus (Modus 2) betreiben und als Reload-Wert 256 – 250 = 6 verwenden. Mit diesem Startwert zählt der Timer hoch und erreicht nach 249 Mikrosekunden den Maximalwert 255 (0FF H). In der nächsten Mikrosekunde läuft der Timer über und löst den Interrupt aus. Innerhalb der Interruptroutine zählen wir nun mit zwei hintereinander geschalteten Zähl-Bytes (ZAEHL1 und ZAEHL2) bis $40 * 100 = 4000$. Die Variable ZAEHL1 zählt immer von 100 beginnend rückwärts bis Null. Beim jeweiligen Erreichen der Null wird ZAEHL2 von 40 beginnend abwärts gezählt. Hat ZAEHL2 den Wert Null erreicht, sind damit genau $250 * 4000$ Mikrosekunden vergangen. Dann hinterlegen wir für das Hauptprogramm „Post“, indem wir die Briefkastenvariable POST auf den Wert 1 setzen.

Hauptprogramm

Schwierigste Aufgabe des Hauptprogramms ist die richtige Initialisierung der SFRs zur Timer- und Interruptsteuerung. Zuerst wird die Betriebsart für die Timer im Register TMOD auf Modus 2 eingestellt (Auto-Reload-Betrieb) und das Reload-Register TH 0 mit dem Reload-Wert geladen. Der eigentliche Timer TL 0 erhält auch diesen Wert, damit der erste Überlauf erst nach 250 Mikrosekunden stattfindet.

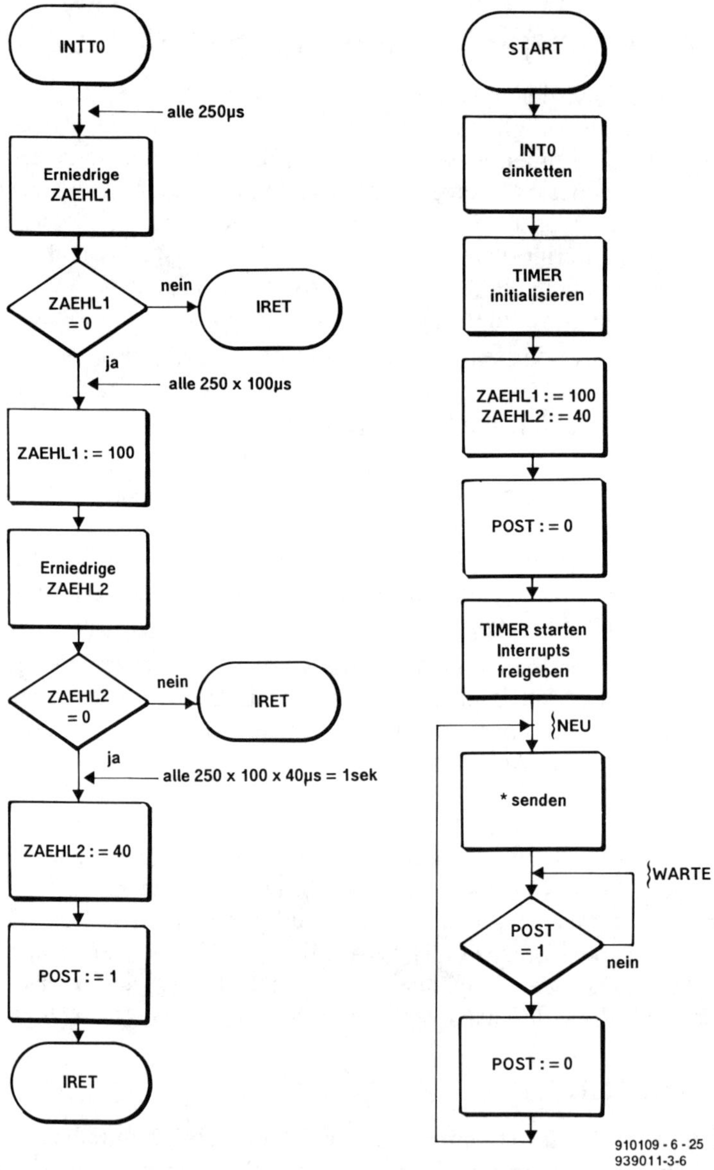

Bild 8.28. Das Flußdiagramm der als Sekunden-Taktgeber arbeitenden Software enthält eine Interruptroutine.

```
****** LISTING of EASM51 (BSP11) ******
LINE LOC  OBJ          T         SOURCE
     0000                  ; ****** DATEI BSP11.A51 ****************************************
     0000                  ;
     0000                  IE       EQU    0A8H
     0000                  ACC      EQU    0E0H
     0000                  PSW      EQU    0D0H
     0000                  TCON     EQU    088H       ; neu : Timer/Counter Kontrolle
     0000                  TMOD     EQU    089H
     0000                  TL0      EQU    08AH
     0000                  TH0      EQU    08CH
     0000                  ;                          ; 250*100*40 MikroSek = 1 Sek
     0000                  T0wert   EQU    250        ; 250 mikrosek. fuer TIMER 0
     0000                  ZEIT1    EQU    100        ; Schleifenanzahl fuer ZAEHL1
     0000                  ZEIT2    EQU    40         ; Schleifenanzahl fuer ZAEHL2
     0000                  ;
     0000                      ORG 050H               ; ueber MONITOR RAM
     0050                  ZAEHL1   DS  1             ; Software Zaehler 1
     0051                  ZAEHL2   DS  1             ; Zaehler 2
     0052                  POST     DS  1             ; 1 heisst eine Sekunde ist um , 0 sonst
     0053                  ;
     0053                           ORG    4100H
     4100 90 41 34 [2] START    MOV    DPTR,#INTT0      ; Interruptroutine einketten
     4103 74 02    [1]          MOV    A,#2
     4105 75 30 40 [2]          MOV    COMMAND,#ccLINK
     4108 12 02 00 [2]          LCALL  MON
     410B 75 8C 06 [2]          MOV    TH0,#256-T0wert ; alle 250 Mikrosekunden
     410E 75 8A 06 [2]          MOV    TL0,#256-T0wert ; einen Interrupt von TIMER0
     4111 75 89 22 [2]          MOV    TMOD,#022H      ; Beide Zaehler MODUS2 2
     4114 75 51 28 [2]          MOV    ZAEHL2,#ZEIT2   ; Software Zaehler vorbesetzen
     4117 75 50 64 [2]          MOV    ZAEHL1,#ZEIT1
     411A 75 52 00 [2]          MOV    POST,#0         ; keine Post
     411D D2 8C    [1]          SETB   TCON.4          ; TIMER0 starten
     411F D2 A9    [1]          SETB   IE.1            ; Interrupt von TIMER0 an
     4121 D2 AF    [1]          SETB   IE.7            ; Interrupts an
     4123 74 2A    [1] NEU      MOV    A,#'*'          ; STERN ausgeben
     4125 75 30 01 [2]          MOV    COMMAND,#ccCHR
     4128 12 02 00 [2]          LCALL  MON
     412B E5 52    [1] WARTE    MOV    A,POST          ; auf POST
     412D 60 FC    [2]          JZ     WARTE           ; warten
     412F 75 52 00 [2]          MOV    POST,#0         ; POST abholen
     4132 80 EF    [2]          SJMP   NEU             ; wiederholen
     4134                  ;
     4134 C0 D0    [2] INTT0    PUSH   PSW             ; sichern
     4136 C0 E0    [2]          PUSH   ACC
     4138 D5 50 0C [2]          DJNZ   ZAEHL1,IRET1    ; Softwarzaehler 1 erniedrigen
     413B 75 50 64 [2]          MOV    ZAEHL1,#ZEIT1   ; bei Erreichen von 0 nachladen
     413E D5 51 06 [2]          DJNZ   ZAEHL2,IRET1    ; und softwarezaehler 2 erniedrigen
     4141 75 51 28 [2]          MOV    ZAEHL2,#ZEIT2   ; bei Erreichen von 0 nachladen
     4144 75 52 01 [2]          MOV    POST,#1         ; und POST deponieren
     4147 D0 E0    [2] IRET1    POP    ACC             ; nach Rueckspeicherung
     4149 D0 D0    [2]          POP    PSW
     414B 32       [2]          RETI                   ; Interruptende
     414C                  ;                      MONITOR INTERFACE
     414C                  COMMAND EQU  030H   ; MONITOR Kommando Speicherstelle
     414C                  MON     EQU  0200H  ; MONITOR Einsprungadresse
     414C                  ccLINK  EQU  040H   ; Interrupt Einkettung
     414C                  ccCHR   EQU  001H   ; Zeichen ausgeben
     414C                          END
********** SYMBOLTABLE (22 symbols) **********
      IE :00A8        ACC :00E0        PSW :00D0      TCON :0088
    TMOD :0089        TL0 :008A        TH0 :008C    T0wert :00FA
   ZEIT1 :0064      ZEIT2 :0028     ZAEHL1 :0050    ZAEHL2 :0051
    POST :0052      START :4100        NEU :4123     WARTE :412B
   INTT0 :4134      IRET1 :4147    COMMAND :0030       MON :0200
  ccLINK :0040      ccCHR :0001
```

910109 - 6 - 26
939011-3-7

Bild 8.29. Listing unseres Sekunden-Taktgebers.

Bei der Einstellung des Modus ist noch zu beachten, daß Timer 1 weiter in Modus 2 betrieben wird, um als Baudratengenerator für die serielle Schnittstelle zu fungieren. Diesen Timer und die serielle Schnittstelle haben wir unbewußt in allen Programmen bisher benutzt, um die Kommunikation zum PC herstellen zu können. Die Initialisierung der erforderlichen SFRs erfolgt im Monitorprogramm.

Nach der Initialisierung der Zählregister ZAEHL1 und ZAEHL2 wird der Timer gestartet und der Interrupt freigegeben. Zu beachten ist, daß auch die generelle Interrupt-Freigabe durch das Bit IE.7 gesetzt werden muß.

Diese Befehle werden nur ein Mal nach dem Start abgearbeitet. Das Programm geht dann in eine Schleife, die beim Label NEU beginnt. Zuerst gibt das Programm einen Stern über die serielle Schnittstelle aus. Anschließend wartet es in der Warteschleife WARTE auf Post. Das Vorhandensein von Post ist dadurch gekennzeichnet, daß der Wert ungleich 0 ist. Wenn das nach Ablauf einer Sekunde der Fall ist, wird die Post abgeholt, indem man POST erneut auf den Wert 0 setzt (Zeile 39). Weiter geht's wieder am Anfang der Schleife, beim Label NEU. So wird im Sekundentakt der Stern auf den Bildschirm ausgegeben.

Jetzt fehlt noch die Erklärung für die Programmsequenz nach dem Label START. Das Hauptprogramm ist wie immer an die Adresse 4100 H „geORGt". Die Interruptroutine mit dem Einsprunglabel INTT0 ist im Programmspeicher dem Hauptprogramm angehängt. Die Interrupt-Einsprungadresse für den Timer 0 Interrupt liegt aber im Eprom an Adresse 000B H (siehe Interrupt-Einsprungadressen). Im Monitorprogramm ist an Adresse 000B H der Befehl LJMP 4006 H programmiert. An Adresse 4006 H ist nach dem Download des Programms aber noch kein Code geschrieben worden. Das erfolgt nach Programmstart durch den Aufruf der Routine MON in Zeile 24. Damit im Monitor auch die richtige Routine angesprungen wird, muß das COMMAND-Register mit dem Wert ccLINK (40 H) geladen werden. Zunächst wird aber die Adresse für die Interruptroutine INTT0 dem Datenpointer übergeben. Im Listing erkennt man das am Code für den MOV-Befehl (90 41 34). Das zweite und dritte Byte gibt die Adresse an, mit der der Datenpointer geladen wird. Diese Adresse stimmt mit der Anfangsadresse der Interruptroutine, gekennzeichnet durch das Label INTT0, überein. Als nächstes muß im Akku der Link-Index übergeben werden. In diesem Fall ist es für den Timer 0 Interrupt der Wert 2 (siehe hierzu auch die Tabelle der Interrupt-Einsprungadressen). Daher weiß der Monitor, daß er an Adresse 4006 H den LJMP-Befehl nach Adresse 4134 H schreiben muß (02 41 34).

Ein Überlauf von Timer 0 löst nun einen Interrupt aus, wodurch das laufende Programm unterbrochen wird und an die Interrupt-Einsprungadresse 000B H springt. An dieser Adresse steht ein Sprungbefehl in das RAM zur Adresse 4006 H. Dort steht nochmal ein Sprungbefehl (nach Adresse 4134 H) zur Interruptroutine.

Anregungen

Dieses Programmbeispiel kann für eine Vielzahl weiterer Ideen die Grundlage bilden. So kann ein Timer programmiert werden, der beim Reset über einen Portausgang und Ausgangstreiber ein Relais schaltet und nach einer vorgegebenen Zeit das Relais wieder ausschaltet. Solch eine Anwendung kann im Fotolabor Anwendung finden, um sekundengenau Belichtungszeiten einzuhalten. Durch Untersetzung des Sekundentakts kann ein Minutentakt erzeugt werden, so daß ein Timer für längere Zeiten realisiert werden kann. Dieser Timer schaltet dann einen Lautsprecher, der durch Töne darauf aufmerksam macht, daß die Backzeit für den Kuchen abgelaufen ist. Zur Überwachung eines Eierkochers ist der Minutentakt zu ungenau, mit dem Sekundentakt können wir mit einem Byte aber nur bis 255 Sekunden zählen. Diese Zeitspanne (ca. 4 Minuten) ist für diese Anwendung wiederum zu kurz bemessen. Hier können Sie den Zähler auf 2 Byte erweitern und damit Zeiten bis maximal 65535 Sekunden realisieren. Für einen Eierkocher sollte das jedenfalls genügen.

Anwendung von Timer 2 beim 8032-Board

Die Interruptsteuerung mit Timer 1 im Programm BSP11 hat einige Nachteile aufzuweisen. Durch den auf ein Byte begrenzten Reloadwert für Timer 1 ergibt sich eine hohe Interruptbelastung, die Interruptroutine wird nach jeweils 250 Mikrosekunden aufgerufen. Das hat zur Folge, daß man für die Untersetzung auf den Sekundentakt zwei Bytes als Vorteiler benötigt. Wenn Sie auf dem Compuboard einen 8032-Controller einsetzen, können Sie für diese Aufgabe Timer 2 benutzen. Mit dem 16-Bit Reloadwert kann man Interrupts im 50-Millisekunden-Takt erzeugen, aus denen man durch einen 1-Byte-Vorteiler den Sekundentakt ableitet. Die Interruptbelastung ist dadurch deutlich geringer. Um diese Aufgabe zu lösen, müssen Sie den Interrupt mit dem Link-Index 6 einketten, den Initialisierungswert von IE anpassen, das T2CON-Register mit dem richtigen Wert initialisieren, die Reload-Register RCAP2L und RCAP2H vorbelegen, und die Interruptroutine etwas modifizieren. Mit dieser kleinen Hilfe sollten Sie zum Ziel kommen. Die 80C535-Anwender müssen diese Aufgabe noch zurückstellen, der Timer 2 auf diesem Controller arbeitet etwas anders.

Sichern von Daten auf dem Stapel

Nach Beenden der Interruptroutine durch den RETI-Befehl muß das Programm dort wieder fortgesetzt werden, wo es unterbrochen wurde. Die Aussprungadresse muß also, wie bei den Unterprogrammen auch, vor Bedienen der Interruptroutinen abgespeichert werden. RETI sorgt dafür, daß die Rücksprungadresse wieder vom Stapel geholt und in den Programmzähler geschrieben wird. Dadurch kehrt das Programm wieder an die unterbrochene Stelle zurück. Dafür muß Platz auf dem Stapelspeicher bereitgestellt werden.

Für das Abspeichern der Aussprungadresse werden 2 Bytes benötigt. Zuerst wird der Stapelzeiger (Stackpointer, SFR SP) um 1 erhöht, das Adreß-Lowbyte kommt in das durch SP adressierte RAM. Das Adreß-Highbyte wird anschließend in der folgenden RAM-Zelle gespeichert. Beim Rücksprung werden die Adreßbytes in umgekehrter Reihenfolge zurückgeholt und dem Programmzähler übergeben. Dabei wird der Stapelzeiger erst nach dem Lesen aus dem Stapelspeicher um jeweils 1 vermindert. Der Stapelzeiger zeigt jetzt wieder auf die gleiche Adresse wie vor dem Aussprung.

Der folgende fiktive Programmauszug soll dies verdeutlichen:

```
LINE  LOC   OBJ        T         SOURCE

  43  4118  12 41 23  [2]        LCALL UPRO1
  44  411B  00        [1]        NOP

  47  4123  12 4A BC  [2] UPRO1  LCALL UPRO2
  48  4126  00        [1]        NOP

  50  4ABC  85 08 44  [2] UPRO2  MOV 68,8
```

Er ergibt die folgenden Werte im Stapelspeicher:

SP vor Zeile 43:	07 H (Initialisierung nach dem Reset)
Adresse internes RAM:	08 09 0A 0B 0C 0D
Inhalt vor Zeile 43:	FF FF FF FF FF FF (durch Vorbesetzung)
Inhalt nach Zeile 50:	1B 41 26 41 FF FF (2 Adressen auf Stapel)
SP nach Zeile 50:	0B H

Oftmals ist man in der Situation, daß man für kurze Zeit ein bestimmtes Byte retten muß, weil man es wenig später wieder benötigt. Dies läßt sich, zum Beispiel, mit Hilfe des Akkumulators erreichen. Die dazu nötigen Befehle lauten:

```
PUSH  ACC    ;rette Akkumulator auf den Stapel
             ;irgendwelche Befehle
.            ;
.            ;
.            ;
.            ;
POP   ACC    ;hole Akkumulator vom Stapel zurück
```

Der Befehl PUSH speichert das angegebene Byte auf dem Stapel. Dabei können nur direkt adressierbare Bytes „gePUSHt“ werden. (Deshalb in diesem Beispiel die Bezeichnung ACC für den Akkumulator.) Dadurch wird er unter der direkten Adresse 0E0 H angesprochen. Vor dem Abspeichern wird der Stapelzeiger SP um 1 erhöht. Das Byte kommt dann in die von SP adressierte RAM-Zelle.

Der Befehl POP holt das zuletzt gepushte Byte vom Stapel und speichert es an die angegebene Byte-Adresse zurück. Daraufhin wird der SP wieder um 1 vermindert.

Im Beispiel BSP11 enthält die Interruptroutine zur Demonstration solche PUSH- und POP-Befehle. Der Reihe nach werden die Register PSW und ACC gepusht. Dann werden einige Befehle abgearbeitet. Vor dem Rücksprung (RETI) ins Hauptprogramm müssen in umgekehrter Reihenfolge der Akkumulator und das PSW aus dem Stapel zurückgeholt werden. Zwischen den PUSH- und POP-Befehlen kann der Akkumulator und das PSW-Register verändert werden. In diesem Beispiel werden die geretteten Register allerdings nicht geändert, so daß die PUSHs und POPs an dieser Stelle eigentlich nicht notwendig sind. Hier muß eindringlich darauf hingewiesen werden, daß alle Register, die zur Abarbeitung eines Interrupts benutzten werden und gleichfalls vom Hauptprogramm verwendet werden, vor Bedienung des Interrupts gerettet werden müssen!

Zum Retten von Bytes ist Platz auf dem Stapelspeicher erforderlich. Dieser Platz ist aber begrenzt, da der Stapelspeicher Teil des internen RAMs ist. Deshalb muß jeweils überprüft werden, ob der zur Verfügung stehende Platz ausreicht.

Der Stapelbereich ist nach dem Reset ab Adresse 08 H im internen RAM angesiedelt. Er fällt also mit der Registerbank 1 zusammen. Da die Register oft anders verwendet werden müssen, kann man den Stapelbereich an eine andere Stelle verlagern. Dafür muß nach dem Reset der Stapelzeiger SP entsprechend initialisiert werden. Sinnvollerweise legt man ihn in den indirekt zu adressierenden RAM-Bereich ab Adresse 80 H, damit der direkte adressierbar RAM-Bereich für die Anwendersoftware reserviert werden kann.

Wie viele Bytes für den Stapel reserviert werden müssen, hängt vom Programmaufbau ab. Programme mit Unterprogrammen, die ineinander geschachtelt werden, und auch noch von Interrupts unterbrochen werden können, die ebenfalls geschachtelt sein können (unterschiedliche Interrupt-Prioritäten), benötigen viele Bytes im Stapelbereich. Die Stapeltiefe kann durch Überlegung exakt ermittelt werden.

Angenommen, die maximale Stapeltiefe beträgt 16 Bytes. Dann kann der Stapelzeiger mit dem Wert 0EF H initialisiert werden. Vor einem Schreibvorgang in den Stapel wird der Stapelzeiger SP auf 0F0 H inkrementiert, das zu rettende Byte wird an die durch SP adressierte Stelle geschrieben. In diesem Fall wäre als der Bereich von 0F0 H bis 0FF H reserviert. Enthält ein Programm viele Unterprogramme, die in sich auch noch geschachtelt sind, so ist die Ermittelung der maximalen Stapeltiefe etwas mühsam. Sicherheitshalber kann man dann den Stapelzeiger mit einem etwas kleineren Wert initialisieren. Damit verschenkt man allerdings Speicherplatz, den man für die eigentliche Anwendung womöglich dringend benötigt. In diesem Fall ist es unumgänglich, den exakten Bedarf für den Stapel zu ermitteln. Ein durch einen Stapelüberlauf verursachter Fehler ist besonders unangenehm, denn er tritt unter Umständen nur selten auf und ist dadurch schwer zu finden und zu beheben.

Anwendungen des externen Interrupts

In einigen Programmbeispielen haben wir einen Spannungspegel abgefragt, den wir über Taster beeinflussen konnten. Beispielsweise zieht ein gedrückter Taster den einzulesenden Pegel auf 0 Volt, die Software liest den Zustand 0. Bei nichtgedrücktem Taster beträgt die Spannung am Taster +5 Volt. Wird dieser Zustand abgefragt erkennt die Software eine 1. Bei der 8032-Erweiterungsplatine lesen wir die Tasterzustände, gepuffert durch IC 10, über den Datenbus ein. Den HIGH-Pegel erhalten wir durch die Beschaltung der Buffereingänge mit Pull-up-Widerständen. Der 80C535 hat an den Portanschlüssen intern diese Widerstände schon integriert, so daß eine externe Beschaltung nicht mehr notwendig ist. Die Software fragt nun zyklisch den Zustand der Taster ab. Für diese Anwendungen haben wir nicht von der Interruptmöglichkeit Gebrauch gemacht. Warum nicht? Ganz einfach, weil es nicht notwendig ist. Die Zykluszeit, mit der die Taster von der Software abgefragt werden, ist in diesen Programmbeispielen sehr kurz. Die Zeitdauer, für die die Taster gedrückt sind, ist sehr viel länger. Das bedeutet, daß man innerhalb eines Programmdurchlaufs ganz sicher den Pegel der gedrückten Taster mitbekommt. Anders verhält es sich, wenn der LOW- Pegel nur für sehr kurze Zeit anliegt, dann wird er von der Software nicht immer erkannt. Hier hilft der externe Interrupt weiter. Sehen wir uns hierzu ein Beispiel an.

Anwendungsbeispiel – Rundenzähler

Die meisten Leser sind wohl aus dem Alter heraus, um sich mit Modell-Autorennbahnen zu beschäftigen. Aber vielleicht ist man genötigt, dem Wunsch des Sprößlings nach einem Rundenzähler nachzukommen. Nichts einfacher als das. Wir benötigen hierzu einen Kontakt an der Fahrbahn, den das Rennauto beim Vorbeifahren auslöst. Hierfür gibt es natürlich die verschiedensten Möglichkeiten, eine elegante Variante ist sicherlich der Einsatz einer Lichtschranke. Der Einfachheit halber simulieren wir den Kontakt durch Betätigen eines Tasters, der am Interruptpin P3.2 angeschlossen ist. Die Zeitdauer, für die das Signal aktiv ist, kann hier sehr viel kürzer sein als die Laufzeit des Hintergrundprogrammes. Bild 8.30, beginnend auf Seite 161, zeigt das Listing des Rundenzählers.

Die Initialisierung beginnt in Zeile 37 mit der Einkettung des Sprungbefehls für den externen Interrupt 0. Der Link-Index hat den Wert 1. Anschließend geben wir einen kurzen Text aus. In Zeile 46 initialisieren wir einige Bytes. Durch Setzen von Bit 0 im Register TCON legen wir die Flankentriggerung des Interrupts fest. Wichtig ist hier, daß die übrigen Bits in TCON nicht verändert werden, insbesondere die Steuerbits für Timer 1. Das würde die Kommunikation zwischen Compuboard und PC stören, da Timer 1 als Baudratengenerator für die serielle Schnittstelle arbeitet.

```
****** LISTING of EASM51 (BSP17) ******
LINE LOC  OBJ       T        SOURCE
 1   0000                    ; ******** BSP17.A51 **********************
 2   0000                    ;      Rundenzähler
 3   0000                    ; ****************************************
 4   0000                    ;      Wertzuweisungen
 5   0000                    ;      ===============
 6   0000
 7   0000                    ;      Konstanten
 8   0000                    ;      -----------------
 9   0000                    MON        EQU    0200H             ;Monitor Einsprung
10   0000                    ;      Monitor Kommandos:
11   0000                    ccBYTE     EQU    03                ;Kommando Byte ausgeben
12   0000                    ccLINK     EQU    40H               ;Kommando Interrupt einketten
13   0000                    ccSTXT     EQU    02H               ;Kommando Text ausgeben
14   0000                    ccLTIME    EQU    21H               ;Kommando Wartezeit
15   0000
16   0000                    ;      Zuweisungen für SFRs
17   0000                    ;      ------------------------------
18   0000                    ACC        EQU    0E0H              ;Akkumulator
19   0000                    PSW        EQU    0D0H              ;Programm Status Wort
20   0000                    DPH        EQU    83H               ;Datenpointer Highbyte
21   0000                    DPL        EQU    82H               ;Datenpointer Lowbyte
22   0000                    P3         EQU    0B0H              ;Port 3
23   0000                    IE         EQU    0A8H              ;Interrupt Enable Register
24   0000                    TCON       EQU    88H               ;Timer Control Register
25   0000
26   0000                    ;      RAMs
27   0000                    ;      -----------
28   0000                    COMMAND EQU       30H               ;Monitor Kommando Speicherzelle
29   0000                    RUNDE      EQU    50H               ;Rundenzähler
30   0000
31   0000                    ;      Programmcode
32   0000                    ;      ============
33   0000                    ;      Initialisierung
34   0000                    ;      -------------------
35   0000                               ORG    4100H
36   4100                    INITIAL:
37   4100 90 41 43  [2]                 MOV    DPTR,#EXINT0      ;Programmcode für den
38   4103 74 0      [1]                 MOV    A,#1              ;externen Interrupt 0 ein-
39   4105 75 30 40  [2]                 MOV    COMMAND,#ccLINK   ;ketten
40   4108 12 02 00  [2]                 LCALL  MON               ;
41   410B
42   410B 90 41 66  [2]AAA:             MOV    DPTR,#TXT         ;Text ausgeben
43   410E 75 30 02  [2]                 MOV    COMMAND,#ccSTXT   ;
44   4111 12 02 00  [2]                 LCALL  MON               ;
45   4111                                                        ;
46   4114 43 88 01  [2]                 ORL    TCON,#00000001B   ;Flankentriggerung wählen
47   4117 75 A8 81  [2]                 MOV    IE,#10000001B     ;Interrupt 0 und
48   411A                                                        ;Interrupt global freigeben
49   411A 75 50 00  [2]                 MOV    RUNDE,#00         ;Rundenzähler initialisieren
50   411D                    INIENDE:
51   411D
52   411D                    ;      Hauptprogramm
53   411D                    ;      =============
54   411D                    MAIN:
55   411D 90 41 77  [2]                 MOV    DPTR,#TXT_RND     ;Text ausgeben
56   4120 75 30 02  [2]                 MOV    COMMAND,#ccSTXT   ;
57   4123 12 02 00  [2]                 LCALL  MON               ;
```

Im Register IE setzen wir die Bits 0 und 7. Mit Bit 0 geben wir den Interrupt 0 frei, Bit 7 muß gesetzt werden, um alle Interrupts global zu erlauben. Den Rundenzähler, der in der RAM-Zelle 50 H abgelegt ist, initialisieren wir auf den Wert 0, er soll nach dem Programmstart schließlich bei 0 beginnen. Damit ist die Initialisierung bereits abgeschlossen.

Beim Label MAIN beginnt das Hauptprogramm, das zyklisch wiederholt wird. Zunächst geben wir am Bildschirm den Text „Runde: " aus. Diese Zeichen sind hinter dem Label TXT_RND abgelegt. Nach dem Doppelpunkt und dem Leerzeichen folgt gleich die 0 als Ende-Kennung. Die nächsten Zeichen, die am Bildschirm ausgegeben werden, folgen somit dem Leerzeichen. Mit dem Kommando ccBYTE wird ab Zeile 59 die Ausgabe des unter RUNDE abgelegten Wertes gestartet. Die Textzeile TXT_CR besteht aus dem ASCII-Zeichen 13, wodurch der Bildschirmcursor wieder an den Zeilenanfang der gleichen Zeile gesetzt wird. Mit dem nächsten Durchlauf wird der Text also einfach überschrieben. Zum Schluß des Hauptprogramms haben wir ab Zeile 67 eine Wartezeit eingebaut, die nur zur Simulation eines langen Hintergrundprogramms dienen soll.

Und nun zum Interrupt, der durch die Initialisierungswerte aktiviert wurde. Die Interruptroutine beginnt beim Label EXINT0. Eine negative Flanke am Interruptpin P3.2 führt dazu, daß das Hintergrundprogramm unterbrochen und an Adresse 0003 H fortgesetzt wird. Im Monitor-Eprom steht an dieser Stelle ein LJMP nach Adresse 4003 H. Dort wiederum ist durch das ccLINK-Kommando in der Initialisierung ein LJMP nach Adresse EXINT0 eingetragen worden. Nach Auslösen des Interrupts werden zunächst alle in der Interruptroutine verwendeten Register mit dem PUSH-Befehl auf den Stapel gerettet. Daraufhin laden wir den Wert von RUNDE in den Akkumulator, addieren den Wert 1, führen mit dem DA-Befehl eine BCD-Korrektur durch, und schreiben den Inhalt des Akkumulators wieder nach RUNDE. Mit der DA-Korrektur erreichen wir, daß der um 1 erhöhte Wert in RUNDE nach 09 auf 10, und nicht auf den Hexwert 0A H zählt. Der Inhalt von RUNDE liegt also als BCD-Zahl vor.

Der Aufruf der Monitorroutine in Zeile 87 bewirkt, daß das Programm noch für 200 Millisekunden in der Interruptroutine verweilt. Andernfalls könnte ein prellendes Signal gleich mehrere Interrupts hintereinander auslösen, wodurch der Zählerstand natürlich verfälscht würde. Wenn Sie bei der Simulation einen ganz gewöhnlichen Schalter verwenden und diese Wartezeit aus dem Code entfernen, werden Sie diesen Effekt feststellen können. Das Interrupt-Anforderungsflag im TCON-Register wird beim Einsprung in den Interrupt gelöscht. Sollte während der Wartezeit eine fallende Flanke erkannt werden, setzt die CPU-Hardware das Anforderungsflag erneut. Die Interruptroutine wird aber nicht neu gestartet, da ein Interrupt nicht durch sich selbst unterbrochen werden kann. Nur ein Interrupt höherer Priorität kann einen Interrupt niedrigerer Priorität unterbrechen. In diesem Fall handelt es sich um Interrupts gleicher Priorität. Bevor mit RETI die Routine verlassen wird, müssen die geretteten Register mit dem POP-Befehl wieder aus dem Stapel geholt werden.

```
4126
4126 75 30 03   [2]            MOV   COMMAND,#ccBYTE  ;Zahlenwert des Rundenzählers
4129 E5 50      [1]            MOV   A,RUNDE          ;ausgeben
412B 12 02 00   [2]            LCALL MON              ;
412E
412E 90 41 7F   [2]            MOV   DPTR,#TXT_CR     ;Cursor am Bildschirm wieder
4131 75 30 02   [2]            MOV   COMMAND,#ccSTXT  ;an Zeilenanfang stellen
4134 12 02 00   [2]            LCALL MON              ;
4137                                                  ;
4137 90 00 64   [2]            MOV   DPTR,#100        ;Wartezeit einbauen, dient hier
413A 75 30 21   [2]            MOV   COMMAND,#ccLTIME ;nur zur Simulation eines langen
413D 12 02 00   [2]            LCALL MON              ;Hintergrundprogrammes
4140                                                  ;
4140 02 41 1D   [2]            LJMP  MAIN             ;zurück zum Anfang
4143                                                  ;
4143                 ; Interruptprogramme
4143                 ; ================
4143                 EXINT0:                          ;
4143 C0 E0      [2]            PUSH  ACC              ;alle im Interrupt benutzten
4145 C0 D0      [2]            PUSH  PSW              ;Register auf den Stack retten
4147 C0 83      [2]            PUSH  DPH              ;
4149 C0 82      [2]            PUSH  DPL              ;
414B E5 50      [1]            MOV   A,RUNDE          ;Rundenzähler in Akku laden,
414D 24 01      [1]            ADD   A,#01            ;um 1 erhöhen,
414F D4         [1]            DA    A                ;BCD-Wandlung durchführen
4150 F5 50      [1]            MOV   RUNDE,A          ;und Ergebnis dem Rundenzähler
4152                                                  ;übergeben
4152 90 00 C8   [2]            MOV   DPTR,#200        ;Wartezeit einbauen, um Fehler
4155 75 30 21   [2]            MOV   COMMAND,#ccLTIME ;durch prellende Triggersignale
4158 12 02 00   [2]            LCALL MON              ;zu vermeiden
415B D0 82      [2]            POP   DPL              ;Register wieder vom Stack
415D D0 83      [2]            POP   DPH              ;holen
415F D0 D0      [2]            POP   PSW              ;
4161 D0 E0      [2]            POP   ACC              ;
4163 C2 89      [1]            CLR   TCON.1           ;Interruptanforderung löschen,
4165                                                  ;falls durch Prellen ein
4165                                                  ;Interrupt erkannt
4165 32         [2]            RETI                   ;zurück zum Hauptprogramm
4166
4166                 ; Daten (Texte)
4166                 ; =====
4166 0A 0D 52        TXT:      DB 10,13,'Rundenzähler',10,13,0
     75 6E 64
     65 6E 7A
     84 68 6C
     65 72 0A
     0D 00
4177 52 75 6E        TXT_RND:  DB 'Runde: ',0
     64 65 3A
     20 00
417F 0D 00           TXT_CR:   DB 13,0
4181                 END
********** SYMBOLTABLE (22 symbols) **********
   MON :0200          ccBYTE :0003   ccLINK :0040    ccSTXT :0002
   ccLTIME :0021      ACC :00E0      PSW :00D0       DPH :0083
   DPL :0082          P3 :00B0       IE :00A8        TCON :0088
   COMMAND :0030      RUNDE :0050    INITIAL :4100   AAA :410B
   INIENDE :411D      MAIN :411D     EXINT0 :4143    TXT :4166
   TXT_RND :4177      TXT_CR :417F
```

Bild 8.30. Listing eines interruptgesteuerten Rundenzählers.

Der letzte Befehl vor RETI löscht das eventuell während der Routine durch prellende Kontakte gesetzte Anforderungsflag. Mit den hier verwendeten Übergabewerten für die Warteschleife werden Flanken, die bis zu 200 Millisekunden nach dem eigentlichen Signal detektiert werden, ausgefiltert. Das ist eine von vielen Möglichkeiten zur Entprellung. Sie ist für dieses einfache Demonstrations-Programm geeignet. In umfangreichen Programmen sollten andere Varianten eingesetzt werden, da die Verweildauer in der Interruptroutine zu lange ist.

Um zu überprüfen, daß das RAM wirklich interruptgesteuert erhöht wird, übergeben Sie in Zeile 67 dem Datenpointer den Wert 3000. Die Aktualisierungszeit der Bildschirmausgabe erhöht sich daraufhin auf 3 sec. Lösen Sie mit dem Taster jetzt zweimal kurz hintereinander einen Interrupt aus. Die in Zeile 69 aufgerufene Warteschleife wird zweimal unterbrochen, die nächste Bildschirmausgabe zeigt einen um zwei erhöhten Rundenwert an.

Weitere Anregungen

In der Regel hat man bei einer Rennbahn zwei Fahrbahnen. Für jede möchte man einen eigenen Rundenzähler anbringen. Das ist softwaremäßig auch kein Problem, da uns ein zweiter externer Interrupt ($\overline{\text{INT1}}$, Port P3.3) zur Verfügung steht. Das Programm sieht dann genau so aus wie wir es gerade zum Bedienen von Interrupt 0 kennengelernt haben; lediglich die Steuerbits liegen in den Registern an anderen Positionen.

Wenn man schon ein Signal erhält, wenn die Rennautos die Ziellinie überfahren, dann kann man doch auch die Rundenzeiten messen. Diese Aufgabe stellt uns auch nicht vor ein unlösbares Problem, mit den bisher erworbenen Kenntnissen sollte diese Aufgabe lösbar sein. Ein kleiner Hinweis: Realisieren sie ein 10 Millisekunden-Raster und inkrementieren Sie in diesem Zeittakt einen 2-Byte-Zähler.

Single-Step-Betrieb

Im vorigen Beispiel haben wir den Interrupt durch eine Flanke an P3.2 ausgelöst. Das ist die Betriebsart, die üblicherweise eingestellt ist. Das folgende Beispiel zeigt, wie der pegelgetriggerte Interrupt eingesetzt werden kann. Wir haben es hier jedoch nicht mit einem Anwendungsbeispiel der üblichen Art zu tun, sondern schaffen uns ein ungemein praktisches Hilfsmittel bei der Softwareentwicklung. Damit ist es nämlich möglich, Programmsequenzen im Einzelschrittbetrieb ablaufen zu lassen. Bewerkstelligen wollen wir dies, indem wir durch Betätigen des an Pin P3.2 angeschlossenen Tasters einen Interrupt auszulösen (Pin P3.2 auf LOW-Pegel legen). DieseInterruptroutine enthält prinzipiell folgende Befehle:

```
WAIT1: JNB   P3.2,WAIT1
WAIT2: JB    P3.2,WAIT2
       RETI
```

Solange P3.2 mit gedrücktem Taster auf LOW-Pegel gehalten wird, bleibt das Programm in der Warteschleife WAIT1. Wenn man den Taster nun wieder losläßt, geht Pin P3.2 auf HIGH. Das Programm verläßt die Schleife WAIT1 und gelangt nun in der nächsten Schleife WAIT2. Diese wird erst wieder verlassen, wenn man den Taster erneut betätigt. Durch den RETI-Befehl wird die Interruptroutine beendet, das Programm kehrt wieder ins Hauptprogramm zurück. Wegen des LOW-Pegels wird aber sofort wieder ein Interrupt ausgelöst, das Spiel mit Warten auf HIGH- und LOW-Pegel in der Interruptroutine beginnt von Neuem. Wir nutzen nun die Tatsache aus, daß nach dem Rücksprung von der Interruptroutine ins Hauptprogramm ein Befehl ausgeführt wird, bevor die Interruptroutine wieder aufgerufen wird. (Übrigens gibt es einige wenige Befehle, bei denen noch vor einem Einsprung in die Interrupt-Routine erst noch der Folgebefehl ausgeführt wird.) Wie können wir nun diesen Interrupt nutzbringend einsetzen?

Sehen wir uns hierzu das Programm in Bild 8.31. an. In der Initialisierung werden wieder die Register TCON und IE vorbesetzt. In TCON setzen wir Bit 0 definiert auf 0, um Pegeltriggerung einzustellen. Das IE-Register initialisieren wir wie im Beispiel zuvor. Den Stapelzeiger setzen wir hier zur Abwechslung auf einen Wert, der den Stapelbereich in den indirekt adressierbaren RAM-Bereich verlegt. In der Initialisierung belegen wir das Register R 7 und den Speicher-Bereich TEST (Adresse 50 H) mit definierten Werten. Die Hauptprogrammschleife beginnt mit dem Label MAIN. Hier wird zuerst ein Text am Bildschirm ausgegeben. Anschließend geben wir mit dem Befehl in Zeile 60 den externen Interrupt frei. Die beiden folgenden Befehle inkrementieren das Register R 7 und den RAM-Bereich TEST. Daraufhin sperren wir in Zeile 65 den Interrupt wieder.

In der Praxis möchte man für einen Programmtest nur bestimmte Befehlssequenzen des Gesamtprogramms, nämlich die, in denen man einen Fehler vermutet, im Single-Step-Betrieb durchfahren. In unserm Beispiel macht es keinen Sinn, auch die Monitorroutine zu durchlaufen. Sie wurde schon in so vielen Programmen getestet, daß man davon ausgehen kann, daß sie fehlerfrei arbeitet. Außerdem würde dann die Kommunikation mit dem PC nicht mehr funktionieren. Wir klammern die zu testende Sequenz also in die beiden Befehle, die den Interrupt ein- und ausschalten. Der Übersichtlichkeit wegen beschränken wir uns hier auf nur zwei Befehle in Zeile 62 und 63. Im Einzelschritt wollen wir diese Register natürlich lesen können. Deshalb rufen wir in der Interruptroutine vor dem Rücksprung die Monitorroutine auf, die einen Schnappschuß der Registerinhalte auf den Bildschirm ausgibt. Mit dem Schnappschuß können wir aber keine RAM-Inhalte ausgeben. Deshalb laden wir zuvor den Speicherbereich TEST in das Register R 6. Jetzt können wir uns den RAM-Inhalt mit einem Schnappschuß ansehen.

```
****** LISTING of EASM51 (BSP18) ******
LINE LOC  OBJ          T                 SOURCE
     0000                   ; ******** Datei BSP18.A51 ***************************
     0000                   ;  Single-Step-Betrieb
     0000                   ;****************************************************
     0000                   ;  Wertzuweisungen
     0000                   ;  ===============
     0000
     0000                   ;  Konstanten
     0000                   ;  ------------------
     0000                   MON       EQU    0200H              ;MONITOR Einsprungadresse
     0000                   ;    MONITOR Kommandos:
     0000                   ccLINK    EQU    40H                ;Kommando Interrupt einketten
     0000                   ccSTXT    EQU    02H                ;Kommando Text ausgeben
     0000                   ccSNAP    EQU    20H                ;Kommando Schnappschuß
     0000                   ccLTIME   EQU    21H                ;Kommando Zeitverzögerung
     0000
     0000                   ;  Zuweisungen für SFRs
     0000                   ;  -------------------------------
     0000                   ACC       EQU    0E0H               ;Akkumulator
     0000                   B         EQU    0F0H               ;B-Register
     0000                   PSW       EQU    0D0H               ;Programm Status Wort
     0000                   SP        EQU    81H                ;Stapelzeiger
     0000                   DPH       EQU    83H                ;Datenpointer Highbyte
     0000                   DPL       EQU    82H                ;Datenpointer Lowbyte
     0000                   IE        EQU    0A8H               ;Interrupt Freigabe
     0000                   TCON      EQU    88H                ;Timer Controll Register
     0000                   P3        EQU    0B0H               ;Port 3
     0000
     0000                   ;  RAMs
     0000                   ;  -----------
     0000                   COMMAND   EQU    30H                ;MONITOR Kommando Speicherzelle
     0000                   TEST      EQU    50H                ;
     0000
     0000                   ;  Programmcode
     0000                   ;  ===========
     0000                   ;  Initialisierung
     0000                   ;  ------------------------
     0000                             ORG    4100H
     4100                   INITIAL:
     4100  90 41 2E  [2]              MOV    DPTR,#EXINT0       ;externer Interrupt 0 in das
     4103  74 0      [1]              MOV    A,#1               ;RAM einketten
     4105  75 30 40  [2]              MOV    COMMAND,#ccLINK    ;
     4108  12 02 00  [2]              LCALL  MON                ;
     4109                                                       ;
     410B  53 88 FE  [2]              ANL    TCON,#11111110B    ;Bit 0 -> Pegeltriggerung für
     410E                                                       ;den externen Interrupt 0
     410E  75 81 80  [2]              MOV    SP,#80H            ;Stapelzeiger setzen
     4111  75 A8 81  [2]              MOV    IE,#10000001B      ;Interrupt 0 (Bit 0) und Interrupt
     411                                                        ;global (Bit 7) freigeben
     4114  7F 03     [1]              MOV    R7,#03             ;R7 und RAM TEST
     4116  75 50 00  [2]              MOV    TEST,#00           ;initialisieren
     4119                   INIENDE:                            ;
     4119
     4119                   ;  Hauptprogramm
     4119                   ;  =============
     4119                   MAIN:
     4119  90 41 64  [2]              MOV    DPTR,#TXT          ;Ausgabe eines Textes 1 mal
     411C  75 30 02  [2]              MOV    COMMAND,#ccSTXT    ;pro Hintergrunddurchlauf
     411F  12 02 00  [2]              LCALL  MON                ;
     4122                                                       ;
     4122  43 A8 0   [2]              ORL    IE,#00000001B      ;externer Interrupt 0 freigeben
     4125                                                       ;zum Test des Single-Step
     4125  05 50     [1]              INC    TEST               ;werden diese beiden Bytes
```

```
4127 0F        [1]            INC    R7                  ;inkrementiert.
4128                                                     ;
4128 53 A8 FE  [2]            ANL    IE,#11111110B       ;Interrupt wieder ausschalten
412B 02 41 19  [2]            LJMP   MAIN                ;zurück zum Anfang
412E
412E                 ;  Interruptprogramme
412E                 ;  =================
412E                 EXINT0:                             ;
412E C0 82     [2]            PUSH   DPL                 ;Datenpointer und B auf den
4130 C0 83     [2]            PUSH   DPH                 ;Stack sichern
4132 C0 F0     [2]            PUSH   B                   ;
4134 75 F0 FA  [2] W1:        MOV    B,#250              ;
4137 30 B2 FA  [2] W1A:       JNB    P3.2,W1             ;warten, bis Int-Eingang
413A 00        [1]            NOP                        ;wieder auf Highpegel
413B 00        [1]            NOP                        ;
413C 00        [1]            NOP                        ;
413D D5 F0 F7  [2]            DJNZ   B,W1A               ;
4140                                                     ;jetzt auf Lowpegel warten
4140 75 F0 FA  [2] W2:        MOV    B,#250              ;
4143 00        [1] W2A:       NOP                        ;Wartezeit durch NOPs
4144 00        [1]            NOP                        ;
4145 00        [1]            NOP                        ;
4146 20 B2 F7  [2]            JB     P3.2,W2             ;jetzt warten bis Int-
4149                                                     ;Eingang wieder auf Lowpegel
4149 D5 F0 F7  [2]            DJNZ   B,W2A               ;dann entprellen, P3.2 noch
414C                                                     ;ein paar mal Abfragen
414C                                                     ;
414C AE 50     [2]            MOV    R6,TEST             ;RAM TEST nach R6
414E 75 30 20  [2]            MOV    COMMAND,#ccSNAP     ;Schnappschuß auslösen
4151 12 02 00  [2]            LCALL  MON                 ;
4154 75 30 02  [2]            MOV    COMMAND,#ccSTXT     ;Leerzeile am Bildschirm
4157 90 41 7C  [2]            MOV    DPTR,#TCR           ;ausgeben
415A 12 02 00  [2]            LCALL  MON                 ;
415D D0 F0     [2]            POP    B                   ;
415F D0 83     [2]            POP    DPH                 ;Datenpointer wieder aus
4161 D0 82     [2]            POP    DPL                 ;dem Stack holen
4163 32        [2]            RETI                       ;zurück ins Hauptprogramm
4164
4164                 ;  Daten (Texte)
4164                 ;  =====
4164 0A 0D 53        TXT:     DB     10,13,'Single-Step-Betrieb',10,13,0
     69 6E 67
     6C 65 2D
     53 74 65
     70 2D 42
     65 74 72
     69 65 62
     0A 0D 00
417C 0A 0D 00        TCR:     DB     10,13,0
417F                 END
********** SYMBOLTABLE (26 symbols) **********
     MON :0200       ccLINK :0040     ccSTXT :0002      ccSNAP :0020
     ccLTIME :0021   ACC :00E0        B :00F0           PSW :00D0
     SP :0081        DPH :0083        DPL :0082         IE :00A8
     TCON :0088      P3 :00B0         COMMAND :0030     TEST :0050
     INITIAL :4100   INIENDE :4119    MAIN :4119        EXINT0 :412E
     W1 :4134        W1A :4137        W2 :4140          W2A :4143
```

Bild 8.31. Anwendung des externen Interrupts für den Single-Step-Betrieb

Theorie und Praxis

Vergleichen wir die Warteschleifen im Programmbeispiel mit den oben dargestellten Code. In der Praxis funktionieren die beiden einfachen Schleifen mit den JNB- und JB-Befehlen nicht. Das liegt daran, daß bei Verwendung von prellenden Tastern die Schleifen unkontrolliert verlassen werden. Das kann man verhindern, indem man nach einem erkannten Pegelwechsel einen Zähler dekrementiert und auf 0 abfragt. Dieser Zähler wurde zuvor in den Zeilen 74 bzw. 81 auf den Anfangswert 250 gesetzt. Um die Schleife zu verlassen muß die Software 250 mal hintereinander den geänderten Pegel detektieren. Die Schleife benötigt 7 Zyklen, so daß sich hieraus eine Entprellzeit von $250 * 7$ Mikrosekunden (= 1,75 Millisekunden) ergibt.

Die PUSH- und POP-Aktionen zu Beginn und am Ende der Interruptroutine sind mittlerweile bekannt. Hier sieht man sehr schön, wie sich diese Befehle auf den Wert des Stapelzeigers auswirken, da dieses Register über den Schnappschuß auch ausgegeben wird.

Dadurch, daß wir im Hauptprogramm einen Text ausgeben, hat man einen Anhaltspunkt, wo sich das Programm befindet. Mit dem ersten Schnappschuß erkennt man, daß sich das Register R 6 (TEST) geändert hat, nach dem zweiten Schnappschuß wurde in Zeile 63 das Register R 7 inkrementiert. Anschließend ist der Interrupt wieder gesperrt, das Programm arbeitet bis Zeile 60 wieder normal weiter. Das ist an der Textausgabe zu erkennen. Wichtig für die 80C535-User ist, daß bei dieser Anwendung die Watchdog-Funktion ausgeschaltet ist. Die Warteschleifen würden zu ständigen Resets führen. Doch dazu später mehr.

Bei diesen beiden Interruptbeispielen werden die Probleme deutlich, die durch die Hardware verursacht werden können. Die Schwierigkeit besteht mitunter darin, zu erkennen, ob die Ursache für die Fehlfunktion der Software im fehlerhaften Programmcode oder in der Hardware zu suchen ist. Oft kann man die Hardwareprobleme durch Softwaremaßnahmen lösen, wie die Entprellung des Tasters durch einen Entprellzähler gezeigt hat.

D/A-Wandler

Viele Anwendungen eines Mikrocontrollers beschäftigen sich mit der Verarbeitung von analogen Meßwerten und der Ausgabe analoger Signale. Auf der 8032-Erweiterungsplatine befindet sich ein einfacher D/A-Wandler, dessen Aufbau in Bild 8.32. schematisch dargestellt ist. Sein Ausgangssignal steht am Analog-Ausgang gepuffert zur Verfügung. Es gelangt gleichzeitig an die dargestellten Komparatoren.

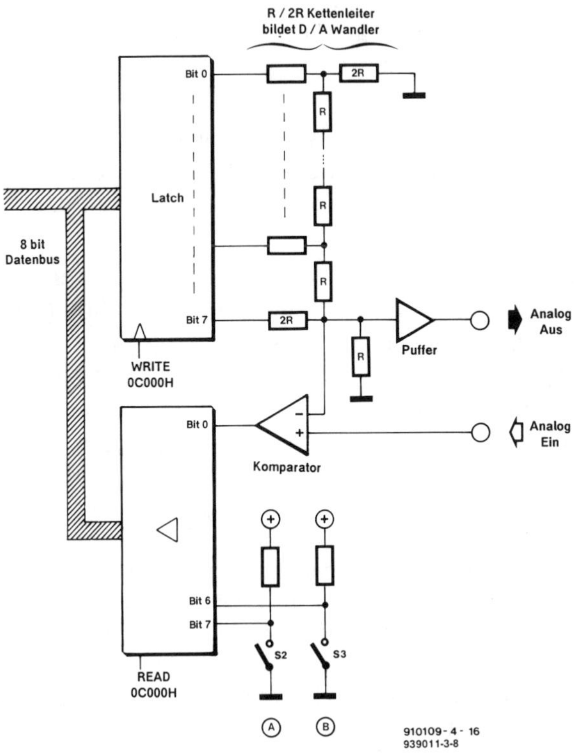

Bild 8.32. So ist der D/A-Wandler ans 8032-Compuboard angeschlossen.

Damit kann die Ausgangsspannung des D/A-Wandlers mit den an den Eingängen 1 bis 3 liegenden Spannungen verglichen werden (im Bild ist aus Übersichtlichkeitsgründen nur ein Komparator dargestellt).

Mit den 80C535-Compuboard können wir leider nicht auf einen D/A-Wandler zugreifen. Es sei denn, Sie rüsten die Erweiterungsplatine entsprechend der 8032-Erweiterung auf. Hierfür sind jedoch auf der Lochrasterfläche eine ganze Menge Bauteile zu verdrahten, so daß fraglich ist, ob sich der Aufwand lohnt. Für das 8032-Board benötigen wir den D/A-Wandler nicht nur für die Ausgabe von Analogsignalen, der Anwender setzt ihn sicherlich häufiger ein, um damit die Spannung an den Analog-Eingängen zu messen. Der D/A-Wandler ist somit Bestandteil des A/D-Wandlers. Der 80C535 hat einen A/D-Wandler auf den Chip integriert, so daß wir analoge Spannungen mit diesem Controller ohne Umweg über einen externen D/A-Wandler messen können. Wie in diesem Fall die Software für die Wandlung aussieht, sehen wir bei der Besprechung des 80C535 im nächsten Abschnitt.

Die 80C535-Anwender unter Ihnen sollten jetzt aber nicht gleich die folgenden Seiten überspringen. Da wir das, was sich im 80C535 bei der Wandlung abspielt beim 8032 Schritt für Schritt programmieren müssen, lernen wir so das Wandlungsverfahren genau kennen.

Das Programm BSP7 (Bild 8.33.) soll nun die folgende Aufgabe erledigen: Es soll eine Ausgangsspannung erzeugt werden, deren Wert durch Drücken der Tasten A und B erhöht bzw. erniedrigt werden kann. Dabei soll gleichzeitig das Ausgangssignal der 3 Komparatoren an den Leuchtdioden dargestellt werden.

Wir sind also in der Lage, programmgesteuert eine Spannung zu erzeugen und festzustellen, ob diese größer oder kleiner ist als die Spannung an den drei Eingängen.

Das Flußdiagramm des Programms BSP7 sehen wir in Bild 8.34. Im internen RAM wird unter der Adresse 50 H (mit dem symbolischen Namen DA_WERT) der aktuelle Wert der Spannung gespeichert. Am Anfang des Programms (Zeile 12) wird er auf 128 gesetzt. In der mit dem Label NEU beginnenden Schleife wird zuerst (Zeilen 14 bis 16) der Wert dieser Speicherzelle an den D/A-Wandler ausgegeben. Dann wird 5 Millisekunden gewartet. Anschließend werden in den Zeilen 19 bis 22 die Komparator-Ausgangssignale an die Leuchtdioden weitergeleitet. In den Zeilen 23 bis 25 wird festgestellt, ob eine Taste gedrückt ist. Falls ja, wird in den entsprechenden Programmteil gesprungen, der eine Erhöhung (Zeilen 32 bis 36) oder eine Erniedrigung (Zeilen 27 bis 31) der Zahl in der Speicherzelle DA_WERT bewirkt. Dabei wird jeweils dafür Sorge getragen, daß der Minimal- bzw. Maximalwert nicht erniedrigt oder erhöht wird. Die Zeitkonstante, mit der die RAM-Stelle DA_WERT erhöht oder vermindert wird, hängt von der Wartezeit in Zeile 18 ab. Wenn man dem Datenpointer in Zeile 17 einen größeren Wert übergibt, resultiert eine langsamere Änderungsgeschwindigkeit für den ausgegebenen Analogwert.

A/D-Wandler

Die Vorgehensweise bei der D/A-Wandlung ist nun bekannt. Jetzt stellt sich die Frage, wie das Programm auszusehen hat, mit dem wir die an den Analog-Eingängen anliegenden Spannungen bestimmen können. Für die Messung gibt es unterschiedliche Verfahren, die wir uns nun ansehen wollen.

Wandlungsverfahren

Ein einfaches Verfahren zur A/D-Wandlung ist das Rampenverfahren. Es ist schematisch in Bild 8.35. dargestellt. Dabei wird einfach eine rampenförmige Spannung über den D/A-Wandler ausgegeben und die Rampenspannung solange erhöht, bis der Komparator meldet, daß sie nun höher als die Eingangsspannung ist. Der zuletzt an den D/A-Wandler ausgegebene Wert ist dann der Wert der Eingangsspannung. Die Rampenspannung wird per Software einfach dadurch erzeugt, daß der Wert eines Registers von 0 beginnend heraufgezählt und an den D/A-Wandler ausgegeben wird.

```
****** LISTING of EASM51 (BSP7) ******
LINE LOC  OBJ        T         SOURCE
   1 0000                ; ****** DATEI BSP7.A51 ****************************************
   2 0000                ;
   3 0000                ACC      EQU    0E0H            ; SFR Adresse des Akkumulators
   4 0000                P1       EQU    090H            ; SFR PORT1 Adresse ist 090H
   5 0000                TASTEN   EQU    0C000H          ; Tasten Adresse im externen Datensp.
   6 0000                DA_ADR   EQU    0C000H          ; DA-Wandler Adresse
   7 0000                ;
   8 0000                ;  RAM                          ; Ram speicher Vereinbarungen
   9 0000                DA_WERT EQU 050H                ; reserviere 1 Byte bei Adresse 50H
  10 0000                ;                               ; also ueber dem RAM von EMON51
  11 0000                         ORG    4100H           ; Programm steht spaeter ab 4100H
  12 4100 75 50 80 [2] START    MOV    DA_WERT,#128
  13 4103                NEU      EQU    $
  14 4103 90 C0 00 [2]            MOV    DPTR,#DA_ADR    ; Adresse des DA-Wandlers
  15 4106 E5 50    [1]            MOV    A,DA_WERT       ; hole momentanen Wert in AKKU
  16 4108 F0       [2]            MOVX   @DPTR,A         ; gib an DA-Wandler aus
  17 4109 90 00 05 [2]            MOV    DPTR,#5         ; 5 millisekunden warten
  18 410C 31 32    [2]            ACALL  ZEIT
  19 410E 90 C0 00 [2]            MOV    DPTR,#TASTEN
  20 4111 E0       [2]            MOVX   A,@DPTR         ; hole Komparatoren in Bits 0,1,2
  21 4112 C4       [1]            SWAP   A               ; Austausch der Bits 0-3 mit Bits 4-7
  22 4113 F5 90    [1]            MOV    P1,A            ; an LEDS ausgeben
  23 4115 E0       [2]            MOVX   A,@DPTR         ; Tasten holen
  24 4116 30 E7 05 [2]            JNB    ACC.7,TASTEa    ; Taste A gedrueckt ?
  25 4119 30 E6 0B [2]            JNB    ACC.6,TASTEb    ;       B           ?
  26 411C 80 E5    [2]            SJMP   NEU             ; keine Taste, also von vorne los
  27 411E E5 50    [1] TASTEa   MOV    A,DA_WERT       ; Wert soll erniedrigt werden
  28 4120 60 E1    [2]            JZ     NEU             ; ist vielleicht null, dann nichts tun
  29 4122 14       [1]            DEC    A               ; erniedrige
  30 4123 F5 50    [1]            MOV    DA_WERT,A       ; und speichere neuen wert im internen
RAM
  31 4125 80 DC    [2]            SJMP   NEU             ; von vorne
  32 4127 E5 50    [1] TASTEb   MOV    A,DA_WERT       ; hole Wert aus internem RAM
  33 4129 04       [1]            INC    A               ; erhoehe
  34 412A 70 02    [2]            JNZ    IST_OK          ; wenns nicht 0 ist ists ok
  35 412C 74 FF    [1]            MOV    A,#255          ; sonst wars und ists 255
  36 412E F5 50    [1] IST_OK   MOV    DA_WERT,A       ; speichere neuen werz
  37 4130 80 D1    [2]            SJMP   NEU             ; und wieder los
  38 4132                ;  MONITOR INTERFACE            ; das uebliche
  39 4132                ccLTIME EQU    021H   ; MONITOR Kommando , DPTR Millisek. Zeit
  40 4132                COMAND   EQU    030H   ; MONITOR Kommando Speicherstelle
  41 4132                MON      EQU    0200H  ; MONITOR Einsprungadresse
  42 4132                ;
  43 4132 75 30 21 [2] ZEIT     MOV    COMAND,#ccLTIME
  44 4135 02 02 00 [2]            LJMP MON
  45 4138                         END
********** SYMBOLTABLE (14 symbols) **********
      ACC :00E0          P1 :0090     TASTEN :C000     DA_ADR :C000
  DA_WERT :0050       START :4100        NEU :4103     TASTEa :411E
   TASTEb :4127      IST_OK :412E    ccLTIME :0021     COMAND :0030
      MON :0200        ZEIT :4132
```

910109-4-19
939011-3-9

Bild 8.33. Das Programm BSP7 stellt über einen D/A-Wandler eine variable Spannung zur Verfügung.

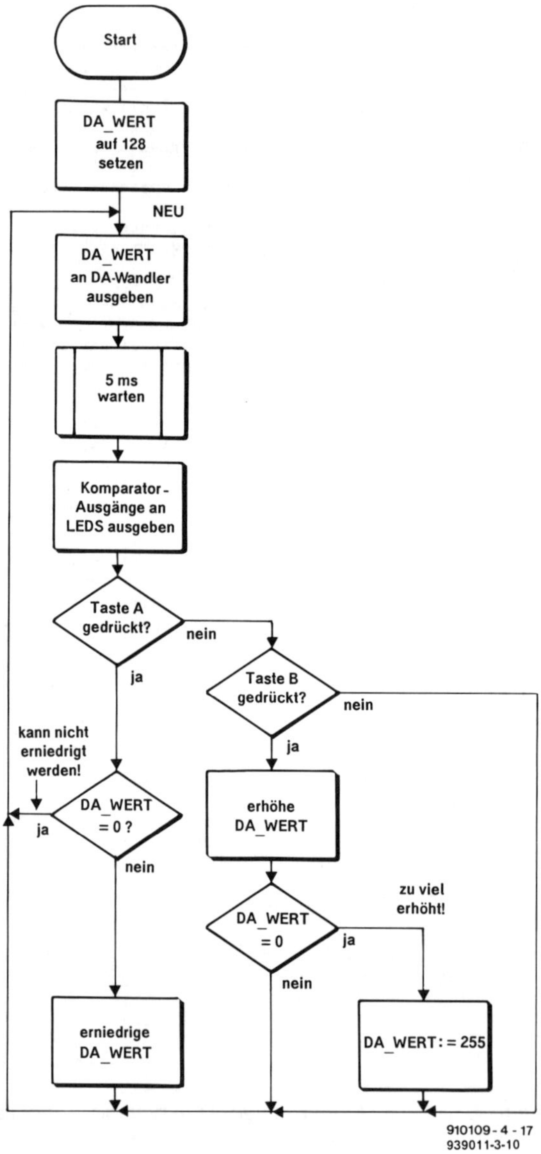

Bild 8.34. Flußdiagramm der D/A-Wandlerausgabe.

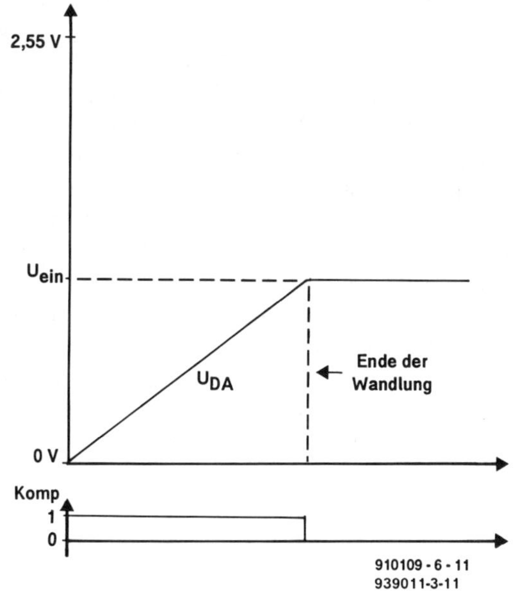

Bild 8.35. Der Spannungsverlauf bei der Rampen-A/D-Wandlung.

Ein Programm, das genauso arbeitet, findet sich als BSP14.A51 auf der Diskette. Da es relativ einfach ist, besprechen wir es hier nicht näher.

Der Hauptnachteil des Rampenverfahrens liegt in der geringen Geschwindigkeit. Bei einer Auflösung von 8 Bit muß der Rampenwert im schlimmsten Fall 255 mal erhöht und mit der Eingangsspannung verglichen werden. Bei 12 Bit benötigt man schon 4096 Schritte. Bei jedem Schritt muß die Einschwingzeit von D/A-Wandler und Komparatoren abgewartet werden. Für viele Anwendungen ist dieses Verfahren daher zu langsam. Ein schnelleres Verfahren, auf das viele D/A-Wandlerchips zurückgreifen (auch der Wandler im 80C535), ist die Wandlung durch sukzessive Approximation. Dieses Verfahren können wir auch auf dem 8032-Compuboard realisieren.

Bei diesem Verfahren wird in jedem Schritt ein Bit des zu wandelnden Analogwertes bestimmt. Man benötigt zur 8-Bit-Wandlung also genau acht Schritte. Begonnen wird mit dem höchstwertigen Bit. Welches Bit gerade bestimmt wird, steht in einem Register. Es wird als Schiebebit bezeichnet. Die einzelnen Bits des Analogwerts, die bereits bekannt sind, werden ebenfalls in einem Register gesammelt. Sie bilden den sogenannten Approximationswert.

Die Vorgehensweise ist in Bild 8.36. und dem Flußplan in Bild 8.37. dargestellt. Zuerst wird der Approximationswert auf 0 und das Register, welches das Schiebebit speichert, auf den Wert 10000000 B gesetzt. Begonnen wird mit Bit 7. Ein Wandlungsschritt läuft folgendermaßen ab: Zuerst wird ein neuer D/A-Ausgabewert bestimmt. Dieser ergibt sich als Summe (hier: logisches OR) aus dem Schiebebit und dem bisherigen Approximationsbit. Dieser Wert wird an den D/A-Wandler ausgegeben und über den Komparator mit der Eingangsspannung verglichen. Ist die Eingangsspannung größer als die D/A-Wandlerspannung, ergibt sich als neuer Approximationswert der gerade ausgegebene Vergleichswert. In ihm steht also an der Position des Schiebebits eine 1. Im andern Fall bleibt der alte Approximationswert erhalten. Er enthält dann an der Position des Schiebebits eine 0. Dadurch ist das neue Bit im Approximationswert bestimmt. Anschließend wird die Position des Schiebebits nach rechts geschoben und der nächste Wandlungsschritt durchgeführt, bis alle Bits bestimmt sind. Die Vorgehensweise besteht also darin, das jeweilig zu bestimmende Bit probehalber zu setzen und mit der Eingangsspannung zu vergleichen. Ist der Approximationswert dadurch zu hoch geworden, setzt man das Bit wieder zurück. Ist der Wert noch zu niedrig bleibt das Bit gesetzt.

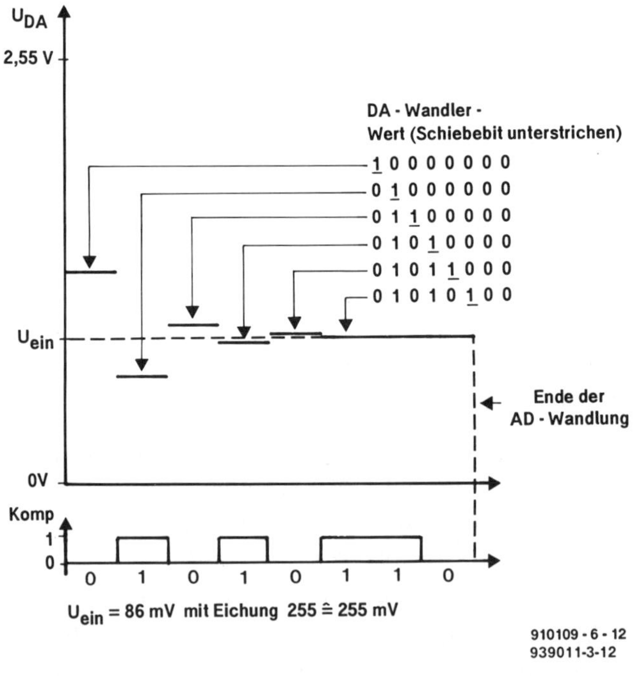

Bild 8.36. Der Spannungsverlauf bei der A/D-Wandlung mit sukzessiver Approximation.

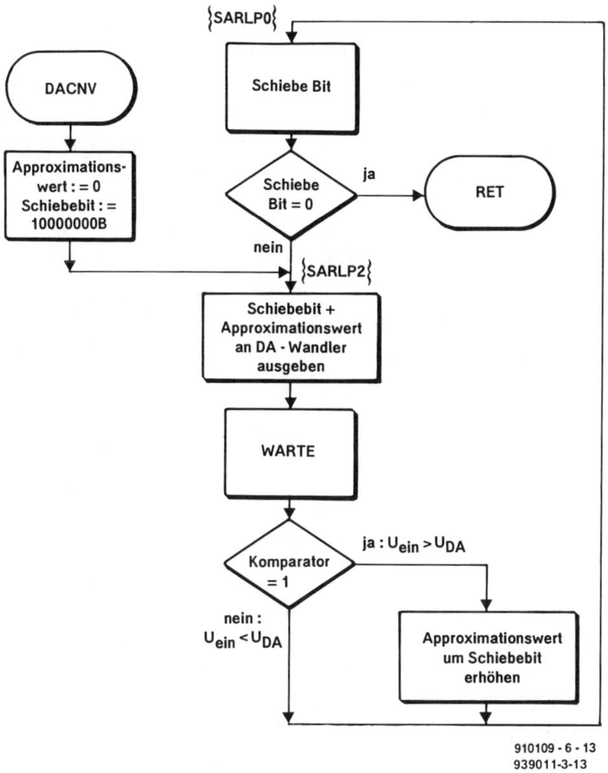

Bild 8.37. Das Flußdiagramm verdeutlicht den Programmablauf bei der schrittweisen A/D-Wandlung.

Das A/D-Wandlerprogramm

Nach soviel Theorie wollen wir sehen, wie dieses Prinzip in ein Programm für den 8032 umgesetzt wird.

Das Programm BSP15 gibt die drei Eingangsspannung hexadezimal aus. Um auf einfache Weise eine A/D-Wandlung für alle drei Eingangskanäle durchführen zu können, wurde das Unterprogramm DACNV geschrieben, dem im Register R 3 die Bitposition des auszuwertenden Komparators mitgeteilt wird. Es liefert dann als Rückgabewert den gewandelten Wert im Akkumulator. Das Hauptprogramm (beginnend mit START im Listing nach Bild 8.38.) gestaltet sich damit einfach. Für die drei Kanäle wird jeweils das entsprechende Bit in R 3 gesetzt. Dann wird das D/A-Konversionsprogramm DACNV aufgerufen und anschließend der erhaltene Wert mit dem Monitor via V24 hexadezimal ausgegeben (Unterprogramm BYTE). Das Unterprogramm BLANK gibt ein Leerzeichen am Bildschirm aus. Nachdem alle drei Kanäle in einer Zeile, getrennt durch jeweils ein Leerzeichen, ausgegeben wurden, folgt noch die Byte-Kombination für Wagenrücklauf/Zeilenvorschub (CR/LF). Anschließend beginnt der ganze Vorgang von vorne. Die nächsten drei Meßwerte werden am PC wegen der zusätzlichen Übertragung von CR/LF in der nächsten Zeile am linken Bildschirmrand dargestellt.

Nicht ganz so einfach ist die Programmierung der D/A-Wandlung. Dazu das folgende: Der Approximationswert wird im Register R 6 gespeichert. Das Schiebebit steht im Register R 7, zeitweise auch im Akkumulator. Die zwischenzeitlich zu bildende Summe aus dem Schiebebit und dem Approximationswert merkt sich das Programm im Register R 4. Der eigentliche Wandlungsschritt beginnt mit dem Label SARLP2. An dieser Stelle steht im Akkumulator das aktuelle Schiebebit und in R 6 der alte Approximationswert. Zuerst wird das Schiebebit im Register R 7 gesichert (Zeile 34). In Zeile 35 wird die Summe von R 6 und Akku gebildet und anschließend an den D/A-Wandler ausgegeben. Dieser aktuelle Vergleichswert steht in R 4. Dann wird in der Warteschleife SRWT die Einschwingzeit des D/A-Wandlers abgewartet. In Zeile 41 werden die Komparatorausgänge vom 8032-Erweiterungsboard in den Akku geholt. Durch die Maskierung mit Bit in R 3 (Zeile 42) wird der richtige Komparatorausgang selektiert. Je nachdem, ob der Komparator 1 oder 0 liefert, wird der entsprechende neue Approximationswert in R 6 gebildet. Mit dem Sprung zum Label SARLP0 wird der nächste Schritt der Wandlung eingeleitet. Das Schiebebit wird in den Akkumulator geholt und nach rechts verschoben (Zeile 28 und 29). Ist danach der Inhalt 0, ist die Wandlung beendet. Andernfalls fährt das Programm bei SARLP2 fort.

Um den Wandlungsvorgang mit dem Oszilloskop (und dem Ohr anhand des Lautsprechers) verfolgen zu können, wird zu Beginn der Wandlung das Portbit P1.1 gesetzt und am Ende der Wandlung wieder gelöscht. In Bild 8.39 sind die Spannungsvorgänge auf einem Speicheroszilloskop dargestellt.

Der Vorteil dieses Verfahrens ist offensichtlich. Es werden nur noch 8 Schleifendurchläufe benötigt. Mit einem schnellen D/A-Wandler und Komparator läßt sich mit dem 8032 eine 8-Bit-Wandlungszeit von 250 Mikrosekunden ohne Probleme erreichen, was schon recht schnell ist. Das entspricht einer Abtastrate von 4000 Samples/Sekunde. Im Vergleich zum integrierten A/D-Wandler des 80C535 hingegen ist dieser Wert für die Wandlungszeit jedoch recht hoch.

Auch dieses Programm demonstriert wieder die Nützlichkeit von Unterprogrammen. Das Hauptprogramm besteht im wesentlichen nur aus solchen Unterprogrammen. Man muß nur wissen, welche Parameter einem Unterprogramm übergeben werden müssen und wie das Ergebnis zurückgemeldet wird, um das Hauptprogramm kurz und übersichtlich zu gestalten. So genügt es vollkommen, zu wissen, daß das Unterprogramm DACNV die A/D-Wandlung durchführt, hierfür die Kanalnummer im Register R 3 erwartet, und schließlich den gewandelten Wert im Akku übergibt.

```
****** LISTING of EASM51 (BSP15) ******
LINE LOC  OBJ        T         SOURCE
   1 0000                ; ****** DATEI BSP15.A51 *****************************************
   2 0000                ;
   3 0000                P1      EQU 090H
   4 0000                ;
   5 0000                        ORG   4100H            ; Programm startadresse
   6 4100 7B 01      [1] START   MOV   R3,#00000001B    ; Maske Kanal 1
   7 4102 31 20      [2]         ACALL DACNV            ; DA Wandler aufrufen
   8 4104 31 44      [2]         ACALL BYTE             ; Byte und Leerzeichen ausgeben
   9 4106 31 4A      [2]         ACALL BLANK
  10 4108 7B 02      [1]         MOV   R3,#00000010B    ; Kanal 2
  11 410A 31 20      [2]         ACALL DACNV
  12 410C 31 44      [2]         ACALL BYTE
  13 410E 31 4A      [2]         ACALL BLANK
  14 4110 7B 04      [1]         MOV   R3,#00000100B    ; Kanal 3
  15 4112 31 20      [2]         ACALL DACNV
  16 4114 31 44      [2]         ACALL BYTE
  17 4116 74 0D      [1]         MOV   A,#13            ; Zeilenvorschub
  18 4118 31 4C      [2]         ACALL CHR
  19 411A 74 0A      [1]         MOV   A,#10
  20 411C 31 4C      [2]         ACALL CHR
  21 411E 80 E0      [2]         SJMP  START            ; Endlos-schleife
  22 4120                ;
  23 4120 D2 91      [1] DACNV  SETB  P1.1         ; fuer Oszilloskop
  24 4122 7E 00      [1]        MOV   R6,#0        ; Approximationswert
  25 4124 74 80      [1]        MOV   A,#080H      ; SCHIEBE-BIT
  26 4126 80 09      [2]        SJMP  SARLP2       ; springe in Schleife
  27 4128 EF         [1] SARLP0 MOV   A,R7         ; Hole SCHIEBE-BIT
  28 4129 C3         [1]        CLR   C
  29 412A 13         [1]        RRC   A            ; schiebe rechts ,fuelle mit 0 auf
  30 412B 70 04      [2]        JNZ   SARLP2       ; wenn SCHIEBE-BIT<>0 weitermachen
  31 412D EE         [1]        MOV   A,R6         ; Resultat nach A holen
  32 412E C2 91      [1]        CLR   P1.1         ; Ende der Wandlung am Oszilloskop zeigen
  33 4130 22         [2]        RET
  34 4131 FF         [1] SARLP2 MOV   R7,A         ; SCHIEBE-BIT in R7 retten
  35 4132 4E         [1]        ORL   A,R6         ; zum Approximationswert zufuegen
  36 4133 90 C0 00   [2]        MOV   DPTR,#0C000H
  37 4136 F0         [2]        MOVX  @DPTR,A      ; an DA Wandler ausgeben
  38 4137 FC         [1]        MOV   R4,A         ; Summme fuer spaeter merken
  39 4138 7A 64      [1]        MOV   R2,#100      ; Einschwingzeit
  40 413A DA FE      [2] SARWT  DJNZ  R2,SARWT     ; abwarten
  41 413C E0         [2]        MOVX  A,@DPTR      ; Komparatorausgaenge holen
  42 413D 5B         [1]        ANL   A,R3         ; gewuenschten KOMP. selektieren
  43 413E 60 E8      [2]        JZ    SARLP0       ; Bit=0 wenn Uin<Udac, kein Bit setzen
  44 4140 EC         [1]        MOV   A,R4         ; Bit=1 if Uin>Udac
  45 4141 FE         [1]        MOV   R6,A         ; Approximationswert:=Summe
  46 4142 80 E4      [2]        SJMP  SARLP0
  47 4144                ;
  48 4144                ; Monitor interface
  49 4144                COMMAND EQU  030H
  50 4144                MON     EQU  0200H
  51 4144                ccCHR   EQU  001H
  52 4144                ccBYTE  EQU  003H
  53 4144                ;
  54 4144 75 30 03   [2] BYTE    MOV   COMMAND,#ccBYTE
  55 4147 02 02 00   [2]         LJMP  MON
  56 414A 74 20      [1] BLANK   MOV   A,#' '
  57 414C 75 30 01   [2] CHR     MOV   COMMAND,#ccCHR
  58 414F 02 02 00   [2]         LJMP   MON
  59 4152                        END
********** SYMBOLTABLE (13 symbols) **********
      P1 :0090     START :4100     DACNV :4120    SARLP0 :4128
  SARLP2 :4131     SARWT :413A   COMMAND :0030       MON :0200
   ccCHR :0001    ccBYTE :0003      BYTE :4144     BLANK :414A
     CHR :414C
```

910109-6-14
939011-3-14

Bild 8.38. Das Listing des A/D-Wandler-Programms mit dem alle drei Kanäle getestet werden können.

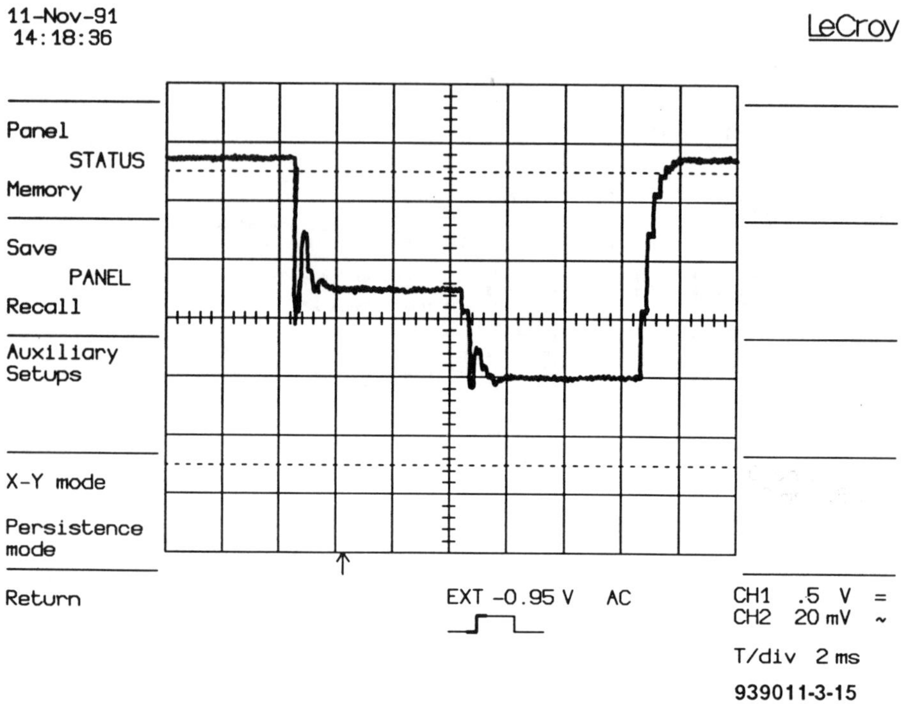

Bild 8.39. So sieht der A/D-Wandlungsvorgang auf dem Schirm eines Speicheroszilloskops aus.

Weitere Anregungen

Wir haben gesehen, wie der D/A-Wandler auf dem 8032-Board bedient wird. Mit den Möglichkeiten des Timer-Interrupts, die wir schon kennen, können Sie nun selbst beispielsweise einen Sägezahngenerator mit einer definierten Frequenz programmieren. Um Erfahrungen mit der Programmierung des A/D-Wandlers zu sammeln, sollten Sie auch ein paar kleine Aufgaben in Angriff nehmen. Sie könnten hierzu vielleicht ein Programm schreiben, das im Sekundentakt die Eingangsspannung an den drei Analogeingängen mißt und die digitalisierten Meßwerte via V24 an den PC schickt. Wem das zu leicht ist, der kann ja eine dezimale Meßwertausgabe vornehmen und noch die Multiplikation der einzelnen Werte mit Korrekturfaktoren programmieren.

Eine weitere Möglichkeit wäre ein Software-Fensterkomparator. Ein Programm, das über die Schnittstelle zum PC die Meldung OK ausgibt, wenn die Spannung an Eingang 2 zwischen der Spannung von Eingang 1 und der an Eingang 3 des Erweiterungsboards liegt.

8.7. Die serielle Schnittstelle

Schon seit der ersten Inbetriebnahme des Compuboards benutzen wir, mit dem Monitor EMON51, ganz selbstverständlich die Möglichkeiten, die der 8051 zur seriellen Kommunikation zur Verfügung stellt. Nun ist es an der Zeit, hinter die Kulissen der Schnittstelle zu schauen und zu lernen, sie selbst zu programmieren.

Die serielle Schnittstelle ist bei den Controllern der 8051-Serie mit das komplizierteste On-Chip-Peripheral. Wer in späteren Selbstbauprojekten via V24-Schnittstelle die Verbindung seines 8051 zur Außenwelt herstellen will, dem bleibt diese Mühe leider nicht erspart, auch wenn ihm, anhand der Beispiele im EMON51-Monitor, eine Reihe von Hilfen gegeben sind.

Daß die serielle Schnittstelle sehr sinnvoll eingesetzt werden kann, möchten wir an einem Beispiel erläutern. Schon mit geringem zusätzlichen Hardwareaufwand können Sie einen Temperaturfühler an das Compuboard anschließen. Damit kann man beispielsweise die Lufttemperatur messen, oder auch andere Temperaturverläufe aufnehmen. Das RAM auf dem Compuboard kann eine ganze Menge Meßwerte speichern, die anschließend über die serielle Schnittstelle zum PC übertragen werden können. Ein geeignetes PC-Programm kann die Meßwerte in einem Zeitdiagramm auftragen, so daß der Temperaturverlauf über der Zeit am Bildschirm dargestellt werden kann.

Bei der seriellen Schnittstelle gibt es eine Reihe von Betriebsarten, die zum Teil auch zum Aufbau von 8051-Netzen dienen und uns innerhalb dieses Buches nicht interessieren. Wir konzentrieren uns auf die einfachste Betriebsart, nämlich das Senden und Empfangen von 8-Bit-Daten mit einem Start- und einem Stoppbit. Das Startbit kennzeichnet den Beginn der Übertragung eines Bytes, das Stoppbit kennzeichnet das Ende. In dieser Betriebsart können wir zum einen mit dem PC kommunizieren, zum andern ist aber auch der MIDI-Datenaustausch möglich.

Die Datenübertragung kann sowohl im Halbduplex-, als auch im Vollduplex-Betrieb erfolgen. Im letzteren Fall empfängt der Prozessor die Information über den Pin RxD, der Sendevorgang läuft über Pin TxD. Bei der Kommunikation zweier Mikrocontroller, aber auch bei der Kommunikation von Mikrocontroller und PC, muß die Empfangsleitung des einen Partners mit der Sendeleitung des andern verbunden werden (Null-Modem-Verbindung). Die Datenübertragung kann in beiden Richtungen gleichzeitig erfolgen, denn die serielle Schnittstelle kann gleichzeitig senden und empfangen. Dieses Verfahren erfordert also zwei Signalleitungen.

Beim Halbduplex-Betrieb sind RxD und TxD miteinander verbunden, es wird nur nur eine einzige Signalleitung für die Datenübertragung benötigt. Deshalb kann die serielle Schnittstelle nicht gleichzeitig senden und empfangen.

Steuerung der seriellen Schnittstelle

Zur Steuerung und Betriebsartenfestlegung der seriellen Schnittstelle dient das Spezial-Funktions-Register SCON (Serial Control) mit Adresse 98 H. Die Bits in diesem Register haben folgende Bedeutung:

<—— Serial-Control-Register SCON ——>

SM 0	SM 1	SM 2	REN	TB 8	RB 8	TI	RI

Mit SM 0 und SM 1 lassen sich vier Betriebsarten einstellen:

SM 0	SM 1	Modus	Beschreibung	Baudrate
0	0	0	shift register	$f_{osc}/12$
0	1	1	8-Bit-UART	variabel
1	0	2	9-Bit-UART	$f_{osc}/64$ oder $f_{osc}/32$
1	1	3	9-Bit-UART	variabel

- **SM 2:** Dieses Bit gibt im Modus 2 und 3 die Multiprozessor-Kommunikation frei. Wenn SM 2 in diesen beiden Modi gesetzt ist, wird RI nicht aktiviert, falls das neunte empfangene Datenbit (RB 8) Null ist. In Modus 1 wird bei gesetzten SM 2 RI nicht aktiviert, wenn kein gültiges Stoppbit empfangen wurde. Dadurch können Übertragungsfehler in gewissem Maß ausgefiltert werden. In Mode 0 muß SM2 = 0 sein.
- **REN:** Dieses Bit muß von der Software gesetzt werden, wenn ein empfangenes Datenwort das Bit RI setzen soll.
- **TB 8:** In dieses Bit muß die in Modus 2 und 3 (9-Bit-UART) als neuntes Bit zu übertragene Information geschrieben werden.
- **RB 8:** In Modus 2 und 3 wird in diese Bitposition das neunte empfangene Datenbit geschrieben. In Modus 1 wird hier im Fall von SM2 = 1 der Wert des Stoppbits abgelegt. In Modus 0 wird RB 8 nicht benutzt.

- **TI:** Dieses Flag wird von der Prozessor-Hardware gesetzt und zeigt das Ende des Sendevorgangs an. In Modus 0 wird es gesetzt, wenn das achte Datenbit ausgesendet wurde. In den übrigen Modi wird es mit Beginn des Stoppbits gesetzt. Falls im Interrupt-Enable-Register der Interrupt für die serielle Schnittstelle freigegeben ist, wird durch das gesetzte TI ein Interrupt ausgelöst. Im Gegensatz zu den meisten andern Interruptflags müssen TI und RI von der Software gelöscht werden.
- **RI:** Dieses Bit wird gesetzt, wenn die serielle Schnittstelle den Empfang eines Datenworts erkennt. In Modus 0 wird es nach Ende der achten Bitzeit, in den übrigen Modi nach Empfang des Stoppbits gesetzt. Auch dieses Bit löst einen Interrupt aus. Da die Interrupt-Einsprungadresse für den Empfangsinterrupt die gleiche ist wie für den Sendeinterrupt, muß zu Beginn der Interruptroutine abgefragt werden, ob RI oder TI gesetzt ist.

Betriebsarten der seriellen Schnittstelle

Mit den Bits SM 0 und SM 1 im SCON-Register können vier Betriebsarten eingestellt werden. In den Programmbeispielen stellen wir immer Modus 1 ein, damit kommen wir in der Regel aus. Die übrigen Betriebsarten möchten wir deshalb hier nur kurz ansprechen.

- **Modus 0:** In diesem Modus dient die RxD-Leitung zum Empfangen und zum Senden von Daten. Die TxD-Leitung gibt ein Taktsignal aus, mit dem jeweils das nächste Datenbit auf den RxD-Pin gelegt wird. Die Taktfrequenz ist die durch 12 geteilte Quarzfrequenz. Pro Datenbyte werden 8 Datenbits übertragen, wobei das niederwertige Bit zuerst gesendet bzw. empfangen wird.

  Dieser Übertragungsmodus ist geeignet, wenn der andere Partner rein hardwaremäßig aufgebaut ist und nicht die in den andern Modi erforderliche feste Baudrate erzeugen kann. Bei diesem Verfahren wird der Sende- bzw. Empfangstakt über die TxD-Leitung ausgegeben, wodurch die serielle Schnittstelle Daten, beispielsweise in ein Schieberegister, takten kann.
- **Modus 1:** In diesem Modus werden Daten über die TxD-Leitung ausgegeben und über die RxD-Leitung empfangen. Ein Zeichen besteht aus dem Startbit (LOW-Pegel), den 8 Datenbits, sowie dem Stoppbit (HIGH-Pegel). Das niederwertige Bit des Datenwortes wird nach dem Startbit als erstes übertragen. Die Baudrate ist programmierbar.

  Diesen Modus benutzen wir im Monitorprogramm. Wir behandeln nachher auch ein Programmbeispiel, in dem wir die serielle Schnittstelle in diesem Modus einsetzen.
- **Modus 2:** Wie in Modus 1 dient die TxD-Leitung zum Aussenden, die RxD-Leitung zum Empfangen von Daten. Die Übertragung beginnt auch hier wieder mit dem Startbit. Dann folgen die 8 Datenbits und ein weiteres programmierbares Bit. Dieses neunte Bit muß vor dem Sendevorgang in das TB 8-Bit gespeichert werden. Bei Empfang von Daten steht das neunte Bit in RB 8. TB 8 und RB 8 sind Bits im Register SCON. Mit dem Stoppbit ist die Übertragung beendet. Die Baudrate kann wahlweise 1/32 oder 1/64 des Systemtaktes (Quarzfrequenz) betragen.

Als neuntes Bit kann das Paritätsbit verwendet werden. Dieses Bit ist gesetzt, wenn die Anzahl der Einsen im 8-Bit-Datenwort ungeradzahlig ist. Der Empfänger kann dadurch feststellen, ob bei der Übertragung ein Fehler aufgetreten ist. Ein Fehler kann allerdings nicht erkannt werden, wenn bei der Übertragung gleich zwei Bits falsch erkannt wurden.

- **Modus 3:** Dieser Modus unterscheidet sich von Modus 2 nur dadurch, daß die Baudrate programmierbar ist.

Empfangs- und Sendepuffer

Zum Senden und Empfangen von seriellen Daten wird innerhalb des 8051 ein Schieberegister benutzt. Beim Senden wird es parallel mit den Daten geladen. Die Bits werden dann mit der Datenübertragungsgeschwindigkeit (Baudrate) aus dem Schieberegister herausgetaktet. Beim Empfang gelangen die Daten bitseriell in das Schieberegister und werden parallel ausgelesen, nachdem alle Bits empfangen wurden. Beim 8051 dient als Empfangs- und Sendepuffer das SFR mit der Bezeichnung SBUF (Adresse 99 H). Obwohl sie unter der gleichen Adresse angesprochen werden, sind sie doch physikalisch voneinander getrennt vorhanden. Ein Schreibzugriff auf SBUF adressiert den Sendepuffer und löst die Übertragung des in SBUF abgespeicherten Wertes aus. Beim Lesen von SBUF wird auf den Empfangspuffer zugegriffen. Entsprechend ist fürs Senden und Empfangen jeweils ein getrenntes Schieberegister vorhanden, damit man auch tatsächlich gleichzeitig senden und empfangen kann.

Funktionsübersicht

Eine Übersicht der internen Verschaltung der seriellen Schnittstelle im 8051 liefert Bild 8.40. Anhand dieses Bildes kann man nochmals die Funktion der verschiedenen Steuerbits studieren.

Im linken oberen Bildteil erkennt man die Schaltungsteile zur Erzeugung der Baudrate. Zur Erzeugung der Baudrate kann der Overflow (Überlauf) von Timer 1 oder Timer 2 herangezogen werden. Die Baudrate gibt die Zeit für den Bit-Schiebetakt an. Die Schalter RCLK und TCLK selektieren den Empfangs- und Sendetakt. Beim 8031 ist Timer 2 nicht vorhanden, so daß wir uns in diesem Fall auf Timer 1 beschränken müssen. Der mit SMOD bezeichnete Schalter kann bei Verwendung von Timer 1 einen 1:2-Vorteiler einschalten. Die so bereitgestellten Taktsignale gelangen nach einer weiteren Teilung durch 16 in die Sendesteuerung (TX-CONTROL) beziehungsweise die Empfangssteuerung (RX-CONTROL).

Die Sendesteuerung taktet und lädt das Schieberegister, dessen Ausgang auf den TxD-Pin ausgeführt ist. Durch den Schreibzugriff auf SBUF gelangen die Daten vom internen 8051-Bus parallel in das SBUF-Register. Der ZERO-DETECTOR stellt fest, wann alle Bits gesendet sind und teilt dies der Sendesteuerung mit, die ihrerseits dann einen Serial-Port-Interrupt (TI) auslösen kann. Dabei wird das TI-Bit (SCON.1) gesetzt.

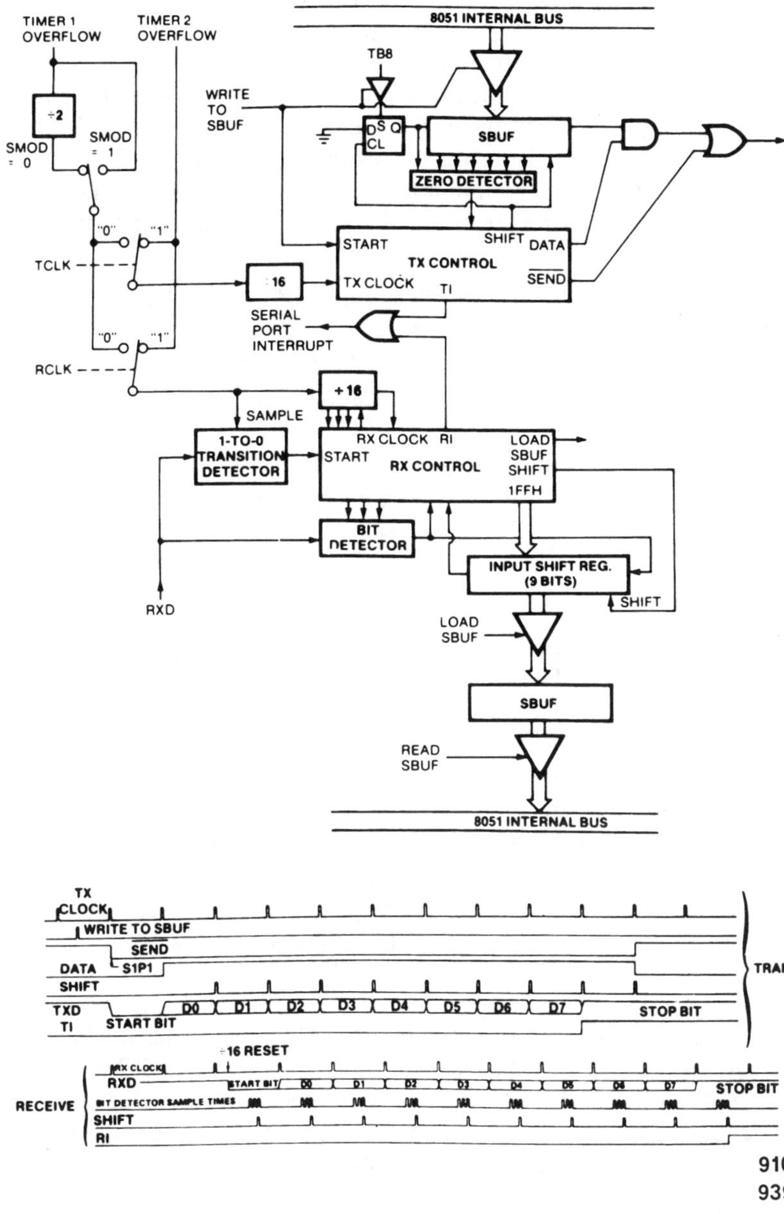

910109 - 7 - 12
939011-3-16

Bild 8.40. Die serielle Schnittstelle des 8051.

Im unteren Bildteil ist die Empfangssteuerung dargestellt. Die seriellen Daten gelangen über den RxD-Pin in das Empfangsschieberegister. Die Daten kommen gleichzeitig in den 1-TO-0-TRANSITION DETECTOR, der dazu dient, das Startbit bei der seriellen Datenübertragung zu erkennen und den Empfangstakt mit den einlaufenden Bits zu synchronisieren. Ein Empfangsvorgang wird durch eine fallende Flanke am RxD-Eingang gestartet. Die einlaufenden Bits werden in das 9 Bit breite Schieberegister (INPUT-SHIFT-REGISTER) getaktet. Als letztes Bit wird das Stoppbit eingelesen. Danach wird das Empfangsregister SBUF mit den acht empfangenen Datenbits geladen und das Interrupt-Anforderungsflag RI gestzt. Dieser Vorgang wird in den zwei folgenden Fällen allerdings nicht durchgeführt:

1. Wenn RI schon vorher gesetzt war, vorher empfangene Daten also nicht abgeholt worden sind, und
2. wenn SM2 = 1 ist und das Stoppbit nicht den Wert 1 gehabt hat. Mit SM2 = 1 kann man also veranlassen, daß Bytes mit einem Framing-Error (falschem Stoppbit) nicht übernommen werden.

Damit kann man anhand des RI-Bits feststellen, ob ein empfangenes Byte in SBUF zur Abholung bereitsteht. Aus dem SBUF-Register kann das empfangene Byte dann gelesen werden.

Baudrate

Wichtig für eine Datenübertragung ist, daß Sender und Empfänger mit dem gleichen Übertragungsprotokoll arbeiten. Die Betriebsart und die Baudrate muß übereinstimmen. Die Baudrate ist ein Maß für die Übertragungsgeschwindigkeit. Eine Bitzeit ist die Zeitdauer für ein übertragenes Bit, der Kehrwert dieses Wertes wird als Baudrate bezeichnet. Die Dimension ist 1/sec und wird auch als „Baud“ angegeben.

Wir betreiben die serielle Schnittstelle im Modus 1. Die Übertragungsgeschwindigkeit kann in diesem Modus von Timer 1 oder Timer 2 bestimmt werden. Falls nur ein 8031 im Compuboard steckt, steht Timer 2 nicht zur Verfügung. Um mit dem 8031 kompatibel zu bleiben, werden wir die Baudrate mit Timer 1 festlegen. Immer wenn er überläuft, erzeugt er einen Taktimpuls, der an die Sende- und Empfangssteuerung weitergeleitet wird. Damit der Timer ein fortlaufendes Signal erzeugt, betreiben wir ihn im Auto-Reload-Modus, also als 8-Bit-Zeitgeber mit automatischem Nachladen. Damit können wir mit ihm aus dem internen 1-MHz-Takt (bei einem 12-MHz-Quarz) alle n Mikrosekunden einen Timer-Überlauf erzeugen, wobei n eine Zahl zwischen 2 und 256 ist. Mit dem SMOD-Bit (Bit 7 im SFR PCON) können wir noch einen 1:2-Vorteiler einschalten. In der Steuerung der seriellen Schnittstelle findet dann noch eine Teilung durch 16 statt bis man zur endgültigen Baudrate kommt. Somit ergibt sich:

Baudrate = Überlaufrate : 16 für SMOD=1

Baudrate = Überlaufrate : 32 für SMOD=0

```
****** LISTING of EASM51 (V24BSP) ******
LINE LOC  OBJ        T         SOURCE
   1 0000                 ;  entnommen aus EMON51.A51
   2 0000                 ;-------------------------------------------------------------
   3 0000                 ;
   4 0000                 V24SPD  EQU 256-13  ; V24 Geschwindigkeit: 1MHz /16/13 = 4807.69 Baud
   5 0000                 ;-------------------------------------------------------------
   6 0000                 ;                   ; SFRs :
   7 0000                 PSW     EQU 0D0H
   8 0000                 ACC     EQU 0E0H
   9 0000                 ;
  10 0000                 PCON    EQU 087H
  11 0000                 TCON    EQU 088H
  12 0000                 TMOD    EQU 089H
  13 0000                 TL1     EQU 08BH
  14 0000                 TH1     EQU 08DH
  15 0000                 SCON    EQU 098H
  16 0000                 SBUF    EQU 099H
  17 0000                 ;-------------------------------------------------------------
  18 0000                 CNT1    EQU 050H           ; Im RAM : Zaehler fuer CRLF Zeit
  19 0000                 ;-------------------------------------------------------------
  20 0000                         ORG   0
  21 0000 75 87 80 [2] V24SET MOV   PCON,#080H  ; SMOD=1
  22 0003 75 89 22 [2]        MOV   TMOD,#22H   ; beide Zaehler als TIMER
  23 0006                                       ; TCLK=0 ,RCLK=0 bei 8051 und auch in T2CON
  24 0006 75 8D F3 [2]        MOV   TH1,#V24SPD ; Preload Wert TIMER1 (Baudraten-generator)
  25 0009 75 8B F3 [2]        MOV   TL1,#V24SPD
  26 000C D2 8E    [1]        SETB  TCON.6      ; STARTE Zaehler 1
  27 000E 75 98 52 [2]        MOV   SCON,#052H  ; MODE 1 , REN=1 , TI=1 , RI=0
  28 0011                 ;       usw.
  29 0011                 ;-------------------------------------------------------------
  30 0011 30 99 FD [2] SND    JNB   SCON.1,SND  ; warte bis letztes Zeichen endlich weg
  31 0014 C2 99    [1]        CLR   SCON.1      ; TI = 0
  32 0016 F5 99    [1]        MOV   SBUF,A      ; starte Sendevorgang
  33 0018 B4 0A 0D [2]        CJNE  A,#10,OK2   ; ist ein LF gesendet worden ?
  34 001B 75 50 64 [2] WAITCR MOV   CNT1,#100   ; wenn ja warte wg. langsamer Terminals
  35 001E 74 FF    [1] LOP1   MOV   A,#255
  36 0020 D5 E0 FD [2] LOP2   DJNZ  ACC,LOP2
  37 0023 D5 50 F8 [2]        DJNZ  CNT1,LOP1
  38 0026 74 0A    [1]        MOV   A,#10       ; restauriere A
  39 0028 22       [2] OK2    RET               ; alles ok
  40 0029                 ;-------------------------------------------------------------
  41 0029                 GETCHR EQU $              ; hole Zeicehn von V24 Schnitstelle
  42 0029 30 98 FD [2] GETC1  JNB   SCON.0,GETC1; warte bis eins da ist
  43 002C C2 98    [1]        CLR   SCON.0      ; signalisiere : abgeholt
  44 002E E5 99    [1]        MOV   A,SBUF      ; hole es aus Puffer
  45 0030 22       [2]        RET               ; fertig
  46 0031                 ;-------------------------------------------------------------
  47 0031 20 98 03 [2] TSTC   JB    SCON.0,istda; Ist ein Zeichen da ?
  48 0034 74 00    [1]        MOV   A,#0        ; nein
  49 0036 22       [2]        RET
  50 0037 74 01    [1] istda  MOV   A,#1        ; ja
  51 0039 22       [2]        RET
  52 003A                 ;-------------------------------------------------------------
  53 003A                         END
********** SYMBOLTABLE (21 symbols) **********
   V24SPD :00F3       PSW :00D0       ACC :00E0      PCON :0087
     TCON :0088      TMOD :0089       TL1 :008B       TH1 :008D
     SCON :0098      SBUF :0099      CNT1 :0050    V24SET :0000
      SND :0011    WAITCR :001B      LOP1 :001E      LOP2 :0020
      OK2 :0028    GETCHR :0029     GETC1 :0029      TSTC :0031
    istda :0037
```

910109 - 7 - 14
939011-3-17

Bild 8.41. V24-Programmierung im Monitor EMON51.

Um zu sehen, wie eine Baudrate von 4800 Bit/Sekunde zu erreichen ist, wollen wir uns das Monitorprogramm einmal genauer ansehemn. In Bild 8.41. sind die entsprechenden Programmstellen aus dem Monitor aufgelistet. Timer 1 wird im Auto-Reload-Modus mit internem Takt (hier 1 MHz) benutzt, dies geschieht in Zeile 22. Als Reload-Wert wird 243 verwendet (Zeile 4, 24 und 25). Damit teilt Timer 1 den 1-MHz-Takt durch (256 – 243) = 13. SMOD wird auf 1 gesetzt und der 1:2-Vorteiler damit abgeschaltet (Zeile 21). Damit erhalten wir im Monitorprogramm für die Übertragungsgeschwindigkeit den Wert:

Baudrate = 1 MHz/13/16 = 4807 Baud

Das sind zwar nicht genau 4800 Baud, wie sie am PC eingestellt sind, der Wert ist aber genau genug, so daß die Kommunikation aufgebaut werden kann. Damit Timer 1 auch losläuft, müssen wir im Timer-Kontrollregister TCON noch Bit 6 setzen (Zeile 26). Der Bittakt steht damit zur Verfügung.

Daß man nicht genau 4800 Baud oder sonst eine PC-übliche Baudrate mit einem 12-MHz-Quarz erzeugen kann, erklärt, warum der 8051 so gerne mit einem 11.0592-MHz-Quarz betrieben wird. Dieser erlaubt es, durch ganzzahlige Teilung die üblichen Taktraten zu erzeugen. Aber dann dauert die Ausführung eines Befehls 1.085 Mikrosekunden und nicht 1.00 Mikrosekunden wie beim 12-MHz-Takt, und die andern Timings werden entsprechend komplexer.

Dieses Dilemma führte dazu, in einigen Nachfolgemodellen des 8051 zusätzliche Baudratengeneratoren zu integrieren. Im 80535 und 80537 ist ein weiterer Baudratengenerator enthalten, der aus 12 MHz die Baudraten 4800 und 9600 Baud exakt erzeugen kann.

Senden

Das Senden eines Bytes wird auf sehr einfache Weise gestartet. Man schreibt das Byte einfach in das SBUF-Register. Durch den Schreibbefehl wird die serielle Sendekontrolle (TX CONTROL) veranlaßt, den seriellen Aussendevorgang zu starten. Das Senderegister verfügt über ein neuntes Bit, das am Anfang eines Sendevorganges mit 1 geladen wird. Dann wird zuerst ein Startbit (LOW-Pegel) gesendet. Anschließend werden die 8 Datenbits sukzessive, beginnend bei Bit 0, ausgesandt. Das Sende-SBUF-Register wird dabei mit jedem Sendetakt um eine Stelle nach rechts geshiftet. Bild 8.42. zeigt an einem Beispiel, wie der Pegel am TxD-Pin aussieht.

Beim Aussenden der Datenbits wird das Sende-SBUF-Register mit Nullen aufgefüllt. Wenn das neunte Bit, also das Stoppbit mit dem Wert 1, gesendet worden ist, wird in das TI-Bit von SCON eine 1 geschrieben. Die Übertragung ist somit beendet. Durch Setzen der entsprechenden Bits im Interrupt-Enable-Register IE kann das TI-Bit einen Interrupt auslösen. Man kann nach Start der Übertragung dieses Bit aber auch per Software abfragen, um das Ende der Übertragung festzustellen. Im EMON51 ist das Unterprogramm SND (Zeile 30 bis 39) für das Senden eines im Akkumulator stehenden Zeichens zuständig. Solange Bit 1 im SCON-Register (TI-Bit) den Wert 0 hat, wartet diese Routine. Da der Wert 0 in diesem Bit signalisiert, daß momentan noch das vorherige Zeichen gesendet wird, ist dies auch unbedingt nötig. Wird das TI-Bit 1, ist der Sendevorgang dieses Zeichens beendet und das aktuelle Zeichen kann gesendet werden. Dies geschieht dadurch, daß in Zeile 31 das TI-Bit wieder zurückgesetzt und in Zeile 32 das zu sendende Zeichen in den Sendepuffer SBUF geschrieben wird. Solange dieses Zeichen gesendet wird, bleibt nun das TI-Bit auf 0. Der Prozessor arbeitet währenddessen aber schon weiter.

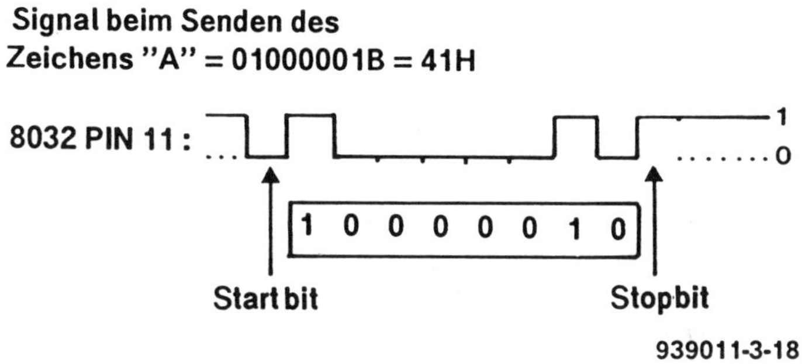

Bild 8.42. Signal beim Senden des ASCII-Zeichens „A“ = 01000001 B = 41 H.

Im EMON51 ist nun einer weiteren Komplikation Rechnung getragen: Eine Reihe von Terminals (oder Terminalprogrammen) benötigt nach dem Zeilenvorschub (Senden von LF = LINEFEED = 10 dez = 0A H) eine gewisse Zeit, um den Bildschirminhalt zu scrollen. Vorher darf kein weiteres Zeichen gesendet werden. Daher prüft EMON51 in Zeile 33, ob ein LINEFEED gesendet wurde. Falls ja, wird in der Warteschleife WAITCR etwa $100 * 255 * 3\,\mu s = 76{,}5$ ms gewartet. Diese Zeit reicht für die meisten Terminals aus.

Das war die Beschreibung der Senderoutine SND aus dem Monitorprogramm EMON51. Damit Sie korrekt arbeitet, muß das TI-Bit am Anfang des Programms auf 1 gesetzt werden. Nach dem Reset enthält dieses Bit aber eine Null. Wenn man es als SENDER-LEER-BIT benutzen will, setzt man es deshalb am Beginn des Programms auf 1.

Schnittstellen-Steuerwort SCON im EMON51

Damit erklärt sich endlich Zeile 27 im Monitorprogramm zur Betriebsartenfestlegung der seriellen Schnittstelle. Der Wert 52 H = 01010010 B für das Kontrollwort SCON ergibt sich einmal durch die Betriebsart 1. Dadurch sind Bit 5, 6 und 7 (SM 2, SM 1 und SM 0) festgelegt. Dann wollen wir auch Daten empfangen. Daher muß das Receiver-Enable-Bit REN (Bit 4) gesetzt werden. Bit 2 und 3 sind für uns vorerst uninteressant. Bit 1, das TI-Bit setzen wir, um für die weitere Programmierung das SBUF-Register als leer zu markieren, damit ein nachfolgender Sendebefehl ausgeführt werden kann. Da bisher noch kein Byte empfangen wurde, setzen wir das RI-Bit (Bit 0) auf 0. Damit ist die Initialisierung der seriellen Schnittstelle für Duplex-Betrieb mit 4800 Baud, 8 Datenbits, 1 Start- und 1 Stoppbit, abgeschlossen.

Empfangen

Der Empfang von seriellen Daten wird innerhalb des EMON51-Programms von Unterprogramm GETCHR (engl.: Get Character) übernommen. Zuerst (Zeile 42) wartet das Unterprogramm solange, bis Bit 0 im SCON-Register gesetzt ist. Dies ist das RI-Bit, das signalisiert, daß ein Zeichen vollständig empfangen wurde, wenn es 1 ist. Anschließend setzt das Programm in Zeile 43 das RI-Bit wieder zurück und holt das empfangene Zeichen aus dem Empfangspuffer in den Akkumulator. Das ist schon alles.

Manchmal benötigt man die Information, ob ein Zeichen zur Abholung bereitsteht. Dazu dient das Unterprogramm TSTC (Zeilen 47 bis 51), das im Akkumulator eine 1 zurückgibt, wenn ein Zeichen bereitsteht. Ansonsten gibt es den Wert 0 zurück. Seine Arbeitsweise dürfte nach den obigen Erklärungen klar sein: Es wertet einfach das RI-Bit aus.

MIDI-Sende-Sequencer

Nun wollen wir die serielle Schnittstelle benutzen, um Daten an ein MIDI-Gerät zu senden. Aufgabe unseres Programms soll es sein, auf Tastendruck hin, eine Folge von Notenbefehlen zu senden. Dadurch kann man zum Beispiel eine einfache Melodie spielen oder eine Drumbox realisieren. Natürlich braucht man hierzu ein entsprechendes Instrument mit MIDI-Anschluß. Aber auch ohne diese Möglichkeit lernen wir anhand dieser Anwendung, wie die serielle Schnittstelle bedient werden kann.

Auf der 8032-Erweiterungsplatine ist das MIDI-Ausgangssignal über die Buchse K 5 zugänglich. Der Jumper JP 3 muß hierfür in Stellung A gebracht werden. Bei Verwendung des 80C535-Boards kann das MIDI-Signal am Steckverbinder K 4 über Pin 8 abgegriffen werden.

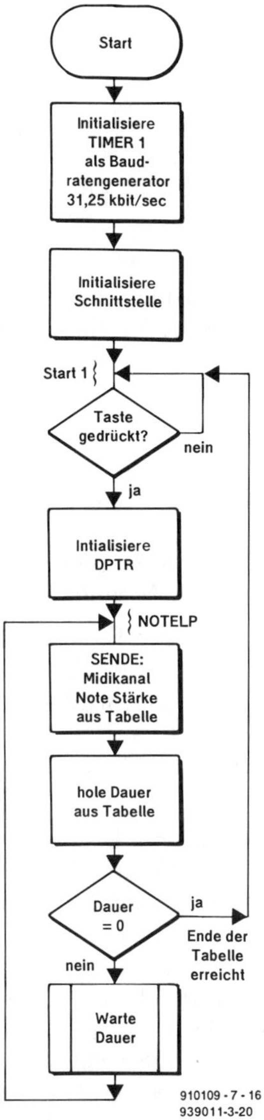

Bild 8.43.
Flußplan des MIDI-Sequencers.

Ein MIDI-Notenbefehl besteht aus 3 Bytes. Das erste Byte teilt mit, daß ein Notenbefehl folgt und auf welchem Kanal die Note gespielt werden soll. Für Kanal 1 (interne Nummer 0), den wir verwenden, muß dieses Byte den Wert 90 H haben. Das nächste Byte bestimmt, welche Note von dem Befehl betroffen ist, das dritte Byte gibt die Stärke an, mit der die Note gespielt werden soll. Eine Note muß dabei ein- und ausgeschaltet werden. Für jeden Befehl sind also 3 Bytes zu senden, von denen das erste Byte immer gleich ist.

Damit man leicht verschiedene Melodien programmieren kann, sollen die zu sendenden Daten in einer Tabelle verfügbar sein. Das erste Byte, das immer mit dem Wert 90 H belegt ist, speichern wir jedoch nicht in der Tabelle. Dafür legen wir als drittes Byte eine Zeitinformation ab, die festlegt, wieviel Zeit verstreichen soll, bis der nächste MIDI-Befehl gesendet wird. In der Tabelle (Label NOTES ab Zeile 58) stehen also für jeden Befehl jeweils drei Bytes:

Note, Stärke, Dauer

Durch Dauer = 0 wird das Ende der Tabelle markiert. Um die einzelnen Bytes der Tabelle zu lesen, verwenden wir die Adressierung des Programmspeichers, in dem die Tabelle ja steht, mit dem Datenpointer DPTR als Zeiger. Das Hauptprogramm ist einfach zu verstehen. Als Flußplan ist es in Bild 8.43. dargestellt. Zunächst werden die Register zur Steuerung der seriellen Schnittstelle initialisiert, wie wir es beim EMON51-Programm kennengelernt haben. Anschließend beginnt mit dem Label START1 eine Programmschleife, in der der Taster abgefragt wird.

Der 80C535-Anwender muß das Programm an einer Stelle ändern. Zeile 21 des Programms liest den Taster ein und Zeile 22 legt die Information im Akkumulator ab. Mit dem 80C535-Board können die Taster direkt über Port 4 mit dem Befehl

```
MOV A,P4
```

eingelesen werden (Zeile 21). Zeile 22 wird als Leerzeile ausgeführt, damit die Zeilennumerierung mit dem Listing in Bild 8.44 übereinstimmt.

Wenn die Taste nicht betätigt ist, bleibt das Programm in der Schleife von Zeile 21 bis 23. Nach Drücken der Taste setzt Zeile 24 den Datenpointer auf die Anfangsadresse der Tabelle NOTES. Der nächste Befehl (Zeile 25) lädt das in den Equate-Vereinbarungen definierte Label CH (=90H) in den Akkumulator. Dieses Byte muß nun als erstes Zeichen ausgesendet werden.

Nun zur Programmierung der seriellen Schnittstelle. Die MIDI- Datenübertragung findet mit 31,25 kBit pro Sekunde statt. Die Baudrate kann man also durch Teilung des 8051-internen Taktes von 1 MHz durch 32 erreichen. Da der Sendemechanismus des 8051 seinerseits durch 16 teilt, muß der Timer 1 durch 2 teilen und SMOD auf 1 gesetzt werden. Daraus ergibt sich der Reload-Wert in TH1 zu 254. Die Initialisierung der übrigen Register für die Schnittstelle entspricht den Werten aus dem EMON51-Monitor.

Die eigentliche Sende-Routine stellt das Unterprogramm SNDMIDI dar. Es sendet das Zeichen, das im Akkumulator steht. Zuerst überprüft es anhand des TI-Bits, ob der Sender das zuletzt gesendete Byte schon vollständig übertragen hat. Wenn nicht, wird solange gewartet, bis dies der Fall ist. Der Schreibbefehl nach SBUF (Zeile 50) startet dann die Übertragung des nächsten Bytes. Das TI-Bit wird nun wieder gelöscht. Die eigentliche Sende-Routine ist also die gleiche wie beim Monitor EMON51.

Der Aufruf von SNDMIDI sendet also das im Akkumulator gespeicherte Byte über die Schnittstelle aus. Der nächste Befehl ist der Aufruf von GETNXT (Zeile 27). Dieses Unterprogramm holt das durch den Datenpointer adressierte Byte aus dem Programmspeicher und legt es im Akkumulator ab. Vor dem MOVC-Befehl in Zeile 37 steht der Datenpointer DPTR beim ersten GETNXT-Aufruf auf dem Wert NOTES. Der Akkumulator ist gelöscht (Zeile 36). Der MOVC adressiert also genau das durch DPTR vorgegebene Byte. Nach dem MOVC steht das erste Byte der Tabelle im Akkumulator. Der Datenpointer wird noch im Unterprogramm um 1 erhöht, so daß er auf das nächste Byte in der Tabelle zeigt. Der Aufruf von SNDMIDI in Zeile 28 sendet das erste Byte in der Tabelle aus. Der Aufruf von GETNXT in Zeile 29 holt das zweite Byte aus der Tabelle, das der SNDMIDI-Aufruf in Zeile 30 überträgt. Das nächste mit GETNXT gelesene Byte representiert die Zeitdauer. Wenn an dieser Stelle der Wert 0 eingetragen ist, bedeutet das das Ende der Tabelle. Das Programm verzweigt zum Label START1, wo wieder auf einen Tastendruck gewartet wird, der eine neue Sequenz startet. Ist der Wert für die Dauer

```
****** LISTING of EASM51 (BSP13) ******
LINE LOC  OBJ         T       SOURCE
     0000                   ; ****** DATEI BSP13.A51 ****************************************
     0000                   ;
     0000                   ACC      EQU   0E0H
     0000                   PCON     EQU   087H
     0000                   TCON     EQU   088H
     0000                   TMOD     EQU   089H
     0000                   TL1      EQU   08BH
     0000                   TH1      EQU   08DH
     0000                   SCON     EQU   098H
     0000                   SBUF     EQU   099H
     0000                   ;
     0000                   CH       EQU   090H              ; MIDI Kanal 1
     0000                   ;
     0000                            ORG   4100H
     4100 75 87 80 [2]               MOV   PCON,#10000000B  ; SMOD=1
     4103 75 89 22 [2]               MOV   TMOD,#00100010B  ; Beide Auto Preload Timer
     4106 75 8D FE [2]               MOV   TH1,#256-2       ; Preload Wert fuer TIMER0
     4109 75 8B FE [2]               MOV   TL1,#256-2
     410C D2 8E    [1]               SETB  TCON.6           ; TIMER0 starten
     410E 75 98 52 [2]               MOV   SCON,#01010010B  ; MODE 1 , Enable receiver
     4111 90 C0 00 [2] START1        MOV   DPTR,#0C000H
     4114 E0       [2]               MOVX  A,@DPTR          ; Tasten einlesen
     4115 20 E7 F9 [2]               JB    ACC.7,START1     ; starte wenn Taste gedrueckt
     4118 90 41 4F [2]               MOV   DPTR,#NOTES      ; Zeiger auf NOTEN
     411B 74 90    [1] NOTELP        MOV   A,#CH
     411D 31 3F    [2]               ACALL SNDMIDI          ; sende an MIDI ( MIDI KANAL )
     411F 31 2F    [2]               ACALL GETNXT
     4121 31 3F    [2]               ACALL SNDMIDI          ; ( MIDI NOTE )
     4123 31 2F    [2]               ACALL GETNXT
     4125 31 3F    [2]               ACALL SNDMIDI          ; ( MIDI STAERKE )
     4127 31 2F    [2]               ACALL GETNXT           ; Zeitdauer
     4129 60 E6    [2]               JZ    START1           ; =0 heisst Ende
     412B 31 33    [2]               ACALL WAIT             ; sonst diese Zeit warten
     412D 80 EC    [2]               SJMP  NOTELP           ; und weiter bei naechster Note
     412F                   ;
     412F E4       [1] GETNXT        CLR   A                ; Offset 0
     4130 93       [2]               MOVC  A,@A+DPTR        ; Byte holen
     4131 A3       [2]               INC   DPTR             ; Datenzeiger erhoehen
     4132 22       [2]               RET                    ; fertig
     4133                   ;
     4133 7F 64    [1] WAIT          MOV   R7,#100          ; ca ACC*100*200*2 Mikrosekunden Warten
     4135 7E C8    [1] WAIT1         MOV   R6,#200
     4137 DE FE    [2] WAIT2         DJNZ  R6,WAIT2
     4139 DF FA    [2]               DJNZ  R7,WAIT1
     413B D5 E0 F5 [2]               DJNZ  ACC,WAIT
     413E 22       [2]               RET
     413F                   ;
     413F 30 99 FD [2] SNDMIDI       JNB   SCON.1,SNDMIDI   ; Warten bis Sender leer
     4142 C2 99    [1]               CLR   SCON.1           ; Bit loeschen
     4144 F5 99    [1]               MOV   SBUF,A           ; Ausgeben
     4146 22       [2]               RET
     4147                   ;
     4147 30 98 FD [2] GETMIDI       JNB   SCON.0,GETMIDI   ; Warten bis Empfaenger voll
     414A C2 98    [1]               CLR   SCON.0           ; Bit loeschen
     414C E5 99    [1]               MOV   A,SBUF           ; Byte holen
     414E 22       [2]               RET
     414F                   ;
     414F 30 64 06      NOTES        DB    48,100,6      ; Note 48 mit 100 an , 6 Zeiten warten
     4152 30 00 01                   DB    48,0  ,1      ; Note 48 wieder aus , 1 Zeit warten
     4155 34 64 06                   DB    52,100,6      ; Note 52 an mit 100
     4158 34 00 01                   DB    52,0  ,1      ; wieder aus
     415B 37 64 0A                   DB    55,100,10     ; usw.
     415E 37 00 00                   DB    55,0  ,0      ; Laenge 0 heisst Ende
     4161                            END
********** SYMBOLTABLE (18 symbols) **********
      ACC :00E0       PCON :0087       TCON :0088       TMOD :0089
      TL1 :008B        TH1 :008D       SCON :0098       SBUF :0099
       CH :0090     START1 :4111     NOTELP :411B     GETNXT :412F
     WAIT :4133      WAIT1 :4135      WAIT2 :4137    SNDMIDI :413F
  GETMIDI :4147      NOTES :414F
```

910109 - 7 - 15

Bild 8.44. Listing des MIDI-Sequencers.

ungleich 0, wie zum Beispiel in der ersten Zeile der Tabelle, ruft das Programm die Warteschleife WAIT auf. Nach Ablauf der Wartezeit springt das Programm (Zeile 34) zum Label NOTELP. Mit dem Wert 90H startet nun die Übertragung des nächsten Befehls. Der Datenpointer DPTR zeigt mittlerweile auf das erste Byte der nächsten Zeile in der Tabelle.

Noch ein Wort zum Aufbau der Tabelle: Das erste Byte gibt die Note an, die gespielt werden soll. In der ersten Zeile schaltet das zweite Byte die Note durch den Wert 100 ein, die nächste Zeile schaltet durch die 0 im zweiten Byte die Note wieder aus. Für einen Ton sind demnach 2 Zeilen in der Tabelle notwendig.

Das ist schon alles, um eine Reihe von Noten auszugeben. Die Tabelle kann (fast) beliebig erweitert werden, so daß richtige Melodien gespielt werden können. Das Programm könnte damit den Ausgangspunkt zur Programmierung eines kleinen Sequencers sein.

Messen der Baudrate

Wie können wir für einen Test die Baudrate messen? Mit dem MIDI-Sequencer können wir Daten aussenden und das Muster mit einem Oszilloskop beobachten. Die in der Tabelle abgelegten Werte sind jedoch schnell ausgesendet, so daß es mit einem normalen Oszilloskop schwierig ist, den Vorgang zu beobachten. Ein Speicher-Oszilloskop wäre hierfür das richtige Werkzeug.

Aber auch mit einem gewöhnlichen Oszilloskop können wir die Baudrate recht einfach messen. Hierzu ändern wir das Programm des MIDI-Sequencers geringfügig ab. Im Unterprogramm SNDMIDI ersetzen wir den RET-Befehl in Zeile 51 durch einen SJMP an das Label SNDMIDI. Nach dem Start der Übertragung durch den Schreibbefehl nach SBUF (Zeile 50) wartet das Programm in Zeile 48 gleich wieder auf das Ende der Übertragung. Das Programm kommt nicht mehr aus der Senderoutine heraus. Der übertragene Wert wird in Zeile 25 in den Akkumulator geschrieben und ändert sich nicht mehr. Die serielle Schnittstelle sendet ununterbrochen immer den gleichen Wert aus.

In Zeile 12 ändern wir die Wertzuweisung der Konstanten CH auf den Wert 55 H. In binärer Darstellung entspricht das dem Wert 01010101 B. Der Sendevorgang startet mit der Übertragung des Startbits. Die TxD-Leitung geht auf LOW-Pegel. Nach einer Bitzeit wird das erste Datenbit ausgesandt. Die Übertragung beginnt mit Bit 0 des Datenworts, also einer 1, wodurch die Sendeleitung den Pegel wechselt. Mit der Übertragung von jedem weiteren Datenbit ändert sich der Pegel. Das letzte Datenbit ist 0. Als letztes Bit wird noch das Stoppbit übertragen, das wieder HIGH-Pegel aufweist. Mit Beginn des Stoppbits setzt die Hardware das TI-Bit, wodurch gleich die Übertragung des nächsten Bytes getriggert wird. Mit Ablauf der Bitzeit, also nach Ende des Stoppbits, wird das nächste Startbit gesendet.

Diese Überlegung finden Sie bestätigt, wenn Sie das Signal auf der TxD-Leitung am Oszilloskop betrachten. Sie sollten nun ein Rechtecksignal beobachten können. Die

Zeitdauer jeder High- und Lowphase ist konstant, in diesem Fall sollte man den Wert von 32 Mikrosekunden messen können. Dieser Wert ergibt sich aus dem Kehrwert der Baudrate mit 31,25 kBaud.

Um das Signaldiagramm auch für andere Werte betrachten zu können, ändern Sie die Wertzuweisung in Zeile 12. Tragen Sie dort weitere Werte ein und versuchen Sie, im Zeitdiagramm das Startbit herauszufinden. Ändern Sie auch in Zeile 17 die Baudrate und überprüfen den aus der Timer-Überlaufrate berechneten Wert mit dem Messwert.

LC-Display

Bisher haben wir das Compuboard in Verbindung mit dem Monitor benutzt, um den Objektcode unserer Programme in das RAM zu laden. Die V24-Schnittstelle können wir natürlich auch benutzen, um Meßwerte oder auch Texte am Bildschirm darzustellen. Sicherlich wollen Sie das Compuboard aber auch einmal für Stand-Alone-Mikrocontrolleranwendungen einsetzen. Mit dem Objektcode des Anwenderprogrammes wird dann ein Eprom programmiert, das die Stelle des Monitor-Eproms einnimmt. Das Compuboard ist somit unabhängig vom PC. Doch damit steht der Bildschirm auch nicht mehr für die Ausgabe von Daten zur Verfügung.

Hier bietet sich die Verwendung der mittlerweile recht preiswerten LC-Displays an, die auch in zahlreichen käuflichen Produkten ihre Anwendung finden. Über ein derartiges Display kann man eine Benutzerführung vornehmen, so daß auch komplexe Bedienungsvorgänge mit wenigen Tasten möglich sind.

Um die erste Inbetriebnahme eines LC-Displays möglichst einfach zu gestalten, ist auf der 8032-Erweiterung bereits ein LC-Anschluß vorgesehen. Beim 80C535-Board schließen wir das Display direkt an einem Port an, wie es im Schaltbild für die 80C535-Erweiterung dargestellt ist.

Verbindungen

Die elektrischen Verbindungen zwischen 8032-Erweiterungsplatine und Display (mit Hitachi-Controller HD 44780 oder Äquivalent) werden durch ein 14-poliges Flachbandkabel hergestellt. Da die verschiedenen Display-Typen auch verschiedene Anschlußbelegungen aufweisen, geben wir hier die Pin-Nummer des Verbinders K 1 auf der Erweiterungsplatine an.

Der Anschluß des Displays ist in Bild 8.45. schematisch dargestellt. Bei einem Schreib- ($\overline{WR}$ = 1) oder Lesezugriff ($\overline{RD}$ = 1) auf die Adresse 0C001 H bzw. 0C009 H wird das Enable-Signal für das Display erzeugt. Der Zustand der Adreßleitung IOA3 bestimmt dabei, ob ein Zugriff auf Daten innerhalb des Displays (RS = IOA3 = 1, Adresse 0C009 H) oder ob Befehle (RS = IOA3 = 0, Adresse 0C001 H) ausgetauscht werden sollen. Die Leitung R/W des LC-Displays ist direkt mit dem RD-Ausgang des Compuboards verbunden.

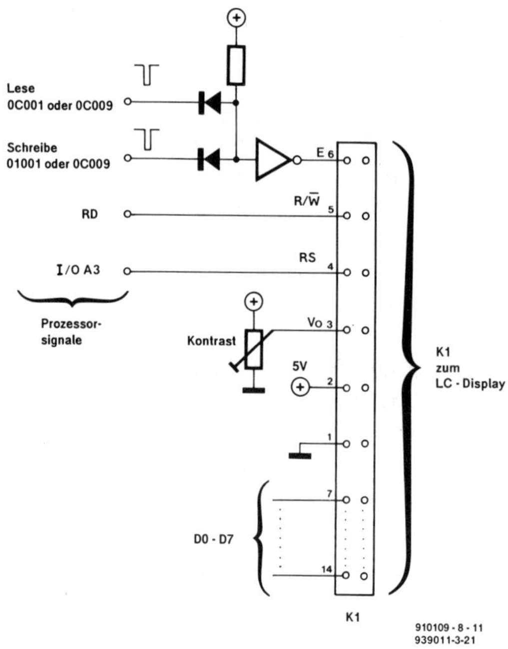

Bild 8.45. Der LCD-Anschluß beim 8032-Board schematisch dargestellt.

Kommandos und Daten werden über den bidirektionalen Datenbus ausgetauscht. Das Display selbst kann mit 4-Bit-Datentransfer (Bit 0-3) oder 8-Bit-Datentransfer arbeiten. Da wir einen 8-Bit-Mikrocontroller verwenden und das Display am Datenbus betreiben, bietet es sich an, daß es mit dem 8-Bit-Transfer arbeitet. Will man das Display beispielsweise über einen Port betreiben, kann der 4-Bit-Transfer sinnvoller sein, da er weniger Port-Leitungen beansprucht.

Wenn wir nachher die zusätzlichen Möglichkeiten des 80C535 besprechen, werden wir auf den 4-Bit-Modus zurückkommen. Die Anschlußbeschaltung des Displays an das 80C535-Board entnehmen Sie der Hardwarebeschreibung für die 80C535-Erweiterung.

Die Spannung Vo an Pin 3 dient zur Kontrast-Einstellung des Displays. Die Einstellung kann man der Raumhelligkeit und dem Betrachtungswinkel anpassen. Vor dem Anschluß des Displays sollte man sicherheitshalber nochmal das zugehörige Datenblatt konsultieren und alle Verbindungen kontrollieren.

LCD-Kommandos

Die vollständige Beschreibung der Möglichkeiten von Display und integriertem Controller nimmt im Hitachi-Datenbuch etwa 30 Seiten in Anspruch. Wir beschränken uns daher auf die wichtigsten Kommandos. Wer darüber hinausgehende Information benötigt, den verweisen wir auf die Hitachi-Dokomentation.

Viele der angebotenen LC-Displays zur ASCII-Zeichendarstellung verwenden den gleichen LCD-Controllertyp und verfügen dementsprechend über den gleichen Befehlssatz. Ein kompletter Befehlssatz ist in Bild 8.46. dargestellt, er gilt zum Beispiel für die folgenden Displays: H 2570, LM 016L und LM 1612A.

Vorab ein paar grundlegende Worte über die Arbeitsweise eines derartigen Displays mit integriertem Controller:

Das Display verfügt über einen internen Speicher, der 80 Zeichen speichern kann (Display data RAM = DD-RAM, Adressen 000 H bis 04F H). Ein einzeiliges Display mit 16 Zeichen zeigt von links beginnend die Zeichen auf den Adressen 000 H bis 00F H an. Die dargestellten Zeichen sind also nur ein Ausschnitt aller gespeicherten Zeichen (quasi ein Fenster). Diesen Ausschnitt kann man durch „Display-Shift“ verschieben. Die Zeichen bleiben dabei an der gleichen Adresse im DD-RAM gespeichert, lediglich das Anzeigefenster beginnt an einer anderen Adresse im DD-RAM. Bei dem zweizeiligen Display LM 16255 zeigt die erste Zeile die Zeichen ab Adresse 000 H an, die zweite Zeile die Zeichen ab Adresse 040 H. Aus diesem Grund sind zweizeilige Anzeigen etwas schwieriger in der Handhabung.

Dann gibt es noch einen Cursor, der festlegt, an welche Stelle im DD-RAM das nächste Zeichen gelangen soll (im folgenden Adreß-Counter genannt). Der Cursor kann in der Anzeige sichtbar oder unsichtbar sein, je nach Programmierung. Auch ein blinkender Cursor ist möglich. Außerdem kann man durch die Software festlegen, ob nach einer Zeichenübergabe an das LC-Display automatisch ein Display-Shift und/oder eine Cursorbewegung erfolgen soll. Dadurch ist es beispielsweise möglich, auf einfache Weise eine Laufschrift zu realisieren.

Schließlich verfügt das LC-Display noch über das Zeichengenerator-RAM (Character-Generator-RAM = CG-RAM), in welchem man die Pixeldarstellung der Zeichen mit den ASCII-Codes 0 bis 7 speichern kann. Die genaue Aufteilung dieses CG-RAMs ist dem Datenblatt des Herstellers zu entnehmen. Mit diesem RAM kann man eigene Zeichen selbst definieren.

Kommandos werden beim 8032-Board an das LC-Display geschickt, indem man den gewünschten Befehlscode über die Adresse 0C001 H ausgibt (das heißt RS ist LOW und R/$\overline{W}$ ist ebenfalls LOW).

Instruction	Code										Description	Execution Time (when f_{cp} or f_{osc} is 250KHz)
	RS	R/$\overline{W}$	DB7	DB6	DB5	DB4	DB3	DB2	DB1	DB0		
Clear Display	0	0	0	0	0	0	0	0	0	1	Clears all display and returns the cursor to the home position (Address 0)	82 μs ~ 1.64ms
Return Home	0	0	0	0	0	0	0	0	1	*	Returns the cursor to the home position (Address 0). Also returns the display being shifted to the original position. DD RAM contents remain unchanged.	40 μs ~ 1.6ms
Entry Mode Set	0	0	0	0	0	0	0	1	I/D	S	Sets the cursor move direction and specifies or not to shift the display. These operations are performed during data write and read.	40 μs
Display ON/OFF Control	0	0	0	0	0	0	1	D	C	B	Sets ON/OFF of all display (D), Cursor ON/OFF (C), and blink of cursor position character (B).	40 μs
Cursor or Display Shift	0	0	0	0	0	1	S/C	R/L	*	*	Moves the cursor and shifts the display without changing DD RM contents.	40 μs
Function Set	0	0	0	0	1	DL	N	F	*	*	Sets interface data length (DL), number of display lines (L), and character font (F).	40 μs
Set CG RAM Address	0	0	0	1	A_{CG}						Sets the CG RAM address. CG RAM data is sent and received after this setting.	40 μs
Set DD RAM Address	0	0	1	A_{DD}							Sets the DD RAM address. DD RAM data is sent and received after this setting.	40 μs
Read Busy Flag & Address	0	1	BF	AC							Reads Busy flag (BF) indicating internal operation is being performed and reads address counter contents	1 μs
Write Data to CG or DD RAM	1	0	Write Data								Writes data into DD RAM or CG RAM	40 μs
Read Data to CG or DD RAM	1	1	Read Data								Reads data from DD RAM or CG RAM	40 μs
	I/D = 1: Increment I/D = 0: Decrement S = 1: Accompanies display shift S/C = 1: Display shift S/C = 0: Cursor move R/L = 1: Shift to the right R/L = 0: Shift to the left DL = 1: 8 bits DL = 0: 4 bits N = 1: 2 lines N = 0: 1 line F = 1: 5 x 10 dots F = 0: 5 x 7 dots BF = 1: Internally operating BF = 0: Can accept instruction										DD RAM: Display data RAM CG RAM: Character generator RAM A_{CG}: CG RAM address A_{DD}: DD RAM address Corresponds to cursor address. AC: Address counter used for both of DD and CG RAM address.	Execution time changes when frequency changes. (Example) When f_{cp} or f_{OSC} is 270 KHz: $40\mu s \times \frac{250}{270} = 37\mu s$

*Don't care

Bild 8.46. Der Befehlsatz des LCD-Controllers auf einen Blick.

Befehlscode

Nun die wichtigsten Befehlscodes, mit denen das LC-Display gesteuert werden kann. Der „*“ symbolisiert beliebigen Pegel an der betreffenden Bitposition.

Clear Display

0	0	0	0	0	0	0	1

Dieser Befehl schreibt in alle DD-RAM Speicherstellen das Byte 20 H (= Leerzeichen). Der Cursor wird auf Position 0 gesetzt und das Anzeigenfenster beginnt ebenfalls ab Adresse 0. Das hebt einen eventuell vorausgegangenen Display-Shift-Befehl auf.

Return Home

0	0	0	0	0	0	1	*

Dieses Kommando setzt den Cursor auf Position 0 und einen vorausgegangenen Display-Shift zurück. Der Inhalt des DD-RAMs bleibt unverändert

Entry Mode Set

0	0	0	0	0	1	I/D	S

Dieser Befehl dient dazu um festzulegen, was nach der Übertragung eines Datenbytes an das Display passieren soll. Das Increment/Decrement-Bit I/D spezifiziert, ob die interne DD-RAM-Adresse beim Schreiben oder Lesen eines Zeichens in das DD-RAM automatisch erhöht (I/D = 1) oder erniedrigt wird (I/D = 0). Der Wert dieser Adresse wird im Adreß-Counter gespeichert.

Das Shift-Bit S gibt an, ob beim Schreiben in das DD-RAM automatisch ein Display-Shift in die durch das I/D-Bit spezifizierte Richtung erfolgen soll. Dabei bedeutet S = 1, daß ein Shift erfolgen soll, bei S = 0 unterbleibt der Display-Shift. Der Cursor behält innerhalb des Display-Fensters während des Shifts die gleiche Position.

Display ON/OFF Control

0	0	0	0	1	D	C	B

Mit diesem Befehl kann man die Anzeige und den Cursor ein beziehungsweise ausschalten, ohne den Inhalt zu verändern. Mit Display-Bit D = 1 ist die Anzeige eingeschaltet, sonst ausgeschaltet. Mit dem Cursor-Bit C = 1 ist der Cursor eingeschaltet, sonst ausgeschaltet. Mit dem Blink-Bit B = 1 kann der Cursor auf blinkend gesetzt werden.

Cursor or Display Shift

0	0	0	1	S/C	R/L	*	*

Mit diesem Befehl kann man den Cursor bewegen oder das Display shiften. Der Befehl wird beispielsweise dazu benutzt, um einen Laufschrifteffekt zu erzeugen.

S/C	R/L	Funktion
0	0	Cursor nach links
0	1	Cursor nach rechts
1	0	Display nach links, Cursor folgt dem Display
1	1	Display nach rechts, Cursor folgt dem Display

Funktion Set

0	0	1	DL	N	F	*	*

Mit diesem Befehl wird die Funktionsart des Displays nach dem Einschalt-Reset festgelegt. Beim 8032-Board verwenden wir die 8-Bit-Datenübertragung zum Display und arbeiten mit dem einzeiligen Anzeigemodus.

DL	=	1	8-Bit
DL	=	0	4-Bit Interface
N	=	0	Eine Zeile
N	=	1	Zwei Zeilen
nur bei manchen Typen:			
F	=	0	5 * 7 Punktmatrix
F	=	1	5 * 10 Punktmatrix

Set CG RAM Adress

0	1	a5	a4	a3	a2	a1	a0

Mit diesem Kommando wird eine Datenübertragung zum Character-Generator-RAM vorbereitet. Es legt die CG-Adresse für das nächste Byte fest. Die Bits a0 bis a5 bilden die Adresse, die in den sogenannten Adreß-Counter (AC) übertragen wird.

Set DD RAM Adress

1	a6	a5	a4	a3	a2	a1	a0

Dieser Befehl bereitet die Datenübertragung ins Display-Data-RAM vor. Er legt die DD-RAM-Adresse für das nächste zu übertragende Byte fest. Die Bits a0 bis a6 bilden die Adresse, die in den Adreß-Counter (AC) übertragen wird.

Read Busy Flag

BF	a6	a5	a4	a3	a2	a1	a0

Der Wert von BF gibt an, ob das Display noch mit der Abarbeitung eines Befehls beschäftigt ist (BF = 1), oder zur Aufnahme weiterer Befehle oder Daten bereit ist (BF = 0). Gleichzeitig wird der Wert des Adreß-Counters gelesen.

Write DATA to CG or DD RAM

d7	d6	d5	d4	d3	d2	d1	d0

Mit diesem Befehl wird ein Byte in das CG- oder DD-RAM übertragen, je nachdem, ob vorher eine CG- oder eine DD-Adresse übertragen wurde. Ob nach der Übertragung des Bytes der Adreß-Counter erhöht oder erniedrigt wird, hängt von der mit dem ENTRY-MODE-Befehl festgelegten Betriebsart ab.

Read DATA from CG or DD RAM

d7	d6	d5	d4	d3	d2	d1	d0

Mit diesem Befehl kann man Bytes aus dem CG- oder dem DD-RAM auslesen. Vor dem Befehl muß die Adresse mit einem SET CG ADRESS beziehungsweise SET DD ADRESS übertragen werden ($R/\overline{W} = 1$, RS = 1).

Display-Test

Nach der Besprechung der LCD-Controller-Kommandos wollen wir diese Befehle in der Praxis anwenden. Auf der Kursdiskette finden Sie hierzu für das 8032-Board das Programmbeispiel BSP12. Das Flußdiagramm des Programms ist in Bild 8.47. dargestellt, das dazugehörige Programm finden Sie als Assemblerlisting in Bild 8.48. Die Aufgabe des Programms ist einfach: Zuerst wird ein Text in das Display geschrieben. Anschließend kann der Display-Inhalt mit zwei Tasten nach links und rechts verschoben werden.

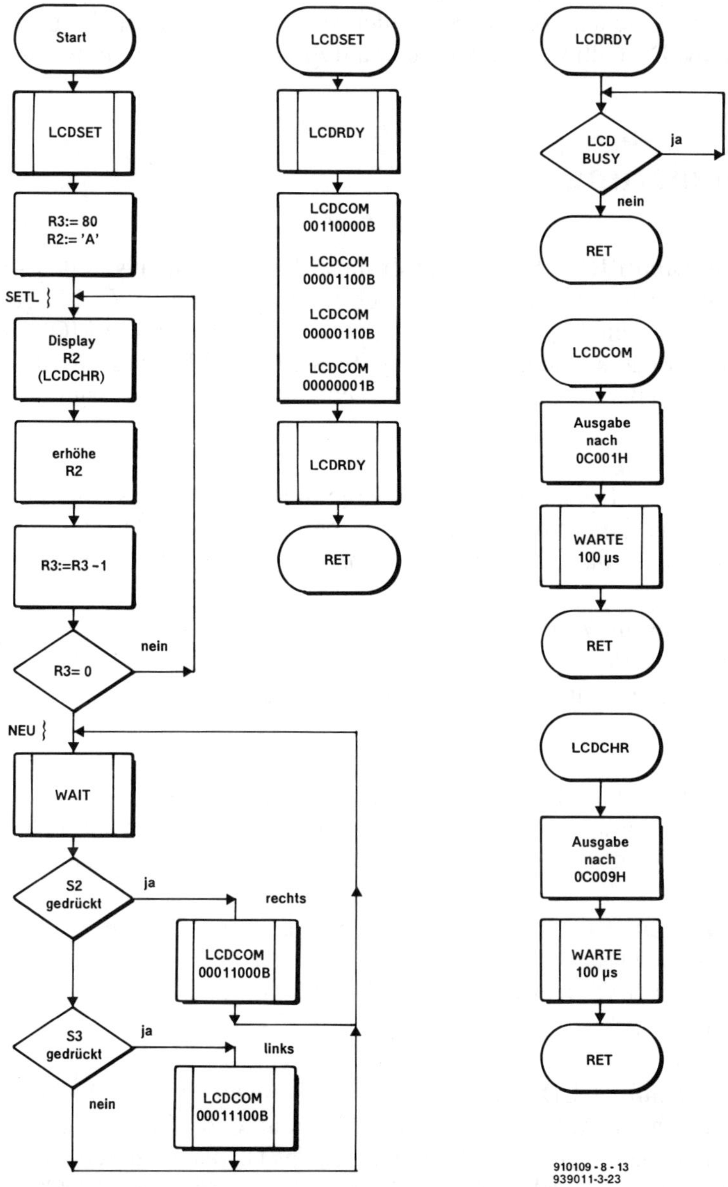

Bild 8.47. Der Flußplan des LC-Display-Programms.

Das Beispielprogramm stellt dabei Hilfsprogramme zur Verfügung, die als Grundlage für eigene Programme dienen können. Sie bilden sozusagen die Grundkommunikation mit dem LC-Display. Deshalb wollen wir näher auf diese Unterprogramme eingehen.

Programmierung

Das **Unterprogramm RCOM** liest den Zustand des LC-Displays in den Akkumulator. Dazu wird der Port P 2 auf das höherwertige Byte der Adresse 0C01 H gesetzt. In das Register R 0 wird der niederwertige Teil dieser Adresse geladen. Der MOVX-Befehl liest dann das BUSY-Flag aus dem LC-Display. Es steht anschließend im Akkumulator als Bit 7. Wir benutzen hier also den MOVX-Befehl, der über R 0 adressiert.

Das **Unterprogramm LCDRDY** wartet solange, bis das BUSY-Flag des Displays den Wert 0 hat. Es verwendet dazu das Unterprogramm RCOM. Dieses Unterprogramm wird bei den relativ lange dauernden Initialisierungsbefehlen des LC-Displays verwendet, um solange zu warten, bis das LC-Display den übertragenen Befehl abgearbeitet hat.

Das **Unterprogramm WT1** wartet 100 Mikrosekunden in einer Programmschleife. Da die meisten Display-Befehle eine kürzere Ausführungszeit als 100 Mikrosekunden haben, kann man dieses Unterprogramm verwenden, um die Abarbeitung eines Display-Befehls abzuwarten.

Das **Unterprogramm LCDCOM** sendet ein Kommando (RS = 0) an das Display. Es wird die gleiche Adressierung beim MOVX-Befehl verwendet, wie im Unterprogramm RCOM. Nach der Kommandoübertragung steht wieder eine Pause von 100 μs an.

Das **Unterprogramm LCDCHR** sendet ein Zeichen in den Zeichenspeicher (DD_RAM) des Displays (RS = 1) und wartet 100 Mikrosekunden. Vor dem Aufruf von LCDCHR muß man durch den SET DD RAM ADRESS-Befehl gegebenenfalls die neue DD_RAM-Adresse übertragen.

Das **Unterprogramm LCDSET** legt alle wichtigen Funktionen im LC-Display fest. Zuerst wartet es (durch Aufruf von LCDRDY) darauf, daß alle vorhergehenden Befehle abgearbeitet sind. Dann wird die Funktionsweise des Displays (in Zeile 37-38) auf 8-Bit, einzeilig und 5-7 Dots festgelegt. Dazu wird das Unterprogramm LCDCOM verwendet. Danach wird das Display ein, und der Cursor ausgeschaltet (Zeile 39-40), und der Shift-Mode in den Zeilen 41, 42 festgelegt. Danach wird das Display gelöscht. Da dieser Befehl bis zu 1,6 ms dauern kann, wird danach noch das Unterprogramm LCDRDY ausgeführt.

```
****** LISTING of EASM51 (BSP12) ******
LINE LOC  OBJ        T        SOURCE
   1 0000                ; ****** DATEI BSP12.A51 ***************************************
   2 0000                P2      EQU   0A0H  ; fuer hoeherwertige Adresse
   3 0000                ACC     EQU   0E0H
   4 0000                ADRhigh EQU   0C0H  ;  MSB der LCD Adresse C001H bzw C009H
   5 0000                adrRS0  EQU   001H  ;  LCD niederwertiges Byte der Adresse mit RS=0
   6 0000                adrRS1  EQU   009H  ;  LCD niederwertiges Byte der Adresse mit RS=1
   7 0000                ;
   8 0000                        ORG 4100H
   9 4100 31 2F    [2] START   ACALL LCDSET        ; initialisiere LCD
  10 4102 7B 50    [1]         MOV   R3,#80        ; 80 Zeichen
  11 4104 7A 41    [1]         MOV   R2,#'A'       ; mit A beginnend
  12 4106 EA       [1] SETL    MOV   A,R2
  13 4107 31 4F    [2]         ACALL LCDCHR        ; auf LCD ausgeben
  14 4109 0A       [1]         INC   R2            ; naechstes Zeichen
  15 410A DB FA    [2]         DJNZ  R3,SETL       ; wiederholen
  16 410C 31 24    [2] NEU     ACALL WAIT          ; Warten
  17 410E 90 C0 00 [2]         MOV   DPTR,#0C000H  ; Tasten einlesen
  18 4111 E0       [2]         MOVX  A,@DPTR
  19 4112 30 E7 05 [2]         JNB   ACC.7,RECHTS  ; Bits 7 und 6 testen
  20 4115 30 E6 08 [2]         JNB   ACC.6,LINKS
  21 4118 80 F2    [2]         SJMP  NEU           ; nichts zu tun
  22 411A 74 18    [1] RECHTS  MOV   A,#00011000B  ; shift Display S/C=1 R/L=0
  23 411C 31 47    [2] RAUS    ACALL LCDCOM        ; als LCD Kommando schicken
  24 411E 80 EC    [2]         SJMP  NEU
  25 4120 74 1C    [1] LINKS   MOV   A,#00011100B  ; shift Display S/C=1 R/L=1
  26 4122 80 F8    [2]         SJMP  RAUS
  27 4124              ;
  28 4124 78 FF    [1] WAIT    MOV   R0,#255       ; Warte ein Weilchen
  29 4126 79 FF    [1] WAIT1   MOV   R1,#255
  30 4128 00       [1] WAIT2   NOP                 ; 255*4 Mikrosec
  31 4129 00       [1]         NOP
  32 412A D9 FC    [2]         DJNZ  R1,WAIT2
  33 412C D8 F8    [2]         DJNZ  R0,WAIT1      ; * 255
  34 412E 22       [2]         RET                 ; ca 65500*4 Mikrosekunden
  35 412F              ;                           ; LCD Treiber Routinen
  36 412F 31 41    [2] LCDSET ACALL  LCDRDY        ; Beendigung des letzten Kommandos abwarten
  37 4131 74 30    [1]        MOV    A,#00110000B  ; DL=1 N=0 F=0 : 8Bit , eine Zeile , 5*7
Dots
  38 4133 31 47    [2]        ACALL  LCDCOM        ; Als Kommando
  39 4135 74 0C    [1]        MOV    A,#00001100B  ; D=1 C=0 B=0 ,Display an, Cursor, Blinken
aus
  40 4137 31 47    [2]        ACALL  LCDCOM
  41 4139 74 06    [1]        MOV    A,#00000110B  ; I/D=1 S=0 : Increment mit Display shift
  42 413B 31 47    [2]        ACALL  LCDCOM
  43 413D 74 01    [1]        MOV    A,#00000001B    ; Reset Display
  44 413F 31 47    [2]        ACALL  LCDCOM
  45 4141 31 5A    [2] LCDRDY ACALL  RCOM            ; Warte bis LCD fertig
  46 4143 20 E7 FB [2]        JB     ACC.7,LCDRDY    ; Bit 7 is BUSY-Flag
  47 4146 22       [2]        RET
  48 4147              ;
  49 4147 75 A0 C0 [2] LCDCOM MOV    P2,#ADRhigh     ; Kommando an LCD ausgeben
  50 414A 78 01    [1]        MOV    R0,#adrRS0      ; RS=low <=> Kommando
  51 414C F2       [2]        MOVX   @R0,A           ; Ausgabe auf Adresse P2,R0
  52 414D 80 06    [2]        SJMP   WT1             ; Warten
  53 414F              ;
  54 414F              LCDCHR EQU $                  ; Zeichen via LCD ausgeben
  55 414F 75 A0 C0 [2]        MOV    P2,#ADRhigh     ; hoeherwertige Adresse
  56 4152 78 09    [1]        MOV    R0,#adrRS1      ; RS=high <=> Daten
  57 4154 F2       [2]        MOVX   @R0,A           ; ausgeben auf Adresse P2,R0
  58 4155 78 32    [1] WT1    MOV    R0,#50          ; 100 Mikrosekunden
  59 4157 D8 FE    [2] WT2    DJNZ   R0,WT2          ; warten

  60 4159 22       [2]        RET
  61 415A              ;
  62 415A 75 A0 C0 [2] RCOM   MOV   P2,#ADRhigh  ; Lese Zustand von LCD
  63 415D 78 01    [1]        MOV   R0,#adrRS0   ; RS=low
  64 415F E2       [2]        MOVX  A,@R0        ; holen
  65 4160 22       [2]        RET
  66 4161                     END
********** SYMBOLTABLE (21 symbols) **********
      P2 :00A0      ACC :00E0  ADRhigh :00C0   adrRS0 :0001
  adrRS1 :0009    START :4100     SETL :4106      NEU :410C
  RECHTS :411A     RAUS :411C    LINKS :4120     WAIT :4124
   WAIT1 :4126    WAIT2 :4128   LCDSET :412F   LCDRDY :4141
  LCDCOM :4147   LCDCHR :414F      WT1 :4155      WT2 :4157
    RCOM :415A
```

910109 - 8 - 14
939011-3-24

Bild 8.48. Das Listing des LC-Display-Programms.

Dem aufmerksamen Leser ist der folgende Programmiertrick vielleicht schon aufgefallen: Endet ein Unterprogramm1 mit einer Befehlsfolge:

```
LCALL Unterprogramm2
RET
```

kann man statt dessen etwas platzsparender programmieren:

```
LJMP  Unterprogramm2
```

und damit den RET-Befehl von Unterprogramm2 benutzen (im Listing Zeile 52). Diese Art Platz zu sparen sollte man aber auf keinen Fall übertreiben, da sie verwirrend ist. Außerdem können solche Tricks gefährlich sein, sollten an diesen Stellen Änderungen im Programm vorgenommen werden müssen. Scheinbar triviale Programmänderungen könnten Programmfehler hervorrufen. Diese Art zu programmieren soll hier nur einmal beispielhaft gezeigt werden.

Das Hauptprogramm

Es ruft erst einmal LCDSET auf, um das Display in einen definierten Zustand zu bringen. Anschließend schreibt es die Zeichen ABCDEFG... ins Display-RAM. Diese Aktion läuft in der Schleife, die bei Label SETL beginnt, ab. Zuvor wird der Schleifenzähler R 3 in Zeile 10 mit dem Wert 80 geladen. Das Register R 2 erhält in Zeile 11 den ASCII-Wert des Buchstabens 'A'. Das Unterprogramm LCDCHR gibt dieses Zeichen an das LCD aus. In der Schleife wird R 2 inkrementiert, so daß in jedem Durchlauf der nächstgrößere ASCII-Wert übertragen wird. Ein Blick auf die ASCII-Tabelle (siehe Anhang) zeigt, daß es sich hier um das Alphabet in Großbuchstaben handelt. Nach dem 'Z' folgen einige Sonderzeichen, gefolgt vom Alphabet in Kleinbuchstaben. Dem 'z' schließen sich wieder einige Sonderzeichen an.

Nachdem das Display mit den Zeichen geladen ist, beginnt bei Label NEU eine Endlosschleife. In dieser Schleife wird getestet, ob eine der beiden Tasten S 2 oder S 3 gedrückt ist. Falls ja, wird ein Links-oder Rechtsshift des Displays veranlaßt. Dazu wird das entsprechende Kommando mit LCDCOM ans Display gesendet. Damit bei gedrückt gehaltenem Taster der Displayinhalt nur langsam durchläuft, wird bei jedem Schleifendurchlauf das Unterprogramm WAIT aufgerufen, das ungefähr 0,26 Sekunden ($255 * 255 * 4\ \mu s$) mit angestrengtem Nichtstun verbringt.

Anregungen

Das LC-Display ist die wohl am häufigsten benutzte Baugruppe des Compuboards. In vielen Anwendungen müssen Daten ausgegeben werden, wofür das LC-Display hervorragend geeignet ist, insbesondere dann, wenn wir das Compuboard als Stand-Alone-Gerät betreiben und den PC-Bildschirm nicht als Ausgabe-Medium einsetzen können. Wenn Sie das LC-Display einsetzen wollen, sollten Sie mit weiteren Beispielen den Einsatz üben. Geeignete Beispiele gibt es genügend. Um nur eines zu nennen: Nehmen Sie das Programmbeispiel, das die Kapazität eines Kondensators berechnet und die Kapazität via V24 am Bildschirm ausgibt. Fügen Sie in das Programm die erforderlichen Unterprogramme ein, um den Wert auch über das LC-Display auszugeben. Natürlich sollte man sich nicht damit zufrieden geben, einfach nur den Zahlenwert auszugeben. Etwas komfortabler sollte es schon sein. Geben Sie vor den Meßwert die Zeichen „Cmes= “ und nach dem Meßwert die Zeichen „nF“ aus.

Das ist nur eine von vielen Möglichkeiten, das LC-Display einzusetzen. Sie werden bestimmt noch andere Aufgaben für Übungszwecke finden.

Tastatur-Interfaces

Bei eigenen Projekten wird man in den meisten Fällen nicht um eine Dateneingabe über Tasten herumkommen. In den bisher besprochenen Programmbeispielen haben wir auch schon gesehen, wie das geht, und welche Möglichkeiten sich bieten. Aufgrund der unterschiedlichen Hardware haben wir für das 8032- und 80C535-Board unterschiedliche Methoden angewandt. Wir haben auch nur maximal vier Taster eingesetzt, die in vielen Fällen sicherlich nicht ausreichen. Will man Projekte realisieren, bei denen man Zahlenwerte eingeben muß, benötigt man alleine für die Dateneingabe 10 Taster (Ziffern 0 bis 9), für die Steuerung sind weitere Taster notwendig. Ein Beispiel für solch eine Anwendung wäre ein Akku-Ladegerät, bei dem die Kapazität der Akkus explizit als Zahlenwert eingegeben werden kann.

Um einen kurzen Einblick in die Problematik der Dateneingabe zu geben, besprechen wir kurz einige Möglichkeiten, um den Zustand von Tastern, also gedrückt oder nicht gedrückt, abzufragen. Wir werden dabei sehen, daß die Schaltungen sich im Hard- und Software-Aufwand unterscheiden und jeweils Vor- und Nachteile haben.

Direkter Portanschluß

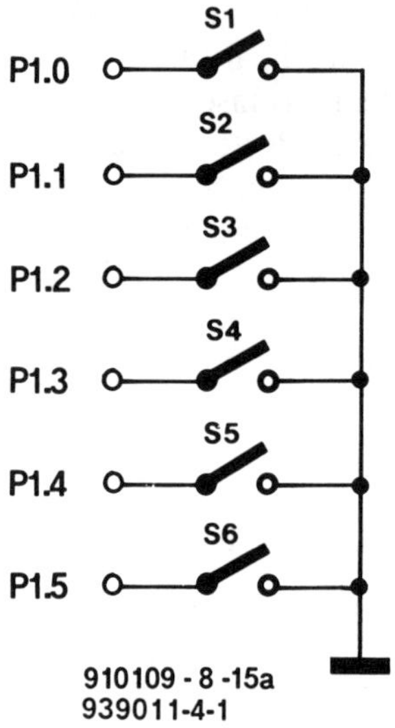

Bild 8.49a. Direkter Portanschluß.

Die in Bild 8.49a. dargestellte Anschlußmöglichkeit ist sicherlich die einfachste: Jeder gedrückte Taster schaltet eine Portleitung nach Masse. Da im 8051 bereits Pull-up-Widerstände integriert sind, muß man diese nicht einmal extern beschalten. Auch die Software zur Abfrage des Zustands eines einzelnen Tasters ist denkbar einfach, wenn man einen Bit-Testbefehl (JB oder JNB) verwendet. Der Nachteil der Schaltung ist die Anzahl der notwendigen Portleitungen: Um etwa die 60 Tasten eines ASCII-Keyboards anzuschließen, benötigt man auch 60 Portleitungen. So viele Ports stehen uns bei den 8051-Controllern leider nicht zur Verfügung.

Matrix-Portanschluß

Bei dieser Verschaltung (Bild 8.49b.) werden die Taster in Form einer Matrix zwischen den Spalten- und Zeilenleitungen angeordnet. Den Zustand eines Schalters kann man abfragen, indem man nacheinander auf die Zeilenleitungen ein LOW-Signal gibt, während die andern Zeilen auf HIGH liegen. Durch Abfrage der Spalten erhält man dann die Information, in welcher Spalte sich der gedrückte Taster befindet. Anschließend werden der Reihe nach die Spaltenleitungen auf LOW gelegt. Durch Abfrage der Zustände auf den Zeilenleitungen erhält man die Information, in welcher Zeile sich der gedrückte Taster befindet. Aus der Kenntnis von Zeile und Spalte ist die Position des gedrückten Tasters eindeutig bestimmt.

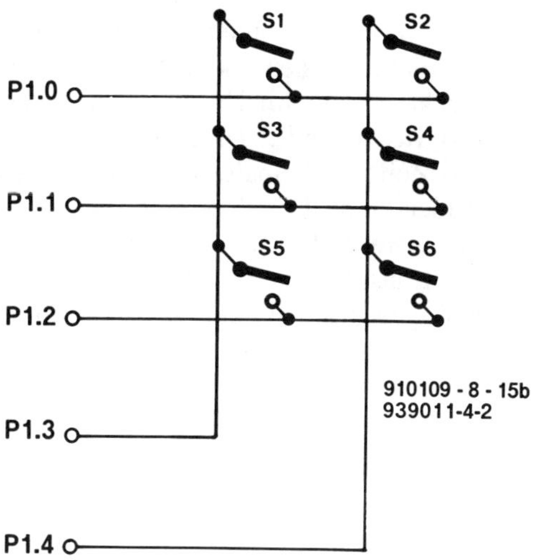

Bild 8.49b. Matrix-Portanschluß.

Der Vorteil dieser Schaltung liegt im Anschluß vieler Taster, die man mit verhältnismäßig wenig Leitungen abfragen kann. Für 64 Taster reichen 16 Leitungen aus, wenn man eine 8x8-Matrix wählt. Begnügt man sich mit 16 Tastern, kann man eine 4x4-Matrix aufbauen, die über die 8 Pins eines Ports (hier im Beispiel Port 1) einlesen kann. Der Nachteil der einfachen Schaltung ist der, daß nie mehrere Tasten gleichzeitig gedrückt werden dürfen. Ein weiterer Nachteil besteht darin, daß diese Matrix nicht an eine Porterweiterung angeschlossen werden kann, da bei der Abfrage immer eine Leitung auf LOW-Pegel geschaltet werden muß.

Matrix-Anschluß mit Entkopplungsdioden

Um ein Tastenfeld, bei dem die Taster in einer Matrix angeordnet sind, an der Porterweiterung IC 3 der 8032-Erweiterung anschließen zu können, werden Entkopplungsdioden benötigt (Bild 8.49c). Damit ist es nicht mehr erforderlich, die Leitungen gezielt auf LOW-Pegel zu bringen. Die Porterweiterung ist bei der 8032-Erweiterung durch das Latch IC 3 realisiert, dessen Eingänge über den Steckverbinder K 3 nach außen geführt sind. Da das Latch keine internen Pull-up-Widerstände integriert hat, müssen sie extern beschaltet werden. Wenn keine Taste gedrückt ist, führen alle Anschlußleitungen HIGH-Pegel. Bei gedrücktem Taster S 3 beispielsweise wird über die Diode D 3a die Leitung A 4 (Spalte 1), über die Diode D 3b die Leitung A 2 (Zeile 2) auf LOW-Pegel gesetzt. Damit kann allein aufgrund der Pegel auf den Anschlußleitungen die gedrückte Taste identifiziert werden. Bei einer 4x4-Matrix ist die Porterweiterung maximal ausgenutzt, damit können 16 Taster eingelesen werden. In diesem Fall lesen wir die Ausgangssignale des Latches über den Datenbus ein (siehe Lösung f), diese Tastenbeschaltung kann aber natürlich auch direkt an einen Port angeschlossen werden.

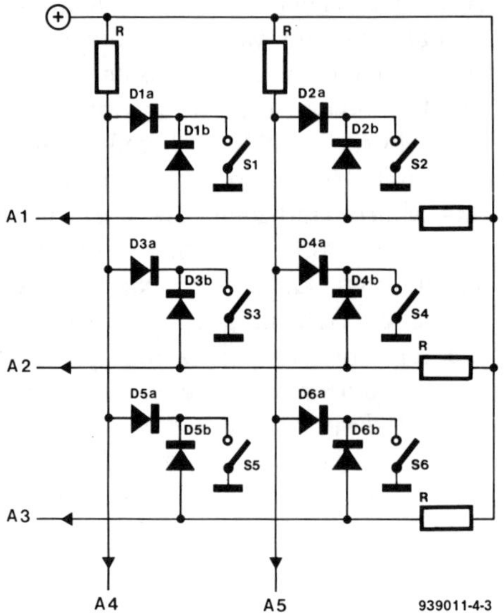

Bild 8.49c. Matrix-Anschluß mit Entkopplungsdioden.

Der Vorteil von diesem Verfahren liegt einmal darin, daß nur noch Eingangssignale ausgewertet werden müssen, zum andern können auch mehrere gedrückte Taster erkannt werden. Der Nachteil liegt im Hardware-Aufwand, pro Taster sind 2 Dioden erforderlich, pro Zeile und Spalte jeweils noch ein Widerstand. Der Nachteil des hohen Software-Aufwands wollen wir außer Acht lassen, da das Programm, einmal geschrieben und getestet, immer wieder für weitere Projekte benutzt werden kann.

Anwendung

Da die Matrix-Beschaltung sehr häufig Anwendung findet, und gerade diese Beschaltung mit den Entkopplungsdioden sowohl für das 8032- als auch das 80C535-Board eingesetzt werden kann, wollen wir ein kleines Programmbeispiel testen. Sie finden es auf der Diskette als BSP19.A51. Das Listing ist in Bild 8.50. zu sehen. Zu Beginn werden einige Konstanten, Register und RAMs definiert. Bei Adresse 4100 H ist wieder die Startadresse angesiedelt. Um für beide Boards mit dem gleichen Programm arbeiten zu können, legen wir die Information, ob 8032- oder 80C535-Board, in der Konstanten BOARD fest. Zur Auswahl stehen die beiden Werte K_8032B (=00) oder K_80C535B (=01). In unserm Programm steht der Wert für die Konstante BOARD auf K_80C535, da der Code auf einem 80C535-Board getestet wurde. Diese Konstante fragen wir zu Beginn des Hauptprogramms ab. Daraufhin wird zum Einlesen der Taster das Unterprogramm T_80C535 aufgerufen, das die Taster über Port P4 einliest. Bei Auswahl des 8032-Boards erfolgt das Einlesen im Unterprogramm T_8032 über die durch TASTEN adressierte Porterweiterung. Bei nichtgedrückten Tastern lesen wir HIGH-Pegel ein, deshalb schließen beide Unterprogramme mit dem Komplement-Befehl ab, der alle Bits im Akkumulator invertiert.

```
****** LISTING of EASM51 (BSP19) ******
LINE LOC  OBJ        T          SOURCE
     0000                       ;******** Datei BSP19.A51 ****************
     0000                       ;****** 4x4-Tastenfeld lesen *************
     0000                       ;
     0000                       ; Wertzuweisungen
     0000                       ;-------------------------
     0000                       ; Zuweisungen für SFRs
     0000                       ;-------------------------------
     0000                       ACC         EQU     0E0H            ;Adresse Akkumulator
     0000                       B           EQU     0F0H            ;Adresse B-Register
     0000                       P4          EQU     0E8H            ;Adresse Port 4
     0000
     0000                       ; RAMs
     0000                       ;-------------
     0000                       COMMAND EQU         30H             ;Adresse Kommandoregister
     0000                       TEST        EQU     50H             ;Test-RAM
     0000                       TASTE       EQU     51H             ;gedrückte Taste, wird aber
     0000                                                           ;gleich wieder gelöscht
     0000                       TASTE_NEU      EQU  52H             ;neuer Tastenwert
     0000                       TASTE_ALT      EQU  53H             ;alter Tastenwert
     0000                       ENTPR_CNT      EQU  54H             ;Entprellzähler
     0000
     0000                       ; Konstanten für Monitor
     0000                       ;---------------------------------
     0000                       MON         EQU     0200H           ;Einsprung im Monitor-Eprom
     0000                       ; Monitor-Kommandos
     0000                       ccSTXT      EQU     02H             ;für Text ausgeben
     0000                       ccCHR       EQU     01H             ;für Zeichen ausgeben
     0000
     0000                       ; Konstante für Auswahl Compuboard
     0000                       ;---------------------------------------------------
     0000                       K_8032B     EQU     00              ;Kennung für 8032-Board
     0000                       K_80C535B EQU       01              ;Kennung für 80C535-Board
     0000                       BOARD       EQU     K_80C535B       ;80C535-Board ist eingestellt
     0000
     0000                       ; Konstante für Tasten lesen
     0000                       ;-----------------------------------------
     0000                       TASTEN      EQU     0C00H           ;I/O-Adresse beim 8032-Board
     0000
     0000                       ; Programmcode
     0000                       ;-------------------------
     0000                                   ORG     4100H
     4100                       START:
     4100 74 01      [1]                    MOV     A,#BOARD        ;Kennung für Board lesen
     4102 B4 00 05   [2]                    CJNE    A,#K_8032B,N32  ;
     4105 12 41 48   [2]                    LCALL   T_8032          ;Tasten lesen beim 8032
     4108 80 03      [2]                    SJMP    WRT             ;
     410A 12 41 4E   [2] N32:               LCALL   T_80C535        ;Tasten lesen beim 80C535
     410D                       WRT:                                ;Ergebnis liegt im Akkumulator
     410D F5 50      [1]                    MOV     TEST,A          ;für Testzwecke in RAM TEST
     410F 75 51 00   [2]                    MOV     TASTE,#00       ;TASTE löschen
     4112 12 41 52   [2]                    LCALL   TASTE_          ;Unterprogramm TASTE_ wandelt ein-
     4115                                                           ;gelesenen P4-Wert in Zeichen
     4115 F5 52      [1]                    MOV     TASTE_NEU,A     ;Ergebnis nach TASTE_NEU
     4117 78 53      [1]                    MOV     R0,#TASTE_ALT   ;Taste mit Entprellzähler
     4119 B5 53 05   [2]                    CJNE    A,TASTE_ALT,TST1 ;ENTPR_CNT entprellen
```

Wir erhalten somit in der eingelesenen Tasterinformation eine positive Logik (gedrückter Taster ergibt 1) . Wie müssen wir nun das Tastenfeld an das Compuboard anschließen? Das Programm ist für folgende Zuordnung ausgelegt:

Zeile 1	Bit 0
Zeile 2	Bit 1
Zeile 3	Bit 2
Zeile 4	Bit 3
Spalte 1	Bit 7
Spalte 2	Bit 6
Spalte 3	Bit 5
Spalte 4	Bit 4

Bei einem gedrückten Taster ist ein Bit im oberen Halbbyte des Akkumulators gesetzt (Spalte), und ein Bit im unteren Halbbyte (Zeile). Für Testzwecke speichern wir es im RAM-Bereich TEST ab. Bei Programmfehlern kann für einen Test dieses Byte auf den Bildschirm ausgegeben werden. Als nächstes wird die RAM-Zelle TASTE, in das nachher die eigentliche Tasteninformation geschrieben wird, gelöscht. Nun rufen wir das Unterprogramm TASTE_ auf. Diese Routine fragt der Reihe nach Bit 0 bis Bit 3 des Akkumulastors ab. Daraus ergibt sich die Zeilenposition des gedrückten Tasters. Abhängig davon erhält das B-Register einen der Werte 0, 4, 8, oder 12 (Zeilenoffset).

Diese Werte ergeben sich aus der Anzahl von 4 Tastern pro Zeile. Anschließend werden die Bits im oberen Halbbyte des Akkumulators abgefragt. Daraus erkennen wir die Spalte des gedrückten Tasters. Hieraus ergibt sich ein Spaltenoffset zwischen 0 und 3. Mit der Summe von Spalten- und Zeilenoffset wird das TASTENFELD adressiert, das die Belegung des einzulesenden Tastenfeldes widerspiegelt. Dieser Wert wird im Akkumulator dem Hauptprogramm übergeben. Dort erfolgt nun eine Entprellung. Das bedeutet, daß die gleiche Taste für eine bestimmte Anzahl von Zyklen hintereinander erkannt werden muß. Als Entprellzähler benutzen wir den RAM-Bereich ENTPR_CNT. Erst wenn dieser Zähler auf 00 dekrementiert hat, übergeben wir den eingelesenen Wert zur Weiterverarbeitung nach TASTE. Zur Demonstration geben wir diesen Speicherbereich auf den Bildschirm aus. Das ist eigentlich schon alles, was das Programm macht.

Hinter dem Label TASTENFELD sind die Zeichen als ASCII-Werte abgelegt. Wir haben hier einfach die Hex-Zahlen von 00 H bis 0F H gewählt. Wenn Sie dieses Programm in eigenen Projekten verwenden, können Sie hier aussagekräftige Zeichen einsetzen, beispielsweise 'M' für Menü, oder 'S' für Start. Im Programm können diese ASCII-Werte einfach abgefragt werden.

```
4l1C  75 54 02  [2]          MOV    ENTPR_CNT,#2          ;Entprellzeit vorwählen
411F  80 07     [2]          SJMP   TST2                  ;
4121                TST1:                                 ;
4121  D5 54 04  [2]          DJNZ   ENTPR_CNT,TST2        ;Entprellzeit schon abgelaufen?
4124  F6        [1]          MOV    @R0,A                 ;wenn ja, dann TASTE mit neuem
4125  85 52 51  [2]          MOV    TASTE,TASTE_NEU       ;Wert laden
4128                TST2:                                 ;
4128                ; Ausgabe an PC
4128                ;-------------------------
4128  E5 51     [1]          MOV    A,TASTE               ;wenn Taste gedrückt (ungl. 0)
412A  60 1A     [2]          JZ     TST3                  ;dann Übergabe auf PC
412C  90 41 95  [2]          MOV    DPTR,#TXT             ;Text ausgeben
412F  75 30 02  [2]          MOV    COMMAND,#ccSTXT       ;
4132  12 02 00  [2]          LCALL  MON                   ;
4135  75 30 01  [2]          MOV    COMMAND,#ccCHR        ;Zeichen (gedrückte Taste)
4138  E5 51     [1]          MOV    A,TASTE               ;ausgeben
413A  12 02 00  [2]          LCALL  MON                   ;
413D  75 30 02  [2]          MOV    COMMAND,#ccSTXT       ;Cursor wieder an Zeilenanfang
4140  90 41 A7  [2]          MOV    DPTR,#TX_CR           ;
4143  12 02 00  [2]          LCALL  MON                   ;
4146                TST3:                                 ;
4146  80 B8     [2]          SJMP   START                 ;wieder von vorne
4148
4148                ; Unterprogramme: Tastenfeld einlesen
4148                ;-------------------------------------------------------
4148                T_8032:                               ;Tasten lesen beim 8032-Board
4148  90 0C 00  [2]          MOV    DPTR,#TASTEN          ;I/O-Adresse für Tasten laden
414B  E0        [2]          MOVX   A,@DPTR               ;und Wert lesen
414C  F4        [1]          CPL    A                     ;Bits komplementieren (pos. Logik)
414D  22        [2]          RET                          ;
414E
414E                T_80C535:                             ;Tasten lesen beim 80C535-Board
414E  E5 E8     [1]          MOV    A,P4                  ;Tasten direkt über Port 4 lesen
4150  F4        [1]          CPL    A                     ;Bits komplementieren (pos. Logik)
4151  22        [2]          RET                          ;
4152
4152                ; Unterprogramm: Tasten auswerten
4152                ;-------------------------------------------------------
4152                TASTE_:
4152  20 E0 0B  [2]          JB     ACC.0,TZ1             ;Zeile abfragen
4155  20 E1 0D  [2]          JB     ACC.1,TZ2             ;
4158  20 E2 0F  [2]          JB     ACC.2,TZ3             ;
415B  20 E3 11  [2]          JB     ACC.3,TZ4             ;
415E  80 34     [2]          SJMP   TASTEND               ;
4160                                                      ;
4160  75 F0 00  [2] TZ1:     MOV    B,#00H                ;für Zugriff auf
4163  80 0D     [2]          SJMP   TSPALT                ;TASTENFELD Offset
4165  75 F0 04  [2] TZ2:     MOV    B,#04H                ;berechnen (Zeilennummer)
4168  80 08     [2]          SJMP   TSPALT                ;(0, 4, 8, oder 12)
416A  75 F0 08  [2] TZ3:     MOV    B,#08H                ;
416D  80 03     [2]          SJMP   TSPALT                ;
416F  75 F0 0C  [2] TZ4:     MOV    B,#0CH                ;
4172                TSPALT:                               ;
4172  20 E4 17  [2]          JB     ACC.4,TS4             ;Spalte abfragen
4175  20 E5 10  [2]          JB     ACC.5,TS3             ;
4178  20 E6 09  [2]          JB     ACC.6,TS2             ;
417B  20 E7 02  [2]          JB     ACC.7,TS1             ;
```

```
417B 20 E7 02  [2]          JB      ACC.7,TS1             ;
417E 80 14     [2]          SJMP    TASTEND               ;
4180 74 00     [1] TS1:     MOV     A,#00H                ;Spaltennummer (Offset)
4182 80 0A     [2]          SJMP    TLIES                 ;bestimmen
4184 74 01     [1] TS2:     MOV     A,#01H                ;
4186 80 06     [2]          SJMP    TLIES                 ;
4188 74 02     [1] TS3:     MOV     A,#02H                ;
418A 80 02     [2]          SJMP    TLIES                 ;
418C 74 03     [1] TS4:     MOV     A,#03H                ;
418E               TLIES:                                 ;
418E 25 F0     [1]          ADD     A,B                   ;Zeilenoffset und Spalten-
4190 90 41 A9  [2]          MOV     DPTR,#TASTENFELD      ;offset addieren und auf
4193 93        [2]          MOVC    A,@A+DPTR             ;TASTENFELD zugreifen
4194               TASTEND:                               ;Ergebnis steht im Akku
4194 22        [2]          RET                           ;
4195
4195               ;  Daten
4195               ;-----------------
4195               ;  Textausgaben
4195               ;----------------------------
4195 67 65 64      TXT:     DB 'gedrückte Taste: ',0
     72 81 63
     6B 74 65
     20 54 61
     73 74 65
     3A 20 00
41A7 0D 00         TX_CR:   DB 13,0
41A9
41A9               ;  Belegung des Tastenfeldes
41A9               ;--------------------------------------------
41A9               TASTENFELD:
41A9 43 44 45               DB 'C','D','E','F'
     46
41AD 38 39 41               DB '8','9','A','B'
     42
41B1 34 35 36               DB '4','5','6','7'
     37
41B5 30 31 32               DB '0','1','2','3'
     33
41B9               END
********** SYMBOLTABLE (39 symbols) **********
     ACC :00E0         B :00F0           P4 :00E8          COMMAND :0030
     TEST :0050        TASTE :0051       TASTE_NE :0052    TASTE_AL :0053
     ENTPR_CN :0054    MON :0200         ccSTXT :0002      ccCHR :0001
     K_8032B :0000     K_80C535 :0001    BOARD :0001       TASTEN :0C00
     START :4100       N32 :410A         WRT :410D         TST1:4121
     TST2 :4128        TST3 :4146        T_8032 :4148      T_80C535:414E
     TASTE_ :4152      TZ1 :4160         TZ2 :4165         TZ3:416A
     TZ4 :416F         TSPALT :4172      TS1 :4180         TS2:4184
     TS3 :4188         TS4 :418C         TLIES :418E       TASTEND:4194
     TXT :4195         TX_CR :41A7       TASTENFE :41A9
```

Bild 8.50. Dieses Programm erkennt, welche Taste eines 4 x 4-Tastenfeldes mit Entkopplungsdioden gedrückt ist.

Der Grund dafür, das der RAM-Bereich TASTE vor jedem Aufruf des Unterprogrammes TASTE_ zu löschen ist, wird in den Anwendungsbeispielen im nächsten Abschnitt deutlich. Dieser Speicherbereich wird nur dann beschrieben, wenn erkannt wurde, daß ein Taster betätigt ist. Im nächsten Programmdurchlauf enthält es wieder den Wert 0. Es wird erst wieder überschrieben, wenn zwischendurch der Taster losgelassen wird. Auf diese Weise gibt der Bildschirm in unserem kleinen Programmbeispiel das Zeichen für den gedrückten Taster nur ein Mal aus. Diesen Effekt kann in anderen Programmen sehr nutzbringend eingesetzt werden.

Wenn anstatt der Matrix mit den Entkopplungsdioden nur die einfache Matrix-Beschaltung direkt an einen Port angeschlossen wird, muß man lediglich das Unterprogramm T_80C535, bzw. T_8032 anpassen. Diese Unterprogramme übergeben im Akkumulator die Positionen für Spalte und Zeile des gedrückten Tasters. Dieser Programmteil wird natürlich aufwendiger, wenn zuerst der Reihe nach alle Zeilen- und Spaltenports auf LOW-Pegel geschaltet werden müssen, um die Spalten- und Zeilenposition zu ermitteln. Für die Leser, die bisher fleißig die Programmbeispiele nachvollzogen haben, sollte diese Aufgabe aber zu lösen sein. Ein kleiner Hinweis: Nachdem ein Port auf LOW-Pegel geschaltet wurde, muß eine kurze Wartezeit eingehalten werden, bevor der Pegel auf den andern Portbits eingelesen werden kann. Insbesondere bei langen Anschlußkabeln flacht die Flanke des geschalteten Signals ab, so daß ohne Wartezeit unter Umständen falsche Pegel eingelesen würden.

Schieberegister-Anschluß

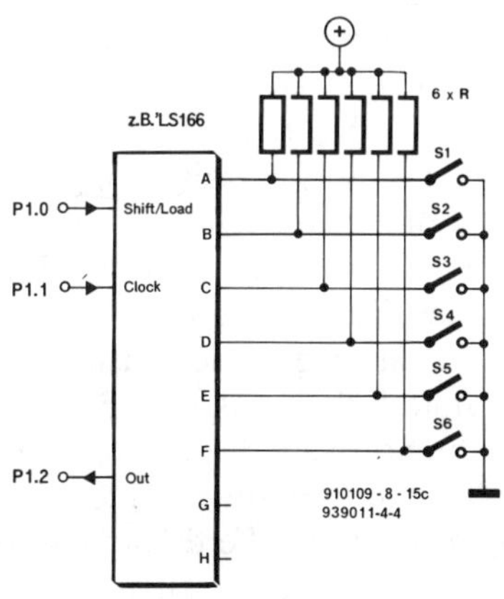

Bild 8.49d. Schieberegister-anschluß.

Mit besonders wenig Leitungen kommt die Variante in Bild 8.49d. aus. Mit einem Ladeimpuls lädt man den Tasterzustand in das Schieberegister und schiebt ihn mit 8 Taktzyklen via P1.2 in den 8051. Es sind nur 3 Portleitungen nötig und auch die Software ist relativ einfach. Um noch mehr Taster anzuschließen, kann man weitere Schieberegister kaskadieren. Damit steigt allerdings die Auslesezeit an.

Gemultiplexter Anschluß

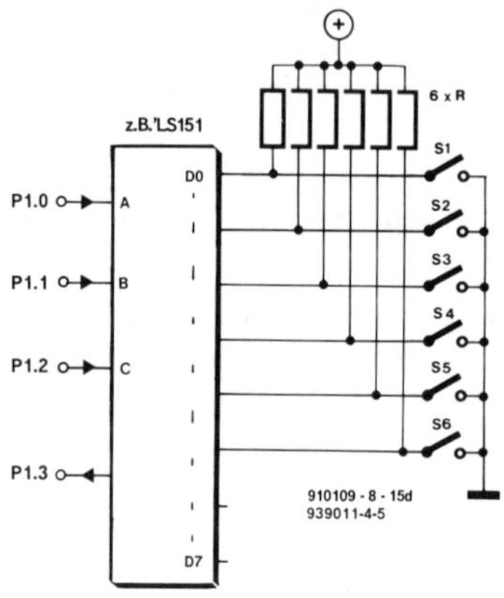

Bild 8.49e. Gemultiplexter Anschluß.

In der Version aus Bild 8.49e. werden 4 Portleitungen benutzt. Die Portleitungen P1.0...P1.2 selektieren über einen 8 zu 1 Multiplexer einen der Taster S 1...S 8 und leiten sein Signal an P1.3 weiter. Auch bei dieser Schaltung ist der Software-Aufwand niedrig und man kann die Schaltung kaskadieren, um mehrere Taster anzuschließen.

Bus-Anschluß

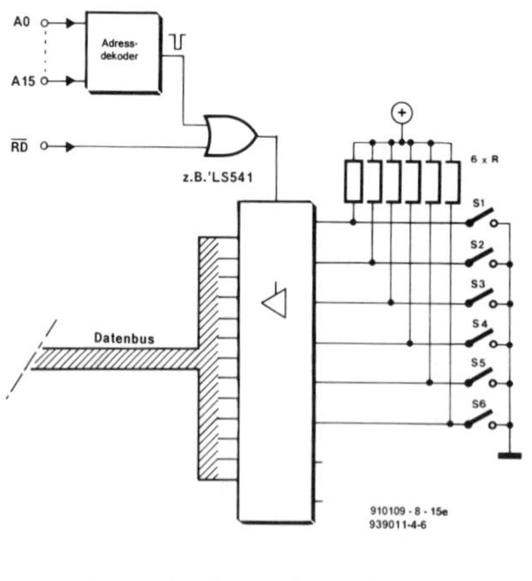

Bild 8.49f. Bus-Anschluß.

Die Schaltung in Bild 8.49f ist für die Fälle sinnvoll, in denen keine freie Portleitung zur Verfügung steht, aber der Datenbus benutzt werden kann. Bei der 8032-Erweiterung lesen wir die Taster S 2 bis S 5 über das Latch IC10 auf diese Weise ein. Über einen Adreßdekoder wird die benutzte Adresse selektiert und in Kombination mit der Read-Leitung $\overline{RD}$ des Controllers das Signal der Taster über den Tri-State-Puffer auf den Bus geschaltet. Die Software dazu ist recht einfach, dafür ist die Hardware hier doch mit einem gewissen Verdrahtungsaufwand verbunden. Wenn allerdings schon beim Entwurf eines Schaltungskonzepts für ein Projekt diese Lösung vorgezogen wird, dann ist der Bus-Anschluß sehr vorteilhaft und wird in der Praxis auch häufig eingesetzt.

Multivibrator-Interface

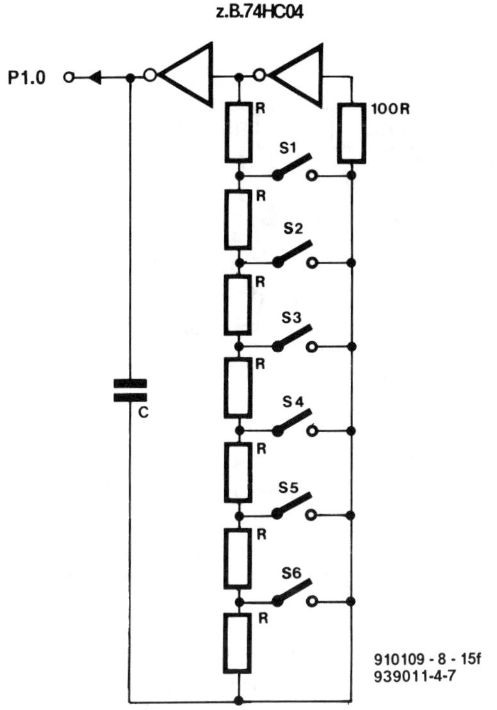

Bild 8.49g. Multivibrator-Interface.

Mit nur einer Portleitung kommt die Schaltungsvariante in Bild 8.49g. aus. Der aus den beiden Invertern aufgebaute Oszillator schwingt auf einer Frequenz, die sich ändert, wenn einer der Taster gedrückt wird. Per Programm mißt man nun die Frequenz der Rechteckschwingung an P1.0 und bestimmt daraus, welcher Taster gedrückt ist. Was den Bedarf an Ports angeht, ist diese Variante optimal, die Software ist dafür entsprechend aufwendig. Auch kann die Schaltung schlecht auf wesentlich mehr Taster erweitert werden, da dann die Frequenzunterschiede zu gering werden. Diese Lösung dürfte deshalb selten eingesetzt werden, sie stellt aber auch eine Möglichkeit dar, um Tasten einzulesen.

Analogsignale

Zum Abschluß möchten wir noch eine interessante Methode vorstellen, wie auch mit nur einer einzigen Portleitung Taster eingelesen werden können (Bild 8.49h.). Die Widerstände R 2. . . R 9 bilden mit R 1 einen Spannungsteiler, wenn der entsprechende Taster gedrückt ist. Die geteile Spannung wird von einem A/D-Wandler eingelesen. Aus dem gemessenen Spannungswert läßt sich auf die betätigte Taste schließen. Die Widerstandswerte müssen natürlich richtig dimensioniert sein, damit die mit den verschiedenen Tastern erzeugten Spannungen so unterschiedlich sind, daß eine fehlerfreie Erkennung des gedrückten Tasters möglich ist. Da die Spannungsteiler immer nur aus zwei Widerständen bestehen, stellen die Toleranzen der Widerstände kein Problem dar, so daß es möglich sein sollte, bis zu 16 Taster anzuschließen. Allerdings darf hier immer nur ein Taster betätigt

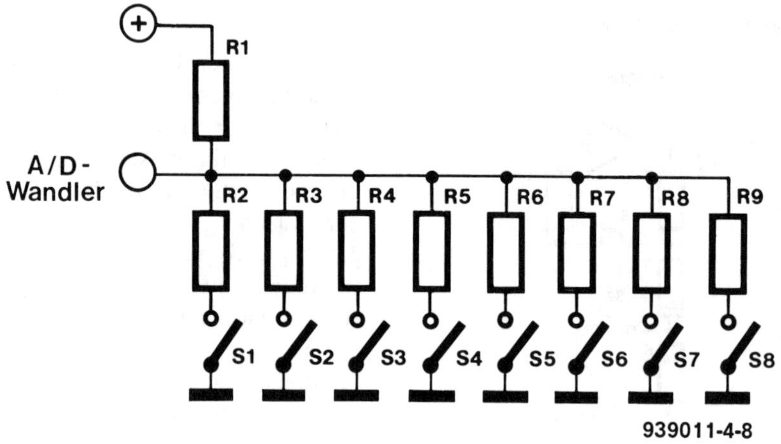

Bild 8.49h. Analogsignale.

werden. Sollten mehrere Taster gleichzeitig gedrückt sein, wird auf jeden Fall ein falscher Zustand interpretiert. Sowohl der Software- als auch der Hardware-Aufwand ist bei diesem Verfahren besonders niedrig. Speziell beim 80C535-Board kommt diese Lösung, wegen des integrierten A/D-Wandlers, in Betracht, um mit wenig Aufwand ein Tastenfeld einlesen zu können.

Diese Beispiele zeigen deutlich, auf wie viele verschiedene Arten eine Tastatureingabe realisiert werden kann. Der eigenen Kreativität sind hier kaum Grenzen gesetzt. Manchmal ist es eine interessante Herausforderung, eine gegebene Aufgabe mit minimalem Zusatzaufwand zu lösen, wenn man zum Beispiel nur noch zwei Portleitungen frei hat und der Datenbus nicht benutzt werden soll, weil die Verdrahtung der Platine dann zu schwierig wird. Auch hier macht die Übung den Meister und man kann in vielen Büchern Anregungen finden. Eine ganze Reihe von guten Ideen findet man auch in der etwas älteren Computer-Literatur aus den 6502- und 8080-Zeiten. Viele der Ideen können auch bei 8051-Projekten Anregung sein.

9. Der 80C535-Mikrocontroller

Mit dem 8032-Board lassen sich schon recht komplexe Probleme lösen. In einigen Anwendungsfällen stößt man jedoch an Grenzen, die den Einsatz eines leistungsfähigeren Controllers erforderlich machen. Die Möglichkeiten, die der 8032 bietet, sind in vielen Fällen ausreichend, um eine Steuerung zu realisieren – man kauft sich ja auch keinen Porsche, um beim Bäcker in der Nähe die Brötchen zu kaufen, da reicht ein Fahrrad sicherlich aus. Zudem reichen die Features des 8032 aus, um den Einstieg in diese Technik zu schaffen. Ein Manko, das sich in vielen Anwendungen nachteilig bemerkbar macht, hat unser 8032-Board jedoch – den A/D-Wandler. Der auf der Erweiterungsplatine integrierte AD-Wandler ist recht einfach aufgebaut und kann nur Spannungen bis zu U = 2,5 V wandeln. Wie schon erwähnt, hat man Nachfolgemodelle des 8051/8031 entwickelt. Der 8032 ist ein Vertreter davon, der sich vom 8031 durch einen größeren RAM-Bereich unterscheidet. Der Nachfolger des 8032 hat die Bezeichnung 80535. Schon äußerlich kann man erkennen, daß es sich dabei wohl um einen noch leistungsfähigeren Controller handeln muß, hat man ihm doch ein 64-poliges PLCC-Gehäuse verpaßt. Zum Vergleich: Der 8032 auf unserm 8032-Board hat ein 40-poliges DIL-Gehäuse.

Um dem Leser Entscheidungshilfen zu geben, welches Compuboard er verwenden soll, sind die zusätzlichen Features des 80535 im folgenden beschrieben. Vom Elektor-Verlag ist ein Compuboard erhältlich, das mit der CMOS-Version 80C535 arbeitet (siehe Anhang). Dieses Board enthält allerdings nur die Grundbeschaltung; Erweiterungen wie sie die 8032-Erweiterungsplatine bieten, müssen auch hier zusätzlich angeschlossen werden.

Einsatz des 80C535-Compuboards

Beim Test der Programmbeispiele für das 8032-Board wurde mehrfach darauf hingewiesen, daß die Programme größtenteils auch auf dem 80C535-Board betrieben werden können. Beispielsweise kann das Monitor-Programm vom 8032-Board uneingeschränkt auf dem 80C535-Board eingesetzt werden. Auch können alle weiteren Hilfsmittel, Assembler und das V24-Programm für das 80C535-Board verwendet werden. Kleine zusätzliche Hardwareerweiterungen sind schnell zusammengelötet und über die Steckverbinder an das 80C535-Board (siehe Hardware-Beschreibung des Boards, Kapitel 5.3. und 5.4.) angeschlossen. Wenn man die Erweiterungsplatine aufgebaut hat, steckt man das Board einfach auf diese Platine. Das ist die eleganteste Lösung.

Big Brother 80C535

Was hat der 80C535 mehr zu bieten als der 8032? Da haben wir zuallererst zwei zusätzliche bidirektionale Ports, P4 und P5. Damit dürfte man für die meisten Anwendungen ohne zusätzliche Porterweiterungen, wie sie auf der 8032-Erweiterungen realisiert sind, auskommen. Für besondere Programme, die sehr viele Ein- oder Ausgangssignale verarbeiten müssen, kann immer noch extern eine Schaltung mit einem Latch aufgebaut werden. Dann gibt es einen analogen Eingabeport, der über acht Eingänge verfügt, die auf einen 8-Bit-A/D-Wandler geführt werden. Im Vergleich zum 8032-Board stehen uns mehr A/D-Kanäle zur Verfügung, die wir auch noch sehr viel einfacher ansprechen können. Außerdem nimmt die A/D-Wandlung sehr viel weniger Zeit in Anspruch, was bei zeitkritischen Anwendungen entscheidend sein kann. Wenn man den A/D-Wandler nicht benötigt, kann dieser Port sogar noch als digitaler Eingabe-Port verwendet werden. Eine leistungsfähige Timer- und Compare-Capture-Einheit bietet die Möglichkeit, Eingangssignale zeitlich zu erfassen und zeitabhängige Signals auszugeben. Diese Funktion ist verbunden mit einer Erweiterung der Interrupt-Struktur. Ein neuer Baudratengenerator ermöglicht den Einsatz der seriellen Schnittstelle, ohne Timer 1 mit der Baudratenerzeugung zu beschäftigen. Nebenbei hat sich auch noch die Polarität des Reset-Signals (Pin 10 des 80C535) geändert. Beim 80C535 ist der Reset bei LOW-Pegel aktiv.

Manch einer wird sich sicher schon gefragt haben, warum im Zusammenhang mit dem 80C535-Board immer von der CMOS-Version die Rede ist, und der ursprüngliche 80535 (ROM-lose Version des 80515) keine Erwähnung findet. Die Prozessoren 80535 und 80C535 sind nicht pinkompatibel. Pin 4 ($\overline{PE}$) und Pin 37 (Vcc) haben beim 80535 eine andere Bedeutung. Von der sonstigen Funktion sind die Controller fast identisch, lediglich die POWER-DOWN und IDLE-Betriebsarten unterscheiden sich. Wir beschränken uns in diesem Buch auf den 80C535, weil dieser die größte Verbreitung gefunden hat.

Wir wollen nun etwas näher auf die erweiterten Fähigkeiten des 80C535 eingehen, um die zusätzlichen Möglichkeiten, die sich bieten, auch in der Praxis einsetzen zu können.

9.1. Spezial-Funktions-Register

Die neuen Hardwaremöglichkeiten werden beim 80C535, wie bei den andern 8051-Controllern auch, durch Spezial-Funktions-Register SFRs realisiert. Die SFRs des 80C535 sind in Bild 9.1. dargestellt. Einige altbekannte 8032-SFRs erhalten bei der Programmierung des 80C535 einen neuen Namen, die alten Bezeichnungen sind aber noch mit angegeben.

Die zusätzlichen Ports P4 und P5 wurden ja schon einigemale im Buch erwähnt. Bei einigen Programmbeispielen haben wir über P4 die Taster eingelesen, dessen Zustandsinformation das 8032-Board über den Datenbus und eine Porterweiterung erhält.

Tabelle 2. Die Spezialfunktionsregister des 80C535. Mit * gekennzeichnete SFRs sind bitadressierbar. In Klammern ist gegenenfalls die alte 8052-SFR-Bezeichnung angegeben. Die mit + gekennzeichneten SFRs sind neu oder haben neue Bedeutungen und Aufgaben bekommen.

P0	80H *		Port 0
SP	81H		Stack pointer
DPL	82H		Data pointer low
DPH	83H		Data pointer high
PCON	87H	+	Power control register
TCON	88H *		Timer control register
TMOD	89H		Timer mode rigster
TL0	8AH		Timer 0 low byte
TL1	8BH		Timer 1 low byte
TH0	8CH		Timer 0 high byte
TH1	8DH		Timer 1 high byte
P1	90H *		Port 1
SCON	98H *		serial control register
SBUF	99H		serial buffer
P2	A0H *		Port 2
IEN0	A8H *	+	Interrupt enable register 0 (IE)
IP0	A9H	+	Interrupt priority register 0
P3	B0H *		Port 3
IEN1	B8H *	+	Interrupt enable register 1 (IP)
IP1	B9H	+	Interrupt priority register 1
IRCON	C0H *	+	Interrupt request control register
CCEN	C1H	+	Compare/capture enable register
CCL1	C2H	+	Compare/capture register 1 low byte
CCH1	C3H	+	Compare/capture register 1 high byte
CCL2	C4H	+	Compare/capture register 2 low byte
CCH2	C5H	+	Compare/capture register 2 high byte
CCL3	C6H	+	Compare/capture register 3 low byte
CCH3	C7H	+	Compare/capture register 3 high byte
T2CON	C8H *	+	Timer 2 control register
CRCL	CAH	+	Compare/reload/capture register low byte (RCAP2L)
CRCH	CBH	+	Compare/reload/capture register high byte (RCAP2H)
TL2	CCH	+	Timer 2 low byte
TH2	CDH	+	Timer 2 high byte
PSW	D0H *		Program status word
ADCON	D8H *	+	A/D converter control register
ADDAT	D9H	+	A/D converter data register
DAPR	DAH	+	D/A converter program register
P6	DBH	+	Port 6
ACC	E0H *		Accumulator
P4	E8H *	+	Port 4
B	F0H *		B-register
P5	F8H *		Port 5

939011-4-9

*Bild 9.1. Tabelle der Spezial-Funktions-Register des 80C535. Die mit * gekennzeichnete SFRs sind bitadressierbar. In Klammern ist gegebenenfalls die alte 8032 SFR-Bezeichnung angegeben.*

9.2. Der A/D-Wandler

Beim Test der Programmbeispiele mußten die 80C535-Benutzer die Beispiele mit den A/D-Wandlungen auslassen, da dabei spezielle Baugruppen auf der 8032-Erweiterungsplatine angesprochen werden. Das 80C535-Board kann auf diese Zusatz-Hardware verzichten, der 80C535 hat ja den A/D-Wandler auf dem Chip integriert.

Der A/D-Wandler des 80C535 ist insgesamt eine recht komplexe Baugruppe. In Bild 9.2. ist diese Baugruppe dargestellt. Die Funktionsweise des A/D-Wandlers wird mit zwei SFRs gesteuert. Das primäre Steuerregister hat die Adresse 0D8 H und heißt ADCON. Die Bits 0 bis 2 dieses Registers steuern den Multiplexer, der dem eigentlichen Wandler vorgeschaltet ist und dadurch einen der Kanäle 0 bis 7 durchschaltet. Bit 3 im ADCON-Register steuert die Betriebsart. Ist dieses Bit 0, so stoppt der A/D-Wandler nach jeder Wandlung. Ist dieses Bit 1, wandelt der A/D-Wandler kontinuierlich. Bit 4 im ADCON-Register ist ein BUSY- (Beschäftigt-) Flag. Es kann nur gelesen werden. Hat es den Wert 1, so wird gerade eine Wandlung durchgeführt. Nach einer Wandlung wird es auf den Wert 0 zurückgesetzt. Eine Wandlung dauert 14 Maschinenzyklen, bei 12 MHz Quarzfrequenz also 14 μsec. Das Ergebnis der A/D-Wandlung findet sich danach im SFR mit der Adresse 0D9 H (ADDAT). Der A/D-Wandler hat dabei eine Auflösung von 8 Bit.

Hier nochmal eine Übersicht aller Bits im Register ADCON. Die Bits 7 und 6 werden für andere Funktionen benötigt und werden nachher beschrieben.

ADCON.7	Freigabe des Baudratengenerators
ADCON.6	Freigabe des System-Clocks
ADCON.5	—
ADCON.4	BUSY-Flag
ADCON.3	Betriebsart
ADCON.2	Selektieren des A/D-Kanals
ADCON.1	Selektieren des A/D-Kanals
ADCON.0	Selektieren des A/D-Kanals

Eine besondere Spezialität beim 80C535 ist die Referenzspannungsauswahl, durch die der Wandler besonders flexibel wird. Der 80C535 benötigt eine externe Referenzspannung von 5V. Diese muß über Pin 12 (VAGND = Masse der Referenzspannung) und Pin 11 (VAREF = + Pol der Referenzspannung) zugeführt werden. Dabei müssen natürlich die zulässigen Grenzen beachtet werden. VAREF darf nicht mehr als + 5 % von

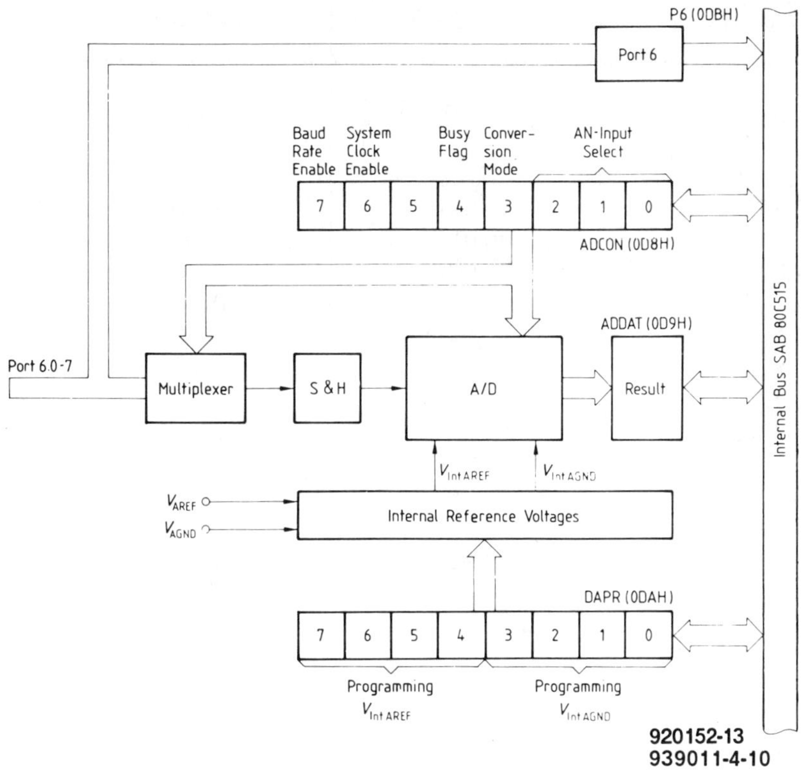

Bild 9.2. Blockdiagramm des A/D-Wandlers.

der Versorgungsspannung Vcc, VAGND darf nicht um mehr als – 0,2 V von GND abweichen. Für unsere Experimente benutzen wir, dadurch daß wir die Jumper JP 3 und JP 4 auf dem 80C535-Board setzen, die 5-V-Versorgungsspannung als Referenz. Damit kommen wir ohne zusätzlichen Bauteile aus. Die intern vom A/D-Wandler benutzte Referenzspannung wird nun durch einen programmierbaren Spannungsteiler aus der externen Referenzspannung erzeugt. Dieser Spannungsteiler wird durch die Register DAPR (Adresse 0DA H) programmiert. Die unteren 4 Bits (Bits 0 bis 3) dienen dabei der Programmierung der unteren Grenze IVAGND des Spannungswandlersfensters. Mit den Bits 4 bis 7 wird die Obergrenze IVAREF dieses Fensters programmiert. Die Fenstergrenzen sind in Schritten von (VAREF-VAGND)/16 programmierbar. Bei VAGND = 0 Volt und VAREF = 5 Volt erhält man die in Bild 9.3. angegebenen Werte.

Spannungs-wert [V]	Bits 3 bis 0 (IVAGND)	Bits 7 bis 4 (IVAREF)
0	0000	–
0.3125	0001	–
0.625	0010	–
0.9375	0011	–
1.25	0100	0100
1.5625	0101	0101
1.875	0110	0110
2.1875	0111	0111
2.5	1000	1000
2.8125	1001	1001
3.125	1010	1010
3.4375	1011	1011
3.75	1100	1100
4.0625	–	1101
4.375	–	1110
4.6875	–	1111
5.0	–	0000

Bild 9.3. Bitkombinationen in DAPR zur Festlegung der internen Referenz.

Mit diesen Bitkombinationen wird die interne Referenz des A/D- Wandlers programmiert. Das Wandlungsfenster muß dabei mindestens eine Weite von 1 Volt aufweisen. Programmiert man beispielsweise DAPR mit 10000100 B, so liegt das Wandlungsfenster im Bereich von 1,25 V bis 2,5 V. Der 8-Bit-Wandler benutzt das so erzeugte Wandlungsfenster und unterteilt es sozusagen in 256 Schritte. Ein Wert von 2,5 V am Eingang des A/D-Wandlers ergibt bei diesem Fenster einen gewandelten Wert von 255 = 0FF H in ADDAT. Mit der gleichen Analogspannung, jedoch einem Fenster von 0 V bis 5 V, erhält man in ADDAT den Wert 128 = 80 H. Durch die Wahl von 4 Fenstern mit der Breite 1,25 V kann man so einen 10-Bit-Wandler programmieren.

Nach dem Reset ist DAPR auf 0 gesetzt, so daß die untere Referenz auf 0 V, die obere Referenz auf 5 V eingestellt ist.

Konversionsstart und Dynamik

Wie startet man nun eine A/D-Wandlung. Dies geschieht einfach dadurch, daß man den durch das gewünschte Fenster gegebenen Wert ins Register DAPR schreibt. Danach wandelt der A/D-Wandler den durch das ADCON-Register spezifizierten Kanal. Währenddessen ist das BUSY-Flag gesetzt. Durch das Rücksetzen dieses Flags per Hardware wird das Ende der Wandlung signalisiert, das Register ADDAT kann nun eingelesen werden. Will man übrigens Wechselspannungen wandeln, darf deren Frequenz nicht zu hoch sein (laut Datenbuch kleiner 5 kHz) und der Innenwiderstand der den A/D-Wandler treibenden Spannungsquelle muß niedrig genug sein. Laut Datenbuch muß die Impedanz kleiner 5 kΩ sein, damit der interne Kondensator des A/D-Wandlers in der sogenannten LOAD-Zeit von 3 Maschinenzyklen umgeladen werden kann.

Die Leitungen des Ports 6 (Analog-Eingangsleitungen) können übrigens auch unter Adresse 0DB H (nicht bitadressierbar!) direkt abgefragt werden. Benötigt man beispielsweise nur 2 Analogeingänge, hat man noch 6 zusätzliche digitale Eingänge frei.

Anwendung des A/D-Wandlers

Mit diesen Kenntnissen gewappnet sollte man nun in der Lage sein, das folgende Beispielprogramm im Detail zu verstehen. Dazu muß aber noch ein kleiner Testadapter aufgebaut werden, der acht verschiedene Poti-Spannungen auf den Steckadapter K 6 des 80C535-Boards führt. Bild 9.4. zeigt die Beschaltung, die problemlos aufgebaut werden kann. Wenn Ihnen dieser Aufwand aber zu groß ist, benutzen Sie nur zwei Potis, die auf der Erweiterungsplatine sowieso schon vorgesehen sind. Sie können dann sinnvollerweise natürlich nur diese beiden Kanäle ansprechen, die übrigen führen undefinierte Spannung und liefern somit undefinierte Digitalwerte.

Und nun zum Testprogramm 535BSP10, dessen Listing in Bild 9.5. zu sehen ist. Es ermöglicht die Abfrage von 8 analogen Spannungen über die RS232-Schnittstelle. Man sendet einfach die gewünschte Kanalnummer (zwischen 0 und 7) via V24 an das Board. Zuerst aber gibt das Programm den unter dem Label TXT0 abgelegten Text auf dem Bildschirm aus. Mit dem Aufruf des Unterprogrammes MON in Zeile 29 wartet das Programm solange, bis das als Kanalnummer zu interpretierende Zeichen empfangen wurde. Daraufhin wird mit der ANL-Verknüpfung das ASCII-Zeichen (30 H bis 37 H) umgewandelt. Im Akkumulator steht jetzt nur noch ein Wert zwischen 00 und 07. Die ORL-Verknüpfung setzt im Akku Bit 4, das BUSY-Flag. Der nun im Akku stehende Wert wird dem Register ADCON übergeben. Dadurch, daß das Register DAPR mit 0 geladen wird, liegt das Wandlungsfenster im Bereich von 0 V bis 5 V. Die Wandlung läuft nun. Erst wenn das Bit ADCON.4 (BUSY-Flag) gelöscht ist (Zeile 34) kann das Ergebnis aus dem SFR ADDAT gelesen werden.

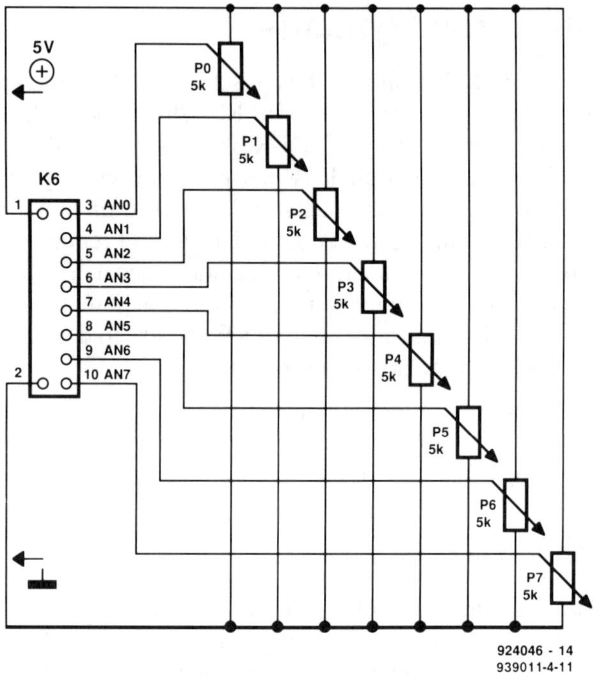

Bild 9.4. Mit diesem einfachen Testadapter kann man verschiedene Meßspannungen an die Analog-Eingänge AN 0 bis AN 7 anschließen.

Bei der A/D-Wandlung liefert eine Spannung von 0 V den digitalen Wert 0, die Spannung 4,98 V den Wert 255. Den Spannungswert kann man also aus dem Meßwert durch die Formel

$$U = \text{Meßwert} \times 5\ \text{V}/256$$

ausrechnen. Diese Umrechnung wird ab Zeile 37 durchgeführt. Dabei kommen wieder die Arithmetikroutinen des Monitorprogramms EMON51 zum Einsatz.

Der umgerechnete Meßwert wird mit dem Unterprogramm-Aufruf in Zeile 66 in dezimaler Darstellung ausgegeben. Um die Datenausgabe übersichtlicher zu gestalten, werden vor und nach dem Meßwert die unter den Labels TXT1 und TXT2 abgelegten Zeichen ausgegeben. Die Ausgabe der Dezimalwerte 10 und 13 veranlaßt den PC, das nächste Meßergebnis in die nächste Zeile zu schieben.

```
****** LISTING of EASM51 (535BSP10) *****
LOC  OBJ         T       SOURCE
0000                ;  8 Kanal AD Wandler via V24
0000                ;
0000                ;  80535 SFRs vereinbaren
0000                ;
0000                ACC    EQU 0E0H
0000                DPL    EQU 082H
0000                DPH    EQU 083H
0000                ADCON  EQU 0D8H
0000                ADDAT  EQU 0D9H
0000                DAPR   EQU 0DAH
0000                ;
0000                ;  Eichkonstanten
0000                pl        EQU    5000      ; Zaehler des Eichfaktors
0000                ql        EQU    256       ; Nenner des Eichfaktors
0000                ;
0000                ;  internes RAM vereinbaren
0000                ;
0000                          ORG    050H      ; Startadresse im internen RAM
0050                ADval     DS      2        ; 16 Bit gemessener ADwert
0052                p         DS      2        ; p=pl : Multiplikator (16 Bit Wert)
0054                q         DS      2        ; q=ql : Divisor (16 Bit Wert)
0056                PROD32    DS      4        ; Produkt ADval*p (32 Bit Wert)
005A                Uval      DS      2        ; Resultat in mV=ADval*5000/256 (16 Bit Wert)
005C                ;
005C                          ORG    4100H              ; Pogramm startet auf 4100H
4100 90 41 69 [2] MAIN    MOV    DPTR,#TXT0         ; Startmeldung
4103 31 89    [2]         ACALL  STXT               ; senden
4105 75 30 10 [2] MLP     MOV    COMMAND,#ccGETC    ; auf ASCII Zeichen warten
4108 12 02 00 [2]         LCALL  MON
410B 54 07    [1]         ANL    A,#7               ; Kanalnummer rausholen
410D 44 10    [1]         ORL    A,#00010000B       ; start ADC bit setzen
410F F5 D8    [1]         MOV    ADCON,A            ; AD control setzen
4111 75 DA 00 [2]         MOV    DAPR,#0            ; AD conversion starten von 0..5 Volt
4114 20 DC FD [2] BSY     JB     ADCON.4,BSY        ; warte bis fertig
4117 E5 D9    [1]         MOV    A,ADDAT            ; Ergebnis holen
4119 F5 50    [1]         MOV    ADval+0,A          ; als 16 Bit Zahl speichern
411B 75 51 00 [2]         MOV    ADval+1,#0
411E 90 13 88 [2] AUSGABE MOV     DPTR,#pl          ; nun ausgeben
4121 85 82 52 [2]         MOV     p+0,DPL           ; p:=pl ( 16 Bit Wert )
4124 85 83 53 [2]         MOV     p+1,DPH
4127 78 52    [1]         MOV     R0,#p
4129 79 50    [1]         MOV     R1,#ADval
412B 75 30 52 [2]         MOV     COMMAND,#ccMUL    ; berechne ADval*p
412E 12 02 00 [2]         LCALL   MON
4131 86 56    [2]         MOV     PROD32+0,@R0      ; speichere nach PROD32 (32 Bit Wert)
4133 08       [1]         INC     R0
4134 86 57    [2]         MOV     PROD32+1,@R0
4136 08       [1]         INC     R0
4137 86 58    [2]         MOV     PROD32+2,@R0
4139 08       [1]         INC     R0
413A 86 59    [2]         MOV     PROD32+3,@R0
413C 90 01 00 [2]         MOV    DPTR,#ql           ; q:=ql
413F 85 82 54 [2]         MOV    q+0,DPL
4142 85 83 55 [2]         MOV    q+1,DPH
4145 78 56    [1]         MOV    R0,#PROD32
4147 79 54    [1]         MOV    R1,#q
4149 75 30 53 [2]         MOV    COMMAND,#ccDIV     ; berechne (ADval*p)/q  (16 Bit Wert )
414C 12 02 00 [2]         LCALL   MON
414F 86 5A    [2]         MOV     Uval+0,@R0        ; speichere nach Uval
4151 08       [1]         INC     R0
4152 86 5B    [2]         MOV     Uval+1,@R0
4154 90 41 80 [2]         MOV     DPTR,#TXT1        ; sende Text
4157 31 89    [2]         ACALL   STXT
4159 78 5A    [1]         MOV     R0,#Uval
415B 75 30 05 [2]         MOV     COMMAND,#ccdR016; gib Uval im mV dezimal aus
415E 12 02 00 [2]         LCALL   MON
4161 90 41 83 [2]         MOV     DPTR,#TXT2        ; sende Text
4164 31 89    [2]         ACALL   STXT
4166 02 41 05 [2]         LJMP    MLP
4169                ;
4169 0D 0A 38       TXT0    DB 13,10,'80C535 PROGRAMM-1 ',13,10,0
     30 43 35
     33 35 20
     50 52 4F
     47 52 41
     4D 4D 2D
     31 20 0D
     0A 00
4180 55 3D 00       TXT1    DB     'U=',0
4183 20 6D 56       TXT2    DB     ' mV',13,10,0
     0D 0A 00
4189                ;
4189                ; Funktions-Codes fuer MONITOR-Aufrufe
4189                ;
4189                ccSTXT  EQU  002H                ; sende Text
4189                ccdR016 EQU  005H                ; sende 16 Bit wert @R0 dezimal
4189                ccGETC  EQU  010H                ; hole ASCII Zeicehn von V24
4189                ccMUL   EQU  052H
4189                ccDIV   EQU  053H
4189                ;
4189                COMMAND EQU  030H                ; MONITOR Kommando Speicherstelle
4189                MON     EQU  0200H               ; MONITOR Einsprungadresse
4189                ;
4189 75 30 02 [2] STXT    MOV COMMAND,#ccSTXT     ; MONITOR Kommando setzen
418C 02 02 00 [2]         LJMP MON                ; zum MONITOR springen (RET von da)
418F                      END
********** SYMBOLTABLE (28 symbols) **********
      ACC :00E0       DPL :0082       DPH :0083     ADCON :00D8
    ADDAT :00D9      DAPR :00DA        pl :1388        ql :0100
    ADval :C050         p :0052         q :0054    PROD32 :0056
     Uval :005A      MAIN :4100       MLP :4105       BSY :4114
  AUSGABE :411E      TXT0 :4169      TXT1 :4180      TXT2 :4183
   ccSTXT :0002   ccdR016 :0005    ccGETC :0010     ccMUL :0052
    ccDIV :0053   COMMAND :0030       MON :0200      STXT :4189
```

924046-15
939011-4-12

Bild 9.5. Dieses Programmbeispiel macht aus dem 80C535-Board einen 8-Kanal A/D-Wandler mit serieller Ausgabe.

Ein 10-Bit-A/D-Wandler per Software

Als nächstes wollen wir den 8-Bit-A/D-Wandler durch die spezielle Programmierung des Wandlungsfensters zu einem 10-Bit-A/D-Wandler erweitern. Der Flußplan des Wandlerprogramms ist in Bild 9.6. dargestellt. In Bild 9.7. sieht man das eigentliche Assemblerprogramm. Das Hauptprogramm beginnt beim Label MAIN. Es schaltet zu Testzwecken den Systemtakt auf Port P1.6 und setzt die Variable „Channel“ auf den Wert 0. Auf die Möglichkeit, den Systemtakt auszugeben kommen wir gleich noch zu sprechen. In der Variablen „Channel“ steht der Kanal, der später vom eigentlichen A/D-Wandlungs-Unterprogramm AD10BIT gewandelt werden soll. Anschließend wird ein kurzer Text, via V24, ausgegeben. Dann erfolgt der Aufruf des Unterprogramms AD10BIT. Dieses Unterprogramm bewirkt die eigentliche Wandlung und speichert die 16-Bit-Variable mit der Bezeichnung ADval im internen RAM des 80C535. Das Hauptprogramm gibt dann diesen Wert dezimal aus. Dazu wird wieder die Monitorroutine zur dezimalen Ausgabe von 16-Bit Werten benutzt. Das Hauptprogramm fängt nun wieder von vorne, beim Label LOOP, an und macht so endlos weiter.

Nun zur Arbeitsweise des Unterprogrammes AD10BIT. Zuerst wird der A/D-Wandler auf die Betriebsart „Einzelkonversion“ mit der in „Channel“ stehenden Kanalnummer programmiert. Dabei muß sorgfältig darauf geachtet werden, daß die Bits 6 und 7, die ja den Baudratengenerator bzw. die Systemtaktausgabe steuern, nicht verändert werden. Daher muß zuerst der alte Wert von ADCON geholt werden (Zeile 31). Die neu zu verändernden Bits werden mit ORL- und ANL-Befehlen gesetzt. Dann wird der A/D-Wandler mit einem Fenster von 0 V bis 5 V durch den Befehl in Zeile 35 gestartet. Die Schleife in Zeile 36 wartet auf das Ende des Wandlungsvorganges, indem sie laufend das BUSY-Flag abfragt. Ist die Wandlung beendet, wird das Ergebnis aus ADDAT gelesen. Die Bits 6 und 7 dieses Resultats geben Auskunft darüber, in welchem der vier Bereiche 0-1,25 V, 1,25-2,5 V, 2,5-3,75 V oder 3,75-5,0 V die Eingangsspannung liegt. Durch zwei Rotierbefehle werden diese beiden Bits an die Positionen ACC.0 und ACC.1 geschoben. Sie bilden nun die Bits im höherwertigen Byte des Gesamtergebnisses und werden unter der Adresse ADval+1 gespeichert. Als nächstes wird die A/D-Wandlung mit dem Fenster gestartet, in welchem, wie vorher getestet, die Eingangsspannung liegt. Die Steuerworte, die dazu in das Register DAPR zu laden sind, werden aus einer Tabelle (Label TABLE1) entnommen. Als Index für den Tabellenzugriff (Zeilen 42 und 43) werden die beiden bereits bekannten Bits verwendet. In Zeile 44 wird dann die zweite Fein-A/D-Wandlung gestartet und wieder auf ihren Abschluß gewartet. Ihr Resultat ergibt das niederwertige Byte des Gesamtresultats. Es wird unter der Adresse ADval+0 gespeichert. Die gesamte 10-Bit-Wandlung ist damit abgeschlossen. Mit diesem Programm wird die Spannung von Analogeingang 0 (Steckverbinder K 6, Pin 3) verarbeitet und als dezimaler Wert im Bereich von 0 bis 1023 über die V24-Schnittstelle ausgegeben.

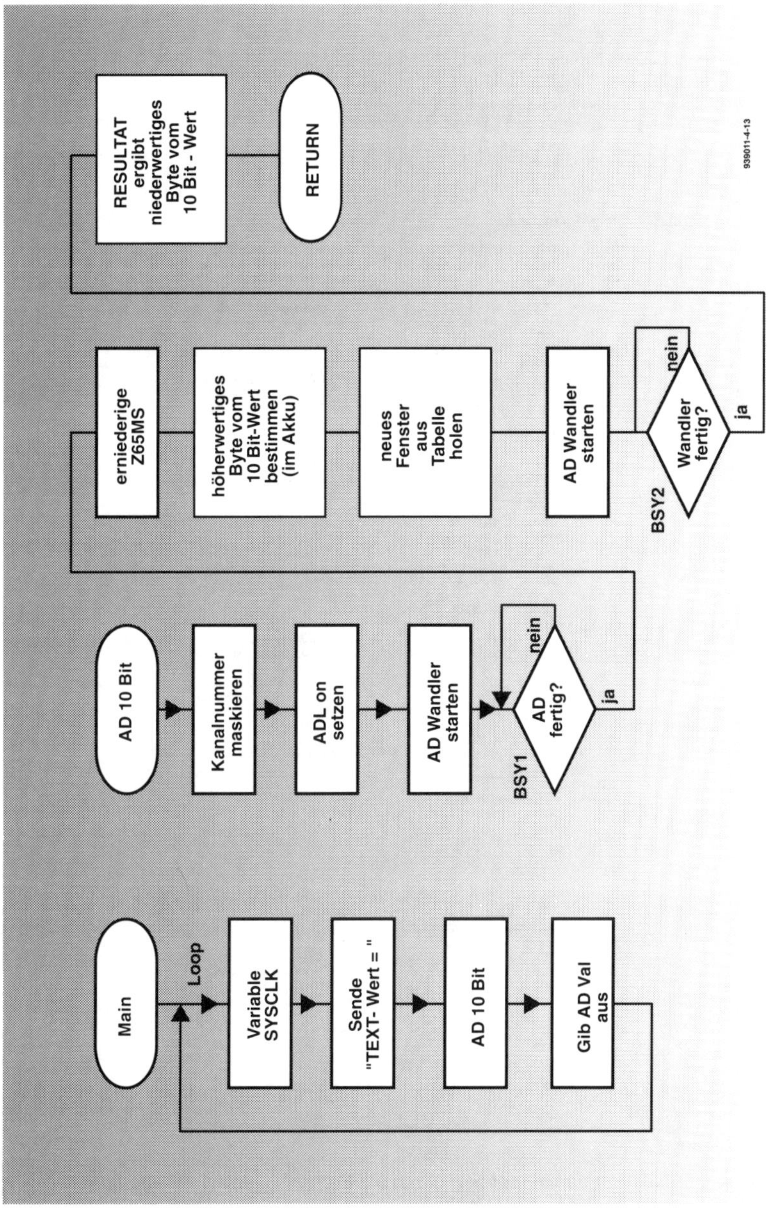

Bild 9.6. Ein Flußplan des 10-Bit A/D-Wandler Programms.

```
****** LISTING of EASM52 (535BSP3) ******
LINE LOC  OBJ           T              SOURCE
     0000                   ; 535BSP3.A51
     0000                   ; 10 Bit AD Wandler
     0000                   ;
     0000                   ; 80535 SFRs vereinbaren
     0000                   ;
     0000                   ADCON EQU 0D8H
     0000                   ADDAT EQU 0D9H
     0000                   DAPR  EQU 0DAH
     0000                   ;
     0000                   ; internes RAM vereinbaren
     0000                   ;
     0000                              ORG     050H                 ; Startadresse im internen RAM
     0050                   Channel    DS      1                    ; Kanalnummer bei AD Wandlung
     0051                   ADval      DS      2                    ; 10 Bit gemessener ADwert
     0053                   ;
     0053                              ORG     4100H                ; Programm startet auf 4100H
     4100 75 D8 40      [2] MAIN       MOV     ADCON,#01000000B     ; SYSCLK auf P1.6 einschalten
     4103 75 50 00      [2]            MOV     Channel,#0
     4106 90 41 46      [2] LOOP       MOV     DPTR,#TXT2           ; sende Text
     4109 31 4E         [2]            ACALL   STXT
     410B 1241 18       [2]            LCALL   AD10BIT              ; 10 Bit Wandler Unterprogramm
     410E 78 51         [1]            MOV     R0,#ADval
     4110 7530 05       [2]            MOV     COMMAND,#ccdR016     ; gib ADval dezimal aus
     4113 12 02 00      [2]            LCALL   MON
     4116 80 EE         [2]            SJMP    LOOP
     4118                   ;
     4118 E5 50         [1] AD10BIT    MOV     A,Channel            ; hole Kanalnummer
     411A 44 10         [1]            ORL     A,#00010000B         ; Einzelkonversion ist Betriebsart
     411C 54 3F         [1]            ANL     A,#00111111B
     411E F8            [1]            MOV     R0,A                 ; sichern
     411F E5 D8         [1]            MOV     A,ADCON              ; altes Betriebsartwort holen
     4121 54 C0         [1]            ANL     A,#11000000B         ; AD Teil zuruecksetzen
     4123 48            [1]            ORL     A,R0                 ; und neu setzen
     4124 F5 D8         [1]            MOV     ADCON,A              ; und als Betriebsart setzen
     4126 75 DA 00      [2]            MOV     DAPR,#0              ; Starte Wandlung 0 ... 5.0 Volt
     4129 20 DC FD      [2] BSY1       JB      ADCON.4,BSY1         ; warte bis fertig
     412C E5 D9         [1]            MOV     A,ADDAT              ; Ergebnis holen
     412E 23            [1]            RL      A                    ; hoeherwertigste Bits nach
     412F 23            [1]            RL      A                    ; niederwertigste Bits schieben
     4130 54 03         [1]            ANL     A,#3                 ; die 2 hoeherwertigsten Bits
     4132 F5 52         [1]            MOV     ADval+1,A            ; speichern hoeherwertiges Byte der 10 Bit
     4134 90 41 42      [2]            MOV     DPTR,#TABLE1         ; und als Tabellenoffset verwenden
     4137 93            [2]            MOVC    A,@A+DPTR            ; neuen AD Wandler Bereich holen
     4138 F5 DA         [1]            MOV     DAPR,A               ; Wandlung starten
     413A 20 DC FD      [2] BSY2       JB      ADCON.4,BSY2         ; warte bis fertig
     413D E5 D9         [1]            MOV     A,ADDAT              ; Ergebnis holen
     413F F5 51         [1]            MOV     ADval+0,A            ; ist niederwertiges Byte der 10 Bit
     4141 22            [2]            RET
     4142                   ;
     4142 40                TABLE1     DB      01000000B            ; 0.00 - 1.25 Volt
     4143 84                           DB      10000100B            ; 1.25 - 2.50 Volt
     4144 C8                           DB      11001000B            ; 2.50 - 3.75 Volt
     4145 0C                           DB      00001100B            ; 3.75 - 5.00 Volt
     4146                   ;
     4146 0D 0A 57          TXT2       DB      13,10,'Wert=',0
          65 72 74
          3D 00
     414E                   ;
     414E                   ; Funktions-Codes etc. fuer MONITOR-Aufrufe
     414E                   ;
     414E                   ccSTXT     EQU     002H                 ; sende Text
     414E                   ccdRO16    EQU     005H                 ; sende 16 Bit wert @R0 dezimal
     414E                   COMMAND    EQU     030H                 ; MONITOR Kommando Speicherstelle
     414E                   MON        EQU     0200H                ; MONITOR Einsprungadresse
     414E                   ;
     414E 75 30 02      [2] STXT       MOV     COMMAND,#ccSTXT      ; MONITOR Kommando setzen
     4151 02 02 00      [2]            LJMP    MON                  ; zum MONITOR springen (RET von da)
     4154                   END
********** SYMBOLTABLE (17 symbols) **********
      ADCON :00D8       ADDAT :00D9       DAPR :00DA        Channel :0050
      ADval :0051       MAIN :4100        LOOP :4106        AD10BIT :4118
      BSY1 :4129        BSY2 :413A        TABLE1 :4142      TXT2 :4146
      ccSTXT :0002      ccdRO16 :0005     COMMAND :0030     MON :0200
      STXT :414E
```

Bild 9.7. Dieses Programm realisiert durch die Programmierung der internen Referenzspannung einen 10-Bit-A/D-Wandler.

9.3. Die Power-Save Mechanismen

Der CMOS-Controller 80C535 verfügt über zwei Mechanismen, die helfen Leistung einzusparen. Diese beiden Möglichkeiten bieten sich beim Einsatz in batteriebetriebenen Geräten an. Zur Aktivierung dieser Mechanismen müssen im Spezial-Funktions-Register PCON entsprechende Bits gesetzt werden. Die Bedeutung der einzelnen Bits können folgender Übersicht entnommen werden.

SMOD	PCON.7	Wenn gesetzt, wird die Baudrate in Modus 1, 2 und 3 verdoppelt.
PDS	PCON.6	POWER-DOWN-Startbit. Der Befehl, der das PDS-Bit setzt, ist der letzte Befehl, bevor der POWER-DOWN-Modus eingeleitet wird.
IDLS	PCON.5	IDLE-Startbit. Der Befehl, der das IDLS-Bit setzt, ist der letzte Befehl, bevor der IDLE-Modus eingeleitet wird.
–	PCON.4	nicht benutzt
GF1	PCON.3	Flag zur allgemeinen Verwendung
GF0	PCON.2	Flag zur allgemeinen Verwendung
PDE	PCON.1	Freigabebit für PPWER-DOWN. Wenn gesetzt, ist der POWER-DOWN-Modus freigegeben.
IDLE	PCON.0	Freigabebit für IDLE-Modus. Wenn gesetzt, ist der IDLE-Modus freigegeben.

Zunächst zum IDLE-Modus. In ihm wird die eigentliche CPU gestoppt, die verschiedenen peripheren Einheiten wie Timer, Zähler und Interrupts bleiben aber aktiviert. Der Watchdog-Timer, auf den wir später noch zu sprechen kommen, wird allerdings gestoppt. Durch einen Interrupt wird der Prozessor aus dem IDLE-Modus in die normale Betriebsart zurückgeholt. Der Interrupt wird durch die zugehörige Routine abgearbeitet. Nach der Abarbeitung des RETI-Befehls, der die Interruptroutine abschließt, wird das Programm hinter der Instruktion fortgesetzt, die den Prozessor in den IDLE-Mode versetzt hat. Und wie bringt man den Prozessor nun in den IDLE-Mode? Dafür ist Bit 0 (IDLE) und 5 (IDLS) des PCON-Registers zuständig. Zuerst muß das IDLE-Vorbereitungsbit IDLE, dann im nächsten Befehl das IDLE-SET-Bit IDLS gesetzt werden. Durch diese Zwei-Befehle-Kombination soll ein zufälliges Einschalten der IDLE-Betriebsart vermieden werden. Da das PCON-Register nicht bitadressierbar ist, verwendet man normalerweise den ORL-Befehl zum Setzen der Bits.

Im POWER-DOWN-Modus, in den man durch sukzessives Setzen des PDE- und des PDS-Bits gelangt, wird der Prozessor vollständig gestoppt, nur ein Reset kann ihn wieder aktivieren. Die Daten im SFR und im, auf dem Chip befindlichen, RAM bleiben gespeichert. Sowohl der IDLE- als auch der POWER-DOWN-Modus können nur aktiviert werden, wenn Pin 4 des Controllers ($\overline{\text{PE}}$) auf LOW liegt. Andernfalls sind diese Betriebsarten gesperrt. Diese hardwaremäßige Sperrung hat man vorgesehen, um in einem ausfallgeschützten System diese Betriebsarten sicher verhindern zu können. Würde in einem watchdogüberwachten System durch eine Fehlfunktion der POWER-DOWN-Modus aktiviert, so liefe danach gar nichts mehr, und alle sonstigen Sicherheitsmaßnahmen wären sinnlos.

Ein Praxistest

Die bisher besprochenen Betriebsarten sollen gleich einmal ausprobiert werden. Dazu schließen wir an Steckerpin K 3, Pin 5 ($\overline{\text{INT0}}$) einen Taster an (siehe 80C535-Erweiterungsplatine). Um für diesen Test den Stromverbrauch kontrollieren zu können, benötigen wir auch das Meßgerät in der Versorgungsleitung. Auf der Platine bestücken wir alle Jumper. Das Programm 535BSP1, das wir für den Test laden müssen, ist in Bild 9.8. aufgelistet. Dann starten wir das Programm mit dem Befehl X4100. Nach ein paar Meldungen ACTIVE versinkt der 80C535 nach der Meldung IDLE in den IDLE-Mode. Der Stromverbrauch liegt dann bei circa 20 mA. Mit einem kurzen Drücken auf Taster T 2 lösen wir den externen Interrupt 0 aus, der Prozessor erwacht für kurze Zeit, wobei der Stromverbrauch auf 40 mA ansteigt. Kurze Zeit später schaltet der Prozessor wieder in die IDLE-Betriebsart zurück. Die IDLE-Betriebsart wird durch die Befehle in den Zeilen 25 und 26 gestartet. Mit dem Label PDOWN sind zwei entsprechende Zeilen gekennzeichnet, die den POWER-DOWN-Modus aktivieren könnten. Probieren Sie einmal aus, was passiert, wenn Jumper JP 2 entfernt wird und man das obige Experiment wiederholt. Oder: In Zeile 24 wird der Interrupt freigegeben und in Zeile 27 wieder gesperrt. Was passiert, wenn man Zeile 27 wegläßt? Drücken Sie zu diversen Zeitpunkten den Interrupt-Taster T 2. Man stelle sich nun vor, das Hauptprogramm hat gerade das Monitorprogramm STXT aufgerufen, dann wird es vom Interrupt unterbrochen und die Interruptroutine selbst ruft ihrerseits nun STXT auf.

9.4. Baudratengenerator

Alle Programmierer, die den 8051 mit einem 12-MHz-Quarz betrieben haben, konnten die serielle Schnittstelle bisher nicht exakt mit 4800 Baud betreiben, da der Bittakt aus dem Systemtakt von 1 MHz (12 MHz / 12 = 1 MHz) abgeleitet wird. Beim 80C535 löst ein spezieller Baudratengenerator dieses Problem. Damit kann man die Timer auch für andere Zwecke einsetzen, man hat also einen Timer mehr zur freien Verfügung. Der Baudratengenerator wird mit Bit 7 im Spezial-Funktions-Register ADCON eingeschaltet.

```
****** LISTING of EASM52 (535BSP1) ******
LINE LOC  OBJ T                SOURCE
 1  0000              ; 535BSP1.A51                              ; Test der 80C535 POWERDOWN Modes
 2  0000              ;
 3  0000              IE        EQU    0A8H
 4  0000              ACC       EQU    0E0H
 5  0000              PCON      EQU    087H
 6  0000              P3        EQU    0B0H
 7  0000              ;
 8  0000              ;------------------------------------------------------------
 9  0000              ;
10  0000                        ORG    4100H
11  4100 90 41 38  [2] START    MOV    DPTR,#INT0                 ; Interruptroutine einketten
12  4103 74 01     [1]          MOV    A,#1
13  4105 75 30 40  [2]          MOV    COMMAND,#ccLINK
14  4108 12 02 00  [2]          LCALL  MON
15  410B 79 06     [1] LP2      MOV    R1,#6                      ; 6 mal Text senden
16  410D 90 41 49  [2] LP1      MOV    DPTR,#TXT1                 ; Text ACTIVE
17  4110 12 41 64  [2]          LCALL  STXT                       ; senden
18  4113 90 01 F4  [2]          MOV    DPTR,#500                  ; 0.5 Sek
19  4116 75 30 21  [2]          MOV    COMMAND,#ccLTIME           ; warten
20  4119 12 02 00  [2]          LCALL  MON
21  411C D9 EF     [2]          DJNZ   R1,LP1                     ; Schleife fortsetzen
22  411E 90 41 3F  [2]          MOV    DPTR,#TXT0                 ; text IDLE senden
23  4121 12 41 64  [2]          LCALL  STXT
24  4124 75 A8 81  [2]          MOV    IE,#10000001B              ; Interrupts EA,IE0 anschalten
25  4127 43 87 01  [2]          ORL    PCON,#00000001B            ; IDLE Mode vorbereiten
26  412A 43 87 20  [2]          ORL    PCON,#00100000B            ; und aktivieren
27  412D 75 A8 00  [2]          MOV    IE,#0                      ; Interrupts ausschalten
28  4130 80 D9     [2]          SJMP   LP2
29  4132              ;
30  4132 43 87 02  [2] PDOWN    ORL    PCON,#00000010B            ; Power down Mode starten
31  4135 43 87 40  [2]          ORL    PCON,#01000000B
32  4138              ;
33  4138 90 41 53  [2] INT0     MOV    DPTR,#TXT2                 ; Interrupt routine
34  413B 12 41 64  [2]          LCALL  STXT                       ; Text senden
35  413E 32        [2]          RETI                              ; Interrupt beenden
36  413F              ;
37  413F 0D 0A 49       TXT0    DB     13,10,'IDLE...',0 ;
         44 4C 45
         2E 2E 2E
         00
38  4149 20 41 43       TXT1    DB     ' ACTIVE  ',0 ;
         54 49 56
         45 20 20
         00
39  4153 0D 0A 49       TXT2    DB     13,10,'INTERRUPT E0',13,10,0 ;
         4E 54 45
         52 52 55
         50 54 20
         45 30 0D
         0A 00
         40 4164      ;
41  4164              ;  MONITOR INTERFACE
42  4164              COMMAND       EQU  030H                     ; MONITOR Kommando Speicherstelle
43  4164              MON           EQU  0200H                    ; MONITOR Einsprungadresse
44  4164              ccSTXT        EQU  002H                     ; Text senden
45  4164              ccLINK        EQU  040H                     ; Interrupt Einkettung
46  4164              ccLTIME       EQU  021H                     ; DPTR in Millisekunden warten
47  4164              ;
48  4164 75 30 02  [2] STXT         MOV  COMMAND,#ccSTXT
49  4167 02 02 00  [2]              LJMP MON
50  416A              END
********** SYMBOLTABLE (18 symbols) **********
     IE :00A8         ACC :00E0    PCON :0087      P3 :00B0
     START :4100      LP2 :410B    LP1 :410D       PDOWN :4132
     INT0 :4138       TXT0 :413F   TXT1 :4149      TXT2 :4153
     COMMAND :0030    MON :0200    ccSTXT :0002    ccLINK :0040
     ccLTIME :0021    STXT :4164
```

Bild 9.8. Programmlisting für den Test des IDLE- und POWER-Down-Modes.

Da das ADCON-Register bitadressierbar ist, kann man dazu einfach einen Bitsetz-Befehl verwenden. Um zwischen den Baudraten 4800 Baud und 9600 Baud wählen zu können, wird, wie auch bei der Baudratenerzeugung durch Timer 1, Bit 7 im Register PCON benutzt. Ist dieses Bit gesetzt, beträgt die Baudrate 9600 Baud, andernfalls sind 4800 Baud eingestellt. Man kann damit die serielle Schnittstelle wie folgt festlegen:

```
;
ADCON  EQU  0D8H
PCON   EQU  087H
;
B4800 ANL  PCON,#01111111B ;Bit 7 in PCON löschen
SETB ADCON.7               ;Baudratengenerator an ergibt 4800
                           ;Baud
RET
;
B9600 ORL  PCON,#10000000B ;Bit 7 in PCON setzen
SETB ADCON.7               ;Baudratengenerator an ergibt 9600
                           ;Baud
RET
```

An dieser Stelle haben wir wieder berücksichtigt, daß das PCON-Register nicht bitadressierbar ist. Um die nicht betroffenen Bits nicht zu verändern, werden in diesem Beispiel die Befehle ANL und ORL verwendet. Um den Baudratengenerator einzuschalten, kann man einfach das entsprechende Unterprogramm B4800 oder B9600 aufrufen.

Auf der Buchdiskette ist ein Programm (Dateiname 535BSP2.A51) vorhanden, welches abwechselnd einen Text mit 4800 und 9600 Baud sendet. Wenn man das Kommunikationsprogramm V25COM mit der entsprechenden Geschwindigkeit startet, so kann man einmal die eine, einmal die andere Meldung korrekt lesen. Die Übertragungsgeschwindigkeit kann man entweder in der Datei MENU.PAR angeben, oder man ruft V25COM explizit von der DOS-Ebene mit der entsprechenden Option auf.

9.5. Systemtakt

Manchmal benötigt man für Peripheriebausteine den Systemtakt (Quarzfrequenz / 12). Dieser kann beim 80C535 an Pin 30 (Port 1, Pin 6) ausgegeben werden. Dazu muß im ADCON-Register das Bit 6 gesetzt werden. Damit diese alternative Ausgangsfunktion genutzt werden kann, muß Bit 6 von Port 1 zusätzlich auf 1 gesetzt werden, da die verschiedenen Ausgabefunktionen eines Port-Pins durch eine UND-Verknüpfung innerhalb des Bausteins verbunden sind. Die Ausgabe des Systemtakts kann damit durch

```
SETB ADCON.6
SETB P1.6
```

gestartet werden. Port Pin 6 von P1 steht danach natürlich nicht mehr als universeller Port-Pin zur Verfügung.

9.6. Wachhund

Um ausfallsichere Systeme leichter realisieren zu können, ist im 80C535 ein sogenannter Watchdog-Timer integriert. Es handelt sich um einen 16-Bit-Zähler, der beim Überlauf einen Reset des Prozessors auslöst. Der Watchdog wird gestartet, indem man Bit 6 im Register IEN1 (Adresse 0B8 H) setzt. Der Watchdog kann nach seinem Start per Software nicht mehr gestoppt werden.

Der Watchdog-Timer läuft mit dem Systemtakt. Bei einem 12-MHz-Quarz wird dann nach 65536 μsec ein Reset ausgelöst. Um dies zu verhindern, muß das Programm dafür sorgen, daß der Watchdog-Timer immer rechtzeitig auf den Zählerstand 0 zurückgesetzt wird. Das geschieht dadurch, daß Bit 6 (WDT) im IEN0-Register und Bit 6 (SWDT) im IEN1-Register (siehe auch Bild 9.12.) durch zwei aufeinanderfolgende (!!) Befehle gesetzt werden. Man programmiert nun so, daß das Programm, wenn es korrekt arbeitet, den Watchdog immer rechtzeitig zurücksetzt. Stürzt das Programm dennoch ab, wird wahrscheinlich der Watchdog-Timer nicht rechtzeitig zurückgesetzt und dadurch automatisch ein Reset ausgelöst. Ob ein Reset durch einen Watchdog-Überlauf ausgelöst wurde kann man per Software feststellen. Wenn nach einem Reset das Bit 6 im IP0-Register (Adresse 0A9 H, nicht bitadressierbar) gesetzt ist, so lag ein Watchdog-Reset vor. Im Listing des Programms 535BSP4 (Bild 9.9.) ist die Arbeitsweise eines Watchdog-Programms dargestellt. Unter Adresse 4100 H beginnt ein Programm, das fehlerhaft ist und den Watchdog nicht zurücksetzt. Unter Adresse 4200 H startet ein korrekt arbeitendes Programm. Nun eine Testfrage: Was wird passieren, wenn man das Programm auf Adresse 4100 H gestartet hat, nachdem der Watchdog-Reset ausgelöst wurde?

Man sollte sich übrigens davor hüten, den Watchdog durch eine periodisch aktivierte Interruptroutine zurückzusetzen. Die Korrektheit der Interruptroutine sichert nämlich in keinem Fall, daß auch das Hauptprogramm einwandfrei läuft. Um das System wirklich ausfallsicher zu machen, muß man schon einiges an „Brain-Power“ investieren. Was passiert aber, wenn der Quarzoszillator im 80C535 ausfällt? Hierfür ist keinerlei Vorsorge getroffen und in sehr ausfallsicheren Systemen wird man daher auf einen externen Watchdog zurückgreifen müssen.

```
****** LISTING of EASM52 (535BSP4) ******
LINE LOC  OBJ         T              SOURCE
 1   0000                  ;
 2   0000                  ; 535BSP4.A51
 3   0000                  ; Watchdog test
 4   0000                  ;
 5   0000                  ; 80C535 Spezial Funktionsregister
 6   0000                  ;
 7   0000                  IEN0       EQU    0A8H
 8   0000                  IEN1       EQU    0B8H
 9   0000                  ;
10   0000                  ; Funktions-Codes fuer MONITOR-Aufrufe
11   0000                  ;
12   0000                  ccSTXT     EQU    002H              ; sende Text
13   0000                  COMMAND    EQU    030H              ; MONITOR Kommando Speicherstelle
14   0000                  MON        EQU    0200H             ; MONITOR Einsprungadresse
15   0000                  ;
16   0000                             ORG    4100H             ; erstes Programm startet auf 4100H
17   4100                  MAIN       EQU    $
18   4100  D2 BE      [1]             SETB   IEN1.6
19   4102  51 0A      [2]  LOP        ACALL  SNDOK             ; sende Text OK
20   4104  80 FC      [2]             SJMP   LOP               ; und von vorne los
21   4106                  ;
22   4106                             ORG    4200H             ; zweites Programm startet auf 4200H
23   4200                  MAIN2      EQU    $
24   4200  D2 BE      [1]             SETB   IEN1.6
25   4202  51 0A      [2]  LOP2       ACALL  SNDOK             ; sende Text OK
26   4204  D2 AE      [1]             SETB   IEN0.6            ; watchdog zuruecksetzen
27   4206  D2 BE      [1]             SETB   IEN1.6
28   4208  80 F8      [2]             SJMP   LOP2
29   420A                  ;
30   420A  90 42 13   [2]  SNDOK      MOV    DPTR,#TXT0        ; meldung OK senden
31   420D  75 30 02   [2]             MOV    COMMAND,#ccSTXT   ; MONITOR Kommando setzen
32   4210  02 02 00   [2]             LJMP   MON               ; zum MONITOR springen (RET von da)
33   4213  4F 4B 20        TXT0       DB     'OK ',0
           00
34   4217                             END
********** SYMBOLTABLE (11 symbols) **********
     IEN0 :00A8      IEN1 :00B8      ccSTXT :0002     COMMAND :0030
     MON :0200       MAIN :4100      LOP :4102        MAIN2 :4200
     LOP2 :4202      SNDOK :420A     TXT0 :4213
```

Bild 9.9. Diese beiden Programme veranschaulichen die Funktion des "Watchdogs".

9.7. Das erweiterte Interruptsystem

Beim 8032 haben wir schon einige Interruptquellen kennengelernt, die durch Setzen der entsprechenden Bits im SFR IE freigegeben werden können. Dieser Mechanismus ist beim 80C535 um einige neue Interruptquellen erweitert worden. Einen Überblick über die verschiedenen Interruptquellen zeigt Bild 9.10.

Wie der aufmerksame Leser bereits bemerkt haben wird, übernehmen die Portbits von Port 1 beim 80C535 eine Reihe zusätzlicher Aufgaben. Will man einen dieser Ports als Eingabe-Pin benutzen (z. B. auch als Interrupteingang), so muß man den Ausgangszustand dieses Pins auf 1 = HIGH setzen. In das Port-Register P 1 muß an diese Bitposition also eine 1 geschrieben werden. Nach dem Reset ist das sowieso der Fall, und alles ist in Ordnung. Hat man aber den Port vorher zur Ausgabe benutzt, sollte man die nachher als Eingabe-Pin benutzten Bits besser auf 1 = HIGH setzen. Dies ist auch erforderlich, wenn man die alternative Ausgangsfunktion dieses Pins nutzen will, beispielsweise bei der Erzeugung von pulsweitenmodulierten Signalen, oder der schon beschriebenen Ausgabe des Systemtaktes an Portpin P1.6.

Zusätzliche Interruptquellen

Da der 80C535 eine Weiterentwicklung des 8032 ist, sind natürlich alle 8032-Interrupts auch beim 80C535 vorhanden. Auf diese Interrupts brauchen wir hier nicht mehr einzugehen. Wir wenden uns jetzt den zusätzlichen Interrupts zu:

Interrupt des A/D-Wandlers

Dieser Interrupt wird ausgelöst durch das Bit IADC im Register IRCON (eine Übersicht über die Bedeutung der Bits im IRCON-Register finden sie in Bild 9.11.). Es wird gesetzt im 15., im 22. oder 29. Maschinenzyklus, nachdem die A/D-Wandlung durch den Schreibbefehl nach DAPR gestartet wurde. Wenn die kontinuierliche Wandlung eingestellt ist, wird IADC gesetzt, sobald die letzte Wandlung abgeschlossen ist. Nach Aufruf der Interruptroutine muß IADC softwaremäßig gelöscht werden. In den meisten Anwendungen wird man aber auf diesen Interrupt verzichten und das Ende der Wandlung über das Busy-Flag abfragen.

Externer Interrupt 2

Dieser externe Interrupt ($\overline{\text{INT2}}$) kann durch eine fallende oder steigende Flanke an Pin P1.4 ausgelöst werden, abhängig vom Zustand von Bit I2FR im Register T2CON. Das Flag, das diesen Interrupt erzeugt, ist Bit IEX2 im Register IRCON. Es wird von der Hardware automatisch bei Aufruf der Interruptroutine wieder gelöscht.

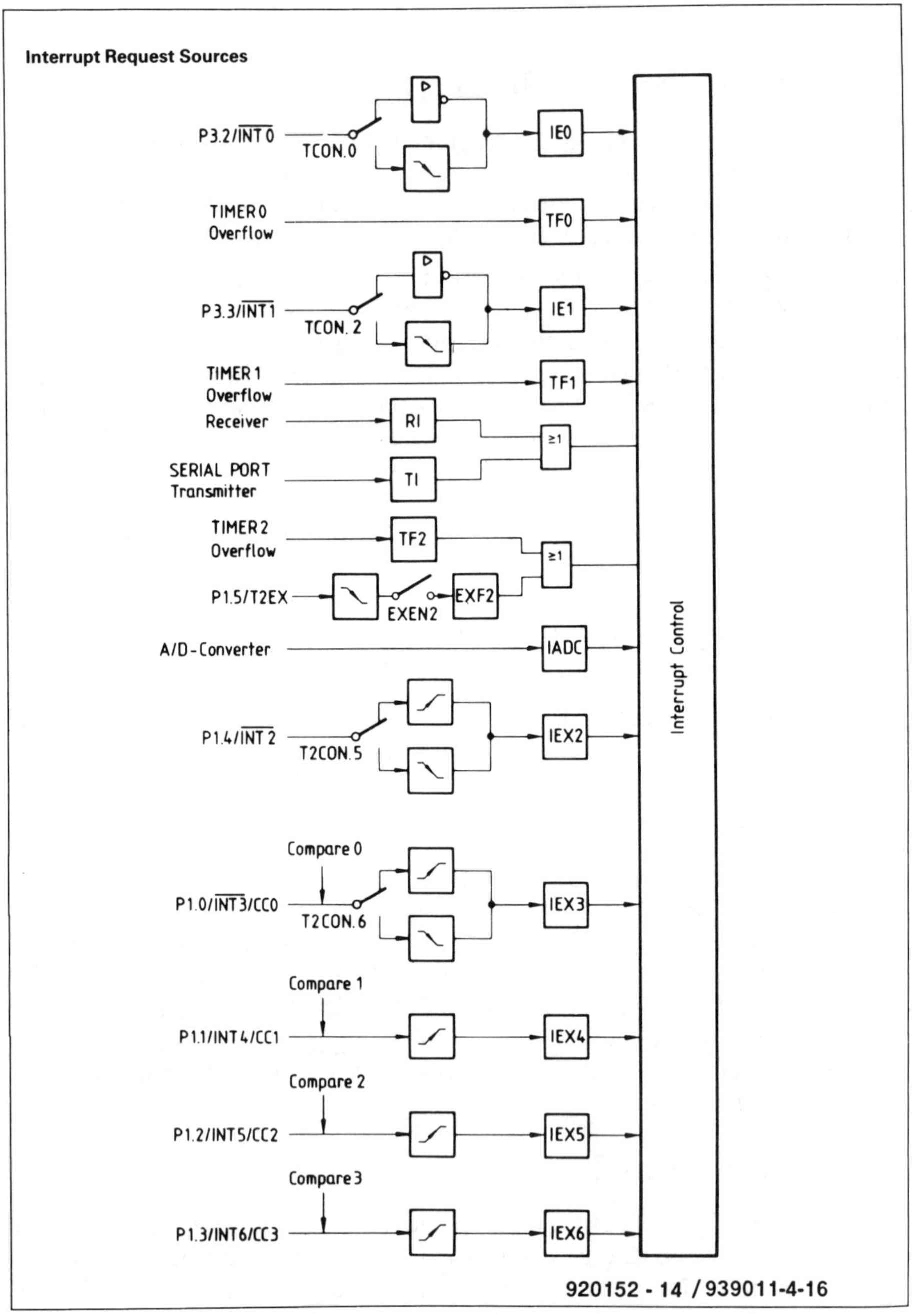

Bild 9.10. Die verschiedenen Interruptquellen des 80C535.

Special Function Register IRCON (Address 0C0H)

	0C7H	0C6H	0C5H	0C4H	0C3H	0C2H	0C1H	0C0H	
0C0H	EXF2	TF2	IEX6	IEX5	IEX4	IEX3	IEX2	IADC	IRCON

Bit	Function
IADC	A/D converter interrupt request flag. Set by hardware at the end of a conversion. Must be cleared by software.
IEX2	External interrupt 2 edge flag. Set by hardware when external interrupt edge was detected or when a compare event occurred at pin 1.4/INT2#/CC4. Cleared when interrupt processed.
IEX3	External interrupt 3 edge flag. Set by hardware when external interrupt edge was detected or when a compare event occurred at pin 1.0/INT3#/CC0. Cleared when interrupt processed.
IEX4	External interrupt 4 edge flag. Set by hardware when external interrupt edge was detected or when a compare event occurred at pin 1.1/INT4/CC1. Cleared when interrupt processed.
IEX5	External interrupt 5 edge flag. Set by hardware when external interrupt edge was detected or when a compare event occurred at pin 1.2/INT5/CC2. Cleared when interrupt processed.
IEX6	External interrupt 6 edge flag. Set by hardware when external interrupt edge was detected or when a compare event occurred at pin 1.3/INT6/CC3. Cleared when interrupt processed.
TF2	Timer 2 overflow flag. Set by a timer 2 overflow. Must be cleared by software. If the timer 2 interrupt is enabled, TF2 = 1 will cause an interrupt.
EXF2	Timer 2 external reload flag. Set when a reload is caused by a negative transition on pin T2EX while EXEN2 = 1. When the timer 2 interrupt is enabled, EXF2 = 1 will cause the CPU to vector the timer 2 interrupt routine. Can be used as an additional external interrupt when the reload function is not used. EXF2 must be cleared by software.

920152 - 15
939011-4-17

Bild 9.11. Die Interrupt-Bits im Special Funktion Register IRCON.

Externer Interrupt 3

Wie der externe Interrupt 2 kann auch der externe Interrupt 3 ($\overline{INT3}$) durch eine fallende oder steigende Flanke, abhängig von Bit I3FR im Register T2CON, ausgelöst werden. Das Triggersignal muß hier an Port P1.0 anliegen. Das Flag, das diesen Interrupt erzeugt, ist Bit IEX3 im Register IRCON. Auch dieses Flag wird hardwaremäßig, bei Aufruf der Interruptroutine, gelöscht. Zusätzlich kann dieser Interrupt ausgelöst werden, wenn ein Compareereignis eintritt. Das ist der Fall, wenn das Timer 2-Register den Inhalt des Registers CRC erreicht hat. Dieser Interrupt ist also sehr eng mit der Funktion von Timer 2 verknüpft, den wir uns gleich ansehen werden.

Externe Interrupts INT4, INT5 und INT6

Diese externen Interrupts können nur durch eine steigende Flanke an den Eingängen Port P1.1, P1.2 und P1.3 getriggert werden. Die Flags, die den betreffenden Interrupt auslösen sind im Register IRCON abgelegt und mit IEX4, IEX5 und IEX6 bezeichnet. Auch diese Interrupts können durch Compareereignisse ausgelöst werden.

Interrupt-Freigabe

Um die Interrupts freigeben zu können, muß das entsprechende Bit im Register IEN 0 bzw. IEN 1 (siehe Bild 9.12.) gesetzt sein. Zusätzlich muß, damit überhaupt Interrupts freigeben werden, das Bit EAL (Bit 7 in IEN 0) gesetzt sein. Das Register IEN 0 entspricht beim 8032 dem Register IE, es bekommt beim 80C535 lediglich einen anderen Namen zugewiesen. In diesen beiden Registern sind auch die vorhin angesprochenen Bits WDT und SWDT zur Watchdogkontrolle abgelegt.

Interrupt-Einsprungadressen

Die Adresse, unter welcher eine Interruptroutine gestartet wird, ist in Bild 9.13. angegeben. Hier stoßen wir wieder auf das schon beim 8032 angetroffene Dilemma, daß in diesem Adreßbereich üblicherweise das Monitorprogramm residiert, so daß man keinen Einfluß auf die Interruptroutine hat. Im EMON51 (alte 8032 Monitorversion) war daher ein spezieller LINK-Mechanismus vorhanden, um die Interruptroutine einketten zu können. Die Vorgehensweise wurde im 8032-Teil ausführlich dargestellt. Die neue Version EMON52 (auf der Buchdiskette) kann auch die zusätzlichen Interrupts des 80C535 einketten. Wer also die 80C535-Interrupts zusammen mit dem EMON-Monitor benutzen will, muß unbedingt diese Version verwenden. (Dieser Hinweis ist besonders für jene gedacht, die die EMON51 Version für den 8032 schon früher beim Verlag erworben und genutzt haben.) In der folgenden Übersicht der Einsprungadressen sind auch die Link-Indexe eingetragen, die zur Einkettung benötigt werden.

Special Function Register IEN0 (Address 0A8H)

	0AFH	0AEH	0ADH	0ACH	0ABH	0AAH	0A9H	0A8H	
0A8H	EAL	WDT	ET2	ES0	ET1	EX1	ET0	EX0	IEN0

▨ This bit is not used for interrupt control.

Bit	Function
EX0	Enables or disables external interrupt 0. If EX0 = 0, external interrupt 0 is disabled.
ET0	Enables or disables the timer 0 overflow interrupt. If ET0 = 0, the timer 0 interrupt is disabled.
EX1	Enables or disables external interrupt 1. If EX1 = 0, external interrupt 1 is disabled.
ET1	Enables or disables the timer 1 overflow interrupt. If ET1 = 0, the timer 1 interrupt is disabled.
ES0	Enables or disables the serial channel 0 interrupt. If ES0 = 0, the serial channel 0 interrupt is disabled.
ET2	Enables or disables the timer 2 overflow or external reload interrupt. If ET2 = 0, the timer 2 interrupt is disabled.
EAL	Enables or disables all interrupts. If EAL = 0, no interrupt will be acknowledged. If EAL = 1, each interrupt source is individually enabled or disabled by setting or clearing its enable bit.

Special Function Register IEN1 (Address 0B8H)

	0BFH	0BEH	0BDH	0BCH	0BBH	0BAH	0B9H	0B8H	
0B8H	EXEN2	SWDT	EX6	EX5	EX4	EX3	EX2	EADC	IEN1

▨ This bit is not used for interrupt control.

Bit	Function
EADC	Enables or disables the A/D converter interrupt. If EADC = 0, the A/D converter interrupt is enabled.
EX2	Enables or disables external interrupt 2/capture/compare interrupt 4. If EX2 = 0, external interrupt 2 is disabled.
EX3	Enables or disables external interrupt 3/capture/compare interrupt 0. If EX3 = 0, external interrupt 3 is disabled.
EX4	Enables or disables external interrupt 4/capture/compare interrupt 0. If EX4 = 0, external interrupt 4 is disabled.
EX5	Enables or disables external interrupt 5/capture/compare interrupt 0. If EX5 = 0, external interrupt 5 is disabled.
EX6	Enables or disables external interrupt 6/capture/compare interrupt 0. If EX6 = 0, external interrupt 6 is disabled.
EXEN2	Exables or disables the timer 2 external reload interrupt. EXEN2 = 0 disables the timer 2 external reload interrupt. The external reload function is not affected by EXEN2.

920152 - 29
939011-4-19

Bild 9.12. Zur Interruptfreigabe werden die Bits in den Registern IEN 0 und IEN 1 benutzt.

Interrupt-Anforderungs-Flag	Interrupt-Adresse	Interrupt-Quelle	Link-Index
IE0	0003 H	Externer Interrupt 0	1
TF0	000B H	Timer Überlauf	2
IE1	0013 H	Externer Interrupt 1	3
TF1	001B H	Timer 1 Überlauf	4
RI0/TI0	0023 H	serieller Kanal 0	5
TF2/EXF2	002B H	Timer 2 Überlauf/ext. Reload	6
IADC	0043 H	A/D-Wandler	7
IEX2	004B H	Externer Interrupt 2	8
IEX3	0053 H	Externer Interrupt 3	9
IEX4	005B H	Externer Interrupt 4	10
IEX5	0063 H	Externer Interrupt 5	11
IEX6	006B H	Externer Interrupt 6	12

Bild 9.13. Beim Interrupt wird die Programmausführung bei diesen Adressen fortgesetzt.

Interrupt-Prioritätstruktur

Der 8032 kennt zwei unterschiedliche Prioritätsstufen, um bestimmten Interruptquellen eine höhere Priorität zuordnen zu können. Der 80C535 kennt vier Ebenen, auf die jeweils zwei Interruptpaare gesetzt werden können. Diese feste Zuordnung von Paaren ist in Bild 9.14. dargestellt. Gleichzeitig erkennt man daraus auch die Prioritätenverteilung, wenn unterschiedliche Interrupts gleicher Prioritätsstufe gleichzeitig erkannt werden.

hoch → niedrig Interrupt-Quell-Paar		Priorität
IE0	IADC	hoch
TF0	IEX2	
IE1	IEX3	↓
TF1	IEX4	
RI/TI	IEX5	
TF2/EXF2	IEX6	niedrig

Bild 9.14. Priorität der Interrupts bei gleichzeitigem Auftreten.

Um diesen Interrupt-Paaren eine vom Initialisierungswert (nach einem Reset) verschiedene Priorität zuzuordnen, setzt man in den Registern IP 0 und IP 1 die Bits paarweise auf den gewünschten Wert, so daß sich daraus die Prioritätsstufen 0, 1, 2 oder 3 ergeben.

–	WDTS	IP 0.5	IP 0.4	IP 0.3	IP 0.2	IP 0.1	IP 0.0

–	–	IP 1.5	IP 1.4	IP 1.3	IP 1.2	IP 1.1	IP 1.0

Bits		korrespondierende Interrupt-Paare
IP 1.0	IP 0.0	IEO/IADC
0	0	Priorität: Level 0 (niedrig)
0	1	Priorität: Level 1
1	0	Priorität: Level 2
1	1	Priorität: Level 3 (hoch)
IP 1.1	IP 0.1	TF0/IEX2
IP 1.2	IP 0.2	IE1/IEX3
IP 1.3	IP 0.3	TF1/IEX4
IP 1.4	IP 0.4	RI + TI/IEX5
IP 1.5	IP 0.5	TF2 + EXF2/IEX6

IP 0.6 ist das Watchdog Timer-Status-Bit.
IP 0.7, IP 1.6 und IP 1.7 bleiben unbenutzt.

Bild 9.15. Interrupt Prioritäts Register IP 0 und IP 1.

9.8. Die Capture-Compare-Unit CCU

Die Interrupts IEX3 bis IEX6 können nicht nur durch externe Eingangssignale, sondern im Compare-Betrieb auch von Timer 2 ausgelöst werden. Bevor wir auf die CCU eingehen können, müssen wir deshalb zuerst die Arbeitsweise dieses Timers kennenlernen.

Timer 2 – der Kern der CCU

Wie der 8032 verfügt der 80C535 ebenfalls über einen Timer 2 – im 80C535 arbeitet er aber gänzlich anders. Zu seiner Steuerung sind auch andere Bits in anderen SFRs verantwortlich. Der 80C535 ist in diesem Sinne also nicht kompatibel zum 8032.

Der Timer 2 des 80C535 ist ein 16-Bit Zähler und besteht aus den SFRs TL2 (Adresse 0CC H, niederwertiges Byte des Zählers) und TH2 (Adresse 0CD H, höherwertiges Byte). Sein Taktsignal kann aus verschiedenen Signalen abgeleitet werden. Die Eingangsbeschaltung des Timers 2 ist in Bild 9.16. dargestellt, Bild 9.17. zeigt die Bedeutung der Bits im Spezialregister T2CON (Adresse 0C8 H), das zur Steuerung des Timers 2 dient. Wie aus Bild 9.16. ersichtlich ist, kann das Taktsignal des Timers auf vier Weisen erzeugt werden. Die Auswahl erfolgt durch die Bits 1 (T2I1) und 0 (T2I0) im Register T2CON.

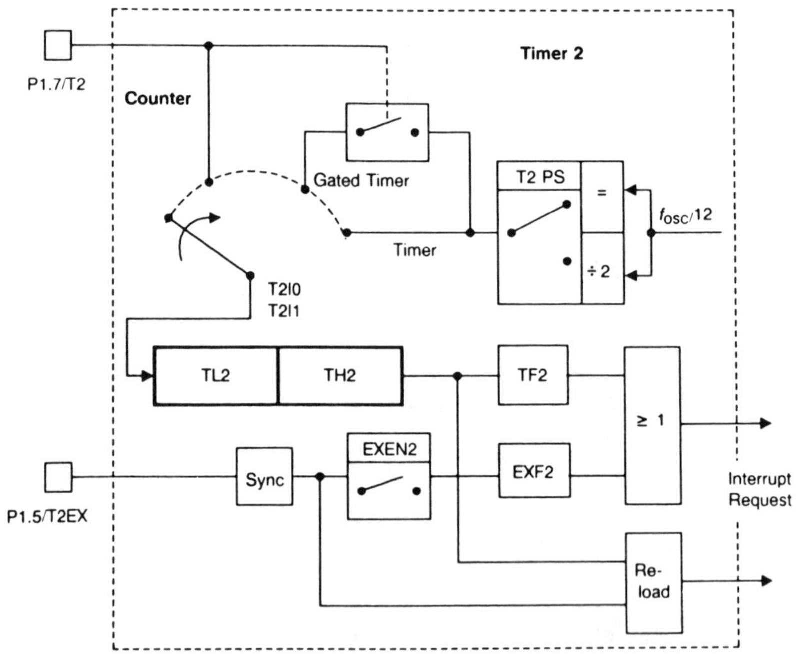

Bild 9.16. Eingangsbeschaltung von Timer 2.

Special Function Register T2CON

	0CFH	0CEH	0CDH	0CCH	0CBH	0CAH	0C9H	0C8H	
0C8H	T2PS	I3FR	I2FR	T2R1	T2R0	T2CM	T2I1	T2I0	T2CON

▨ These bits are not used in controlling the CCU.

Timer 2 control register. Bit-addressable register which controls timer 2 function and compare mode of registers CRC, CC1 to CC3.

Bit		Function
T2I1	T2I0	Timer 2 input selection
0	0	No input selected, timer 2 slots
0	1	Timer function, input frequency = $f_{OSC}/12$ (T2PS = 0) or $f_{OSC}/24$ (T2PS = 1)
1	0	Counter function, external input signal at pin T2/P1.7
1	1	Gated timer function, input controlled by pin T2/P1.7
T2R1	T2R0	Timer 2 reload mode selection
0	X	Reload disabled
1	0	Mode 0: auto-reload upon timer 2 overflow (TF2)
1	1	Mode 1: reload upon falling edge at pin T2EX/P1.5
T2CM		Compare mode bit for registers CRC, CC1 through CC3. When set, compare mode 1 is selected. T2CM = 0 selects compare mode 0.
T2PS		Prescaler select bit. When set, timer 2 is clocked in the "timer" or "gated timer" function with 1/24 of the oscillator frequency. T2PS = 0 gates $f_{OSC}/12$ to timer 2. T2PS must be 0 for the counter operation of timer 2.

920152 - 19
939011-4-25

Bild 9.17. Die Bits im T2CON Register steuern die Timer 2 Funktionen.

Modus 0

Sind die Bits T2I0 und T2I1 beide Null, so stoppt der Zähler (Timer), da kein Taktsignal an seinem Eingang anliegt.

Modus 1

Bei der Kombination T2I1/T2I0 = 01 ist die sogenannte Timerfunktion angewählt. Dabei wird der interne Takt als Takt für den Zähler benutzt. Der interne Takt ergibt sich durch Teilung der Quarzfrequenz durch 12. Da wir einen 12-MHz Quarz verwenden, ergibt sich der interne Takt damit zu 1 MHz. Dies gilt, sofern der vorhandene 1/2-Vorteiler ausgeschaltet ist (T2PS = 0, Bit 7 in T2CON). Schaltet man den zusätzlichen Vorteiler ein, indem man T2PS setzt, so erniedrigt sich die Taktrate des Zählers auf 500 kHz.

Modus 2

Bei T2I1/T2I0 = 10 ist die Zählfunktion angewählt. Dabei wird als Taktsignal das an Pin P1.7/T2 anliegende Signal verwendet. Damit kann man den Timer 2 dazu verwenden, externe Ereignisse zu zählen. Der Zähler wird dabei bei einer fallenden Flanke getaktet. Allerdings wird der Zustand von Pin P1.7 nur einmal pro Maschinenzyklus ausgewertet. Daher beträgt die maximale Zählrate 500 kHz und LOW bzw. HIGH-Zeit müssen jeweils mindestens einen Maschinenzyklus lang sein, damit eine Flanke registriert wird.

Modus 3

Setzt man beide Bits T2I1 und T2I0 auf den Wert 1, so arbeitet Timer 2 als sogenannter „GATED TIMER“. Als Taktsignal für den Zähler wird wieder der interne Takt (gegebenenfalls mit Vorteiler, falls T2PS = 1) benutzt. Das Taktsignal gelangt aber nur an den Zähler, wenn gleichzeitig Pin P1.7 auf HIGH liegt. Diese Betriebsart eignet sich beispielsweise zur Bestimmung des Puls/Pausenverhältnisses von Signalen.

Reload von Timer 2

Wie bei den beiden andern Timer (T 0 und T 1) kann man auch bei Timer 2 wählen, wie er bei einem Überlauf reagieren soll. Nachdem der Timer den Maximalwert 0FFFF H = 65535 erreicht hat, und dann ein weiterer Taktimpuls eintrifft (Zählerüberlauf), wird das Bit TF2 (Bit 6 im IRCON Register) gesetzt. Was danach passiert, wird durch Bit 4 (T2R1) und Bit 3 (T2R0) im T2CON Register festgelegt. Ist T2R1 = 0, so ist die sogenannte Reload-Betriebsart ausgeschaltet und der Zähler fängt nach dem Überlauf einfach wieder bei 0 an zu zählen. Ist das Bit T2R1 = 1, so arbeitet Timer 2 im Reload-Betrieb (Reload = Nachladen). Das Bit T2R0 bestimmt dann, wann der Zähler mit dem Wert im Nachladeregister (CRCL, CRCH) geladen werden soll. Bei T2R0 = 0 wird der Zähler nach dem Überlauf nachgeladen. Der Nachladewert steht in den beiden Registern CRCL (Adresse 0CA H, niederwertiges Byte des Nachladeregisters) und CRCH (Adresse 0CB H, höherwertiges Byte).

Steht in diesen beiden Register beispielsweise der Wert 0FFFC H (= -4 bei 16-Bit Arithmetik), so zählt Timer 2:

0FFF H - 0FFFC H - 0FFFD H - 0FFFE H -0FFFF H - 0FFFC H...

Besitzt das Bit T2R1 den Wert 1, dann erfolgt bei jeder negativen Flanke an Pin P1.5 der Nachladevorgang. Diese Möglichkeit ist dann sehr sinnvoll, wenn man den Zähler mit einem externen Signal synchronisieren will.

Timer 2 in Reload Mode

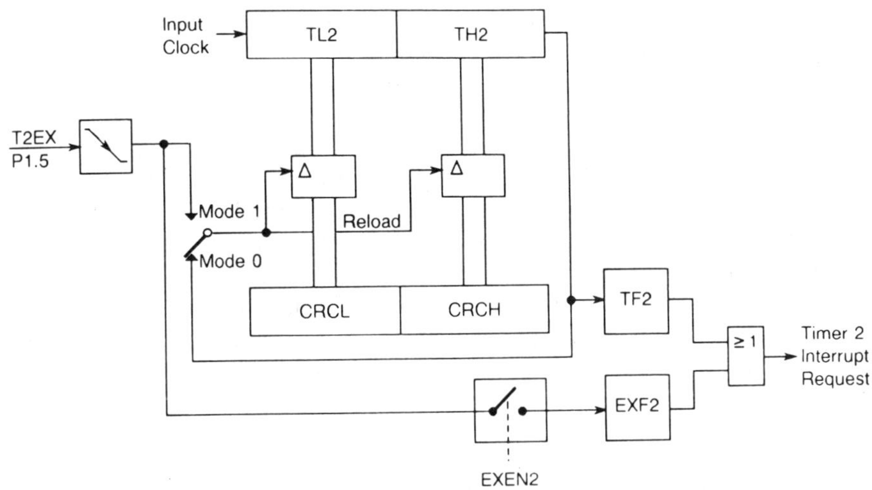

Bild 9.18. Verschaltung von Timer 2 im Reload-Modus.

Will man z. B. eine netzsynchrone Phasenanschnittsteuerung realisieren, könnte man an Pin P1.5 ein aus der Netzspannung abgeleitetes und aufbereitetes 50 Hz Signal anlegen. Damit wäre Timer 2 mit der Netzfrequenz synchronisiert. Bei einer Zählrate von 1 MHz könnte man dann eine Phasenanschnittsteuerung mit einer Auflösung von 1 Mikrosekunde realisieren. Ist das Bit EXEN2 (Bit 7 im IEN 1 Register) gesetzt, bewirkt jede Reload-Flanke an Pin P1.5 zusätzlich das Setzen von Bit EXF2 (Bit 7 im Register IRCON). Dies kann per Software abgefragt werden. Durch Freigabe des entsprechenden Interrupts kann auch ein Interrupt erzeugt werden.

Timer 2 Interrupts

Timer 2 kann auch einen Interrupt erzeugen. Ein Interrupt wird dann generiert, wenn der Interrupt als solcher freigegeben ist (Bit 5 im Register IEN 0) und dann das Bit TF2 oder EXF2 gesetzt wird (siehe Bild 9.16.). Man kann also bei einem Überlauf oder bei einem extern verursachten Nachladen einen Interrupt erzeugen lassen.

Eine erste Timer 2 Anwendung

In unserm Programm soll Timer 2 alle 500 Mikrosekunden einen Interrupt erzeugen. Die Interruptroutine soll ihrerseits dann bei jedem Interrupt das Bit P1.6 toggeln. Das Hauptprogramm muß also Timer 2 entsprechend initialisieren und in eine Endlosschleife eintreten. Die Interruptroutine leistet dann, angeregt von Timer 2, die Arbeit. Bild 9.19. zeigt das entsprechende Programm. In den Zeilen 18 bis 21 des Listings wird dafür gesorgt, daß bei Auftreten des Timer-Interrupts die Interruptroutine INTT2 ausgeführt wird. Das in Zeile 21 aufgerufene Monitorprogramm schreibt einen LJMP-Befehl in das RAM, so daß nach dem Interrupt durch Zwischensprünge die Adresse 411C H angesprungen werden kann. Die Zeilen 23 bis 25 bewirken, daß das Reload-Register mit dem Wert – 500 vorbesetzt wird. Zeile 27 setzt dann Timer 2 in die richtige Betriebsart, nämlich Verwendung des internen Taktes und automatischer Reload. Danach läuft der Timer los. Durch das Setzen der entsprechenden Bits im Interrupt-Freigabe-Register IEN0 in Zeile 28 wird dann noch der Interrupt von Timer 2 zugelassen. In Zeile 29 finden wir die Endlosschleife.

Die Interuptroutine ist sehr kurz, ein echter Dreizeiler. Zeile 32 toggelt die Leitung P1.6, Zeile 33 sorgt für ein Rücksetzen des Überlaufflags, und der RETI in Zeile 34 beendet die Interruptbehandlung. Das Programm wird in gewohnter Weise via V24 an das 80C535-Board geschickt und mit dem Befehl X4100 gestartet. Will man das erzeugte Signal als Ton hören, kann man den Lautsprecher über einen Treiber, wie auf der 80C535-Erweiterung vorgeschlagen, anschließen. Im Programm ändert man Zeile 32 ab und steuert Port P1.1 an.

Nun ein paar Anstöße zu Modifikationsmöglichkeiten: Wie kann man durch möglichst geringe Änderung einen 500 Hz Ton erzeugen? Wie hoch ist die höchste erzeugbare Frequenz, bzw. hoch ist die niedrigste? Ein weiterer interessanter Punkt: Ist das Tastverhältnis des Signals an Pin P1.1 exakt 1:1 und gilt dies unabhängig vom Reload-Wert und vom Hauptprogramm? Es gibt also eine Reihe von Aspekten bei der Timerprogrammierung, die nicht tivial genannt werden können.

```
****** LISTING of EASM52 (535BSP5) ******
LOC  OBJ          T      SOURCE
0000                     ; 535BSP5.A51
0000                     ;                                    ; Special Function Register :
0000                     DPL   EQU 082H
0000                     DPH   EQU 083H
0000                     CRCL  EQU 0CAH
0000                     CRCH  EQU 0CBH
0000                     T2CON EQU 0C8H
0000                     IEN0  EQU 0A8H
0000                     IRCON EQU 0C0H
0000                     P1    EQU 090H
0000                     ;                                    ; MONITOR INTERFACE
0000                     COMMAND EQU  030H                    ; MONITOR Kommando Speicherstelle
0000                     MON     EQU  0200H                   ; MONITOR Einsprungadresse
0000                     ccLINK  EQU  040H                    ; Interrupt Einkett Routine
0000                     ;
0000                             ORG  4100H                   ; Programm startet auf 4100H
4100                     MAIN    EQU  $
4100 74 06      [1]              MOV  A,#6                    ; Index for TF2 interrupt
4102 90 41 1C   [2]              MOV  DPTR,#INTT2
4105 75 30 40   [2]              MOV  COMMAND,#ccLINK
4108 12 02 00   [2]              LCALL MON                    ; INT TF2 einketten
410B                     ;
410B 90 FE 0C   [2]              MOV DPTR,#-500               ; 500 Mikrosekunden (16 Bit Wert)
410E 85 82 CA   [2]              MOV  CRCL,DPL                ; Reload Wert setzen
4111 85 83 CB   [2]              MOV  CRCH,DPH
4114
4114 75 C8 11   [2]              MOV  T2CON,#00010001B        ; T2 Betriebsart: Reload mit 1 MHz Takt
4117 75 A8 A0   [2]              MOV  IEN0,#10100000B         ; T2 Interrupt freigeben
411A 80 FE      [2] NICHTS       SJMP NICHTS                  ; Hauptprogramm tut nichts weiteres
411C                     ;
411C                     ;                                    ; TIMER 2 Interruptroutine
411C B2 96      [1] INTT2        CPL P1.6                     ; Ausgangssignal erzeugen
411E C2 C6      [1]              CLR IRCON.6                  ; T2 Interrupt Flag ruecksetzen
4120 32         [2]              RETI                         ; Das wars
4121                     ;
4121                             END
********** SYMBOLTABLE (14 symbols) **********
      DPL :0082       DPH :0083      CRCL :00CA    CRCH :00CB
    T2CON :00C8      IEN0 :00A8     IRCON :00C0      P1 :0090
  COMMAND :0030       MON :0200    ccLINK :0040    MAIN :4100
   NICHTS :411A     INTT2 :411C
```

920152 - 11
939011-5-1

Bild 9.19. Timer2 als 16-Bit Reload Timer.

Einfangen (Capture) von Zeitpunkten

Ein Übersichtsschaltbild der Capture-Compare-Einheit ist in Bild 9.20. dargestellt. Timer 2 wird durch drei zusätzliche 16-Bit Register CC1 (CCL1, CCH1), CC2 (CCL2, CCH2) und CC3 (CCL3, CCH3) ergänzt. Im Capture-Modus dienen diese Register dazu, den Zählerstand von Timer 2 auf ein Signal hin festzuhalten. Der Timer wird dabei nicht gestoppt. Verzichtet man auf die Reload-Möglichkeit von Timer 2, dann kann das 16-Bit Register (CRCL, CRCH) als viertes Capture-Register verwendet werden.

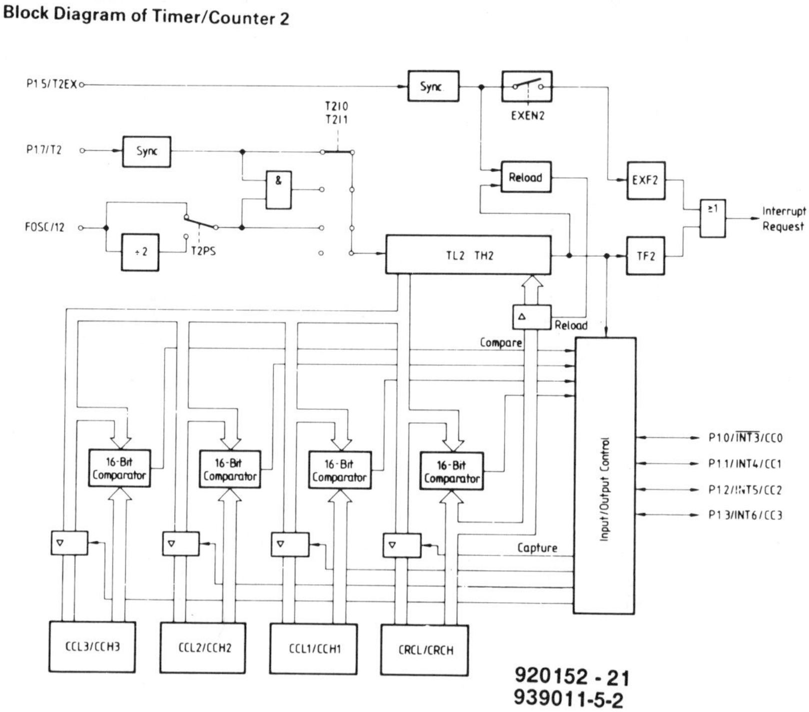

Bild 9.20. Blockschaltbild der Capture-Compare-Einheit.

Man unterscheidet zwei Capture-Betriebsarten. Betrachten wir zunächst die Möglichkeiten, die uns der Capture-Vorgang mit den Registern CC1 bis CC3 bietet. Bild 9.21. zeigt die Übersicht für CC1. In Modus 0 wird als Capture-Ereignis die positive Flanke von

P1.1 (Pin CC1, INT4) benutzt. Bei Feststellung der positiven Flanke wird der Zustand von Timer 2 ins Capture-Register (CCL1, CCH1) übernommen. Gleichzeitig wird das Flag IEX4 (Bit 3 im IRCON-Register) gesetzt. Ist Interrupt 4 freigegeben, wird gleichzeitig ein Interrupt ausgelöst. Im Modus 1 bewirkt ein Schreiben ins Register CCL1 den Capture-Vorgang. So kann man per Software den Wert von Timer 2 einfangen ohne den Timer stoppen zu müssen. Bei Verwendung der Capture-Register CC2 und CC3 liegt die gleiche Verschaltung vor, nur daß die entsprechenden Bits von Port P1 und die andern Interrupts verwendet werden.

Capture with Registers CC1 to CC3

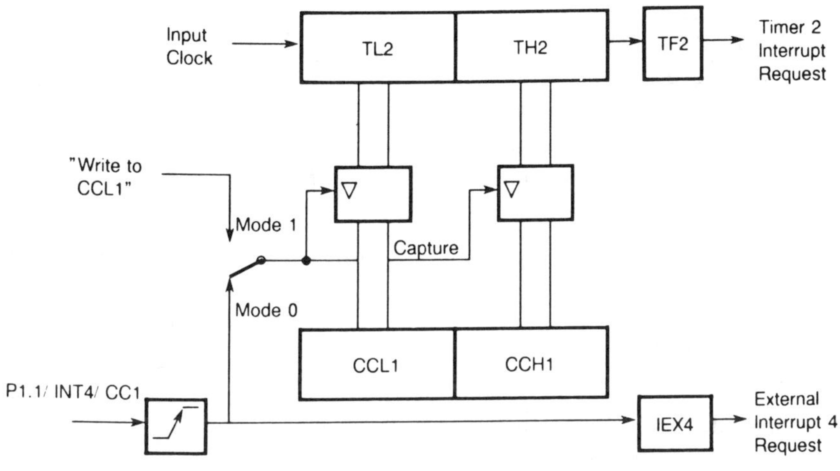

Bild 9.21. Capture mit dem Register CC1 (bzw. CC2 und CC3).

Der Capture-Vorgang mit dem CRC-Register (CRCL, CRCH) ist in Bild 9.22. dargestellt. Man benutzt in Modus 0 den Port P1.0 (Pin CC0, $\overline{\text{INT3}}$), wobei noch zusätzlich die Möglichkeit besteht festzulegen, ob als Capture-Ereignis die positive oder negative Flanke verwendet werden soll. Die Auswahl geschieht durch Bit 6 (I3FR) im Register T2CON. In Modus 1 wird Timer 2 wieder durch einen Schreibbefehl auf das Lowbyte des Capture-Registers, in diesem Fall CRCL, eingefangen.

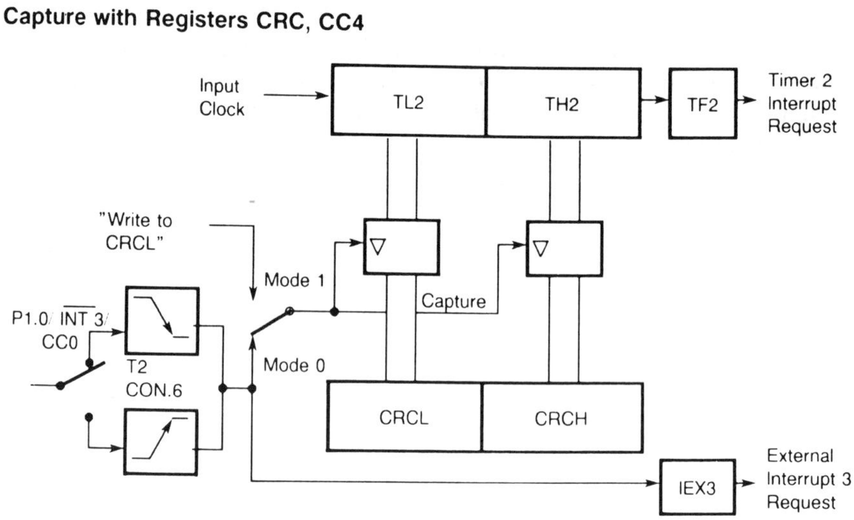

Bild 9.22. Capture mit dem Reload-Register CRC.

Da für die nachher beschriebene Betriebsart „Compare“ der CCU die gleichen Register verwendet werden, muß in einem Register festgelegt werden, welches Register für welchen Zweck in welcher Art verwendet werden soll. Dies geschieht durch die Programmierung des CCEN Registers (Adresse 0C1 H). Die Bedeutung der einzelnen Bits ist in Tabelle 9.1. dargestellt.

Nun, das war wieder eine Menge an Theorie, daher erst mal ein praktisches Beispiel zur Verdeutlichung der wirklich ziemlich komplexen Zusammenhänge.

Capture in der Praxis

Mit Hilfe der Capture-Möglichkeiten des 80C535 wollen wir nun das folgende Problem lösen. Gegeben ist die Schaltung nach Bild 9.23. zur Verzögerung eines TTL-Signals. Wir wollen feststellen, um wieviel eine positive Flanke verzögert wird. Dazu können wir wie folgt vorgehen. Wir erzeugen zuerst einen lang andauernden LOW-Pegel an Port P1.7. Dieser Pegel soll so lange anstehen, bis C 1 sich voll aufgeladen hat. Dann erzeugen wir per Software die positive Flanke an P1.7, gleichzeitig starten wir Timer 2 mit dem internen Takt von 1 MHz (ohne Reload) und lassen dann durch die verzögerte Flanke an

7	6	5	4	3	2	1	0	Register Funktion
								CRC-Register
						0	0	Compare-Capture gesperrt
						0	1	Capture durch Flanke (pos/neg einstellbar) an P1.0
						1	0	Compare freigegeben
						1	1	Capture durch CRCL Write
								CC1-Register
				0	0			Compare-Capture gesperrt
				0	1			Capture durch steigende Flanke an P1.1
				1	0			Compare freigegeben
				1	1			Capture durch CCL1 Write
								CC2-Register
		0	0					Compare-Capture gesperrt
		0	1					Capture durch steigende Flanke an P1.2
		1	0					Compare freigegeben
		1	1					Capture durch CCL2 Write
								CC3-Register
0	0							Compare-Capture gesperrt
0	1							Capture durch steigende Flanke an P1.3
1	0							Compare freigegeben
1	1							Capture durch CCL3 Write

Tabelle 9.1. Die Bedeutung der Bits im Compare-Capture-Enable Register CCEN (Adresse 0C1 H).

P1.1 den Zählerzustand einfangen. Daß der Capture stattgefunden hat, können wir am gesetzten Bit IEX4 erkennen. Den Wert im Capture-Register CC1 wollen wir dann dezimal ausgeben. Er gibt, bis auf eine kleine Ungenauigkeit, den Wert der Signalverzögerung in Mikrosekunden an.

Ein Programm, das diesen komplizierten Ablauf steuert, zeigt Bild 9.25. Zuerst wird in Zeile 17 das Eingangssignal der Schaltung an Pin P1.7 auf LOW gesetzt. In Zeile 18 wird Timer 2 gestoppt und anschließend für die Zeitdauer von ungefähr 30 Millisekunden gewartet. Dann wird Timer 2 auf den Wert 0 zurückgesetzt (Zeile 22 und 23). Nun programmiert man die CCU in Zeile 24 so, daß CC1 als Capture-Register funktioniert. Anschließend wird das Flag IEX4 (Capture-Flag von CC1) zurückgesetzt. Auch das Überlaufflag TF2 wird in Zeile 26 gelöscht. In Zeile 27 startet dann der eigentliche Meßvorgang, indem wir den Timer 2 starten und mit Port P1.7 die steigende Flanke am Eingang der Schaltung nach Bild 9.23. erzeugen.

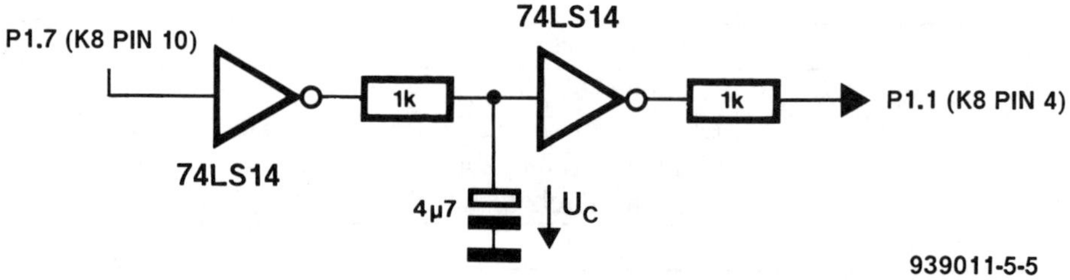

Bild 9.23. Diese Schaltung verzögert das P1.7 Signal.

In einer Schleife (Zeile 29 und 30) warten wir auf das Auftreten des Capture-Ereignisses (IRCON.3 wird 1) oder einen Überlauf von Timer 2 (IRCON.6 wird 1). Wenn Time 2 überläuft, bevor das Capture-Ereignis auftrat, setzen wir das Überlaufflag zurück und starten einen neuen Meßvorgang. Dieser Fall tritt ein, wenn z. B. die Verbindung zur Schaltung zum 80C535-Board noch gar nicht hergestellt ist, oder C 1 so groß ist, daß die Verzögerung der Flanke länger als 65535 Mikrosekunden ist.

Im Normalfall wird aber das Capture-Ereignis zuerst auftreten. Dann führt der Prozessor die Befehle hinter dem Label CAPTURE aus. Zuerst setzen wir das Flag IEX4 (IRCON.3) zurück und speichern dann den Capturewert (CCL1, CCH1) als 16-Bit Wert im internen RAM, um ihn anschließend mit der Monitorroutine (Zeilen 37 bis 39) dezimal über die V24-Schnittstelle auszugeben. Als Richtwert ist eine Verzögerung von ungefähr 14000 Mikrosekunden zu erwarten. Anschließend wird ein erneuter Meßvorgang initiiert. In Zeile 36 haben wir vorher bereits das Eingangssignal der Schaltung auf LOW zurückgesetzt.

Hier noch ein paar Fragen, die Sie zum experimentieren Anregen sollen: Wie muß man das Programm nach Bild 9.25. ändern, wenn man die Verzögerung einer negativen Flanke messen will? Warum wird man dazu als Capture-Register das Register (CRCL, CRCH) verwenden wollen? Welche neuen Hardwareverbindungen sind dazu notwendig? Was ist zu tun, wenn man Zeiten exakt messen will, die weit über 65536 Mikrosekunden liegen? Ein Hinweis hierzu: Man realisiert einen Softwarezähler, der bei jedem Timer 2 Überlauf um 1 weiterzählt. Diesen Zähler stoppt man bei Eintritt des Capture-Ereignisses sofort mit. Wer diese Aufgaben meistert (ob es Funktioniert kann man am besten mit einem Oszilloskop kontrollieren), hat bestimmt die Funktion und Programmierung der CCU im Capture-Modus verstanden.

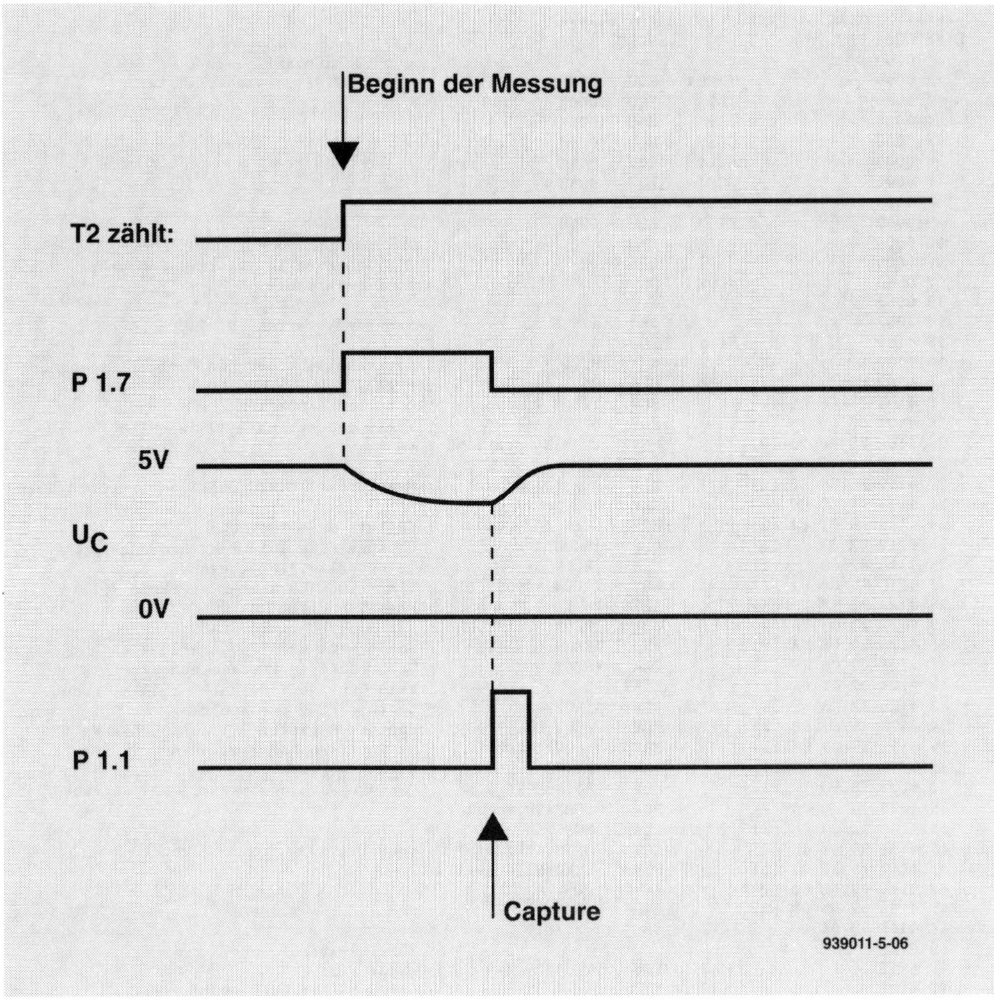

Bild 9.24. Der Signalverlauf bei der Zeitmessung mit der CCU.

```
****** LISTING of EASM52 (535BSP6) ******
LINE LOC  OBJ         T         SOURCE
   1 0000                  ;                                  ; 535BSP6.A51
   2 0000                  T2CON   EQU   0C8H                 ; Spezialfunktionsregister
   3 0000                  TL2     EQU   0CCH
   4 0000                  TH2     EQU   0CDH
   5 0000                  CCEN    EQU   0C1H
   6 0000                  CCL1    EQU   0C2H
   7 0000                  CCH1    EQU   0C3H
   8 0000                  IRCON   EQU   0C0H
   9 0000                  P1      EQU   090H
  10 0000                  ;
  11 0000                          ORG 050H               ; Startadresse im internen RAM ueber EMON51
  12 0050                  nLOW    DS 2                   ; 16 Bit Variable
  13 0052                  ;
  14 0052                          ORG   4100H            ; Programm startet auf 4100H
  15 4100                  MAIN    EQU   $
  16 4100 D2 91      [1]           SETB  P1.1             ; Sicherheitshalber zur Eingabe freigeben
  17 4102 C2 97      [1] LOOP      CLR   P1.7             ; Signal = LOW
  18 4104 75 C8 00 [2]             MOV   T2CON,#0         ; stop TIMER/COUNTER 2
  19 4107 90 00 1E [2]             MOV   DPTR,#30         ; Warte ein Weilchen 30 ms
  20 410A 75 30 21 [2]             MOV   COMMAND,#ccLTIME
  21 410D 12 02 00 [2]             LCALL MON
  22 4110 75 CC 00 [2]             MOV   TL2,#0           ; Reset vom TIMER/COUNTER auf Wert 0
  23 4113 75 CD 00 [2]             MOV   TH2,#0
  24 4116 75 C1 04 [2]             MOV   CCEN,#00000100B  ; Capture mode fuer CC1
  25 4119 C2 C3      [1]           CLR   IRCON.3          ; Capture Flag IEX4 loeschen
  26 411B C2 C6      [1]           CLR   IRCON.6          ; T2 Ueberlaufflag loeschen
  27 411D 75 C8 01 [2]             MOV   T2CON,#00000001B ; TIMER/COUNTER 2 starten (kein Reload)
  28 4120 D2 97      [1]           SETB  P1.7             ; Signal = High
  29 4122 20 C3 08 [2] WARTE       JB    IRCON.3,CAPTURE  ; warte auf Capture-FLAG
  30 4125 30 C6 FA [2]             JNB   IRCON.6,WARTE    ; warte evtl auf T2 Ueuberlauf
  31 4128 C2 C6      [1]           CLR   IRCON.6          ; Ueberlaufflag ruecksetzen
  32 412A 02 41 02 [2]             LJMP  LOOP             ; kein Capture innerhalb 65536 microsec
  33 412D C2 C3      [1] CAPTURE   CLR   IRCON.3          ; Capture Flag ruecksetzen
  34 412F 85 C2 50 [2]             MOV   nLOW,CCL1        ; Capture Register CC1 als 16 Bit Wert
  35 4132 85 C3 51 [2]             MOV   nLOW+1,CCH1      ; im Internen RAM speichern
  36 4135 C2 97      [1]           CLR   P1.7             ; Signal = LOW
  37 4137 78 50      [1]           MOV   R0,#nLOW         ; Capture Wert dezimal via V24 ausgeben
  38 4139 75 30 05 [2]             MOV   COMMAND,#ccdR016
  39 413C 12 02 00 [2]             LCALL MON
  40 413F 90 41 4B [2]             MOV   DPTR,#TXT2       ; sende Text
  41 4142 75 30 02 [2]             MOV   COMMAND,#ccSTXT
  42 4145 12 02 00 [2]             LCALL MON
  43 4148 02 41 02 [2]             LJMP  LOOP             ; und los von vorne
  44 414B 0D 0A 00       TXT2       DB    13,10,0
  45 414E                  ;                              ; MONITOR-Aufrufe etc.
  46 414E                  ccSTXT  EQU  002H              ; sende Text
  47 414E                  ccdR016 EQU  005H              ; sende 16 Bit wert @R0 dezimal
  48 414E                  ccLTIME EQU  021H
  49 414E                  COMMAND EQU  030H              ; MONITOR Kommando Speicherstelle
  50 414E                  MON     EQU  0200H             ; MONITOR Einsprungadresse
  51 414E                          END
********** SYMBOLTABLE (19 symbols) **********
     T2CON :00C8        TL2 :00CC        TH2 :00CD      CCEN :00C1
      CCL1 :00C2       CCH1 :00C3      IRCON :00C0        P1 :0090
      nLOW :0050       MAIN :4100       LOOP :4102     WARTE :4122
   CAPTURE :412D       TXT2 :414B     ccSTXT :0002   ccdR016 :0005
   ccLTIME :0021    COMMAND :0030        MON :0200
```

Bild 9.25. Programm zum Test der Capture Betriebsart.

Die CCU im Vergleichsmodus

Die CCU kann auch verwendet werden, um eigenständig pulsweitenmodulierte Signale zu erzeugen. Dazu benutzt man den Vergleichsmodus. Durch das CCEN-Register kann jede der Registereinheiten CC1, CC2, CC3 (und gegebenenfalls auch CRC) einzeln in den Compare- (= Vergleichs-) Modus geschaltet werden. Im Vergleichsmodus vergleicht die Hardware laufend den Inhalt des Compare-Registers (also z. B. CCL1, CCH1) mit dem Inhalt von Timer 2. Wenn beide 16-Bit Werte übereinstimmen, wird das Vergleichssignal erzeugt. Dieses Signal kann nun zwei verschiedene Vorgänge bewirken.

Modus 0

Im Modus 0 wird das Vergleichssignal zum Toggeln eines Ausgangsbits verwendet. Damit kann man z. B. ein pulsweitenmoduliertes Signal erzeugen. Um beim Compare-Modus der CCU diesen Modus anzuwählen, muß Bit 2 (T2CM) im T2CON Register auf den Wert 0 gesetzt werden. Wir legen unserer Betrachtung wieder die Verwendung des Registers CC1 zugrunde. Das im Compare-Modus erzeugte Signal erscheint dann am Port P1.1. Das Vergleichssignal setzt das Portbit. Er wird wieder zurückgesetzt, wenn Timer 2 überläuft. Ein Schreibzugriff auf diesen Port hat keine Auswirkungen in Modus 0, das Portlatch wird hier ausschließlich von dem Vergleichssignal und TF2 (Überlauf) beeinflußt.

Beispiel für Modus 0: Pulsweiten-Modulation (PWM)

Wie kann man nun mit diesem Mechanismus ein pulsweitenmoduliertes Signal erzeugen? Im Grunde ganz einfach: Man läßt den Timer 2 im Reload-Betrieb laufen. Der Reload-Wert (im 16-Bit Register CRCL, CRCH) legt dann die Periodendauer des Signals fest. Ist der Reload-Wert z. B. 0FF00 H, so beträgt die Periodendauer 256 Mikrosekunden (bei Verwendung des internen 1 MHz Taktes). Steht nun im Register CC1 der Wert 0FF01 H, so wird der Port P1.1 sofort nach dem Reload gesetzt, und erst mit dem nächsten Reload zurückgesetzt. Es entsteht ein Signal, das 255 von 256 Mikrosekunden auf 1 steht. Hat das CC1-Register hingegen den Wert 0FF80 H, so entsteht ein Signal mit einem Tastverhältnis von 128 zu 128 Mikrosekunden. Durch den Wert im CC1-Register kann man also die Pulsweite auf einfache Weise modulieren.

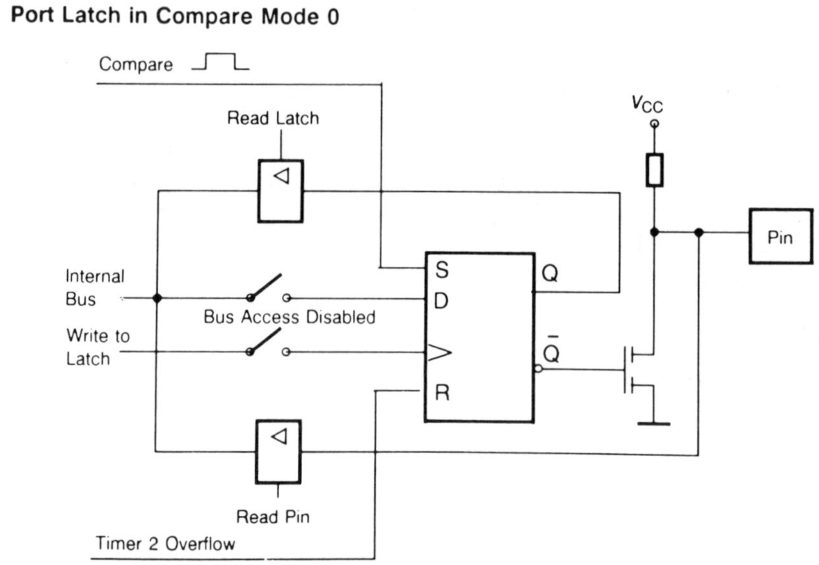

Bild 9.26. Funktionsdiagramm der Port Latches P1.0 bis P1.3 im Compare-Modus 0.

PWM in der Praxis

Von der Theorie zur Praxis. Folgendes Problem wollen wir lösen: Mit zwei Potis P 1 und P 2 soll die Helligkeit von zwei Glühlampen gesteuert werden. Die Schaltung zeigt Bild 9.27. Wir gehen dabei folgendermaßen zu Werke: Die Spannung formen wir mit dem A/D-Wandler des 80C535 in einen digitalen Wert um (Kanal 0 und 1). Die damit vorliegenden Werte (zwischen 0 und 255) nutzen wir zur Erzeugung zweier PWM-Signale an Pin P1.2 und P1.3. Wir verwenden die Compare-Register CC2 (PWM an Pin P1.2) und CC3 (PWM an Pin P1.3). Das vollständige Programm ist in Bild 9.28. dargestellt. Man erkennt, in welcher Kürze sich diese Aufgabe lösen läßt.

Als Periodenlänge der PWM-Signale wählen wir 256 Mikrosekunden. Diese legen wir in den Zeilen 23 und 24 des Listings fest. Die höherwertigen Bytes der Compare-Register CC2 und CC3 setzen wir jeweils auf 0FF H = 255, das niederwertige Byte entstammt später der A/D-Wandlung.

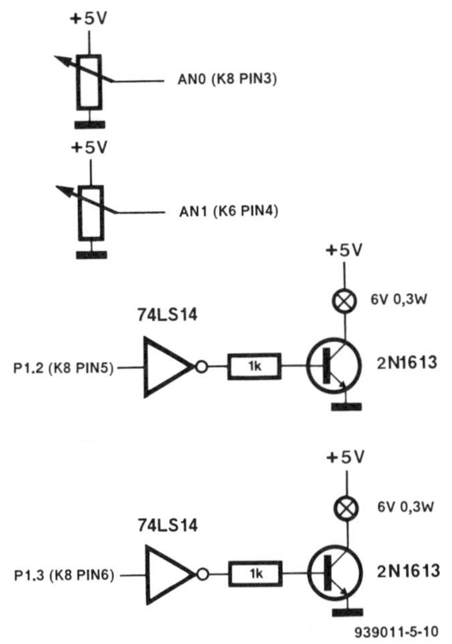

Bild 9.27. Mit dieser Schaltung und einem entsprechenden Programm können zwei Lampen in der Helligkeit gesteuert werden.

In Zeile 30 programmieren wir die beiden Compare-Register CC1 und CC2 auf die Betriebsart Compare. Dann müssen wir den Timer 2 noch programmieren, dies geschieht in Zeile 31, wobei wir gleichzeitig die ganze CCU in den Comparemodus 0 schalten. Von jetzt an werden bereits die PWM-Signale automatisch erzeugt. Die beim Label LOP beginnende Schleife sorgt nur dafür, daß die Compare-Register immer mit den Werten nach der A/D-Wandlung geladen werden. Zuerst wird der Kanal 0 gewandelt (Zeile 32 und 33, sowie das Unterprogramm ADC1). Der resultieredne Wert wird in das CCL2-Register geschrieben. Danach kommt A/D-Kanal 1 an die Reihe und es geht beim Label LOP von vorne los.

Wer sich an eine echte Aufgabe heranwagen will, der programmiere eine netzsynchrone dreifach Phasenanschnittsteuerung für 12 Volt Halogenlampen mit Hilfe von CC1, CC2 und CC3. Wegen der hohen Ströme für die Lampen ist diese Anwendung jedoch mit etwas Hardwareaufwand verbunden.

Modus 1: Erzeugung exakter Signale

Bisher haben wir uns auf den Compare-Modus 0 der CCU beschränkt. Der Compare-Modus 1 wird aktiviert, indem Bit 2 (T2CM) in T2CON gesetzt wird. Dann kommt die in Bild 9.29. dargestellte Port-Bit Ausgangsschaltung zum Tragen. Wir gehen wieder davon aus, daß CC1 verwendet werden soll. Beschreibt man in diesen Modus das Port-Bit P1.1, so gelangt der Bit-Wert nicht direkt an das Ausgangslatch, sondern wird in einem Schattenregister zwischengespeichert. Erst beim nächsten, in unserm Beispiel von CC1 gelieferten, Compare-Signal wird das Bit in das Ausgangsregister übernommen. Diese Betriebsart dient dazu, programmgesteuert jitterfreie Signale zu erzeugen. Die Software hat dazu den neuen Bit-Wert allerdings immer rechtzeitig, d. h. bevor das nächste Vergleichsereignis eintritt, in das Schattenregister zu schreiben.

Wie das Compare-Signal entsteht, wird besonders deutlich in Bild 9.30. gezeigt.

```
****** LISTING of EASM52 (535BSP7) ******
LINE LOC  OBJ        T        SOURCE
   1 0000                ;  535BSP7
   2 0000                ;                                   ; Spezial Funktionsregister
   3 0000                ACC   EQU 0E0H
   4 0000                DPL   EQU 082H
   5 0000                DPH   EQU 083H
   6 0000                ADCON EQU 0D8H
   7 0000                ADDAT EQU 0D9H
   8 0000                DAPR  EQU 0DAH
   9 0000                ;
  10 0000                CCEN  EQU 0C1H
  11 0000                CCL2  EQU 0C4H
  12 0000                CCH2  EQU 0C5H
  13 0000                CCL3  EQU 0C6H
  14 0000                CCH3  EQU 0C7H
  15 0000                CRCL  EQU 0CAH
  16 0000                CRCH  EQU 0CBH
  17 0000                ;
  18 0000                T2CON EQU 0C8H
  19 0000                TL2   EQU 0CCH
  20 0000                TH2   EQU 0CDH
  21 0000                ;
  22 0000                        ORG   4100H               ; Programm startet auf 4100H
  23 4100 75 CA 00 [2] MAIN      MOV   CRCL,#0             ; Reload Wert is 0FF00H
  24 4103 75 CB FF [2]           MOV   CRCH,#255
  25 4106 75 C4 00 [2]           MOV   CCL2,#0             ; Compare Wert=0FF00H bei CC2 und CC3
  26 4109 75 C5 FF [2]           MOV   CCH2,#255
  27 410C 75 C6 00 [2]           MOV   CCL3,#0
  28 410F 75 C7 FF [2]           MOV   CCH3,#255
  29 4112
  30 4112 75 C1 A0 [2]           MOV   CCEN,#10100000B     ; CC2 und CC3 auf COMPARE
  31 4115 75 C8 11 [2]           MOV   T2CON,#00010001B    ; Reload mit 1 MHz Takt
  32 4118 74 00    [1] LOP       MOV   A,#0                ; Kanal 0
  33 411A 12 41 28 [2]           LCALL ADC1                ; AD-wandeln
  34 411D F5 C4    [1]           MOV   CCL2,A              ; and als LSB des COMPARE Werts verwenden
  35 411F 74 01    [1]           MOV   A,#1                ; Kanal 1
  36 4121 12 41 28 [2]           LCALL ADC1
  37 4124 F5 C6    [1]           MOV   CCL3,A              ; ergibt LSB von CC3
  38 4126 80 F0    [2]           SJMP  LOP
  39 4128                ;
  40 4128 44 10    [1] ADC1      ORL   A,#00010000B        ; start ADC bit setzen
  41 412A F5 D8    [1]           MOV   ADCON,A             ; AD control setzen
  42 412C 75 DA 00 [2]           MOV   DAPR,#0             ; AD conversion starten von 0..5 Volt
  43 412F 20 DC FD [2] BSY       JB    ADCON.4,BSY         ; warte bis fertig
  44 4132 E5 D9    [1]           MOV   A,ADDAT             ; Ergebnis holen
  45 4134 22       [2]           RET
  46 4135                        END
********** SYMBOLTABLE (20 symbols) **********
     ACC :00E0       DPL :0082       DPH :0083     ADCON :00D8
   ADDAT :00D9      DAPR :00DA      CCEN :00C1      CCL2 :00C4
    CCH2 :00C5      CCL3 :00C6      CCH3 :00C7      CRCL :00CA
    CRCH :00CB     T2CON :00C8       TL2 :00CC       TH2 :00CD
    MAIN :4100       LOP :4118      ADC1 :4128       BSY :412F
```

920152 - 13
939011-5-9

Bild 9.28. Dieses Programm liefert zwei PWM-Signale, mit denen die Lampen angesteuert werden.

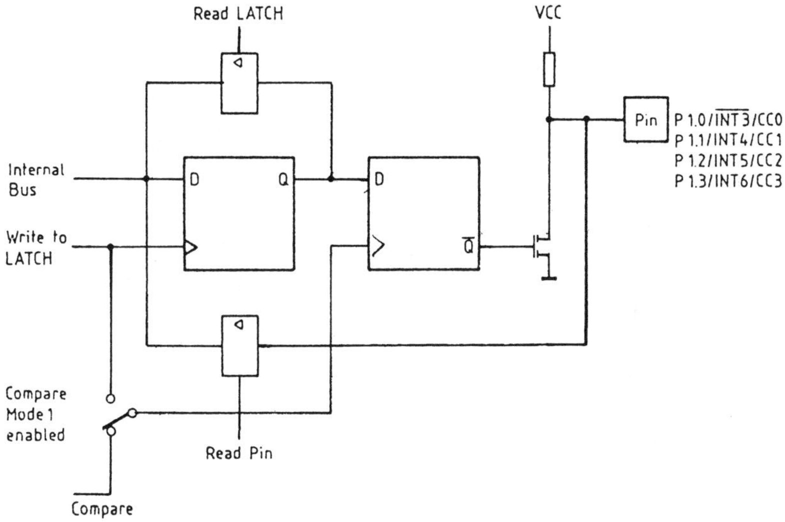

939011 - 5 - 99

Bild 9.29. Funktionsdiagramm der Port Latches P1.0 bis P1.3 in Modus 1.

Da das Bit T2CM, das die Auswahl zwischen Compare-Modus 0 und 1 erlaubt, nur ein einziges mal vorhanden ist, muß man alle Compare-Register im gleichen Modus betreiben. Einzelne CC-Register können allerdings unabhängig vom gewählten Compare-Modus im Capture-Modus betrieben werden, indem man die entsprechenden Bits im CCEN-Register setzt.

Erzeugung unabhängiger PWM-Signale

Im letzten Beispiel haben wir PWM-Signale erzeugt, die allerdings gekoppelt waren. Die Periodendauer war für beide Signale durch den Reload-Wert von Timer 2 festgelegt. Außerdem tritt in Modus 0 die negative Flanke aller PWM-Signale gleichzeitig auf. Lediglich die Pulsdauer kann variiert werden. Ein Schrittmotor beispielsweise benötigt zwei phasenverschobene Rechtecksignale, die in dieser Betriebsart nicht erzeugt werden können. Modus 1 bietet nun die Möglichkeit, völlig unabhängige PWM-Signale zu erzeugen. Das Listing in Bild 9.31. zeigt, wie das geht.

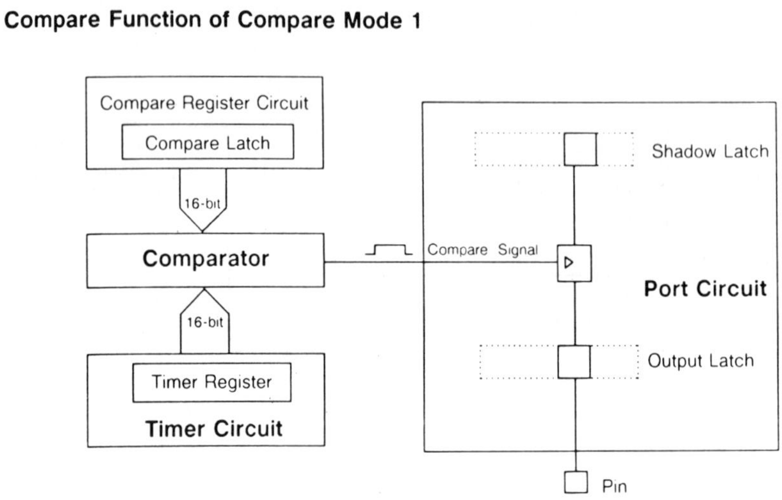

Bild 9.30. Erzeugung des Compare-Signals in Modus 1 und Ausgabe auf den Port.

Initialisierung

Konkrete Anwendungsbeispiele für diese Betriebsart würden hier zu weit führen. Wir wollen uns deshalb darauf beschränken, das Funktionsprinzip aufzuzeigen. Unser Programm besteht im wesentlichen aus zwei Interruptroutinen, die die beiden PWM-Signale erzeugen. Damit die Interrupts bedient werden können, müssen wir zuerst einige Register (SFRs) initialisieren. Das ist für einen Anfänger mitunter die schwierigste Aufgabe. Ein falsches Bit, und das Programm läuft nicht so, wie es der Programmierer gerne hätte. Die Anzahl der Befehle in der Initialisierung hält sich jedoch auch hier in Grenzen. Zunächst werden die beiden Interrupts EXINT4 und EXINT5 eingekettet. Hier noch einmal der Hinweis, daß dieses Programm nur mit dem Monitor-Eprom EMON52 läuft. Danach werden die notwendigen SFRs initialisiert. Das Register T2CON steuert Timer 2, den wir für diese Anwendung benötigen. Die Bits T2I0 und T2I1 (T2CON.0 und T2CON.1) legen die Zeitgeberfunktion für Timer 2 fest. Mit Bit T2PS (T2CON.7) bestimmen wir die Frequenzunterteilung zu $f_{osz}/12$. T2CM (T2CON.2) schaltet in dieser Konfiguration den Compare-Modus 1 ein. Die Bits T2R1 und T2R0 (T2CON.4 und T2CON.3) schalten den Reload-Modus von Timer 2 aus. Der Timer läuft somit durch. Nach dem Zählerstand 0FFFF H erfolgt der Überlauf auf 0000.

```
****** LISTING of EASM52 (535BSP8) ******
LINE LOC  OBJ    T       SOURCE
 1   0000              ; **********************
 2   0000              ; * DATEI 535BSP8.A51 *
 3   0000              ; *********************
 4   0000              ;
 5   0000              ; 2 unabhängige PWM-Signale
 6   0000              ;————————————————
 7   0000              ;
 8   0000              ; SFR-Zuweisungen
 9   0000              ;——————————
10   0000              T2CON     EQU   0C8H
11   0000              TL2       EQU   0CCH
12   0000              TH2       EQU   0CDH
13   0000              CCEN      EQU   0C1H
14   0000              CCL1      EQU   0C2H
15   0000              CCH1      EQU   0C3H
16   0000              CCL2      EQU   0C4H
17   0000              CCH2      EQU   0C5H
18   0000              IRCON     EQU   0C0H
19   0000              P1        EQU   090H
20   0000              ACC       EQU   0E0H
21   0000              B         EQU   0F0H
22   0000              PSW       EQU   0D0H
23   0000              IEN0      EQU   0A8H
24   0000              IEN1      EQU   0B8H
25   0000
26   0000              ; RAMs
27   0000              ; ——
28   0000                        ORG   20H      ;Bitadressierbarer Bereich
29   0020              FLAGS     DS    1
30   0021                        ORG   30H      ;Monitor-RAM
31   0030              COMMAND   DS    1
32   0031                        ORG   50H      ;Anwender-RAMs
33   0050              PWM1_L    DS    1        ;Periodendauer PWM1
34   0051              PWM1_H    DS    1        ;   "     "   "
35   0052              PD1_L     DS    1        ;Comparewert für nächste
36   0053              PD1_H     DS    1        ;positive Flanke PWM1
37   0054              PWM2_L    DS    1        ;Periodendauer PWM2
38   0055              PWM2_H    DS    1        ;   "     "   "
39   0056              PD2_L     DS    1        ;Comparewert für nächste
40   0057              PD2_H     DS    1        ;positive Flanke PWM2
41   0058
42   0058                        ORG   70H      ;Bit-Adressen in RAM FLAGS
43   0070              B_P11     DS    1        ;Zustandsbit PWM1-Pegel
44   0071              B_P12     DS    1        ;Zustandsbit PWM2-Pegel
45   0072
46   0072              ; Konstanten
47   0072              ;-----------
48   0072              PER1_H    EQU   27H      ;10ms (10000us) Periodendauer
49   0072              PER1_L    EQU   10H      ;10000dez = 2710H
50   0072
51   0072              PER2_H    EQU   75H      ;30ms (30000us) Periodendauer
52   0072              PER2_L    EQU   30H      ;30000dez = 7530H
53   0072
54   0072              IMP1_H    EQU   07H      ;2.0ms (2000us) Impulsdauer
55   0072              IMP1_L    EQU   13H      ;2000dez = 0713H
56   0072
57   0072              IMP2_H    EQU   05H      ;1.5ms (1500us) Impulsdauer
58   0072              IMP2_L    EQU   0DCH     ;1500dez = 05DCH
```

```
0072
0072                 ; Konstanten für Monitor
0072                 ;———————————————
0072                 MON       EQU      200H                       ;Einsprungadresse Monitorroutine
0072                 ccLINK    EQU      40H                        ;Kommando für Interrupt einketten
0072
0072                 ; Programmcode
0072                 ;————————
0072                           ORG      4100H
4100                 ; Einketten der Interrupts
4100                 ;———————————————
4100  74 0A     [1]            MOV      A,#10                      ;Interrupt 4
4102  90 41 31  [2]            MOV      DPTR,#EXINT4               ;
4105  75 30 40  [2]            MOV      COMMAND,#ccLINK            ;
4108  12 02 00  [2]            LCALL    MON                        ;
410B  74 0B     [1]            MOV      A,#11                      ;Interrupt 5
410D  90 41 6D  [2]            MOV      DPTR,#EXINT5               ;
4110  75 30 4   [2]            MOV      COMMAND,#ccLINK            ;
4113  12 02 0   [2]            LCALL    MON                        ;
4116
4116                 ; Initialisieren einiger SFRs
4116                 ;———————————————
4116  75 C8 05  [2]            MOV      T2CON,#00000101B           ;Timer-Funktion, Comparemode 1
4119                                                               ;Reload ausgeschaltet, Zeit-
4119                                                               ;basis = fosz/12
4119  75 C1 28  [2]            MOV      CCEN,#00101000B            ;Comparemode für CC1 und CC2
411C  75 B8 18  [2]            MOV      IEN1,#00011000B            ;Interrupt EX4 und EX5
411F                                                               ;freigeben
411F  75 A8 80  [2]            MOV      IEN0,#10000000B            ;Interrupt global freigeben
4122
4122                 ; Hauptprogramm
4122                 ;————————
4122  75 51 07  [2]  MAIN:     MOV      PWM1_H,#IMP1_H             ;Konstanten für PWM-Dauer
4125  75 50 13  [2]            MOV      PWM1_L,#IMP1_L             ;in RAMs ablegen
4128  75 55 05  [2]            MOV      PWM2_H,#IMP2_H             ;
412B  75 54 DC  [2]            MOV      PWM2_L,#IMP2_L             ;
412E  02 41 22  [2]            LJMP     MAIN                       ;das war`s schon
4131
4131                 ; Interruptroutinen
4131                 ;——————————
4131                 EXINT4:
4131  C0 E0     [2]            PUSH     ACC                        ;Register auf dem Stapel
4133  C0 D0     [2]            PUSH     PSW                        ;retten
4135  C0 F0     [2]            PUSH     B                          ;
4137  20 70 22  [2]            JB       B_P11,L11H                 ;Ist High- oder Lowphase
413A  E5 C2     [1]            MOV      A,CCL1                     ;aktiv ?
413C  F5 F0     [1]            MOV      B,A                        ;alter Comparewert in B
413E  25 50     [1]            ADD      A,PWM1_L                   ;retten, Summe CCL1 plus
4140  F5 C2     [1]            MOV      CCL1,A                     ;PWM1_L nach CCL1 (neuer
4142  E5 F0     [1]            MOV      A,B                        ;Wert, für nächsten Compare)
4144  24 10     [1]            ADD      A,#PER1_L                  ;Comparewert für nächste
4146  F5 52     [1]            MOV      PD1_L,A                    ;pos. Flanke hier schon in
4148  E5 C3     [1]            MOV      A,CCH1                     ;PD1_L ablegen
414A  F5 F0     [1]            MOV      B,A                        ;das gleiche für Highbyte
414C  35 51     [1]            ADDC     A,PWM1_H                   ;ADDC-Befehl, damit ein
414E  F5 C3     [1]            MOV      CCH1,A                     ;Überlauf des vorhergehenden
4150  E5 F0     [1]            MOV      A,B                        ;ADD-Befehl berücksichtigt ist
4152  34 27     [1]            ADDC     A,#PER1_H                  ;
4154  F5 53     [1]            MOV      PD1_H,A                    ;
4156  C2 91     [1]            CLR      P1.1                       ;P1.1-Schattenlatch löschen
```

```
4158  D2 70     [1]          SETB               ;B_P11;B_P11 setzen für Abfrage am
415A  80 0A     [2]          SJMP   EX4E        ;Anfang der Interruptroutine.
415C  85 52 C2  [2] L11H:    MOV    CCL1,PD1_L  ;zu Beginn der Lowphase das
415F  85 53 C3  [2]          MOV    CCH1,PD1_H  ;Compareregister PD1 laden
4162  D2 91     [1]          SETB   P1.1        ;und Port vorbesetzen
4164  C2 70     [1]          CLR    B_P11       ;
4166  D0 F0     [2] EX4E:    POP    B           ;Register wieder restaurieren
4168  D0 D0     [2]          POP    PSW         ;
416A  D0 E0     [2]          POP    ACC         ;
416C  32        [2]          RETI               ;
416D
416D
416D                EXINT5:                     ;Interrupt 5 sieht genauso
416D  C0 E0     [2]          PUSH   ACC         ;aus wie Interrupt 4, nur
416F  C0 D0     [2]          PUSH   PSW         ;die Register und RAMs müssen
4171  C0 F0     [2]          PUSH   B           ;angepasst werden
4173  20 71 22  [2]          JB     B_P12,L12H  ;
4176  E5 C4     [1]          MOV    A,CCL2      ;
4178  F5 F0     [1]          MOV    B,A         ;
417A  25 54     [1]          ADD    A,PWM2_L    ;
417C  F5 C4     [1]          MOV    CCL2,A      ;
417E  E5 F0     [1]          MOV    A,B         ;
4180  24 30     [1]          ADD    A,#PER2_L   ;
4182  F5 56     [1]          MOV    PD2_L,A     ;
4184  E5 C      [1]          MOV    A,CCH2      ;
4186  F5 F0     [1]          MOV    B,A         ;
4188  35 55     [1]          ADDC   A,PWM2_H    ;
418A  F5 C5     [1]          MOV    CCH2,A      ;
418C  E5 F0     [1]          MOV    A,B         ;
418E  34 75     [1]          ADDC   A,#PER2_H   ;
4190  F5 57     [1]          MOV    PD2_H,A     ;
4192  C2 92     [1]          CLR    P1.2        ;
4194  D2 71     [1]          SETB   B_P12       ;
4196  80 0A     [2]          SJMP   EX5E        ;
4198  85 56 C4  [2] L12H:    MOV    CCL2,PD2_L  ;
419B  85 57 C5  [2]          MOV    CCH2,PD2_H  ;
419E  D2 92     [1]          SETB   P1.2        ;
41A0  C2 71     [1]          CLR    B_P12       ;
41A2  D0 F0     [2] EX5E:    POP    B           ;
41A4  D0 D0     [2]          POP    PSW         ;
41A6  D0 E0     [2]          POP    ACC         ;
41A8  32        [2]          RETI               ;
41A9                         END
********* SYMBOLTABLE (44 symbols) **********
```

T2CON :00C8	TL2 :00CC	TH2 :00CD	CCEN :00C1
CCL1 :00C2	CCH1 :00C3	CCL2 :00C4	CCH2 :00C5
IRCON :00C0	P1 :0090	ACC :00E0	B :00F0
PSW :00D0	IEN0 :00A8	IEN1 :00B8	FLAGS :0020
COMMAND :0030	PWM1_L :0050	PWM1_H :0051	PD1_L :0052
PD1_H :0053	PWM2_L :0054	PWM2_H :0055	PD2_L :0056
PD2_H :0057	B_P11 :0070	B_P12 :0071	PER1_H :0027
PER1_L :0010	PER2_H :0075	PER2_L :0030	IMP1_H :0007
IMP1_L :0013	IMP2_H :0005	IMP2_L :00DC	MON :0200
ccLINK :0040	MAIN :4122	EXINT4 :4131	L11H :415C
EX4E :4166	EXINT5 :416D	L12H :4198	EX5E :41A2

Bild 9.31. Erzeugung von PWM-Signalen in Modus 1

Die restlichen beiden Bits in diesem SFR (I2FR und I3FR) werden für den Compare-Modus nicht benötigt, wir beschreiben sie deshalb mit 0. Mit dem Initialisierungswert von CCEN sperren wir die Compare-Capture-Funktion für die Register CRC und CC3, und geben den Compare-Modus für CC1 und CC2 frei. Damit die Compareereignisse an Port P1.1 und P1.2 PWM-Signale erzeugen, müssen wir die zugehörigen Interrupts INT4 (für CC1), sowie INT5 (für CC2) freigeben. Das erreichen wir durch Setzen der entsprechenden Bits in IEN 1. Um die Interrupts global zu erlauben, muß Bit 7 in IEN 0 gesetzt sein. Damit ist die Initialisierung schon abgeschlossen.

Hauptprogramm

Das Hauptprogramm besteht nur darin, die Doppelbytes PWM1 (_L und _H), sowie PWM2 mit den vorgegebenen Festwerten zu refreshen. Je nach Anwendungsfall können hier veränderliche Werte übergeben werden. Spreizen Sie beispielsweise durch Multiplikation mit einer Konstanten den Wertebereich eines gewandelten Analogwertes auf 16 Bit, und übergeben das Produkt dem CC1- bzw. CC2-Register. Der Multiplikator richtet sich nach der Größe der Periodendauer, damit 255 Inkremente des digitalisierten Wertes 100 % Tastverhältnis entsprechen.

Interrupts

Im Programm folgen nun die beiden Interruptroutinen EXINT4 und EXINT5. Diese beiden Sequenzen unterscheiden sich nur dadurch, daß im einen Fall das CC1-Register mit dem Portpin P1.1, im andern Fall CC2 mit P1.2 bedient wird. In folgenden wollen wir deshalb in der Beschreibung nur die Größen für INT4 nennen. Die erste Aktion in der Interruptroutine ist das Pushen von 3 Registern, da diese Bytes beeinflußt werden. Als nächstes fragen wir das Bit B_P11 ab, das den Pegel des PWM-Signals wiedergibt. Wir benutzen hier wieder den Umweg über ein zusätzliches Bit – bei direkter Abfrage des Portpegels könnte der logische Wert des Ports falsch interpretiert werden, wenn ein angeschlossener Transistor den Spannungspegel auf die Basis-Emitter-Spannung zwingt.

Wir unterscheiden nun zwei Zustände: der Interrupt wird ausgelöst bei der steigenden Flanke von P1.1, und an der fallenden Flanke. Beide Flankenwechsel werden durch das Compareereignis ausgelöst. Das heißt: Timer 2 hat den in den Compareregistern CC1 gespeicherten Wert erreicht. Im ersten Fall, bei der steigenden Flanke müssen wir das Compareregister mit einem neuen Wert laden, der sich aus der Summe des aktuellen CC1-Wertes plus PWM-Dauer ergibt. Diese Summe entspricht dem neuen Comparewert. Für dieses folgende Compareereignis setzen wir das Schattenlatch P1.1 auf 0. Das Ausgangslatch übernimmt diese Information beim nächsten Compare. In dieser Phase ist der Portpegel HIGH, deshalb setzen wir das Bit B_P11 auf 1. Beim nächsten Compareinterrupt benötigen wir dieses Bit wieder, um festzustellen, in welchem Zustand sich das PWM-Signal befindet. In diesem Programmteil berechnen wir auch gleich den Timer 2 Wert, bei dem die nächste positive Flanke erzeugt werden soll. Diesen Wert erhalten wir aus der

Summe des Inhalts des CC1-Registers (CCL1, CCH1) und dem 16-Bit Wert für die Periodendauer (PER1_H, PER1_L). Die Summe speichern wir in die RAM-Bereiche PD1_H und PD1_L ab. Für diese Berechnung benötigen wir den alten CC1-Wert, den wir in den beiden RAM-Zellen AUXCCL1 und AUXCCH1 speichern, bevor sie mit den neuen Comparewerten überschrieben werden. Dieser Weg ist nur einer von vielen, er besticht durch seine Übersichtlichkeit. Allerdings benötigen wir zum Retten der alten Comparewerte zusätzlich 2 RAM-Speicherplätze. Für solche Fälle werden sehr gerne die XCH-Befehle eingesetzt, um mit weniger zusätzlichen Zwischenspeichern auszukommen. Der Programmcode wird aber durch solche Programmiertricks leicht unübersichtlich.

Beim nächsten durch den Compare ausgelösten Interrupt ist das Bit B_P11 gesetzt, die Interruptroutine verzweigt zum Label L11H. Dort werden die CC1-Register mit den im letzten Interrupt berechneten Comparewerten in PD1 geladen. Das Schattenlatch P1.1 belegen wir mit dem Wert 1 vor, so daß der Portpin P1.1 beim nächsten Compareereignis auf HIGH-Pegel geht.

Problematik

Diese Vorgehensweise, den Comparewert für die positive Flanke schon bei der vorangegangenen positiven Flanke zu berechnen, hat seinen Grund. Damit ist nämlich gewährleistet, daß bei sich ändernden Pulsdauern die Periodendauer exakt eingehalten wird. Das wäre nicht der Fall, wenn erst bei der negativen Flanke durch Differenzbildung von Periodendauer und aktueller Pulsdauer der neue CC1-Wert berechnet würde. Eine weitere Schwierigkeit, die hier auftreten könnte, haben wir ebenfalls gelöst. Vielleicht haben Sie sich gefragt, warum wir in der Interruptroutine zuerst durch Addition mit PWM1_L das Lowbyte berechnen, aber nicht sofort CCL1 übergeben, sondern zuerst den neu berechneten Wert für CCH1 abspeichern. Bei der Addition des Highbytes PWM1_H mit CCH1 müssen wir den Überlauf bei der Summation des LOW-Anteils berücksichtigen, deshalb zuerst die Berechnung des Lowbytes. Wenn wir diesen Wert aber gleich in CCL1 eintragen, dann steht CCH1 noch auf dem alten Wert. Wenn nun in der Zwischenzeit, bevor CCH1 aktuallisiert wird, Timer 2 diesen Wert erreicht, wird ein ungewolltes Compareereignis ausgelöst. Diesen Effekt umgehen wir, wenn wir das neu berechnete Lowbyte zwischenspeichern und erst CCL1 übergeben, wenn CCH1 beschrieben wurde.

Ein anderes Problem können wir aber nicht umgehen. Für kleine Pulsbreiten kann der Fall eintreten, daß nach Abspeichern des neuen Wertes nach CCH1, CCL1 Timer 2 diesen Comparewert schon passiert hat. In diesem Fall läuft der Timer einmal ganz durch und erzeugt mit 65536 μsec Verspätung die Flanke. Das gleiche Problem tritt natürlich bei sehr langen Pulsweiten auf, wenn die Pulspause sehr klein wird. Wie groß der zeitliche Abstand der PWM-Flanken mindestens sein muß, läßt sich leicht abschätzen. Nachdem durch das Compareereignis der Flankenwechsel ausgelöst wurde, muß bis zum nächsten berechneten Timer 2 Comparewert die Interruptroutine mindestens bis zu dem Befehl abgearbeitet sein, der das Schattenlatch neu vorbelegt. Sollten im Programm noch weitere Interrupts aktiv sein, so müssten gegebenenfalls den Compareinterrupts höhere Prioritäten zugewiesen werden, damit die Zeiten bis zum Bedienen dieser Interrupts klein gehalten werden können. Auf alle Fälle sollten die PWM-Werte im Hintergrund auf Minimal- und Maximalwerte begrenzt werden.

Die Capture-Compare-Einheit ist eine recht komplexe on-chip-Peripherie, die in diesem Rahmen unmöglich bis ins letzte Detail beschrieben werden kann. Die hier gegebenen Informationen sind daher für manche Anwendung unzureichend. Das exakte Timing der einzelnen Schritte haben wir beispielsweise völlig außer Acht gelassen. Wer also präzise und vollständige Kenntnisse benötigt, sei nochmals auf die Datenbücher verwiesen.

Ansteuerung des LC-Displays

Für die LCD-Ansteuerung wählen wir beim 80C535-Board den 4-Bit-Transfer, da wir das Display direkt über Port P5 ansteuern. Außer den vier Datenleitungen benötigen wir noch drei Steuerleitungen, so daß wir mit insgesamt 7 Leitungen auskommen. Die Verbindungen zwischen Compuboard und Display können Sie der Beschreibung der Erweiterungsplatine entnehmen. Die LCD-Kommandos haben wir schon kennengelernt, wir brauchen hier nur noch ein Beispiel, das uns zeigt, wie wir das Display in diesem Modus ansprechen. Hierzu sehen wir uns das Programmbeispiel 535BSP9.A51 in Bild 9.32. an.

Das Hauptprogramm ist ganz einfach. Mit Programmstart an Adresse 4100 H bringt man das Display in den 2-Zeilen-Modus, mit Startadresse 4110 H wird nur eine Zeile dargestellt. Hierfür übergibt man dem Register R0 den geeigneten Wert und ruft das Unterprogramm LCDSET auf. Als nächstes wird dem Datenpointer die Adresse des ersten Bytes übergeben, an dem der auszugebende Text im Programmspeicher steht. Die Ausgabe startet man mit Aufruf des Unterprogrammes STXT. Damit wird die erste Zeile ausgegeben. Bevor auf die gleiche Weise der Text für die zweite Zeile ausgegeben wird, muß das Unterprogramm COMOUT aufgerufen werden. Nachdem auch der Text für die zweite Zeile ausgegeben ist, verabschiedet sich das Programm und springt an Adresse 0 im Monitorprogramm. Die Information, die das Display anzeigt, bleibt erhalten.

Die drei Unterprogramme im Hauptprogramm rufen ihrerseits weitere Unterprogramme auf. Wenn Sie in eigenen Projekten das LC-Display einsetzen wollen, benötigen Sie alle in diesem Beispiel aufgerufenen Unterprogramme. Dieses Programmbeispiel gibt nur einen Text aus. In der Praxis möchte man außer Texten natürlich auch Daten und Meßwerte darstellen. Sie sollten deshalb versuchen, diese Routinen in einige bisher schon besprochenen Programmbeispiele einzubauen und auf diese Weise Erfahrungen zu sammeln.

```
****** LISTING of EASM52 (535BSP9) ******
LINE LOC  OBJ       T            SOURCE
 1   0000                ; File LCD5.A51  LCD connection via 4 Bit data bus
 2   0000                ;
 3   0000                P5          EQU      0F8H
 4   0000                ACC         EQU      0E0H
 5   0000                ;
 6   0000                LCD_E       EQU      P5.2
 7   0000                LCD_RW      EQU      P5.1
 8   0000                LCD_RS      EQU      P5.0
 9   0000                LCD         EQU      P5
10   0000                ;
11   0000                PRG1        ORG      4100H
12   4100 78 28     [1]              MOV      R0,#00101000B     ; function set TWO LINES
13   4102 02 41 12  [2]              LJMP     START1
14   4105                PRG2        ORG      4110H
15   4110 78 20     [1]              MOV      R0,#00100000B     ; function set ONE LINE 5x7 dots
16   4112 12 41 8E  [2] START1       LCALL    LCDSET
17   4115 90 41 29  [2]              MOV      DPTR,#txt1
18   4118 12 41 3E  [2]              LCALL    STXT
19   411B 74 A8     [1]              MOV      A,#080H+040
20   411D 12 41 5F  [2]              LCALL    COM_OUT
21   4120 90 41 31  [2]              MOV      DPTR,#txt2
22   4123 12 41 3E  [2]              LCALL    STXT
23   4126 02 00 00  [2]              LJMP     0
24   4129                ;
25   4129 5A 65 69       txt1        DB       'Zeile 1',0
          6C 65 20
          31 00
26   4131 5A 77 65       txt2        DB       'Zweite Zeile',0
          69 74 65
          20 5A 65
          69 6C 65
          00
27   413E                ;
28   413E                ;————————————————————————————————————————————
29   413E                ;
30   413E E4        [1] STXT         CLR      A                 ; send text from program store at DPTR
31   413F 93        [2]              MOVC     A,@A+DPTR
32   4140 60 06     [2]              JZ       ETXT
33   4142 12 41 5B  [2]              LCALL    DAT_OUT
34   4145 A3        [2]              INC      DPTR
35   4146 80 F6     [2]              SJMP     STXT
36   4148 22        [2] ETXT         RET
37   4149                ;
38   4149 43 F8 F0  [2] RD_BSY       ORL      LCD,#0F0H         ; so we can use Bits 4..7 as inputs
39   414C D2 F9     [1]              SETB     LCD_RW            ; read mode
40   414E C2 F8     [1]              CLR      LCD_RS            ; command
41   4150 D2 FA     [1]              SETB     LCD_E             ; strobe on
42   4152 E5 F8     [1]              MOV      A,LCD             ; first read
43   4154 C2 FA     [1]              CLR      LCD_E             ; strobe off
44   4156 D2 FA     [1]              SETB     LCD_E             ; second read
45   4158 C2 FA     [1]              CLR      LCD_E             ; dont transfer
46   415A 22        [2]              RET                        ; Bit 7 is busy bit
47   415B                ;
48   415B D2 F8     [1] DAT_OUT      SETB     LCD_RS
49   415D 80 02     [2]              SJMP     OUT2
50   415F C2 F8     [1] COM_OUT      CLR      LCD_RS
51   4161 C0 E0     [2] OUT2         PUSH     ACC
52   4163 12 41 7D  [2]              LCALL    OUT_LCD
```

```
4166 D0 E0     [2]            POP     ACC
4168 C4        [1]            SWAP    A
4169 12 41 7D  [2] OUT1       LCALL   OUT_LCD
416C 12 41 49  [2] WT_BSY     LCALL   RD_BSY
416F 20 E7 FA  [2]            JB      ACC.7,WT_BSY
4172 22        [2]            RET
4173                 ;
4173 74 30     [1] SET8       MOV     A,#00110000B
4175 12 41 7D  [2]            LCALL   OUT_LCD
4178 74 32     [1]            MOV     A,#50          ; 5ms
417A 02 41 BE  [2]            LJMP    T100
417D                 ;
417D C2 F9     [1] OUT_LCD    CLR     LCD_RW
417F 54 F0     [1]            ANL     A,#0F0H
4181 53 F8 0F  [2]            ANL     LCD,#0FH
4184 42 F8     [1]            ORL     LCD,A          ; set data bits one
4186 D2 FA     [1]            SETB    LCD_E          ; strobe
4188 C2 FA     [1]            CLR     LCD_E
418A 53 F8 0F  [2]            ANL     LCD,#0FH       ; reset data bits to zero
418D 22        [2]            RET
418E                 ;
418E               LCDSET     EQU     $              ; initialize, destroys R1 uses R0 for function set
418E 53 F8 0F  [2]            ANL     P5,#0FH        ; data bits zero
4191 C2 F9     [1]            CLR     LCD_RW
4193 C2 F8     [1]            CLR     LCD_RS
4195 C2 FA     [1]            CLR     LCD_E
4197 74 96     [1]            MOV     A,#150
4199 12 41 BE  [2]            LCALL   T100           ; more than 15ms wait
419C 12 41 73  [2]            LCALL   SET8
419F 12 41 73  [2]            LCALL   SET8
41A2 12 41 73  [2]            LCALL   SET8
41A5 74 20     [1]            MOV     A,#00100000B   ; we are in 8 bit mode, switch to 4 bit
41A7 12 41 69  [2]            LCALL   OUT1
41AA E8        [1]            MOV     A,R0           ; function set byte
41AB 12 41 5F  [2]            LCALL   COM_OUT
41AE 74 0C     [1]            MOV     A,#00001100B   ; display on
41B0 12 41 5F  [2]            LCALL   COM_OUT
41B3 74 06     [1]            MOV     A,#00000110B   ; entry mode
41B5 12 41 5F  [2]            LCALL   COM_OUT
41B8 74 01     [1]            MOV     A,#00000001B   ; clear display
41BA 12 41 5F  [2]            LCALL   COM_OUT
41BD 22        [2]            RET
41BE                 ;
41BE 79 31     [1] T100       MOV     R1,#49         ; approx 100*ACC Microsecs with 12MHz Clock
41C0 D9 FE     [2] T1001      DJNZ    R1,T1001
41C2 D5 E0 F9  [2]            DJNZ    ACC,T100
41C5 22        [2]            RET
41C6                 ;
41C6                          END
********** SYMBOLTABLE (24 symbols) **********
    P5 :00F8         ACC :00E0        LCD_E :00FA     LCD_RW :00F9
    LCD_RS :00F8     LCD :00F8        PRG1 :4100      PRG2 :4110
    START1 :4112     txt1 :4129       txt2 :4131      STXT :413E
    ETXT :4148       RD_BSY :4149     DAT_OUT :415B   COM_OUT :415F
    OUT2 :4161       OUT1 :4169       WT_BSY :416C    SET8 :4173
    OUT_LCD :417D    LCDSET :418E     T100 :41BE      T1001 :41C0
```

Bild 9.32. Das Beispielprogramm 535BSP9 steuert das LC-Display im 4-Bit-Transfer an.

Ausblick

Damit sind die wichtigsten Möglichkeiten des 80C535 besprochen, wobei insbesondere die Möglichkeiten von Timer 2 und der Capture-Compare-Einheit nicht ganz einfach zu verstehen sind. Am besten wäre es, wenn man die angegebenen Programme tatsächlich ausprobiert. Durch geringfügige Änderungen kann man dann testen, ob man die einzelnen Funktionen verstanden hat. Damit stehen uns mit den Compuboards nun eine Reihe von interessanten Einsatzmöglichkeiten offen.

Der 80C535 bedeutet noch lange nicht das Ende der Fahnenstange in der Familie der 8051-Controller. Mit dem 80C537 ergeben sich nochmals erweiterte Möglichkeiten. Wegen seiner zwei seriellen Schnittstellen kann das Compuboard, wie wir es gewohnt sind, über die erste im Monitor-Betrieb vom PC geladen und gesteuert werden; die zweite serielle Schnittstelle steht für andere Aufgaben zur Verfügung. Die erweiterte Compare-Einheit des 80C537 bietet die Möglichkeit, auf einfache Weise noch mehr PWM-Signale auszugeben. Das kann gewinnbringend eingesetzt werden, wenn man diesen Controller beispielsweise in einem Akku-Ladegerät einsetzt, das mehrere Akkus unabhängig voneinander laden soll.

Die 8051-Serie ist durch dieses Buch so detailliert beschrieben worden, daß auch das Verständnis der Datenbücher nun kein Problem mehr sein dürfte. Die in Kapitel 11 beschriebenen Anwendungen zeigen nochmals die unterschiedlichsten Einsatzgebiete für die 8051-Controller Familie auf.

10. Stand-alone-Betrieb

Den Objekt-Code der bisher besprochenen Programmbeispiele haben wir via V24-Schnittstelle vom PC in das RAM auf dem Compuboard geladen. Das RAM fungiert ab dem Adressbereich 4000 H als Programmspeicher. Diese Vorgehensweise ist für die Software-Entwicklung ideal, da der Programmcode nach dem Assemblieren des Quellcodes direkt zum Compuboard übertragen und ausgeführt werden kann. Das ist ein wichtiger Gesichtspunkt, da dieser Vorgang bei der Entwicklung sehr oft wiederholt werden muß. Niemand wird so mutig sein, und ein Programm komplett von Anfang bis Ende schreiben zu wollen, ohne Zwischenstufen zu testen. Auch ein erfahrener Programmierer baut ein Programm schrittweise auf und testet die Entwicklungsstufen nach und nach. Programmfehler, die sicherlich nicht ausbleiben werden, können so besser lokalisiert werden.

Zum Betrieb des Compuboards war bisher der PC erforderlich, um den Programmcode zu laden. Sofern das Programm keine Monitor-Routinen aufruft, die Informationen am Bildschirm ausgeben, kann die Verbindung zum PC getrennt werden. Das Compuboard arbeitet somit alleine. Diese Betriebsart nennt man Stand-alone-Betrieb.

Nach Abschalten der Versorgungsspannung geht der im RAM abgelegte Programmcode verloren, falls nicht eine Batterie-Pufferung den Datenverlust verhindert. Auf dem 8032-Board sorgt eine Lithium-Batterie für den Erhalt der Daten nach Abschalten der Versorgung. Gehen wir davon aus, daß das RAM nicht gepuffert ist. Dann müssen wir bei jeder Inbetriebnahme des Compuboards das Programm neu laden. Das kann natürlich sehr lästig sein. Insbesondere dann, wenn wir das Board für einen bestimmten Anwendungszweck oft benutzen wollen. Dieses Problem kann man jedoch umgehen, indem der Programmcode vom flüchtigen RAM-Speicher in den nichtflüchtigen Eprom-Speicher verlagert wird. Damit ist das Compuboard jederzeit einsatzbereit.

10.1. Programmänderung für Eprom-Betrieb

Was müssen wir nun tun, wenn wir das Board auf diese Weise betreiben wollen? Zunächst müssen wir das Monitor-Eprom aus dem Sockel entfernen. An diese Stelle setzen wir das Eprom mit unserem Anwenderprogramm ein. Wir können aber nicht den für den Monitor-Betrieb erstellten Code verwenden, der Quellcode muß geringfügig abgeändert und neu assembliert werden.

Und nun zu den Änderungen, die wir vornehmen müssen. Zunächst müssen alle Monitor-Aufrufe entfernt werden. Bei den Aufrufen mit dem Übergabeparameter ccSNAP geht das unproblematisch, da diese Funktion nur zum Softwaretest eingebunden wird und lediglich einige Registerinhalte am Bildschirm ausgibt. Auch die Ausgabe von Texten auf dem Bildschirm mit dem Kommando ccSTXT kann einfach weggelassen werden. Anders verhält es sich beispielsweise mit der Monitor-Routine, die mit dem Kommando ccLTIME aufgerufen wird. Dieses Unterprogramm verursacht eine Wartezeit, die natürlich für den Programmablauf von Bedeutung ist. Zwei andere Beispiele sind die im Monitor vorhandenen Multiplikations- und Divisionsroutinen (ccMUL und ccDIV), die die Rechenoperationen auf 16-Bit-Größen erweitern. Diese Unterprogramme dürfen natürlich nicht einfach weggelassen werden. Sie müssen in den Programmcode der Programmbeispiele eingebunden werden. Hierzu kopiert man am einfachsten aus dem Quellcode des Monitor-Programms EMON52.A51 (auf der Buchdiskette vorhanden) den Bereich mit diesen Unterprogrammen heraus, und fügt sie in das zu bearbeitende Programm ein. Man plaziert es dort, wo das Einsprunglabel für das aufzurufende Unterprogramm steht. Der Schreibbefehl des Kommandos (z. B. ccMUL) in den RAM-Bereich COMMAND und der Sprungbefehl LJMP MON entfallen, da der Code des Unterprogramms jetzt direkt an dieser Stelle steht. Die Equate-Anweisung, die dem Label MON die Adresse 0200 H zuweist, kann man somit entfernen.

Den Programmcode haben wir mit einer ORG-Anweisung vor dem ersten Befehl in der Regel ab Adresse 04100 H angesiedelt. Wir müssen den Code in den Adressbereich verlagern, in dem das Eprom als Programmspeicher angesprochen wird. Sowohl beim 8032- als auch beim 80C535-Board sind das die Bereiche von 0000 H bis 3FFF H, sowie 8000 H bis 0BFFF H. Für die meisten Anwendungen dürfte der Bereich bis Adresse 3FFF H ausreichen. Die ersten Bytes sind für die Interrupt-Einsprungadressen zu reservieren. Deshalb beginnen wir das Programm folgendermaßen:

```
ORG  0000H     ; Einsprungadresse RESET
LJMP START     ;
               ;
ORG  0003H     ; Einsprungadresse externer Interrupt 0
LJMP INTEX0    ;
               ;
ORG  000BH     ; Einsprungadresse Timer 0 Interrupt
LJMP INTT0     ;
```

```
                     ;
      ORG  0013H     ; Einsprungadresse externer Interrupt 1
      LJMP INTEX1    ;
                     ;
      ORG  001BH     ; Einsprungadresse Timer 1 Interrupt
      LJMP INTT1     ;
                     ;
      ORG  0023H     ; Einsprungadresse serieller Interrupt
      LJMP INTSER    ;
                     ;
      ORG  002BH     ; Einsprungadresse Timer 2 Interrupt
      LJMP INTT2     ;
                     ;
START:               ;
```

Mit den ORG-Anweisungen werden an die Interrupt-Einsprungadressen LJMPs zu den Einsprung-Labels angesiedelt. Für den 80C535 müssen hier natürlich auch die weiteren Interruptsprünge eingetragen werden, sofern man sie aktiviert. Nach der letzten Interruptadresse steht das Label START. Hier beginnt das Hauptprogramm. Die Einsprung-Labels der Interrupts stehen in diesem Fall irgendwo nach dem Hauptprogramm. Natürlich kann die Anordnung so vertauscht werden, daß im Code die Interrupts vor dem Hauptprogramm kommen. In die Interrupt-Sprungliste ab Adresse 0000 müssen wir aber nur die wirklich benötigten Interrupts eintragen.

Nehmen wir das Beispiel BSP11, das den Interrupt von Timer 0 bedient, als Anschauungsobjekt. In diesem Beispiel müssen wir den oben dargestellten Code mit dem Befehl LJMP START und dem Interrupt-Einsprung zum Label INTT 0 an den Anfang setzen. Alle andern Interrupt-Einsprünge werden im Programm BSP11 nicht benötigt und können deshalb weggelassen werden. Vor dem Label START ist die ORG-Anweisung auf Adresse 4100 H zu entfernen. Damit ist der Code für das Hauptprogramm ab Adresse 000B H+3 (3 Bytes für LJMP INTT 0) angesiedelt.

Die Zeilen 21 bis 24 in BSP11 müssen natürlich entfernt werden, da sie den Monitor aufrufen. Im Monitor-Betrieb wird mit diesen Befehlen an Adresse 4006 H ein LJMP zum Label INTT 0 eingetragen. Diesen Sprung haben wir jedoch schon an Adresse 000B H stehen.

Schließlich muß noch der Monitor-Aufruf in Zeile 34 bis 36 entfernt werden, der ja nur auf dem Bildschirm den Sekundentakt anzeigt. Wenn Sie dieses Programm mit Eprom testen wollen, programmieren Sie an dieser Stelle den Befehl „CPL P1.0“, dann können Sie mit einem Multimeter an Port P1.0 den Sekundentakt sehen.

Damit wären alle notwendigen Änderungen für den Stand-alone-Betrieb mit Eprom besprochen. Sie können den Quellcode nun assemblieren und den dabei entstandenen Objekt-Code einem Eprommer übertragen. Das daraufhin programmierte Eprom setzen Sie in das Compuboard ein und schalten die Versorgung ein. Und siehe da, am Pin P1.0 können Sie ein Signal beobachten, das im 1-Sekunden-Takt toggelt.

10.2. Emulator-Betrieb

Sollte sich im Programm doch noch ein Fehler eingeschlichen haben, der erst im Betrieb bemerkt wird, muß das Eprom wieder gelöscht und mit dem korrigierten Code programmiert werden. Der Löschvorgang durch Bestrahlen mit UV-Licht dauert ungefähr 20 Minuten. Ein Eprom-Emulator bietet die Möglichkeit, ohne Umweg über ein Lösch- und Programmiergerät das Programm zu testen. Er wird an Stelle des Eproms in den Sockel gesteckt und bildet so das Eprom nach. Der Emulator enthält ein RAM, das über die serielle Schnittstelle vom PC mit dem Programmcode geladen werden kann. Das Eprom wird also durch ein RAM ersetzt. Der Vorgang zum Laden des Emulators dauert genauso lange, wie das Laden des Compuboards im Monitor-Betrieb. Die Programmentwicklung im Monitor-Betrieb hat aber immer noch den Vorteil, daß für die Fehlersuche die Inhalte der Register am Bildschirm ausgegeben werden können.

Wir werden nachher gleich an einem weiteren konkreten Beispiel den Unterschied zwischen einem Programm für Eprom- und Monitor-Betrieb sehen, damit Sie Übung bekommen und Ihre eigenen Programme, die Sie im Monitor-Betrieb entwickeln, für den Eprom-Betrieb abändern können.

11. Anwendungsbeispiele

Die bisher durchgesprochenen Programme dienten vor allen Dingen dazu, die Möglichkeiten des Controllers gleich an Beispielen zu testen. Wir haben auch gesehen, wie mit relativ wenig Programmcode beispielsweise ein Kapazitätsmeßgerät realisiert werden kann. Im folgenden wollen wir weitere konkrete Anwendungsbeispiele besprechen. Der Sinn dieser Beispiele besteht darin, Ihnen weitere Programmiertechniken zu zeigen und Ihnen Lust auf mehr zu machen.

Da die hier vorgestellten Programme recht umfangreich ist, haben wir darauf verzichtet, die vollständigen Listings im Buch abzudrucken. Sie finden aber den entsprechenden Quellcode auf der Diskette. Das Listing erzeugen Sie wie gewohnt durch Assemblieren. Für die Besprechung der folgenden Anwendungsbeispiele drucken Sie sich am besten die Listings auf einem Drucker aus.

Die ausgewählten Beispiele kommen aus den unterschiedlichsten Anwendungsbereichen. Auch wenn Sie nicht speziell an einem diesem Anwendungsbeispiele interessiert sind, sollten Sie doch einmal einen Blick in die Programme hineinwerfen. Hier werden Programmiertechniken aufgezeigt, die wir bisher noch nicht kennengelernt haben, die aber für Ihre Selbstbau-Projekter sicherlich hilfreich sein werden.

11.1. Diaprojektor-Steuerung

Ein breites Anwendungsfeld für das Compuboard eröffnet sich beispielsweise den Fotofreunden. Schon mit sehr wenig zusätzlicher Hardware kann das Board für viele Zwecke eingesetzt werden. Zum Beispiel kann ein Portpin über einen Transistor ein Relais schalten, das in einem frei wählbaren Takt den Auslöser einer Kamera mit automatischem Weitertransport (Winder) betätigt. Damit können Zeitrafferaufnahmen gemacht werden, die z. B. das Aufblühen einer Blüte als Fotoserie ermöglichen.

Eine Abwandlung dieser Anwendung ist im hier beschriebenen Programm realisiert. Manche Diaprojektoren haben einen Timer integriert, der in einem einstellbaren Zeittakt den Diatransport auslöst. Innerhalb einer Diaserie wollen Sie manche Bilder jedoch nur für kurze Zeit auf die Leinwand projezieren, andere hingegen etwas länger. Das ist mit dieser Art von Timern nicht möglich. Diese Funktion ist für das Compuboard kein Problem. Mit der entsprechenden Software kann jedes Dia für eine individuell programmierbare Zeit gezeigt werden. Diese Zeiten sind als Daten im Speicher abgelegt. Als zusätzliche Hardware benötigen wir nur eine Treiberendstufe, die ein Relais schalten kann und so den Weitertransport steuert.

Funktionsumfang

Für die hier vorgeschlagene Steuerung benötigen wir 3 Taster, deren Funktion im folgenden kurz erläutert wird. Die Taster sind auf unserer verwendeten Hardware mit S 2, S 3 und S 4 bezeichnet.

Taster S 2 (Serienwahl)

Um mit dem Programm nicht nur eine einzige Dia-Serie ablaufen lassen zu können, wollen wir mehrere Datensätze im Programmspeicher hinterlegen. Die Auswahl, welche Dia-Serie wir nun steuern wollen, treffen wir durch Betätigen von Taster S 2. Mit jedem Tastendruck inkrementiert ein RAM, das von 1 bis 4 zählen kann. Nach Erreichen der 4 beginnt es bei erneutem Tastendruck wieder bei 1. Dieser Zähler bestimmt, welche in den Daten abgelegte Diaschau ausgewählt wird. Damit der Anwender über den Zählerstand informiert ist, kann abhängig von der Wahl eine der 4 LEDs eingeschaltet werden. Komfortabler ist die Ausgabe natürlich über ein LC-Display. Die ausgewählte Serie, sowie weitere Daten, können in alphanumerischer Darstellung angezeigt werden.

Taster S 3 (Start)

Dieser Taster startet die Diaschau mit einem ersten Weitertransport, damit das Dia-Magazin eingezogen werden kann. Das nun projezierte Bild bleibt für die programmierte Zeit auf der Leinwand stehen. Nach Ablauf der Zeit schaltet das vom Compuboard angesteuerte Relais und löst den Weitertransport aus. Das folgende Dia bleibt nun auch wieder für die programmierte Zeitdauer im Projektor. Dieser Vorgang setzt sich fort bis zum letzten Bild der Diaserie, oder bis zum letzten Bild im Magazin.

Taster S 4 (Pause)

Um die Diaschau unterbrechen zu können, benötigen wir den Taster S 4. Durch Betätigen dieses Tasters stoppen wir einfach den Zeitzähler. Sollte der Tastendruck in den Zeitraum fallen, in dem das Relais für den Dia-Transport eingeschaltet ist, muß natürlich nach der vorgegebenen Zeit das Relais wieder ausgeschaltet werden. Nach erneutem Betätigen von Taster S 4 geht es mit der Diaschau weiter.

Eine Dia-Serie besteht in der Regel aus mehr als einem Magazin. Das soll natürlich ebenfalls berücksichtigt werden. Die Diaschau muß nach dem letzten Bild eines Magazins unterbrochen werden. Das Programm hält daraufhin an und wartet auf das nächste Magazin. Mit einem Druck auf Taster S 4 wird die Schau fortgesetzt. In diesem Fall löst Taster S 4 allerdings einen Weitertransport aus, damit gleich das erste Bild des neuen Magazins in den Projektor hineingeschoben wird.

Das ist eigentlich schon alles, was das Programm an Aufgaben zu erfüllen hat. Wer sich intensiver mit diesem Beispiel beschäftigt und das Compuboard für diesen Zweck auch einsetzt, wird sicher noch weitere Ideen haben, die Steuerung zu ergänzen oder zu modifizieren.

Eprom-Betrieb

Für diese Anwendung ist der Einsatz eines Eproms als Programmspeicher sicherlich am sinnvollsten, da das Compuboard wohl gerade dort benötigt wird, wo kein PC vorhanden ist. Deshalb ist für dieses Beispiel auf der Buchdiskette sowohl der Quellcode für den Eprom- (ANW1_EPR.A51) als auch den Monitor-Betrieb (ANW1.A51) vorhanden. Sie werden bestimmt das Programm zuerst in Verbindung mit dem Monitor testen, und erst dann den Objekt-Code in ein Eprom brennen, sofern Ihnen ein Eprommer zur Verfügung steht. Zur Übung sollten Sie aber versuchen, den Quellcode ANW1.A51 selbst so abzuändern, daß Sie den Objekt-Code in ein Eprom übertragen können.

11.1.1. Programmaufbau

Das Programm für die Projektorsteuerung enthält 3 Programmebenen, die wir hier der Reihe nach besprechen wollen. Dieses Programm ist immer noch recht übersichtlich, umfaßt allerdings im Verhältnis zu den bisher besprochenen Beispielen wesentlich mehr Programmcode. Zum besseren Verständnis sind hier ganz besonders die Flußdiagramme gefragt.

Wertzuweisungen

Vor dem eigentlichen Programmcode werden einige Wertzuweisungen vorgenommen. Als erstes müssen wir mit dem Assembler, den wir verwenden, allen benötigten Spezial-Funktions-Registern definierte Adressen zuweisen. Als nächstes folgt die Wertzuweisung einiger Konstanten, die im Programm-Code als Label angesprochen werden. Die RAM-Bereiche und Bits werden wie gewohnt mit aussagekräftigen Namen versehen. Diese Namenszuweisung muß ebenfalls vor dem eigentlichen Programmcode erfolgen.

Interrupt-Einsprünge

Im Monitor-Betrieb liegen die Interrupt-Einsprungadressen im Monitor-Eprom. Dort sind Sprünge in den RAM-Bereich ab Adresse 4000 H angesiedelt, die wir im Anwenderprogramm ansprechen können. Das sehen wir im Programmlisting natürlich nicht. Im Quellcode ANW1_EPR.A51 für den Eprom-Betrieb müssen die benutzten Einsprungadressen in den Adreßbereich ab 0000 H eingetragen werden. An diesen Adressen sind LJMPs zu den entsprechenden Interrupt-Labels angesiedelt. Im Programm für den Monitor-Betrieb (ANW1.A51) müssen wir diese Sprungbefehle von der MON-Routine mit dem Übergabeparameter ccLINK eintragen lassen.

11.1.2. Initialisierung

Im Eprom-Betrieb kann man den Programm-Code für die Initialisierung direkt hinter die Interrupt-Adressen ansiedeln. Dieser Programmteil wird nach einem Reset durch den Befehl „LJMP INITIAL" angesprungen.

Im Monitor-Betrieb ist die Anfangsadresse für den Programmcode mit einer ORG-Anweisung auf Adresse 4100 H gesetzt. Der Bereich von 4000 H bis 40FF H kann nicht verwendet werden, da er für das Monitor-Programm reserviert ist. Die ersten Befehle rufen ein Unterprogramm im Monitor auf. Aufgrund des Kommandos ccLINK, der Adresse INTT0 im Datenpointer und dem Wert 02 im Akkumulator schreibt das angesprochene Unterprogramm einen LJMP-Befehl zum Label INTT0 an die Adresse 4006 H, dem Zwischensprung für den Interrupt von Timer 0. Wie das im einzelnen vonstatten geht, können Sie nochmals bei der Besprechung von BSP11 nachschlagen.

Nachdem die Interrupt-Adresse für den Interrupt an der richtige RAM-Adresse eingetragen ist, beginnt die eigentliche Initialisierung. Ab hier unterscheiden sich die Quellcodes für Monitor- und Eprom-Betrieb nicht mehr, abgesehen von den Monitoraufrufen, die wir für den Betrieb ohne LC-Display vorgesehen haben. So kann man alle Daten, die über das Display ausgegeben werden, auch am PC-Bildschirm betrachten. Diese Monitoraufrufe müssen jedoch für den Eprom-Betrieb entfernt werden.

Als ersten Befehl verbieten wir mit Löschen des Bits EA alle Interrupts. Damit kann die Initialisierung nicht durch einen Interrupt unterbrochen werden. Anschließend setzen wir die SFRs P1 und P3 auf die Initialisierungswerte, die sie nach einem Reset sowieso erhalten. Diese Befehle erscheinen auf den ersten Blick unnötig. Doch dadurch ist es möglich im Programm definiert an die Initialisierung springen, wenn die Software unplausible Zustände erkennt, die eine Neuinitialisierung erforderlich machen. In diesem Betriebsfall wären die Interrupts ohne diese Maßnahme (CLR EA) freigegeben.

Der nächste Befehl überschreibt den Stapelzeiger SP, so daß der Stapelbereich in den oberen RAM-Bereich verlegt wird. Die nächsten Befehle laden die Timer-Register. Zunächst beschreiben wir die Zählregister TH0 und TL0 mit Initialisierungswerten. Die Betriebsart für die Timer legen wir in TMOD fest. Dieses Register erhält den Wert 21 H. Damit arbeitet Timer 1 im Auto-Reload-Modus (Modus 2), so daß er als Takt für die Baudrate herangezogen werden kann. Schließlich wollen wir die serielle Schnittstelle bei der Entwicklung im Monitor-Betrieb noch einsetzen, um beispielsweise mit einem Schnappschuß Register-Inhalte am Bildschirm anzuzeigen. Timer 0 läuft im 16-Bit-Modus (Modus 1). Mit dem nächsten Befehl, der das Register TCON beschreibt, wird Timer 0 und Timer 1 gestartet. Im Monitor-Betrieb wurde Timer 1 schon vorher gesetzt, das Bit TCON.6 wird hier also lediglich refreshed.

Nachdem die Timer-Funktionen festgelegt sind, müssen wir noch die Interrupt-Register initialisieren. Das Freigabe-Register IEN0 initialisieren wir so, daß Timer 0 einen Interrupt auslösen kann (IEN0.1 = 1). Das Freigabe-Register IEN1 müssen wir aus 00 setzen, da sonst ein Ausschalten der LED an Port P1.4 beim 80C535 einen externen Interrupt ($\overline{INT2}$) auslösen würde. Das Interrupt-Prioritätsregister ändern wir nicht, wir lassen es auf dem Initialisierungswert stehen, um nicht zwischen 8032 und 80C535 unterscheiden zu müssen, die sich hier etwas anders verhalten. Da wir nur einen einzigen Interrupt bedienen, ist der Wert im Prioritätsregister auch nicht entscheidend.

Die letzten Befehle in der Initialisierung setzen die RAMs, die das Programm benutzt, auf geeignete Werte. Wie diese Werte gewählt werden müssen, erkennt man meist erst im Verlauf der Entwicklung. Zum Schluß initialisieren wir noch das LC-Display mit einem Wert, der es in den 2-Zeilen-Modus setzt.

Die Initialisierung ist damit beendet. Dieser Programmteil zwischen dem Label INITIAL und INIENDE wird nach dem Reset in der Regel nur ein Mal durchlaufen. Nur im Fehlerfall wird es eventuell nochmals aufgerufen, um eine Neuinitialisierung zu veranlassen. Diese Möglichkeit ist in diesem Programm jedoch nicht vorgesehen.

Die weiteren Programmteile können anhand eines Flußdiagramms übersichtlich dargestellt werden. Zunächst betrachten wir das Diagramm für das Hauptprogramm.

11.1.3. Das Hauptprogramm

Das Hauptprogramm ist eine Schleife, die durch den Befehl „LJMP MAIN“ ständig wiederholt wird. Das ist der übliche Aufbau eines Programms. Diese Programmebene kann von allen Interrupts unterbrochen werden. Wie umfangreich ein Hauptprogramm ist, hängt vom Anwendungsfall ab. Es wäre auch vorstellbar, daß alle Funktionen in einer zeitsynchronen Ebene abgearbeitet werden müßten. Das Hauptprogramm würde sich dann auf wenige Zeilen reduzieren.

Refresh

Als erstes werden einige SFRs refreshed, damit sich, bei einer eventuellen Störung dieser Register, das Programm wieder fängt. Wenn beispielsweise das Bit in IE, das den Timer-Interrupt freigibt, aufgrund einer Störung auf 0 kippen sollte, könnte das Programm ohne diese Refresh-Aktion nicht mehr korrekt weiterarbeiten. Allerdings nehmen wir das Register TCON heraus, da dieses Register das Anforderungsflag für den Timer 0-Interrupt enthält. Dieses Bit darf natürlich nicht gelöscht werden. Für den Fall, daß der Timer gerade vor dem Beschreiben von TCON überläuft, würde das Anforderungsbit von der Software gelöscht, ohne den Interrupt ordnungsgemäß zu bedienen. Die Folge davon wäre, daß der Interrupt hin und wieder ausbleiben und das Zeitraster etwas verfälscht würde.

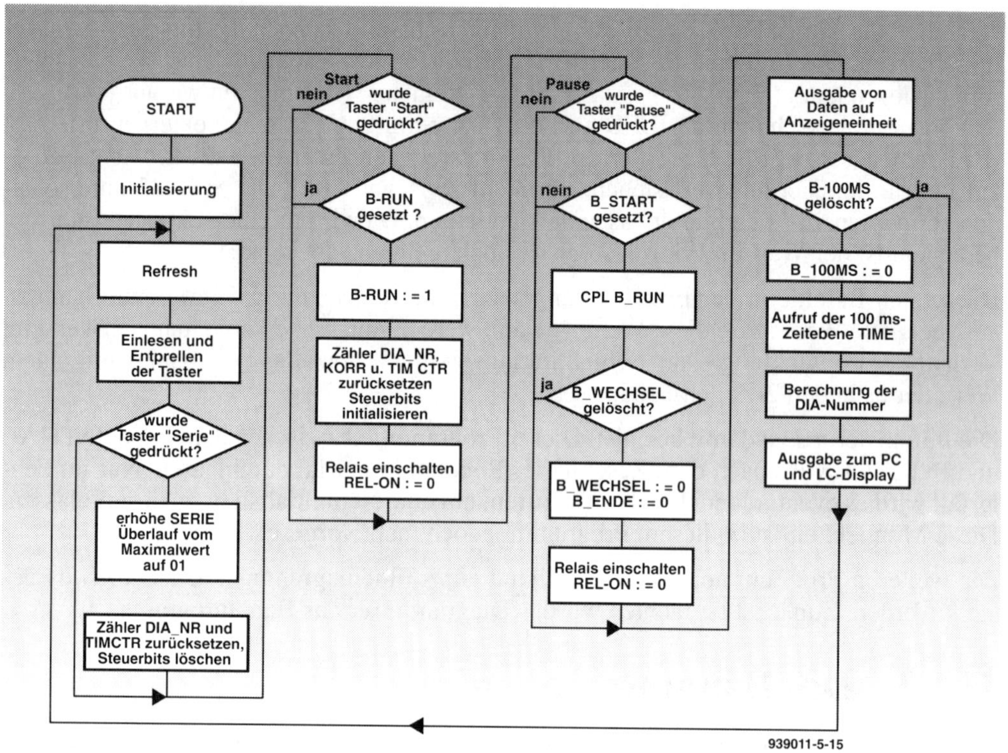

Bild 11.1. Das Flußdiagramm des Hintergrundprogramms für die Diaprojektor-Steuerung.

Einlesen der Taster

Der nächste Funktionsblock liest die Tasterstellungen ein und führt eine Entprellung durch. Gerade die Entprellung ist ein sehr wichtiger Punkt, dessen Bedeutung besonders dann deutlich wird, wenn man sich schon einmal mit billigen Taschenrechnern hat herumplagen müssen. Eine Möglichkeit der Entprellung besteht natürlich darin, Kondensatoren an den Tasten anzubringen und so hardwaremäßig zu entprellen. Da unser Thema aber die Assemblerprogrammierung ist, wollen wir natürlich nach Software-Möglichkeiten suchen. Die hier vorgestellte Lösung ist allerdings nur eine Variante aus der vielfalt der denkbaren Möglichkeiten.

Zunächst lesen wir die Tasten ein und legen die Information im Akkumulator ab. Beim 8032-Board müssen wir die Information über die Porterweiterung mit dem MOVX-

Befehl einlesen. Der 80C535-Anwender kann die Tasteninformation direkt über den Port P 4 holen. Das Programm ist für das 80C535-Board ausgelegt. Der Befehl „MOV A,P4" muß beim 8032-Board durch die Befehlsfolge „MOV DPTR,#TASTEN" und „MOVX A,@DPTR" ersetzt werden. Bei unserer Hardware liegt jede Taste auf einem Eingangspin, somit ist im Akku genau 1 Bit gesetzt, wenn wir ein Taste betätigen. Für den weiteren Programmablauf könnten wir die Information, die sich jetzt im Akkumulator befindet, auswerten, um so die gedrückte Taste zu erkennen. Wenn wir jedoch für andere Anwendungen ein größeres Tastenfeld benötigen, geht das nicht mehr so einfach. Beim Anschluß von 4 x 4-Tastenfeldern ist die Matrix-Anordnung sehr beliebt, da sie nicht für jede Taste einen eigenen Pin zum einlesen benötigt. Anstatt der 16 Anschlüsse kommt man mit 8 aus, die über nur einen Port eingelesen werden können (vgl. hierzu „Tastatur-Interfaces", Seite 205 ff.). Die Auswertung der gedrückten Tasten ist dementsprechend komplizierter. Mit der hier verwendeten Struktur könnten wir auch ein solches Tastenfeld anschließen, wobei wir lediglich das Unterprogramm TASTE_ ändern müssten, in dem die Tastenzustände ausgewertet werden. Vor dem Aufruf dieses Unterprogramms löschen wir das RAM TASTE. Dieses RAM soll abhängig von der gedrückten Taste die Werte 01 (Taste S 2), 02 (Taste S 3) oder 03 (Taste S 4) erhalten. Wenn keine Taste betätigt ist, steht in TASTE der Wert 00. Das Unterprogramm TASTE_ liefert einen der Werte 00, 01, 02 oder 03 zurück. Dieser Wert wird im RAM TASTE_NEU abgespeichert und mit dem alten Wert TASTE_ALT verglichen. Wenn sie gleich sind, ist der Zustand der Tasten schon bekannt und zudem entprellt. Der Entprellzähler ENTPR_CNT wird wieder auf den Anfangswert gesetzt. Bei unterschiedlichen Werten in TASTE_ALT und TASTE_NEU wird ENTPR_CNT dekrementiert und auf Null getestet. Hat er den Wert 00 noch nicht erreicht, verweigt das Programm zum Ende dieses Funktionsblocks. Bei ENTPR_CNT = 00 ist die Entprellzeit abgelaufen, der Wert in TASTE_NEU wird nach TASTE_ALT und TASTE kopiert. Im weiteren Verlauf des Programms wird zur Erkennung der gedrückten Taste das RAM TASTE ausgewertet. Im nächsten Durchlauf enthält es wieder den Wert 00, da es vor dem Aufruf des Unterprogramms TASTE_ definiert gelöscht wird. Dieser Weg ist vorteilhaft, da sich das Programm an den Stellen, wo die Tasten abgefragt werden, vereinfacht. Dann nämlich, wenn auf einen Tastendruck nur ein Mal reagiert werden soll. Wenn ständig auf eine betätigte Taste reagiert werden soll, muß die Information im RAM TASTE_ALT abgefragt werden.

Auswahl einer Dia-Serie

Der nächste Funktionsblock prüft, ob mit der Taste S 2 eine neue Diaserie ausgewählt werden soll. Hierzu wird das RAM TASTE gelesen und mit dem Wert SER_NR verglichen. Dieser Konstanten ist zu Beginn der Wert 01 zugewiesen worden. Wenn der Inhalt von TASTE ungleich der Konstanten in SER_NR ist, verzweigt das Programm zum Ende des Funktionsblocks. Bei Gleichheit, also gedrückter Taste, wird das RAM SERIE um 1 erhöht, falls nicht schon der Maximalwert MAXSERIE erreicht ist. Dann beschreiben wir SERIE wieder mit 01. Durch Betätigen von Taste S 2 wählen wir somit immer die nächste

Diaserie aus, wobei mit Erreichen der letzten Serie wieder von vorne ab 01 gezählt wird. Da wir die Serien von 01 aufwärts durchnummerieren, müssen wir das RAM SERIE in der Initialisierung auf einen der zulässigen Werte setzen (z. B. MOV SERIE,#01).

Weil ein Wechsel der Diaserie während des Betriebs nur sinnvoll ist, wenn anschließend mit dem ersten Bild der ausgewählten Serie begonnen wird, löschen wir nach dem Hochzählen von SERIE die Bits B_START (0: Ablauf noch nicht gestartet) und B_RUN (0: Diaschau läuft nicht). Die Diaschau wird dadurch gestoppt. Das RAM DIA_NR, das angibt, welches Dia gerade projeziert wird, setzen wir auf 00. Ebenso den Zeitgeber TIMCTR, der nach jedem Diawechsel von 00 hochzählt und die Projektionsdauer für das betreffende Dia überwacht. Schließlich löschen wir auch noch das RAM REL_ON, das die Zeit mißt, für die das Relais für den Weitertransport eingeschaltet ist.

Hier sehen wir den Vorteil, den wir gewinnen, wenn wir das RAM TASTE vor jedem Einlesen der Tasten löschen. Mit dieser Methode enthält TASTE nur dann einen von Null verschiedenen Wert, wenn ein Zustandswechsel der Tasten von „nicht gedrückt" nach „gedrückt" erkannt wird. Da das RAM SERIE nur bei einem Wechsel hochgezählt werden soll, brauchen wir hier keine weiteren Abfragen einzubauen. Setzen Sie doch einmal vor der Abfrage der Konstanten in SER_NR probeweise das RAM TASTE_ALT statt TASTE ein. TASTE_ALT ist solange gesetzt, wie sie die Taste betätigen. Wie verhält sich das RAM SERIE?

Start der Diaschau

Als nächstes prüfen wir, ob die Start-Taste S 3 gedrückt ist. Ist das nicht der Fall, verzweigt das Programm zum Label NOSTART. Bei gedrückter Taste wird die Diaschau gestartet. Falls sie jedoch schon läuft, was durch B_RUN = 1 angezeigt wird, werden die folgenden Befehle übersprungen. Bei einem richtigen Start wird B_RUN gesetzt. Dieses Bit wird in der zeitsynchronen Programmebene abgefragt und steuert die Zeitzähler. Die Diaschau soll mit dem ersten Bild gestartet werden. Deshalb müssen wir das RAM DIA_NR auf 00 setzen. Mit jedem Diawechsel zählt dieses Byte um 1 hoch. Der Zeitgeber TIMCTR zählt im Sekundentakt hoch und muß somit beim Startbeginn auf Null gesetzt werden. Bei der Vorbereitung der Diaschau setzen wir das Diamagazin bis zur Sperre in den Projektor ein. Damit das erste Bild auf der Leinwand erscheint, müssen wir einen ersten Weitertransport einleiten. Das machen wir mit den folgenden Befehlen: Zuerst beschreiben wir den Zeitzähler REL_ON mit dem Wert 00. Dieser Zähler mißt die Zeitdauer, für die das Relais eingeschaltet ist. Der Befehl „SETB P_RELAIS" schaltet den Portpin, der über einen Treiber das Relais ansteuert. Zu Beginn des Programms ist dem Label P_RELAIS die Portadresse 90 H zugewiesen. Diese Adresse entspricht dem Portpin P1.0. Das Bit B_RELAIS setzen wir überall dort, wo wir auch das Relais einschalten. Den Grund, warum wir das so machen müssen, sehen wir nachher. Das Bit B_WECHSEL löschen wir an dieser Stelle. Auch die Bedeutung dieses Bits besprechen wir nachher. Beim Start müssen wir auch das RAM KORR löschen. Auch auf dieses

RAM gehen wir erst später ein. Bleibt noch der Vorteiler TEIL1SEK, der den Takt der Zeitebene unterteilt. Dieses RAM setzen wir auf 10.

Unterbrechung der Diaschau

Mit Taste S 4 kann die Diaschau unterbrochen werden. Die gleiche Taste muß gedrückt werden, um die Schau wieder fortzusetzen. Wenn das RAM TASTE den Wert PAUSE (=03) enthält, wird das Bit B_RUN komplementiert. Allerdings nur dann, wenn B_START gesetzt ist. B_START ist gesetzt, wenn zuvor die Diaschau mit Taste S 3 gestartet wurde. Diese zusätzliche Bitabfrage von B_START ist erforderlich, um nicht mit Taste S 4 den Start auslösen zu können. Wenn B_START gesetzt ist und die Diaschau läuft, führt ein Tastendruck auf S 4 zur Unterbrechung der Schau, da das Bit B_RUN von 1 auf 0 komplementiert wird. Das gelöschte B_RUN stoppt in der Zeitebene das Hochzählen der Zeitzähler. Ein erneutes Betätigen der Taste komplementiert B_RUN von 0 auf 1, der Zeitzähler in der Zeitebene ist wieder freigegeben. Den Vorteiler TEIL1SEK setzen wir wieder auf 10, damit erst nach einer Sekunde der Zeitzähler TIMCTR inkrementiert. Das Bit B_WECHSEL wird an einer andern Stelle im Programm gesetzt, wenn das letzte Dia des Magazins herausgeschoben wird. Das nächste Magazin kann nun in den Projektor eingesetzt werden. Daraufhin kann die Schau mit Taste S 4 fortgesetzt werden. Falls die Unterbrechung durch das letzte Bild im Magazin verursacht wurde (B_WECHSEL = 1), müssen wir einen Weitertransport auslösen, um das erste Bild in den Projektor zu schieben.

Abfrage des Zeitrasters

Das Interruptprogramm setzt nach jeweils 100 Millisekunden das Bit B_100MS. Dieses Bit wird nun im Hintergrundprogramm abgefragt. Wenn es gesetzt ist, wird das Bit wieder gelöscht und das Unterprogramm TIME aufgerufen. Dort werden alle zeitabhängigen Funktionen abgearbeitet. Da ein kompletter Durchlauf des Hintergrundprogrammes weit weniger als 100 Millisekunden benötigt, wird nach jeweils 100 Millisekunden das Zeitebenenprogramm TIME aufgerufen.

Ausgabe der Daten

Die wichtigste Größe, die ausgegeben werden muß, ist das RAM SERIE. Damit kann der Anwender sehen, welche Diaserie er ausgewählt hat. Diese Information kann über LEDs ausgegeben werden. Will man auch sehen können, wie lange die einzelnen Dias projeziert werden, müssen auch die RAMs TIMCTR und DIA_NR ausgegeben werden können. Um für eine Diaserie, die aus mehr als einem Magazin besteht, die richtige Dianummer auszugeben, müssen wir den Inhalt um den im Korrektur-RAM abgespeicherten Wert reduzieren. Das ist aus programmtechnischen Gründen notwendig. Außerdem wollen wir die Dias ab Nummer 1 zählen. Deshalb müssen wir den Wert in DIA_NR für die Ausgabe um 1 erhöhen.

Jetzt stellt sich nur noch die Frage, wie wir die Daten anzeigen. Die LEDs haben sie sicherlich am Compuboard angeschlossen. Damit können Sie die ausgewählte Diaserie anzeigen. Für den Monitorbetrieb haben wir die Ausgabe der Daten auf den PC vorgesehen. Dabei werden zunächst erklärende Texte und anschließend der Zahlenwert am Bildschirm dargestellt. Das alles kann mit den beiden Monitorkommandos ccSTXT und ccBYTE bewerkstelligt werden. Am Ende, wenn alle gewünschten Daten ausgegeben sind, setzen wir mit dem Textstring TCT_CR (= 13) den Bildschirmcursor an den Zeilenanfang zurück. Bei der nächsten Bildschirmausgabe im nächsten Programmdurchlauf werden die alten Daten durch die neuen Daten überschrieben. Wollen Sie das Programm in ein Eprom brennen und unabhängig vom PC betreiben, müssen Sie diesen Programmteil für die Bildschirmausgabe entfernen.

Wenn Sie auch noch ein LC-Display zur Verfügung haben, können Sie die oben genannten RAMs auf diese Anzeige ausgeben. Im vorliegenden Programmcode wird auch wieder ein erklärender Text (String „Serie:") ausgegeben. Die Texte werden als Zeichenfolgen im Datenteil abgelegt und mit dem Datenpointer DPTR adressiert. Beachten Sie auch die eingefügten Leerzeichen hinter dem Doppelpunkt, damit die nachfolgenden Zahlenwerte durch dieses Leerzeichen getrennt sind. Die Texte werden mit dem Unterprogramm STXT ausgegeben. Sehen Sie sich dieses Unterprogramm einmal genauer an, dann können Sie erkennen, wie Inhalte von RAMs ausgegeben werden müssen. Wir benutzen einfach das Unterprogramm DAT_OUT, das auch innerhalb des Unterprogrammes STXT aufgerufen wird. Zu beachten ist jedoch, daß die Zahlenwerte, die ausgegeben werden sollen, als ASCII-Zeichen kodiert sein müssen. Nehmen wir als Beispiel das RAM SERIE. In unserm Anwendungsfall ist die Information nur im unteren Halbbyte enthalten (01 bis 04). Ein Blick in die ASCII-Tabelle zeigt, daß wir einfach den Wert 30 H addieren müssen. Dann können wir den Zahlenwert an das Display übergeben. Bei den RAMs, die Werte größer 10 H enthalten können, müssen wir das untere und obere Halbbyte trennen, und beide als eigenständige ASCII-Zeichen ausgeben. Im Programmcode wird das deutlich, so daß wir hier nicht näher darauf eingehen wollen.

Der Programmcode ist so aufgebaut, daß auch zusätzliche Informationen ausgegeben werden können. Bei gesetztem Bit B_WECHSEL beispielsweise durchläuft das Programm in der Ausgaberoutine einen andern Zweig und gibt den Text „Magazinwechsel" aus. Auf diese Weise kann die Diasteuerung sehr komfortabel gestaltet werden.

Noch ein Wort zu den verschiedenen Displays. Die Unterprogramme, die wir für die Displayausgabe verwenden, haben sich in der Praxis bewährt. Es wurden jedoch kleine Unstimmigkeiten entdeckt, insbesondere bei der Adressierung der RAMs auf dem Displaycontroller. Wenn die Ausgabe auf Ihrem Display nicht richtig arbeitet, das Programm, wie Sie an der PC-Ausgabe erkennen können, aber läuft, dann läßt sich der Fehler durch kleine Testprogramme lokalisieren.

Interrupt

In vielen Anwendungen geht es darum, zeitabhängige Signale auszugeben. In all diesen Projekten benötigen wir einen Timer zur Erzeugen einer Zeitbasis. In dem Programmbeispiel BSP11 haben wir die Möglichkeiten, die der 8051 hierfür bietet, schon kennengelernt. Wir verwenden auch hier Timer 0 als Zeitgeber für den benötigten Zeittakt, jedoch in einem anderen Modus.

Für den Sekundentakt aus BSP11 wurde Timer 0 im Auto-Reload-Modus betrieben. Mit dem Reloadwert von 06 konnten wir alle 250 Mikrosekunden Interrupts erzeugen, die mit zwei Zählern aufaddiert wurden. Nach 4000 Interrupts war eine Sekunde abgelaufen. Dieses Verfahren könnten wir hier natürlich auch anwenden. Ein wichtiger Aspekt kann diese Betriebsart aber zum Problem werden lassen. Die Interrupt-Routine INTT0 in BSP11 benötigt einschließlich Einsprung in die Routine minimal 14 Mikrosekunden. Bei einer Interrupt-Wiederholrate von 250 Mikrosekunden bedeutet das eine Interruptbelastung von 5,6% (= 14 / 250). Bei zeitkritischen Programmen, in denen noch andere Interrupts aktiv sind, ist ein anderer Modus für Timer 0 vorteilhafter. Obwohl wir in diesem Programm nur den Interrupt von Timer 0 bedienen müssen und deshalb die Zeitbelastung kein Thema wäre, möchten wir zur Demonstration eine andere Lösung aufzeigen.

Die erforderliche Einschaltdauer für das Relais liegt im Bereich von 300 bis 500 Millisekunden. Bei längeren Impulsen führen die meisten Projektoren einen Diawechsel rückwärts aus. Es genügt also, wenn wir ein Zeitraster von 100 Millisekunden generieren. Diesen Takt können wir mit einem einzigen Timer-Durchlauf nicht erzeugen, wir kommen bis maximal 65,536 Millisekunden. Wir gehen deshalb folgendermaßen vor: Den Timer laden wir mit einem bestimmten Wert, lassen ihn überlaufen, ohne ihn jedoch in diesem Interrupt neu zu laden. Erst beim nächsten Interrupt, der nach 65,536 Millisekunden erfolgt, setzen wir eine Information für das Hintergrundprogramm. Im Flußdiagramm kommt das nochmals deutlich zum Ausdruck.

Gehen wir davon aus, daß beim Aufruf der Interrupt-Routine das Bit B_FIRST gelöscht ist. Dann durchläuft das Programm den Zweig, in dem Timer 0 neu geladen, der Zähler Z65MS auf 01 und das Bit B_FIRST gesetzt wird. Beim nächsten Überlauf ist B_FIRST gesetzt, worauf das Programm den andern Zweig durchläuft, den Zähler Z65MS dekrementiert und auf Null abfragt. Da er im letzten Interrupt auf den Wert 01 gesetzt wurde, wird er jetzt natürlich auf Null dekrementiert. Das Bit B_FIRST wird gelöscht und das Bit B_100MS gesetzt. Beim nächsten Timer-Interrupt ist B_FIRST wieder gelöscht, das Spiel beginnt von neuem. Das Bit B_100MS gibt an das Hintergrund die Information, daß 100 Millisekunden abgelaufen sind.

Bei einem Zeittakt von 100 Millisekunden kommt man mit einem zusätzlichen Durchlauf für den Timer aus. Der Zähler Z65MS muß hier also auf 01 gesetzt werden. Für diesen Spezialfall könnte man das Setzen und Dekrementieren von Z65MS einfach weglassen.

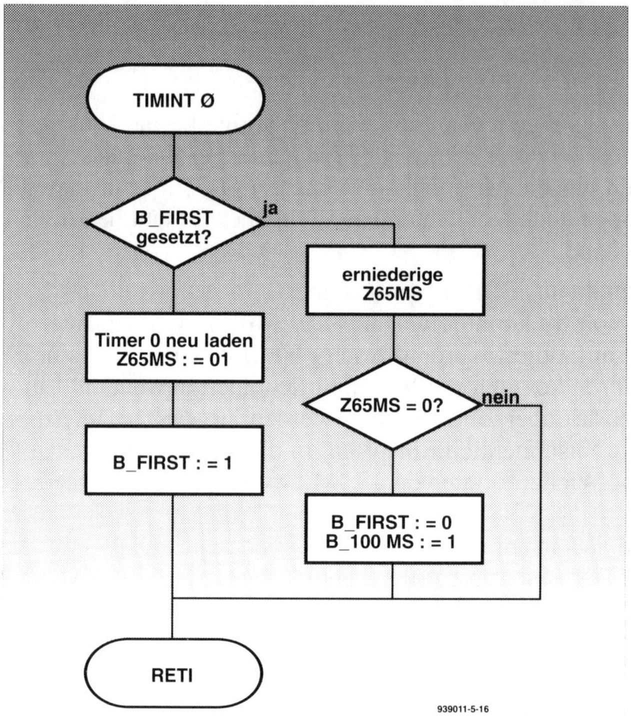

Bild 11.2. Flußdiagramm des Interrupts für die Diaprojektor-Steuerung.

Um diese Routine universell zu gestalten, lassen wir den Befehl aber so stehen. Für weitere Anwendungen, bei denen längere Zeittakte erforderlich sind, kann Z65MS mit entsprechend größeren Werten geladen werden.

Wir müssen jetzt noch klären, mit welchen Werten die beiden Timerregister TH0 und TL0 geladen werden müssen. Wie wir gesehen haben, benötigt der zweite Durchlauf des Timers nach Laden der Timer- Register 65536 Mikrosekunden. Für das Zeitraster wollen wir 100000 Mikrosekunden erhalten. Demnach muß der erste Durchlauf des Timers nach 34464 Mikrosekunden (= 100000 – 65536) beendet sein. Da der Timer hochläuft, müssen wir ihn mit der Differenz von 34464 zu 65536 laden. Dezimal ausgedrückt sind das 31072 Inkremente. Diesen Wert wandeln wir in eine Hexzahl und erhalten 7960 H. Da vom Zeitpunkt des Überlaufs und damit der Interrupt-Anforderung bis zum Laden des Timers 6 Zyklen vergehen, erhöhen wir den Wert, mit dem wir das Lowbyte beschreiben, eben um diese 6 Inkremente. Somit wird TH0 mit 79 H, TL0 mit 66 H beschrieben.

In diesem Punkt sehen wir eine Schwäche dieses Verfahrens. Wir müssen den Timer nachladen, und genau das ist immer mit einem zeitlichen Fehler verbunden. Wenn noch andere Interrupts zugelassen sind, die vom Timer-Interrupt nicht unterbrochen werden können, kommt es zu Ungenauigkeiten, da der Timer zu spät nachgeladen wird. In diesem Programm ist das kein Problem. Da keine weiteren Interrupts zugelassen sind, ist der maximale Fehler pro 100ms auf wenige Mikrosekunden begrenzt, da lediglich der gerade bearbeitete Befehl zu Ende geführt wird, bevor das Programm die Interrupt-Routine aufruft. Bei der Nachbildung einer Quarzuhr würden sich diese minimalen Fehler jedoch unangenehm bemerkbar machen, weil sie sich über einen langen Zeitraum aufaddieren. Für diesen Fall ist die in BSP11 vorgeschlagene Lösung genauer, weil der Timer von der Hardware automatisch, unabhängig von Wartezeiten für die Interrupt-Behandlung, nachgeladen wird. Wenn auf dem Compuboard ein 8031-Controller eingesetzt ist, kann der Reload- Wert nicht größer als 1 Byte gewählt werden. Mit dem 8032 und 80C535 kann als Zeitgeber Timer 2 verwendet werden, der im Reload-Modus mit einem 16-Bit Wert nachgeladen werden kann. Dadurch reduziert sich die Interruptbelastung im Reload-Modus. Zur Übung können Sie das Zeitraster mit Timer 2 generieren. Dabei sind aber einige Punkte zu beachten. Die Initialisierungswerte der Spezial-Funktions-Register müssen richtig gesetzt und die Interrupt-Einsprungadresse geändert werden. Wir haben diese Lösung hier nicht gewählt, da Timer 2 beim 8032 und 80C535 unterschiedlich programmiert werden müssen.

Zeitebene

Die Zeitebene benötigen wir, um zeitabhängige Funktionen realisieren zu können. Wir wollen im Datensatz Zeiten für die Standzeiten der Dias ablegen, für diese Zeitdauer sollen die Bilder dann natürlich auch projeziert werden. Den Zeittakt generieren wir mit Timer 0, als Zeitbasis wählen wir 100 Millisekunden. Die Zeitebene wird als Unterprogramm TIME aus dem Hintergrundprogramm aufgerufen. Wir wollen nun besprechen, welche Funktionen in dieser Programmebene abgearbeitet werden. Auch hier verdeutlicht das Flußdiagramm die Ablaufsteuerung.

In der Zeitebene müssen im wesentlichen zwei Funktionen abgearbeitet werden. Die Steuerung der Projektionszeiten und die Steuerung des Relais für den Weitertransport.

Erzeugung des 1-Sekunden-Taktes

Im Flußdiagramm wird deutlich, daß ein großer Teil des Programms nicht bei jedem Aufruf abgearbeitet wird. Das RAM TEIL1SEK teilt das 100-Millisekunden-Raster durch 10. Wenn TEIL1SEK auf Null dekrementiert hat, wird dieser Vorteile wieder auf 10 gesetzt. Damit wird dieser Teil nur jede Sekunde ein Mal aufgerufen. Die Untersetzung des Zeitrasters ist notwendig, um für die Standzeiten entsprechend große Werte in den Daten ablegen zu können. Mit der hier verwendeten Programmiertechnik könnten wir mit einem 100-Millisekunden-Raster ein Bild maximal 9,8 Sekunden auf die Leinwand

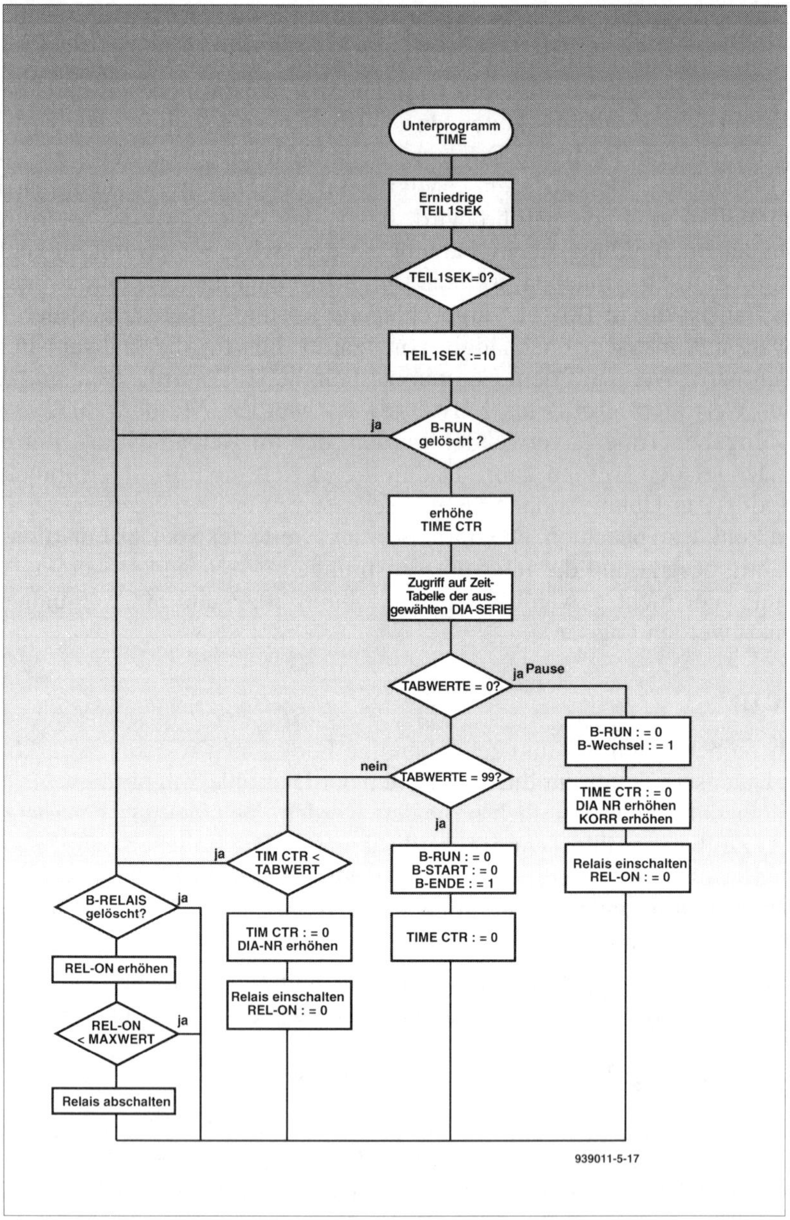

Bild 11.3. Flußdiagramm der Zeitebene bei der Diaprojektor-Steuerung.

projezieren. Dieser Wert dürfte etwas zu klein sein. Mit der Untersetzung auf 1 Sekunde könnten Zeiten bis 98 Sekunden eingetragen werden. Dieser Wert ist natürlich so hoch, daß er wohl nie gebraucht wird. Dieses Zeitraster hat aber den Vorteil, daß im Datensatz die gewünschten Zeiten ohne Umrechnung eingetragen werden können. Ein Inkrement entspricht also 1 Sekunde.

Steuerung des Weitertransports

Betrachten wir zunächst die Aktivitäten, die abgearbeitet werden, wenn der Vorteiler TEIL1SEK ungleich 0 ist. Bei gelöschtem Bit B_RELAIS ist das Relais nicht eingeschaltet. Das Programm verzweigt aufgrund der Bitabfrage von B_RELAIS zum Ende des Unterprogramms TIME. Wenn jedoch das Ralais zuvor eingeschaltet wurde, wird der Zeitzähler REL_ON in diesem 100-Millisekunden-Raster hochgezählt und auf den Maximalwert TIME_ON abgefragt. Bei Erreichen von TIME_ON schaltet die Software das Relais wieder ab. Der Wert von TIME_ON ist so zu wählen, daß der Diaprojektor einen Weitertransport auslöst. In der Regel dürfte ein Wert von 5 Inkrementen geeignet sein. Bei dem Zeitraster von 100 Millisekunden ergibt das eine Einschaltzeit von 500 Millisekunden.

Zeitsteuerung

Der andere Zweig, der bei TEIL1SEK = 0 durchlaufen wird, ist etwas komplizierter. Zuerst wird dieser Vorteiler wieder auf 10 gesetzt, damit dieser Programmteil wieder nach 10 Durchläufen, also 1 Sekunde, abgearbeitet wird. Die anschließende B_RUN-Abfrage prüft, ob die Diaschau schon gestartet oder unterbrochen worden ist. In diesem Fall läuft das normale 100-Millisekunden-Raster ab. Bei gesetztem B_RUN läuft die Schau, der Zeitzähler TIMCTR muß nun hochgezählt werden. Das Unterprogramm DA addiert zum Akkumulator den Wert 0, der am Ergebnis natürlich nichts ändert. Die Addition setzt aber im PSW die Bits C und AC, die wir für den darauffolgenden DA-Befehl benötigen. Dieser Befehl wandelt den Inhalt im Akkumulator in eine BCD-Zahl. Beim Hochzählen erhalten wir einen Überlauf immer von 9 auf 0, und nicht von 0FH auf 0. Diese Darstellung erleichtert uns die Arbeit, wenn wir die Zeiten über ein LC-Display ausgeben wollen. Die Zeiten liegen so schon als Dezimalwerte vor.

Datenstruktur

Nun kommen wir zur Darstellung der Zeiten in den Daten. Wir wollen mit einem einzigen Programm mehrere Diaserien auswählen können. Mit Taste S 2 kann die Auswahl getroffen werden. Ein Tastendruck auf S 2 zählt das RAM SERIE hoch. Dieses RAM selektiert eine der im Datenteil abgelegten Tabellen TABx. Dort sind die gewünschten Werte für die Projektionszeiten abgelegt. Das Unterprogramm SER_WAHL berechnet die Anfangsadresse der ausgewählten Tabelle TABx und speichert sie im Datenpointer DPTR. Dieses

Unterprogramm zeigt nochmals den Einsatz der PUSH- und POP-Befehle in Unterprogrammen. Hier ist es zwar nich erforderlich, den Akkumulator zu retten. Ein sorgfältiger Programmierer denkt aber auch daran, daß andere Anwender bei der Weiterentwicklung des Programmes solche Unterprogramme auch einsetzen und nicht bedenken, daß dieses Register vom Unterprogramm benutzt wird. Mit dem PUSH und POP ist man sicher, daß im Hintergrundprogramm der Akkumulator nicht gestört wird. Das RAM DIA_NR gibt an, welches Dia gerade projeziert wird. Diesen Wert nehmen wir als Offset für den Datenpointer, um die richtige Zeit aus den Daten zu lesen (MOVC A,@A+DPTR). Das RAM DIA_NR gibt jedoch nur dann die richtige Dia-Nummer an, wenn in der Tabelle keine 0 enthalten ist. Die 0 benutzen wir, um eine Pause für einen Magazinwechsel zu kennzeichnen. Für die Adressierung dieses Datums müssen wir natürlich den Offset DIA_NR auch um 1 erhöhen, so daß dessen Wert mit der Anzahl der Dias nicht mehr übereinstimmt. Eine weitere Ausnahme in den Tabellen bildet der Wert 99. Er kennzeichnet das Ende der Diaserie. Wie das Programm auf diese Werte reagiert, sehen wir, wenn wir weiter das Flußdiagramm betrachten.

Um den Programmtest nicht unnötig in die Länge zu ziehen, sind in den Tabellen nur wenige Werte abgelegt. Entscheidend ist, daß das Programm jeweils auf die ersten und letzten Werte in den Tabellen, sowie auf die Spezialwerte 00 und 99 reagiert. Wenn der Test mit diesen Werten positiv verläuft, sollte es eigentlich auch bei größeren Tabellen keine Probleme geben. Zu beachten ist nur, daß pro Tabelle nicht mehr als 255 Werte eingetragen sind.

Magazin-Wechsel

Wenn eine 0 aus den Daten gelesen wird, verzweigt das Programm zum Label PAUSE. Durch Löschen des Bits B_RUN stoppt die Diaschau, sie kann durch Betätigen der Taste S 4 wieder gestartet werden. Als Kennzeichen dafür, daß die Pause wegen eines Magazinwechsels eingefügt ist, setzen wir das Bit B_WECHSEL. Bei der Wiederaufnahme mit S 4 kann dadurch ein Weitertransport ausgelöst werden, um das neue Magazin einzuziehen. Den Zähler TIMCTR setzen wir wieder auf 0, damit das nächste Bild wieder zum Zeitpunkt 0 startet. Das RAM DIA_NR erhöhen wir, damit beim nächsten Bild der nächste Wert in der Tabelle adressiert werden kann. Ebenso erhöht wird das Korrektur-Byte KORR, das die Anzahl der Magazin-Wechsel mitzählt. Aufgrund dieses Wertes und dem Inhalt von DIA_NR kann die Nummer des Dias angezeigt werden (Dia-Nummer = DIA_NR – KORR). Das Einschalten des Relais leitet den Diatransport ein, der das alte Magazin aus dem Projektor herausschiebt.

Ende der Diaschau

Wenn das aus den Daten eingelesene Byte den Wert 99 aufweist, beenden wir die Diaschau. Die Bits B_RUN und B_START werden gelöscht, und der Zähler TIMCTR mit 0 beschrieben. Mit gesetzten Bit B_ENDE geben wir über das LC-Display eine entsprechende Meldung aus. Die Schau kann jetzt nur noch mit der Start-Taste S 3 wieder gestartet werden.

Dia-Wechsel

Wenn der eingelesene Wert weder 00 noch 99 ist, erhöhen wir den Zeitzähler TIMCTR. Hat dieser Zähler die eingelesene programmierte Zeit noch nicht ereicht, verzweigt das Programm an die Stelle, die den Zeitzähler für die Einschaltdauer des Relais prüft und gegebenenfalls hochzählt. Hat der Zähler TIMCTR jedoch den programmierten Wert erreicht, setzen wir TIMCTR wieder auf 0, erhöhen das RAM DIA_NR und leiten den Weitertransport ein. Den Zeitzähler REL_ON setzen wir auch auf den Anfangswert 0. Damit er erst im nächsten Durchlauf erhöht wird, springt das Programm ans Ende des Unterprogramms.

Damit wäre die Funktion des Programms für die Diaprojektor-Steuerung beschrieben. Wir sehen, daß insbesondere das Unterprogramm TIME, die zeitsynchrone Programmebene, nicht mehr ganz so übersichtlich ist. Hier ist das Flußdiagramm ein sehr wichtiges Hilfsmittel, um den Programmaufbau übersichtlich darstellen zu können.

11.1.4. Besonderheiten

Auf einige Besonderheiten des Programms möchten wir noch eingehen. Die Art und Weise, wie die Zeiten für den Diatransport und die Projektionsdauer gemessen werden, könnte natürlich auch anders programmiert werden. Geeignet wäre z. B. die Methode, nach dem Diatransport den in den Daten abgelegten Wert für die Projektionsdauer als Startwert in den Zeitzähler TIMCTR zu laden, diesen Zähler zu dekrementieren und auf Null abzufragen. Dafür bietet sich der DJNZ-Befehl an, wodurch sich das Programm an einigen Stellen vereinfachen würde. Der Zeitzähler TIMCTR würde aber abwärts zählen, was hier nicht gewünscht ist. Außerdem gäbe es dabei Probleme, die Werte als Dezimalzahlen darzustellen.

An den Stellen, an denen der Portpin P_RELAIS geschaltet wird, setzen oder löschen wir auch das Bit B_RELAIS. Für die Bit-Abfrage im 100-Millisekunden-Raster benutzen wir aber das interne Bit B_RELAIS, nicht etwa den Portpin P_RELAIS. Das hängt damit zusammen, daß der JB-Befehl den Pegel am Portpin abfragt, und nicht die Information, die in das Portregister geschrieben wurde. Ein Transistor, der vom Port angesteuert wird, kann den Pegel jedoch auf eine Spannung zwingen, die der Controller als LOW-Pegel interpretiert. Durch gleichzeitiges Setzen eines internen Bits umgeht man dieses Problem.

Der aufmerksamen Leser wird vielleicht erkannt haben, daß einige Befehle nicht unbedingt notwendig sind. So zum Beispiel im Hintergrundprogramm das definierte Rücksetzen von DIA_NR, TIMCTR und REL_ON bei einem Wechsel der Diaserie (Taste S 2 gedrückt). Dadurch, daß die Bits B_RUN und B_START gelöscht werden, kann ein Neustart nur durch Drücken der Start-Taste S 3 erfolgen. Mit dem Neustart werden diese zuvor schon rückgesetzten RAMs nochmals beschrieben. Es wird Ihnen bestimmt öfters passieren, daß kleine Funktionsänderungen zur Folge haben, daß an einer andern Stelle im Programm Befehle überflüssig werden. Das erkennt man oft erst, nachdem das Programm getestet ist. Wenn das Programm aber einwandfrei arbeitet, wird man sich davor hüten, diese überflüssigen Befehle zu entfernen und so möglicherweise doch noch versteckte Fehler einzubauen.

Ergänzungsvorschläge

Durch Einbinden eines weiteren Tasters können zusätzliche Funktionen eingebaut werden. Wenn Sie beispielsweise den Wunsch haben, bei Bedarf einen Rücktransport auszulösen, fragen Sie zusätzlich den Taster S 5 ab. Bei gedrücktem S 5 schalten Sie das Relais ein und setzen den Zähler REL_ON auf einen geeigneten Wert. Die Zeitdauer von 1 Sekunde sollte ausreichen, um den Rücktransport auszulösen. REL_ON müßten Sie somit auf 10 Inkremente setzen. Damit für den weiteren Verlauf die Adressierung der Daten in der Tabelle stimmt, müssen Sie beim Rücktransport unbedingt auch das RAM DIA_NR dekrementieren. Da der Rücktransport ein Sonderfall ist, bietet sich an, in diesem Fall auch das Bit B_RUN zu löschen, um die Schau erst wieder mit dem Taster S 4 fortzusetzen.

Im Eprom ist noch eine Menge Platz für weitere Diaserien. Wenn Sie den Wert MAXSERIE erhöhen, das Unterprogramm SER_WAHL anpassen und die Daten um die Tabellen TAB5, TAB6 usw. erweitern, können Sie weitere Serien anwählen. Auf die Darstellung des Wertes SERIE über die LEDs müssen Sie dann aber verzichten, da Sie wahrscheinlich nicht genügend LEDs angeschlossen haben.

Bestimmt haben Sie noch weitere Ideen, wie Sie die Steuerung beeinflussen können. Probieren Sie diese Möglichkeiten aus, denn nur durch Übung erlernt man das Programmieren.

11.2. Jahresuhr

Uhren gibt es doch wahrlich schon genügend, warum also nochmal ein solches Beispiel anbringen? Nun, es handelt sich hier schon um eine besondere Uhr. Zudem können Sie sehr gut noch eigene Ideen einbringen und das bestehende Programm erweitern. Wir haben uns etwas ganz besonderes einfallen lassen – Man kann im Programmspeicher Termine ablegen und zur gegebenen Zeit auf dem LC-Display einen Text zur Anzeige bringen. Der vergeßliche Ehemann wird somit jedes Jahr im Klartext an seinen Hochzeitstag oder an andere wichtige Termine erinnert.

Funktionsumfang

Die Uhr, wie sie im vorliegenden Fall realisiert ist, steuert ein zweizeiliges LC-Display an, das in der ersten Zeile die Uhrzeit, in der zweiten Zeile das Datum anzeigt. Wenn das aktuelle Datum (Monat und Tag) im Datenteil einen Eintrag hat, erscheint der dazugehörige Textstring anstelle des Datums in der zweiten Displayzeile. Damit das Datum jederzeit stimmt, müssen Schaltjahre natürlich berücksichtigt werden.

Die Uhr läuft ohne zusätzliche Hardwareerweiterungen, der Takt wird vom Quarz abgeleitet. Über 3 Taster stellen wir die Zeit ein und schalten wieder auf den Normalmodus um, wenn vom Display ein Termin angezeigt wird. Als Taster kommen S 2, S 3 und S 4 zu Anwendung.

Taster S 2

Nachdem das Display an einen Termin erinnert hat, möchte man wieder zum Normalmodus zurückkehren, in dem das Datum angezeigt wird. Taster S 2 löscht das Display und damit auch den Text, gleich darauf wird wieder Uhrzeit und Datum ausgegeben. Dieser Taster hat noch eine weitere Funktion. Wenn man ihn länger als 4 Sekunden gedrückt hält, bleibt die Uhr stehen und kann gestellt werden. Wenn die Uhr gestellt ist, kann sie durch ein weiteres Betätigen von S 2 wieder in Gang gebracht werden.

Taster S 3

Im Stell-Modus kann durch Betätigen von S 3 der Display-Cursor weitergeschaltet werden. So wird der Cursor der Reihe nach auf alle Stellen von Uhrzeit und Datum gesetzt und zeigt an, welche Ziffer geändert werden kann.

Taster S 4

Durch Betätigen von S 4 wird der Zahlenwert, auf dem der Cursor steht, jeweils um 1 hochgezählt. Nach der 9 erfolgt der Überlauf auf 0, ohne jedoch die nächsthöhere Stelle zu verändern. Der Display-Cursor zeigt an, welcher Wert verändert wird. Wenn Sie das Programm ohne LC-Display betreiben, haben Sie als Ausgabe für Uhrzeit und Datum nur den PC-Bildschirm zur Verfügung. Natürlich können Sie die Uhr auch so stellen, es fehlt Ihnen aber die Information, welche Stelle sich bei Drücken von S 4 ändert. Da hilft leider nur sich die Reihenfolge zu merken, wie die einzelnen Ziffern von Uhrzeit und Datum der Reihe nach gestellt werden, und beim Betätigen von S 3 mitzählen, welche Ziffer gestellt wird. Sollte man sich doch einmal verzählen, muß man nochmal von vorne bei den Sekunden beginnen.

RAM-Pufferung

In dieser Anwendung lernen wir eine Möglichkeit kennen, das externe RAM in sinnvoller Weise als Datenspeicher einzusetzen. Bei Stromausfall verlieren die internen RAMs ihren Inhalt, die aktuelle Uhrzeit müßte neu eingegeben werden. Beim 8032-Board ist eine Batterie-Pufferung für den RAM-Baustein vorgesehen. Wenn wir nun die aktuellen Daten im externen RAM-Baustein ablegen, haben wir nach einem Stromausfall die alte Uhrzeit noch zur Verfügung. Wenn der Stromausfall nur wenige Minuten dauerte, müssen nur die Sekunden und Minuten nachgestellt werden.

Eprom-Betrieb

Dieses Beispiel ist für den Eprom-Betrieb natürlich hervorragend geeignet, da diese Konfiguration für den ständigen Einsatz prädestiniert ist. Der PC als Anzeige für Uhrzeit und Datum ist für den Dauerbetrieb sicherlich weniger geeignet. Auf der Buchdiskette finden Sie deshalb neben dem hier besprochenem Programm ANW2.A51 auch noch die Epromversion ANW2_EPR.A51. Die Unterschiede zwischen beiden Programmversionen sind schon einige Male besprochen worden, so daß wir hier auf eine genauere Darstellung verzichten können.

11.2.1. Programmaufbau

Der Aufbau des Programmcodes für die Jahresuhr ist wieder ähnlich den vorherigen Beispielen. Nach den Wertzuweisungen für die Konstanten, Register, Bits und RAMs folgt mit der gewohnten Einsprungadresse 4100 H die Initialisierung.

11.2.2. Initialisierung

Wie üblich beginnen wir mit der Einkettung der Interruptroutine von Timer 0. Anschließend werden die SFRs für die Timer und die Interrupts initialisiert. Timer 0 arbeitet im 16-Bit-Modus, Timer 1 bleibt im 8-Bit Auto-Reload-Modus, der für die Baudratenerzeugung im Monitorbetrieb erforderlich ist. Für Timer 0 müssen wir schließlich noch den Interrupt freigeben, da wir damit den Sekundentakt interruptgesteuert erzeugen wollen. Anschließend setzen wir den Bildschirmcursor mit Ausgabe des durch TXT_NL adressierten Strings auf den Anfang der nächsten Zeile. Das LC-Display initialisieren wir an dieser Stelle auch noch und legen den 2-Zeilen-Modus fest.

Jetzt folgt die Initialisierung der RAMs und Bits. Die Bits liegen alle im RAM FLAGS und werden dadurch mit einem einzigen Befehl gelöscht (MOV FLAGS,#00). Die internen RAMs werden für alle Stellen von Uhrzeit und Datum mit irgendwelchen sinnvollen Werten vorbelegt. Für jede Stelle ist ein RAM reserviert. Am Beispiel der Sekunden ist in S1 die Einerstelle, in S10 die Zehnerstelle abgespeichert. Diese RAMs enthalten also nur Werte von 0 bis maximal 9.

Nach der Initialisierung der internen RAMs werden die externen RAMs vorbelegt. Das wird aber nur dann durchgeführt, wenn der RAM-Baustein stromlos war. Das erkennt man daran, daß die RAM-Adresse XINIRAM einen bestimmten Wert enthält. Wenn das der Fall ist, springt das Programm zum Anfang des Hauptprogramms, andernfalls werden die vorher beschriebenen internen RAMs in das externe RAM übertragen.

11.2.3. Hauptprogramm

Das Hauptprogramm beginnt wieder mit dem Refresh von einigen SFRs. Gleich darauf werden die Taster in altbekannter Form eingelesen und entprellt. Mit den Tastern kann die Uhr gestellt werden.

Stellen der Uhr

Wenn erkannt wird, daß Taster S 2 (TASTE = 01) gedrückt wurde, wird STALADR auf die Adresse des ersten RAMs der zu stellenden Daten (S1) gesetzt. Im Stellmodus wird STLADR zur Adressierung der RAMs innerhalb S1 und J10 benutzt. Für den Fall, daß der Stellmodus aktiviert war (B_STEL = 1), wird er jetzt abgeschaltet (CLR B_STEL). Das ist der Fall, wenn alle Ziffern richtig gestellt sind. Um nicht versehentlich den Stellmodus zu aktivieren, entprellen wir den Taster S 2. Hierfür müssen wir das RAM TASTE_ALT abfragen, da TASTE nur nach einem erkannten Wechsel einen von 00 verschiedenen Wert enthält. Der Entprellzähler STL_PREL wird im Sekundenraster hochgezählt, hier fragen wir ihn auf den Entprellwert ab. Hat er den Wert 04 erreicht, setzen wir das Bit B_STEL als Kennzeichen dafür, daß der Stellmodus aktiviert ist. Den Cursor des LC-Displays setzen wir in den Blinkmodus, damit dem Anwender auch optisch der Stellmodus angezeigt wird.

Wenn der Stellmodus wieder abgeschaltet ist, soll der Cursor natürlich nicht mehr blinken. Deshalb wird zyklisch das Bit B_STEL abgefragt. Ist es gelöscht, wird ein Kommando an das Display ausgegeben, das den Blinkmodus wieder abschaltet.

Jetzt stellt sich die Frage, welche Ziffer gestellt werden soll. Bei Eintritt in den Stellmodus wurde das RAM STLADR auf die Adresse des Sekundenzählers S1 gesetzt. Mit jedem Betätigen des Tasters S 3 (TASTE = 02) wird STLADR inkrementiert. Er zeigt damit auf die neu zu stellende Ziffer. Wenn STLADR die erste Adresse für das Datum (RAM T1) erreicht hat, setzen wir das Bit B_STL_DAT, als Kennzeichen dafür, daß jetzt eine Stelle innerhalb des Datums angewählt ist. Nun brauchen wir noch die Abfrage, ob der Inkrement-Befehl von STLDAT den zu adressierenden Bereich von S1 bis J10 überschritten hat. Wenn ja, setzen wir STLADR wieder auf die Adresse von S1 und wir können mit dem Stellvorgang wieder von vorne, bei den Sekunden, beginnen.

Der Inhalt von STLADR gibt an, welche Ziffer innerhalb von S1 bis J10 geändert werden soll. Den Display-Cursor setzen wir nun auf diese Ziffer. Hierfür bilden wir die Differenz von STLADR und der Adresse von S1. Mit diesem Wert gehen wir in die Tabelle TAB_CURSOR, in der das Kommando für das Display eingetragen ist, um abhängig vom Wert in STLADR den Cursor zu plazieren.

Als nächstes wird bei gedrücktem Taster S 4 (TASTE = 03) das durch STLADR adressierte RAM inkrementiert. Bei einem Überlauf von 9 auf 10 überschreiben wir es mit dem Wert 00. Um den Softwareaufwand in Grenzen zu halten, ist an dieser Stelle nicht berücksichtigt, daß die Zehnerstelle des Monats maximal den Wert 3, oder die Zehnerstelle des Sekundenzählers nur den Wert 5 erreichen kann. Die neue Uhrzeit und das neue Datum werden nun in einer Schleife dem externen RAM übergeben. Damit sind alle Aktivitäten im Stellmodus abgearbeitet.

Terminabfrage

Als nächstes wird untersucht, ob in den Daten nach dem Label DATUM ein Termin eingetragen ist. Als Adreßzähler dient das RAM DAT_OFS, das wir am Anfang auf 00 setzen. Die Daten für das Label DATUM sind so aufgebaut, daß der Tag und Monat hintereinander eingetragen werden müssen, gefolgt vom auszugebenden Textstring (z. B.: 'Hochzeitstag'). Die verschiedenen Termine müssen an definierten Adressen bezüglich des Anfangslabel DATUM stehen: der Abstand beträgt immer 30 H. Damit das Programm den letzten Eintrag finden kann, tragen wir zum Schluß, nach dem letzten Termineintrag, eine 0 ein. Bild 11.4. zeigt die Stelle im Listing, wo diese Daten eingetragen sind.

```
      ORG 5000H
DATUM:
      DB 21H,11H,10,13,' Geburtstag Vati',10,13,0
      ORG 5030H
      DB 30H,08H,10,13,'Hochzeitstag',10,13,0
      ORG 5060H
      DB 17H,11H,10,13,'Gbt. Josef',10,13,0
      ORG 5090H
      DB 09H,10H,10,13,'Geburtstag Linda',10,13,0
      ORG 50C0H
      DB 29H,01H,10,13,'Geburtstag Kalle',10,13,0
      ORG 50F0H
      DB 30H,01H,10,13,'Geburtstag Werner',10,13,0
      ORG 5120H
      DB 00
```

Bild 11.4. Darstellung der Daten für die Termine.

Beim Label NXTDAT beginnt eine Programmschleife, die das durch DPTR adressierte Byte aus dem Speicher liest. Beim ersten Durchlauf steht DPTR auf dem ersten Wert der Termin-Tabelle, auf DATUM. Wenn der eingelesene Wert 00 beträgt, beenden wir mit dem Sprung nach DTEND die Suche nach einem Termin. Der letzte Eintrag ist erreicht. Andernfalls vergleichen wir den eingelesenen Wert mit dem aktuellen Tag. Hierfür müssen wir die Einer- und Zehnerstellen T1 und T10 in einem Byte zusammenfassen. Wenn keine Übereinstimmung besteht, fahren wir beim Label NEXT fort. Bei Übereinstimmung holen wir mit dem Offset von 1 im Akkumulator das nächste Byte aus dem Speicher und vergleichen es mit dem aktuellen Monat, den wir auf die gleiche Weise aus den beiden Zählerm MON1 und MON10 zusammensetzen. Haben wir auch hier keine Übereinstimmung, springen wir zum Label NEXT. Ist das aktuelle Datum aber als Termin in den Daten abgespeichert, setzen wir das Bit B_DATUM und geben den dem Termin zugeordneten Text auf dem Display bzw. Bildschirm aus. Hierbei gehen wir folgendermaßen vor: Den Datenpointer DPTR setzen wir wieder auf das Anfangslabel DATUM. DAT_OFS gibt die Zeile im Datenblock DATUM an, in der der Termin gefunden wurde. Der Abstand dieser Zeilen beträgt jeweils 30 H. Deshalb multiplizieren wir DAT_OFS mit 30 H und addieren das Ergebnis zu DPTR. Dieses Register inkrementieren wir noch 2 mal, dann retten wir DPL und DPH auf den Stack. Für die Ausgabe auf das LC-Display müssen wir DPTR nämlich noch 2 mal inkrementieren, bis er auf das erste auszugebende Zeichen zeigt. Mit dem Aufruf von COM_OUT adressieren wir die zweite Displayzeile, das Unterprogramm STXT gibt den Text aus. Jetzt holen wir den Datenpointer wieder aus dem Stack und rufen mit dem ccSTXT-Kommando die MON-Routine auf. Dabei werden zuerst die beiden Zeichen 10 und 13 ausgegeben, die den Bildschirmcursor auf den Anfang der nächsten Zeile setzen. Mit diesen beiden Zeichen fängt das LC-Display natürlich nichts an, deshalb haben wir sie mit den beiden zusätzlichen INC DPTR übersprungen.

Für den Fall, daß in der DATUM-Zeile keine Übereinstimmung mit dem aktuellen Datum gefunden wurde, verzweigt das Programm zum Label NEXT. Dort wird der Offset DAT_OFS inkrementiert und der Datenpointer DPTR um 30 H erhöht. Damit zeigt er auf die nächste DATUM-Zeile, die Schleife wird bei NXTDAT fortgesetzt. Das geht so lange weiter, bis dort eine 0 gelesen wird.

Bei Erkennen eines Termins wird einmalig der Text auf das Display ausgegeben. Dieser Text bleibt solange sichtbar, bis die Software registriert, daß Taster S 2 gedrückt worden ist. Erst dann wird der Textstring gelöscht und an seiner Stelle wieder das Datum angezeigt.

Aufruf des Sekundenrasters

Jetzt erfolgt der Aufruf des Sekundenrasters, wenn von der Interruptroutine das Bit SEKB gesetzt wurde. Im Unterprogramm SEKUNDE wird das RAM S1 inkrementiert. Wenn es zuvor den Wert 9 hatte, erhält es den neuen Wert 0. Gleichzeitig wird S10 erhöht. Hat dieser Zähler zuvor den Wert 5, beschreiben wir es mit 0 und erhöhen den Zähler

M1 (Einerstelle der Minuten). Das Ganze setzt sich so fort bis zum Zähler für die Jahreszahlen. In diesem Unterprogramm ist auch berücksichtigt, daß bei Jahreszahlen, die durch 4 teilbar sind, der Februar 29 Tage hat.

Das Unterprogramm SEKUNDE arbeitet nicht mit den externen RAMS, sondern mit den internen RAMs für die Zähler von S1 bis J10, da die Adressierung von internen RAMs einfacher und schneller ist. Deshalb werden am Anfang diese RAMs vom externen Datenspeicher geholt, und am Ende des Unterprogramms vom internen wieder ins externe RAM transferiert.

Dieses Unterprogramm ist relativ umfangreich. Wir begnügen uns mit dem Wissen, daß es die Uhrzeit und das Datum jeweils im Sekundentakt weiterschaltet.

Bei aktiviertem Stellmodus (B_STEL = 1) rufen wir das Sekundenraster nicht auf, weil das ständige Erhöhen der RAMs das Stellen der Uhr behindern würde.

Ausgabe der Daten

Jetzt müssen wir die neu berechneten Daten noch zur Anzeige bringen. Da die Ausgabe recht viel Zeit in Anspruch nimmt, sprechen wir das Display und den PC nur im Sekundentakt an. Hierfür fragen wir das Bit B_LCDAUS ab, das wie SEKB auch im Interrupt gesetzt wird.

Die Ausgabe zum LC-Display starten wir mit dem Aufruf von COM_OUT. Mit dem Übergabeparameter im Akkumulator adressieren wir die erste Stelle in der oberen Displayzeile. Ab hier wird der unter TXT_UHR abgelegte Textstring ausgegeben. Darauf werden mit dem Unterprogramm DAT_OUT die beiden ASCII-gewandelten Bytes für die Stunden ausgegeben; darauf folgt ein Doppelpunkt und weiter geht es mit den Minuten und Sekunden. Damit ist die erste Displayzeile komplett.

In der zweiten Zeile wird das Datum angezeigt. Jedoch nur dann, wenn nicht der Text für einen Termin dargestellt werden soll. Durch die Abfrage des Bits B_ANZD wird die Ausgabe des Datums übersprungen. Bei gelöschtem B_ANZD adressieren wir mit dem Aufruf von COM_OUT das erste Zeichen in der zweiten Zeile. Daraufhin geben wir den unter TXT_DATUM abgelegten Text aus, gefolgt von den Werten für Tag, Monat, und Jahr. Die Ausgabe für das Display ist damit beendet.

Zum Schluß folgt noch die Ausgabe auf den PC, die wie die Displayausgabe auch nur ein mal pro Sekunde getartet wird. Der Reihe nach werden Texte ('Uhrzeit: ', 'Datum: ') und die Werte in den RAMs S1 bis J10 ausgegeben. Die Prozedur hierfür kennen wir ja schon. Zum Schluß setzen wir den Bildschirmcursor durch Ausgabe von TX_RET (13) wieder an den Zeilenanfang, damit die alten Daten durch die neuen überschrieben werden.

Interrupt

Die Interruptroutine von Timer 0 sieht genauso aus wie im vorhergehenden Anwendungsbeispiel. Wir müssen hier für den Zähler Z65MS jedoch einen größeren Wert einsetzen, um ein 1-Sekunden-Raster zu generieren. Zusätzlich setzen wir nach Ablauf von einer Sekunde das Bit B_LCDAUS, das wir für die Displayausgabe benötigen.

11.2.4. Besonderheiten

Die Darstellung der Daten in der Form, jede einzelne Stelle in einem eigenen RAM abzulegen, ist nur eine Möglichkeit. Man könnte auch den Sekundenzähler von 00 bis 59 in nur einem RAM ablegen. Mit dem DA-Befehl könnte solch eine dezimale Darstellung ohne weiteres realisiert werden. Das Programm wurde jedoch zuerst auf einem Atari mit GFA-Basic erstellt und erst anschließend auf den 8051 angepaßt. Im Hinblick auf den Transfer in ein Assemblerprogramm wurde diese Darstellung gewählt, um in der Programmstruktur keine Änderungen vornehmen zu müssen.

Jedes Programm muß einem Test unterworfen werden, alle Funktionen müssen stets geprüft werden. Das ist hier natürlich nicht ganz einfach. Erfolgt das Umschalten der Jahreszahl immer korrekt? In der Praxis wird solch ein Fehler unter Umständen erst spät erkannt, die Jahreszahl ändert sich schließlich nur 1 mal pro Jahr. Alle Kombinationsmöglichkeiten können in diesem Fall beim Test nicht überprüft werden.

Erweiterungen

Wenn die Zeichen auf der Anzeige für die Darstellung der Texte nicht ausreichen, kann auch ein längerer Textstring übertragen werden. Das Display muß dann in einem Zeittakt nach links geschoben werden, damit sich eine Art Laufschrift ergibt. Der vorhandene Sekundentakt dürfte dafür etwas zu langsam sein, so daß man noch ein kleineres Zeitraster aufbauen müßte (z. B. 200 Millisekunden).

Dieses Beispiel eignet sich sehr gut für Dauerbetrieb, eine Uhr kann man immer gebrauchen. Für diesen Zweck ist es sicherlich reizvoll, einen DCF77 Empfänger aufzubauen, der das Zeitnormal empfängt. Die Software muß derart erweitert werden, daß sie den Code entschlüsselt und die RAMs für Zeit und Datum aktuallisiert. Damit muß man die Uhr nicht mehr über die Taster stellen. Außerdem hat man so immer die genaue Uhrzeit. Der Quarz ist Streuungen unterworfen, so daß die Ganggenauigkeit nicht beliebig hoch ist. Als Literaturhinweis sei hier das Buch „8052 AH-Basic“ aus dem Elektor-Verlag genannt. In ihm finden Sie den Code des DCF77-Signals, der von der Software entschlüsselt werden muß. Als Hilfe dient vielleicht das dort abgedruckte Listing eines Basic-Programmes. Für diese Erweiterung muß allerdings etwas Hardware spendiert werden, damit das DCF77-Signal empfangen werden kann.

11.3. Ampelanlage und Geschwindigkeitssteuerung

Bisher hatten wir es nur mit Programmen zu tun, in denen nur eine einzige Aufgabe zu erledigen war. Das muß aber nicht so sein. Im folgenden Beispiel ANW3.A51 sehen wir, wie mit einem Programm zwei ganz unterschiedliche Funktionen realisiert sind. Zum einen wird ein PWM-Signal erzeugt, das eine Endstufe ansteuert, so daß eine mit Gleichstrom zu betreibende Modelleisenbahn gesteuert werden kann. Das PWM-Signal legt damit die Geschwindigkeit der Lokomotive fest. Die andere Aufgabe, die das Programm bearbeitet, ist eine Ampelanlage, die auf der Modellbahnanlage installiert werden kann. Die beiden Ampeln, die angesteuert werden, können mit roten, gelben und grünen LEDs aufgebaut werden.

Funktionsumfang

Die Steuerung der Ampelanlage läuft ohne Eingriffsmöglichkeit in einem fest vorgegebenen Zeitraster ab. Die Zeiten für die Ampelphasen sind in einer Tabelle abgelegt, damit sie eventuell leicht variiert werden können. Die LEDs werden an Port P1.2 bis P1.7 angeschlossen, so wie es auf den Erweiterungsplatinen vorgesehen ist.

Das PWM-Signal geben wir an Port P1.0 aus. Durch Betätigen von Taster S 3 verlängert sich die Pulsweite, durch Betätigen von S 4 wird sie kleiner. Das Tastverhältnis geben wir über ein Filter aus, so daß die Änderungsgeschwindigkeit begrenzt wird. Der Zielwert für die Endgeschwindigkeit ändert sich bei gedrücktem S 3 oder S 4 pro 20 Millisekunden um 1 Inkrement. Da wir wegen der Filterung die Lokomotive nur langsam Beschleunigen oder Abbremsen können, haben wir einen Not-Aus-Schalter vorgesehen. Nach Betätigen von S 2 geben wir 0% Tastverhältnis aus, die Lokomotive kommt dadurch sofort zum stehen.

11.3.1. Programmaufbau

Für die Ausgabe von PWM-Signalen ist beim 80C535 Timer 2 im Compare-Modus hervorragend geeignet. Wie haben hier aber bewußt auf diese Möglichkeit verzichtet, um das Programm nur wenig für den 8032-Betrieb umstricken zu müssen. Neben der Änderung für das Einlesen der Taster müssen wir hier aber noch eine zusätzliche Änderung vornehmen. Wir benötigen Timer 2, der beim 8032 anders angesprochen werden muß als beim 80C535. Das Programm ist für das 80C535-Board lauffähig, die Änderung bezüglich Timer 2 für das 8032-Board sollte jedoch kein größeres Problem mehr darstellen. Leider können wir für diese Funktion Timer 1 nicht verwenden, dann wären beide Programme an dieser Stelle kompatibel. Aber Timer 1 wird unbedingt als Baudratengenerator für das Monitorprogramm benötigt.

11.3.2. Initialisierung

Wie üblich beginnen wir das Programm mit den Konstanten- und RAM-Zuweisungen. Dann beginnt die Initialisierung mit dem Einketten der Interrupts für Timer 0 und Timer 2. Anschließend setzen wir den Stapelzeiger SP auf den oberen RAM-Bereich und legen mit TMOD den Modus von Timer 0 und Timer 1 fest. Timer 1 muß als Baudratengenerator im Autoreload-Betrieb arbeiten, Timer 0 bringen wir in Modus 0. Darin arbeitet TL0 als 5-Bit Vorteiler, während TH0 den eigentlichen Timer darstellt. Mit Timer 0 generieren wir das PWM-Signal. Timer 2 betreiben wir im Autoreload-Betrieb mit den Reloadwerten in CRCL und CRCH, so daß jeweils nach 20 Millisekunden ein Überlauf ansteht. Mit IEN0 geben wir die Interrupts für Timer 0 und Timer 2 frei. Die globale Interruptfreigabe erteilen wir mit dem SETB-Befehl für das Bit EA. Natürlich hätten wir dieses Bit auch gleich im Befehl zuvor setzen können, da das EA-Bit im Register IEN0 liegt. Doch softwaremäßig führen viele Wege zum Ziel.

Nach der Initialisierung der SFRs beschreiben wir jetzt noch einige RAMs mit definierten Werten. PHZEIT und R100MS stellen Zeitzähler dar, die man unbedingt auf sinnvolle Werte initialisieren sollte, damit gleich nach dem Reset das Programm richtig arbeitet. R100MS beispielsweise unterteilt das 20 ms-Raster auf 100 Millisekunden. Wenn dieser Zähler von 255 aus abwärts zählen müßte, würde dieses untersetzte Zeitraster die ersten 5 Sekunden nicht durchlaufen. Schließlich initialisieren wir die Tastverhältnisse TV und TVFILTER auf 0, damit nach dem Start die Lokomotive nicht läuft. Das PWM-Signal hat in diesem Zustand ein Tastverhältnis von 0%.

11.3.3. Hauptprogramm

Das Hauptprogramm beginnen wir wieder mit dem Refresh einiger SFRs. Anschließend lesen wir die Taster ein und führen in der bekannten Form die Entprellung durch. Wenn Taster S 2 gedrückt ist, erkennen wir auf Not-Aus und beschreiben die RAMs TV und TVFILTER mit 0. Das PWM-Signal bleibt daraufhin konstant auf LOW-Pegel, die Lokomotive bleibt stehen.

Im folgenden begrenzen wir den gefilterten Wert TVFILTER auf Minimal- und Maximalwert. TVFILTER benutzen wir im Interrupt zur Erzeugung des PWM-Signals. Ist der Wert in TVFILTER kleiner 5, halten wir Timer 0, der als Zeitbasis für das PWM-Signal dient, an. Den PWM-Port P1.0 setzen wir auf LOW, das bedeutet 0% PWM-Signal. Enthält TVFILTER einen Wert größer 250, dann stoppen wir Timer 0 ebenfalls, P1.0 setzen wir aber auf HIGH-Pegel. Das bedeutet 100% PWM-Signal. Die Lokomotive läuft mit maximaler Geschwindigkeit. Die Minimal- und Maximalabfrage benötigen wir, da es bei sehr kleinen oder sehr großen Tastverhältnissen Probleme bei der Abarbeitung des Interrupts kommen könnte.

Jetzt folgt der Aufruf der Zeitebene, wenn im Interrupt das Bit B20MSB gesetzt wurde. Auf das Zeitraster-Unterprogramm kommen wir gleich.

Weiter geht es im Hintergrundprogramm mit der Ausgabe auf den Bildschirm via V24. Wir geben die beiden Größen TV und TVFILTER aus. Vorher wandeln wir diese beiden Bytes aber noch um. Wir wollen die Werte von 00 bis 255, die wir in der üblichen Darstellung als Hexwerte von 00 bis 0FF H sehen würden, in dezimaler Darstellung anzeigen. Das Unterprogramm HDW führt nun eine Multiplikation mit 154 und anschließend eine DA-Operation durch. Damit wird der Wertebereich von 00 bis 255 auf den Bereich von 00 bis 99 reduziert. Durch den DA-Befehl erhalten wir eine rein dezimale Darstellung.

Zum Schluß des Hauptprogrammes geben wir noch den im Zeitraster berechneten LED-Status im RAM PEOUT aus. Die LEDs sind an den Portpins P1.2 bis P1.7 angeschlossen. P1.0 gibt das PWM-Signals aus, deshalb darf hier dieser Pin nicht beeinflußt werden. Das erreichen wir durch die ANL- und ORL-Verknüpfung. Damit ist das Hauptprogramm beendet, ein neuer Durchlauf beginnt beim Label MAIN.

Zeitraster

Das Zeitraster M20MS wird im Mittel alle 20 Millisekunden vom Hauptprogramm aus aufgerufen. Hier wird zunächst Taster S 3 abgefragt. Bei betätigtem S 3 inkrementieren wir das RAM TV und fangen gegebenefalls einen Überlauf ab, indem wir auf 0FF H begrenzen. Bei gedrücktem Taster S 4 dekrementieren wir TV und begrenzen auf den Wert 00. Eine Änderung in TV um 1 Inkrement erfolgt also nach jeweils 20 Millisekunden. Da wir nicht auf einen Wechsel des Zustandes der Taster, sondern auf den aktuellen Pegel reagieren wollen, dürfen wir hier nicht das RAM TASTE, sondern müssen TASTE_ALT abfragen.

In TV steckt die Information für den Zielwert des PWM-Signals. Dieses Signal wollen wir in der Änderungsgeschwindigkeit begrenzen. Deshalb führen wir über einen weiteren Vorteiler den Wert im RAM TVFILTER nach. Der Zielwert von TVFILTER ist gleich dem Wert in TV. Die Filterzeitkonstante kann im Programm natürlich beliebig geändert werden, so daß man unterschiedliche Anfahrverhalten für die Lokomotive erzielen kann.

Mit dem Vorteiler R100MS leiten wir aus dem 20 ms-Raster ein 100 ms-Raster ab. In diesem Zeitraster dekrementieren wir den Zähler PHZEIT, der die Zeit für eine Ampelphase zählt. Aus der Tabelle AMPEL ist ersichtlich, daß es 8 verschiedene Ampelphasen gibt. Der Reihe nach sind in dieser Tabelle alle Zustände der beiden Ampeln abgelegt. Den eingetragenen Werten kann direkt der Zustand der 6 LEDs entnommen werden. Der Zähler PHASE dient als Offset für den Tabellenzugriff. Nach Ablauf der Phasenzeit wird der nächste Wert aus der Tabelle AMPEL entnommen und in das RAM PEOUT geschrieben. Mit dem gleichen Offset in PHASE holen wir aus der Tabelle PHDAUER den neuen

Wert für die Ampelphase, den wir dem Zeitzähler PHZEIT übergeben. Da dieser Programmteil im 100 ms-Raster durchlaufen wird, können wir Ampelphasen von maximal 25,5 Sekunden darstellen.

Interrupts

Nun zu den beiden Interrupts. Mit Timer 2 generieren wir das 20 ms-Raster. Dieser Timer arbeitet im Auto-Reload-Betrieb, die Reload-Register wurden in der Initialisierung vorbelegt. Beim Überlauf werden die Timer-Register automatisch mit den richtigen Werten geladen – wir müssen im Interrupt nur das Zeitrasterbit B20MSB setzen. Da das Anforderungsflag TF2 bei diesem Interrupt nicht mit dem Aufruf der Interruptroutine gelöscht wird, müssen wir das softwaremäßig tun.

Mit Timer 0 generieren wir das PWM-Signal. Zu Beginn der Interruptroutine wird der Port P1.0 getoggelt. Abhängig vom Zustand dieses Ports laden wir das Timerregister TH0 direkt mit dem Wert in TVFILTER, oder mit dessen Komplement. Da im Modus 0 TH0 nach jeweils 32 Mikrosekunden inkrementiert, erhalten wir ein PWM-Signal, dessen HIGH-Phase 32 Mikrosekunden mal dem Wert in TVFILTER ansteht. Die LOW-Phase ergibt sich aus dem Komplement zu 256 mal 32 Mikrosekunden.

Der Portpin wird in der Interruptroutine softwaremäßig bedient. Dadurch, daß dieser Programmteil erst dann aufgerufen wird, wenn der gerade ausgeführte Befehl vollständig abgearbeitet ist, entsteht ein Jitter auf dem PWM-Signal. Bei einem gerade abgearbeiteten MUL-Befehl kann die Verzögerung bis zu 4 Mikrosekunden betragen. Wenn zum Zeitpunkt der Interruptanforderung gerade der Interrupt von Timer 2 bedient wird, wird der Jitter noch verstärkt. Deshalb wäre es hier sinnvoll, Timer 0 eine höhere Interruptpriorität zuzuweisen. Wir haben in diesem Beispiel darauf verzichtet, da die Prioritäten beim 8032 und 80C535 unterschiedlich festgelegt werden. Der entstehende Jitter hat zudem mit Sicherheit keine Auswirkung auf das Fahrverhalten, dazu ist der Effekt zu gering.

Erweiterungen

Dieses Beispiel zeigt, daß auch mit dem 8032 mit wenig Aufwand PWM-Signale erzeugt werden können. Zu berücksichtigen ist allerdings, daß die Periodendauer in unserm Beispiel festliegt. Für eine Modellbahnanlage ist es sicherlich reizvoll, das bestehende Programm für mehrere Streckenblöcke zu erweitern. Hierfür können mit mehreren voneinander unabhängig gesteuerten TVFILTERn im Interrupt mehrere PWM-Signale erzeugt werden. Die Steuerung für die Pulsweite muß natürlich nicht über die Taster erfolgen, eine elegantere Lösung bieten die A/D-Kanäle. Damit läßt es sich auch komfortabler fahren. Der interessierte Anwender wird sicherlich viele Ideen haben, die er softwaremäßig umsetzen kann, um eine hochwertige Steuerung für seine Modelleisenbahnanlage zu realisieren.

11.4. Weitere Ideen für Anwendungsbeispiele

Die von uns verwendeten Compuboards können in vielen anderen Bereichen zum Einsatz kommen. Ein sehr weites Einsatzgebiet dürfte die Meßtechnik sein. Mit wenig zusätzlicher Hardware könnte man ein Frequenzmeßgerät aufbauen. Hier müßte nur das Frequenzsignal hardwaremäßig aufbereitet werden, so daß der Controller die Pegel auswerten kann. Der Timer kann nun im Zählmodus die Impulse zählen, ein zweiter Timer generiert ein Zeit-Fenster, in dem die Impulse aufaddiert werden. Schon hat man alle Größen, um daraus die Frequenz zu berechnen. Der maximalen Frequenz sind jedoch Grenzen gesetzt. Das kann man jedoch umgehen, indem man hardwaremäßig einen Vorteiler zwischenschaltet, der die Frequenz in einem bekannten Verhältnis teilt. Der Faktor muß in der Berechnung der Frequenz berücksichtigt werden. Auf diese Weise kann die Grenzfrequenz erhöht werden.

Eine etwas umfangreichere Aufgabe stellt sich, wenn man eine Wetterstation realisieren möchte. Ein solches Meßgerät läßt sich aber schrittweise ausbauen. Bei diesem Projekt kann man schon mit geringem Hardwareaufwand die Innen- und Außentemperatur erfassen. Hier beginnen aber auch schon die Probleme. Mit einem einfachen NTC als Temperaturfühler, der in einem Spannungsteiler arbeitet, läßt sich die Temperatur nur in einem kleinen Bereich hinreichend genau erfassen. Für die Messung der Außentemperatur reicht das nicht aus. Mehrere Meßbereiche können hier weiterhelfen. Doch damit erhöht sich auch der Hardwareaufwand. Für die weiteren wichtigen Meßgrößen, Luftdruck und Luftfeuchtigkeit, gibt es geeignete Sensoren auf dem Markt. Doch auch hier gilt wieder: Genauigkeit muß mit erhöhtem Hardwareaufwand bezahlt werden. Eine interessante Aufgabe stellt sich, wenn man Langzeitmessungen durchführen möchte. Die Meßgrößen können z. B. im RAM gesammelt werden. Daraus lassen sich Mittelwerte über einen längeren Zeitraum bilden. Über die V24-Schnittstelle können diese Daten an einen PC übertragen werden, der mit einem geeigneten PC-Programm die Werte grafisch in einem Zeitdiagramm am Bildschirm darstellt.

In letzter Zeit sind immer wieder Akku-Ladegeräte vorgestellt worden, die aber vielleicht doch nicht den Funktionsumfang erfüllen, den man sich wünscht. Was liegt also näher, als sich sein eigenes Ladegerät zu bauen. Mit PWM-Signalen kann man unterschiedliche Lade- und Entladeströme einstellen. Dieses Verfahren wenden auch die meisten Ladegeräte an. Wir können nun aber unsere eigenen Funktionen bestimmen, wie z. B. Entladen/Laden, Kapazitätsmessung, Regenerieren, und Akkutest. Aber auch hier ist der zusätzliche Hardwareaufwand für die Ladeelektronik nicht unerheblich.

Das waren nur einige weitere Einsatzmöglichkeiten für unser Compuboard. Es gibt bestimmt viele andere Bereiche, in denen das Board sinvoll eingesetzt werden kann. Der Fantasie des Anwenders sind hier keine Grenzen gesetzt.

12. Anhang

12.1. Umwandlungstabelle Hex- → ASCII-Code

Hex	ASCII	Hex	ASCII	Hex	ASCII	Hex	ASCII
00	NUL	20	SP	40	@	60	
01	SOH	21	!	41	A	61	a
02	STX	22	“	42	B	62	b
03	ETX	23	#	43	C	63	c
04	EOT	24	$	44	D	64	d
05	ENQ	25	%	45	E	65	e
06	ACK	26	&	46	F	66	f
07	BEL	27	’	47	G	67	g
08	BS	28	(	48	H	68	h
09	HT(TAB)	29	)	49	I	69	i
0A	LF	2A	*	4A	J	6A	j
0B	VT	2B	+	4B	K	6B	k
0C	FF	2C	,	4C	L	6C	l
0D	CR	2D	-	4D	M	6D	m
0E	SO	2E	.	4E	N	6E	n
0F	SI	2F	/	4F	O	6F	o
10	DLE	30	0	50	P	70	p
11	DC1(X-ON)	31	1	51	Q	71	q
12	DC2 (TAPE)	32	2	52	R	72	r
13	DC3 (X-OFF)	33	3	53	S	73	s
14	DC4 (TAPE	34	4	54	T	74	t
15	NAK	35	5	55	U	75	u
16	SYN	36	6	56	V	76	v
17	ETB	37	7	57	W	77	w
18	CAN	38	8	58	X	78	x
19	EM	39	9	59	Y	79	y
1A	SUB	3A	:	5A	Z	7A	z
1B	ESC	3B	;	5B	[	7B	{
1C	FS	3C	<	5C	\	7C	‖
1D	GS	3D	=	5D	]	7D	}(*ALTMODE*)
1E	RS	3E	>	5E	∧	7E	~
1F	US	3F	?	5F	_	7F	DEL (RUB OUT)

12.2. Pinbelegung

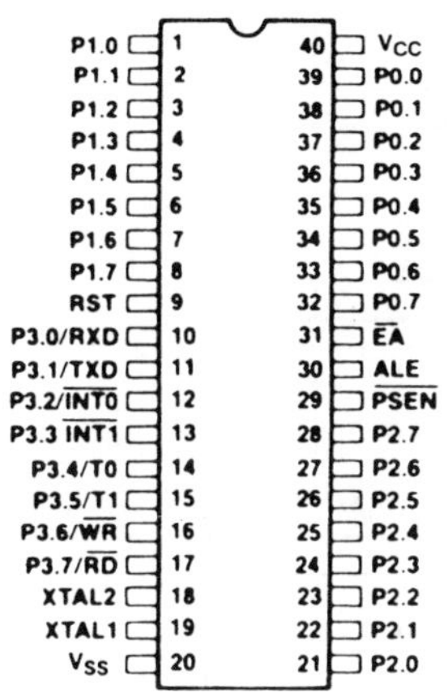

Pinbelegung des 8032.

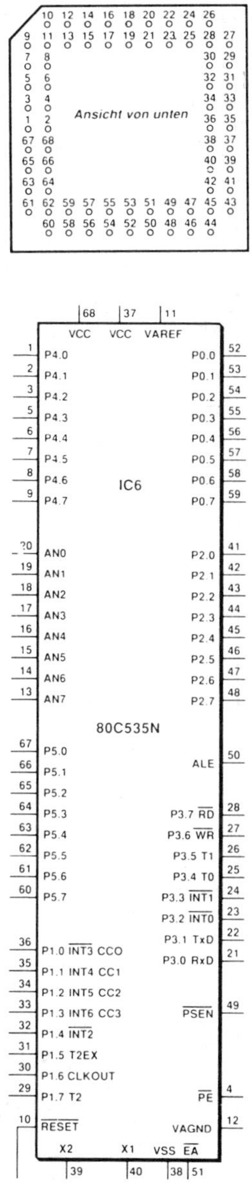

Pinbelegung des 80C535.

12.3. 8032-Befehlsliste

		Opcode	Operand	Beschreibung	veränderte Flags	Bytes	Zyklen
Boolesche Anweisungen	UND	ANL	A, Rn	(A) ← (A) ∧ (Rn)	P	1	1
		ANL	A, @Ri	(A) ← (A) ∧ ((Ri))	P	1	1
		ANL	A, direct	(A) ← (A) ∧ (direct)	P	2	1
		ANL	A, #const8	(A) ← (A) ∧ const8	P	2	1
		ANL	direct, A	(direct) ← (direct) ∧ (A)		2	1
		ANL	direct. #const8	(direct) ← (direct) ∧ const8		3	2
	ODER	ORL	A, Rn	(A) ← (A) ∨ (Rn)	P	1	1
		ORL	A, @Ri	(A) ← (A) ∨ ((Ri))	P	1	1
		ORL	A, direct	(A) ← (A) ∨ (direct)	P	2	1
		ORL	A, #const8	(A) ← (A) ∨ const8	P	2	1
		ORL	direct, A	(direct) ← (direct) ∨ (A)		2	1
		ORL	direct, #const8	(direct) ← (direct) ∨ const8		3	2
	X-ODER	XRL	A, Rn	(A) ← (A) ⊕ (Rn)	P	1	1
		XRL	A, @Ri	(A) ← (A) ⊕ ((Ri))	P	1	1
		XRL	A, direct	(A) ← (A) ⊕ (direct)	P	2	1
		XRL	A, #const8	(A) ← (A) ⊕ const8	P	2	1
		XRL	direct, A	(direct) ← (direct) ⊕ (A)		2	1
		XRL	direct. #const8	(direct) ← (direct) ⊕ const8		3	2
	CPL	CPL	A	(A) ← ¬ (A)	P	1	1
	CLR	CLR	A	(A) ← 0	P	1	1
Arithmetische Anweisungen	Addition – ADD	ADD	A, Rn	(A) ← (A) + (Rn)	CY, AC, OV, P	1	1
		ADD	A, @Ri	(A) ← (A) + ((Ri))	CY, AC, OV, P	1	1
		ADD	A, direct	(A) ← (A) + (direct)	CY, AC, OV, P	2	1
		ADD	A, #const8	(A) ← (A) + const8	CY, AC, OV, P	2	1
	Addition – ADDC	ADDC	A, Rn	(A) ← (A) + (C) + (Rn)	CY, AC, OV, P	1	1
		ADDC	A, @Ri	(A) ← (A) + (C) + ((Ri))	CY, AC, OV, P	1	1
		ADDC	A, direct	(A) ← (A) + (C) + (direct)	CY, AC, OV, P	2	1
		ADDC	A, #const8	(A) ← (A) + (C) + const8	CY, AC, OV, P	2	1
	Addition – INC	INC	A	(A) ← (A) + 1	P	1	1
		INC	Rn	(Rn) ← (Rn) + 1		1	1
		INC	@Ri	((Ri)) ← ((Ri)) + 1		1	1
		INC	direct	(direct) ← (direct) + 1		2	1
		INC	DPTR	(DPTR) ← (DPTR) + 1		1	2
	DA	DA	A	BCD - Korrektur nach der Addition zweier BCD - Zahlen	CY, P	1	1
	Subtraktion – SUBB	SUBB	A, Rn	(A) ← (A) - (C) - (Rn)	CY, AC, OV, P	1	1
		SUBB	A, @Ri	(A) ← (A) - (C) - ((Ri))	CY, AC, OV, P	1	1
		SUBB	A, direct	(A) ← (A) - (C) - (direct)	CY, AC, OV, P	2	1
		SUBB	A, #const8	(A) ← (A) - (C) - const8	CY, AC, OV, P	2	1
	Subtraktion – DEC	DEC	A	(A) ← (A) - 1	P	1	1
		DEC	Rn	(Rn) ← (Rn) - 1		1	1
		DEC	@Ri	((Ri)) ← ((Ri)) - 1		1	1
		DEC	direct	(direct) ← (direct) - 1		2	1
	MUL / DIV	MUL	AB	$(B)_{15-8}(A)_{7-0}$ ← (A) x (B)	CY, OV, P	1	4
		DIV	AB	$(A)_{15-8}(B)_{7-0}$ ← (A) / (B) $(A)_{15-8}$ = Integer $(B)_{7-0}$ = Rest	CY, OV, P CY ← 0 OV ← 0	1	4

Gruppe		Opcode	Operand	Beschreibung	veränderte Flags	Bytes	Zyklen
Schiebe - Anweisungen		RL	A	$(A_{n+1}) \leftarrow (A_n)$ n = 0 - 6 $(A_0) \leftarrow (A_7)$		1	1
		RLC	A	$(A_{n+1}) \leftarrow (A_n)$ n = 0 - 6 $(A_0) \leftarrow (C)$ $(C) \leftarrow (A_7)$	CY, P	1	1
		RR	A	$(A_n) \leftarrow (A_{n+1})$ n = 0 - 6 $(A_7) \leftarrow (A_0)$		1	1
		RRC	A	$(A_n) \leftarrow (A_{n+1})$ n = 0 - 6 $(A_7) \leftarrow (C)$ $(C) \leftarrow (A_0)$	CY, P	1	1
Sprung - Anweisungen	JMP	LJMP	adr16	(PC) ← adr16		3	2
		SJMP	rel	(PC) ← (PC) + 2 + rel		2	2
		AJMP	adr11	(PC) ← (PC) + 2 $(PC_{10-0}) \leftarrow$ adr11		2	2
		JMP	@A+DPTR	(PC) ← (A) + (DPTR)		1	2
	CALL	LCALL	adr16	(PC) ← (PC) + 3 (SP) ← (SP) + 1 $((SP)) \leftarrow (PC_{7-0})$ (SP) ← (SP) + 1 $((SP)) \leftarrow (PC_{15-8})$ (PC) ← adr16		3	2
		ACALL	adr11	(PC) ← (PC) + 2 (SP) ← (SP) + 1 $((SP)) \leftarrow (PC_{7-0})$ (SP) ← (SP) + 1 $((SP)) \leftarrow (PC_{15-8})$ $(PC_{10-0}) \leftarrow$ adr11		2	2
	RET	RET		$(PC_{15-8}) \leftarrow ((SP))$ (SP) ← (SP) - 1 $(PC_{7-0}) \leftarrow ((SP))$ (SP) ← (SP) - 1		1	2
		RETI		$(PC_{15-8}) \leftarrow ((SP))$ (SP) ← (SP) - 1 $(PC_{7-0}) \leftarrow ((SP))$ (SP) ← (SP) - 1		1	2
NOP		NOP		(PC) ← (PC) + 1		1	1

Erläuterungen:

Rn	Register R0 - R7 der aktuell ausgewählten Registerbank
Ri	Register R0 oder R1 enthalten die 8 Bit Adresse einer internen RAM Speicherstelle
direct	8 Bit interne RAM Adresse
const8	8-Bit - Konstante, eingeschlossen im Programmcode
const16	16 Bit - Konstante, eingeschlossen im Programmcode
adr16	16 Bit Programmadresse
adr11	11 Bit Programmadresse in der aktuellen 2k - Programmseite
rel	vorzeichenbehafteter relativer Programmoffset
bitadr	8-Bit Adresse eines direkt adressierten Bits im internen Speicher

Literaturhinweis:

AMD Microcontrollers Data Book/Handbook

Siemens Microcontroller Family SAB 8051 Pocket Guide

Gruppe	Untergruppe	Opcode	Operand	Beschreibung	veränderte Flags	Bytes	Zyklen
Bedingte Sprung - Anweisungen	Bit - Vergleich	JC	rel	(PC) ← (PC) + 2 if (C) = 1 then (PC) ← (PC) + rel		2	2
		JNC	rel	(PC) ← (PC) + 2 if (C) = 0 then (PC) ← (PC) + rel		2	2
		JB	bitadr, rel	(PC) ← (PC) + 3 if (bitadr) = 1 then (PC) ← (PC) + rel		3	2
		JNB	bitadr, rel	(PC) ← (PC) + 3 if (bitadr) = 0 then (PC) ← (PC) + rel		3	2

		JBC	bitadr, rel	(PC) ← (PC) + 3
				if (bitadr) = 1 then begin
				    (bitadr) ← 0
				    (PC) ← (PC) + rel
				    end
						3	2

	Byte - Vergleich	JZ	rel	(PC) ← (PC) + 2 if (A) = 0 then (PC) ← (PC) + rel		2	2
		JNZ	rel	(PC) ← (PC) + 2 if (A) ≠ 0 then (PC) ← (PC) + rel		2	2

		CJNE	A, direct, rel	(PC) ← (PC) + 3
				if (A) < > (direct)
				    then (PC) ← (PC) + rel
				if (A) < (direct)
				    then (C) ← 1
				    else (C) ← 0
					CY	3	2

		CJNE	A, #const8, rel	(PC) ← (PC) + 3
				if (A) < > const8
				    then (PC) ← (PC) + rel
				if (A) < const8
				    then (C) ← 1
				    else (C) ← 0
					CY	3	2

		CJNE	Rn, #const8, rel	(PC) ← (PC) + 3
				if (Rn) < > const8
				    then (PC) ← (PC) + rel
				if (Rn) < const8
				    then (C) ← 1
				    else (C) ← 0
					CY	3	2

		CJNE	@Ri, #const8, rel	(PC) ← (PC) + 3
				if ((Ri)) < > const8
				    then (PC) ← (PC) + rel
				if ((Ri)) < const8
				    then (C) ← 1
				    else (C) ← 0
					CY	3	2

	Schleife	DJNZ	Rn, rel	(PC) ← (PC) + 2 (Rn) ← (Rn) - 1 if (Rn) < > 0 then (PC) ← (PC) + rel		2	2
		DJNZ	direct, rel	(PC) ← (PC) + 3 (direct) ← (direct) - 1 if (direct) < > 0 then (PC) ← (PC) + rel		3	2

			Opcode	Operand	Beschreibung	veränderte Flags	Bytes	Zyklen
Transfer - Anweisungen	internes RAM	laden	MOV	A, Rn	(A) ← (Rn)	P	1	1
			MOV	A, @Ri	(A) ← ((Ri))	P	1	1
			MOV	A, direct	(A) ← (direct)	P	2	1
			MOV	A, #const8	(A) ← const8	P	2	1
			MOV	Rn, A	(Rn) ← (A)		1	1
			MOV	Rn, direct	(Rn) ← (direct)		2	2
			MOV	Rn, #const8	(Rn) ← const8		2	1
			MOV	@Ri, A	((Ri)) ← (A)		1	1
			MOV	@Ri, direct	((Ri)) ← (direct)		2	2
			MOV	@Ri, #const8	((Ri)) ← const8		2	1
			MOV	direct, A	(direct) ← (A)		2	1
			MOV	direct, Rn	(direct) ← (Rn)		2	2
			MOV	direct, @Ri	(direct) ← ((Ri))		2	2
			MOV	direct1, direct2	(direct1) ← (direct2)		3	2
			MOV	direct. #const8	(direct) ← const8		3	2
			MOV	DPTR, #const16	(DPTR) ← const16		3	2
		tauschen	XCH	A, Rn	(A) ↔ (Rn)	P	1	1
			XCH	A, @Ri	(A) ↔ ((Ri))	P	1	1
			XCH	A, direct	(A) ↔ (direct)	P	2	1
			XCHD	A, @Ri	(A_{3-0}) ↔ $((Ri)_{3-0})$	P	1	1
		verschiedenes	SWAP	A	(A_{3-0}) ↔ (A_{7-4})		1	1
			PUSH	direct	(SP) ← (SP) + 1 ((SP)) ← (direct)		2	2
			POP	direct	(direct) ← ((SP)) (SP) ← (SP) - 1		2	2
	externes RAM		MOVX	A, @Ri	(A) ← ((Ri))	P	1	2
			MOVX	A, @DPTR	(A) ← ((DPTR))	P	1	2
			MOVX	@Ri, A	((Ri)) ← (A)		1	2
			MOVX	@DPTR, A	((DPTR)) ← (A)		1	2
	ROM		MOVC	A, @A+DPTR	(A) ← ((A) + (DPTR))	P	1	2
			MOVC	A, @A+PC	(PC) ← (PC) + 1 (A) ← ((A) + (PC))	P	1	2

		Opcode	Operand	Beschreibung	veränderte Flags	Bytes	Zyklen
Bit - Manipulation	MOV	MOV	C, bitadr	(C) ← (bitadr)	CY	2	1
		MOV	bitadr, C	bitadr ← (C)		2	2
	UND	ANL	C, bitadr	(C) ← (C) ∧ (bitadr)	CY	2	2
		ANL	C, /bitadr	(C) ← (C) ∧ ¬ (bitadr)	CY	2	2
	ODER	ORL	C, bitadr	(C) ← (C) ∨ (bitadr)	CY	2	2
		ORL	C, /bitadr	(C) ← (C) ∨ ¬ (bitadr)	CY	2	2
	CLR	CLR	C	(C) ← 0	CY	1	1
		CLR	bitadr	(bitadr) ← 0		2	1
	CPL	CPL	C	(C) ← ¬ (C)	CY	1	1
		CPL	bitadr	(bitadr) ← ¬ (bitadr)		2	1
	SET	SETB	C	(C) ← 1	CY	1	1
		SETB	bitadr	(bitadr) ← 1		2	1

12.4. Stücklisten

Stückliste des 8032-Compuboard

Widerstände:
R 1 = 470 Ω
R 2 = 150 Ω
R 3 = 47 Ω
R 4,R 8,R 12. . . R 19 = 2k7
R 5 = 3k9
R 6 = 10 k
R 7 = 560 Ω
R 9. . . R 11 = 1 k
R 20 = 15 k
R 22,R 26 = Array 9 x 10 k
R 21,R 23,R 24 = Array 8 x 10 k
R 25 = 1 M

Kondensatoren:
C 1 = 10 μF/35 V, stehend
C 2,C 3 = 100 μF/16 V, stehend
C 4. . . C 8 = 220 nF
C 9 = 220 nF/MKS
C 10,C 11 = 33 pF, Keramik

Halbleiter:
T 1 = BC 337
T 2 = BS 170
D 1 = 1N 4004
D 2 = Z-Diode, 4V7
D 3...D5 = 1N 4148
D 6 = LED, grün
IC 1. . . IC 3 = 74HC 00
IC 4 = LM 317
IC 5 = TL 081
IC 6 = 62256-LP2
IC 7 = 27C 256-2
IC 8,IC 9 = 74HC 573
IC 10,IC 11 = 74HC 245
IC 12 = 74HCT 240
IC 13 = 80(C)31, 80(C)32,
80(C)51, 80(C)52 (-AH)

Außerdem:
L 1 = 1,5 μH
K 1 = VG 64-Leiste, a und c bestückt
X 1 = 12-, oder 15-MHz-Quarz
Bat 1 = 3-V-Lithiumbatterie, Ø 23 mm, BR2325
Batteriefassung
Kühlkörper SK 129/25,4
Platine EPS 910042

Stückliste 8032-Erweiterungs-Platine

Widerstände:
R 1. . . R 4,R 27. . . R 30,R 32 = 10 k
R 5 = 47 k
R 6 = Widerstandsarray, 8 x 10 k
R 7. . . R 11 = 470 Ω
R 12. . . R 19,R 31 = 20 k/1%
R 20. . . R 26 = 10 k/1%
R 33,R 34 = 220 Ω
R 35 = 470 k
R 36 = 100 Ω
R 37 = 1 k
P 1 = 10-k-Potentiometer, linear
Kondensatoren:
C 1,C 7. . . C 13 = 100 n
C 2. . . C 5 = 1 n
C 6 = 220 μF/16 V
Halbleiter:
D 1. . . D 4 = LED, rechteckig, rot
D 5. . . D 7 = 1N 4148
IC 1,IC 2 = 74HC 138
IC 3,IC 10 = 74HC 541
IC 4 = 74HC 14
IC 5,IC 9 = 74HC 574
IC 6 = LM 324
IC 7 = 6N 136
IC 8 = 74HC 123
Außerdem:
K 1 = 14-poliger Pfostenfeldstecker mit Schutzkragen
K 2 = 64-poliger AC-Verbinder, gewinkelt, female (passend zum Verbinder des Compuboards)
K 3,K 4,K 8 = 8-poliger Pfostenfeldstecker
K 5,K 6 = 5-pol. DIN-Stecker für Platinenmontage, female
K 7 = 9-poliger Sub-D-Stecker für Plainenmontage, female
K 9 = 2-polige Platinenlüsterklemme, RM 5
S 1 = Druckschalter 1 x ein
S 2. . . S 5 = Schalter 1 x ein
LS 1 = Kleinlautsprecher 8 W
Platine EPS 910109

Stückliste des 80C535-Compuboards

Widerstände:
R 1,R 2 = 10 k
R 3 = 1 k
Kondensatoren:
C 1. . . C 5 = 10 μ/16 V, stehend
C 6,C 7 = 22 p
C 8 = 1 μ/10 V, stehend
C 9 = 10 μ/10 V, stehend
C 10. . . C 14 = 100 n
Halbleiter:
IC 1 = 62256-10
IC 2 = 74HC 00
IC 3 = 27C 256 (ESS 911-2)
IC 4 = 74HC 573
IC 5 = MAX 232N (Maxim)
IC 6 = SAB 80C535N (Siemens)
Außerdem:
K 1 = Pfostenfeldleiste, 20-polig, male
K 2. . . K 8 = Pfostenfeldleiste, 10-polig, male
S 1 = Taster, 1x
X 1 = 12-MHz-Quarz
Platine EPS 924046

Stückliste der 80C535-Erweiterungsplatine

Widerstände:
P 1 . . . P 4 = 10 k-Potis, 4mm-Achse
Kondensatoren:
C 1,C 4 = 100 μ/16 V
C 2,C 3 = 22 n
Halbleiter:
D 1 . . . D 6 = LED
IC 1 = 74HCT 245
IC 2 = Widerstands-Array, 8 x 470 Ω
IC 3 = 7805
Außerdem:
K 3 . . . K 8 = Stiftleisten, 2 x 5-polig, gedrehte Ausführung
K 3*,K 4*,K 5*, K 7*, K 8* = Pfostenfeldleiste, 10-polig, male
K 6 = Stiftleiste, 6-polig
K 9 = Klinkenbuchse, 3,5 mm, f. Platinenmontage
K 10,K 11,K 13,K 14 = Lötstift
K 12 = Stiftleiste, 2-polig
K 15 = Buchsenleiste, 14-polig
K 16 = Sub-D-Buchse, 9-polig, f. Platinenmontage
S 1 . . . S 6 = Digitast
Kühlkörper SK 95

12.5. Sichwortverzeichnis

D

E

12.6. Bestellhinweise

Folgende Komponenten (Hard- und Software) können direkt beim Elektor-Verlag, Süsterfeldstraße 25, 52072 Aachen, bestellt werden:

❒ Die Platine des 8032-Compuboards, Bestell-Nummer: EPS 910042, 43,45 DM.

❒ Die Platine der 8032-Erweiterungsplatine, Bestell-Nummer: EPS 910109,49,12 DM.

❒ Die Platine des 80C 535-Compuboardes, Bestell-Nummer: EPS 924046, 51,05 DM.

❒ Das Monitor Eprom, Bestell-Nummer: ESS 911-2, 37,50 DM

Preisänderungen vorbehalten

Sie haben drei Möglichlichkeiten der Zahlungsabwicklung:

❒ Sie legen Ihrer Bestellung einen Post/Barscheck (Verrechnungsscheck) bei, der über die Summe der bestellten Artikel, zuzüglich 5,- DM Porto- und Verpackungspauschale, lautet.

❒ Sie schicken uns mit der Bestellung eine Einzugsermächtigung. Wir lassen dann den Gesamtbetrag von Ihrem Konto abbuchen; auch dabei fügen Sie bitte dem Warenpreis 5,- DM Porto- und Verpackungspauschale zu.

❒ Sie lassen sich die Sendung per Nachnahme kommen und bezahlen den Warenpreis plus Porto, Verpackung und Nachnahmegebühr beim Empfang der Ware.

12.7. Platinenlayouts

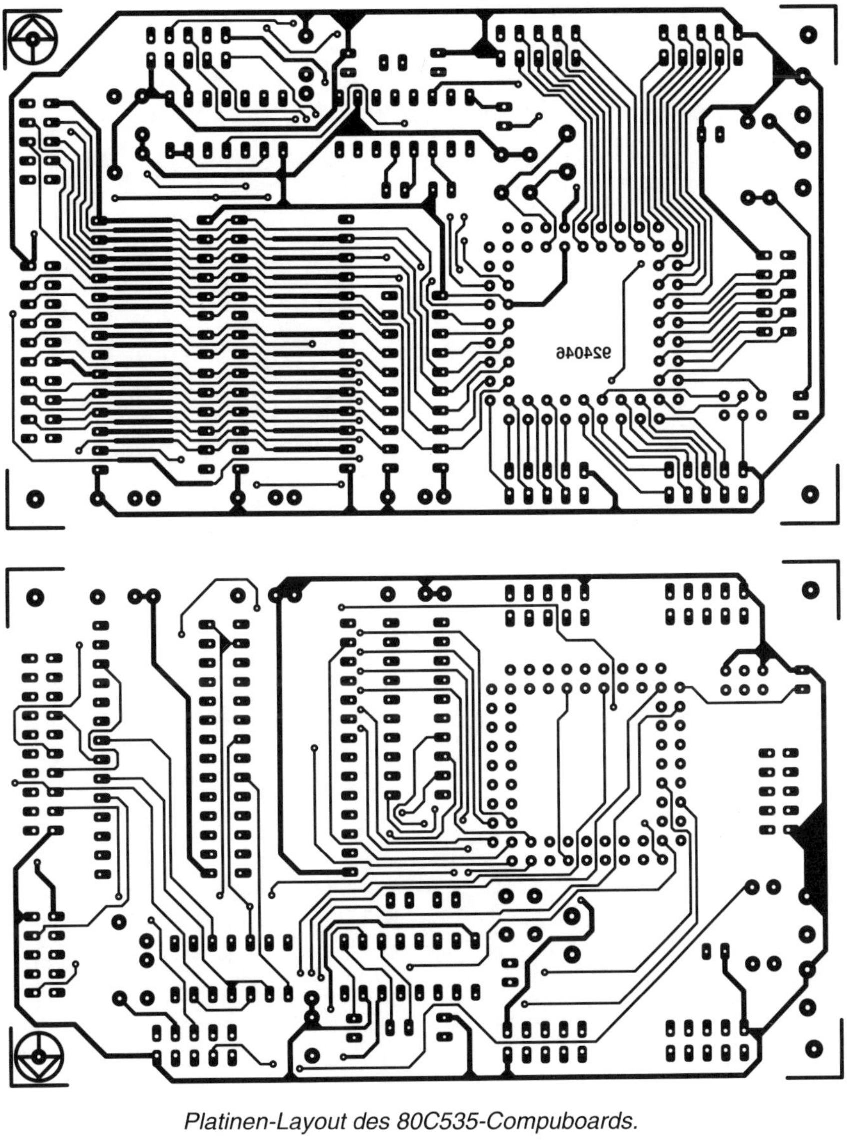

Platinen-Layout des 80C535-Compuboards.

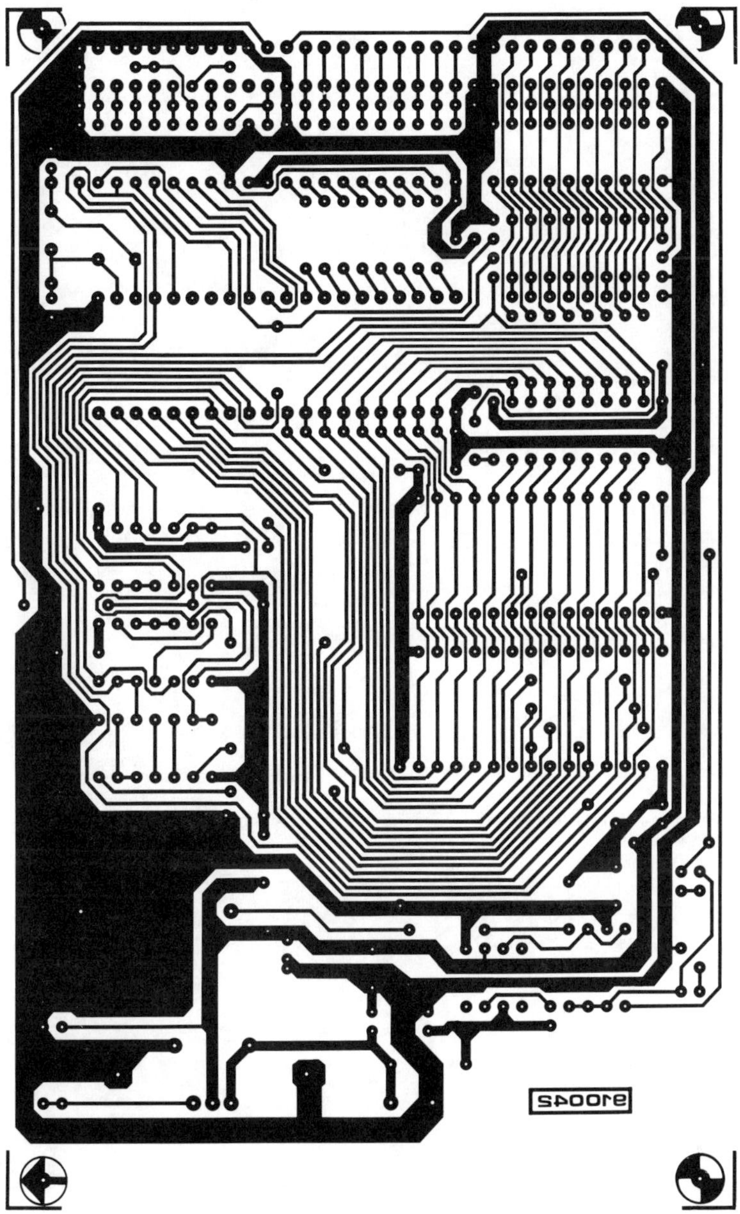

Platinen-Layout des 8032-Compuboards.

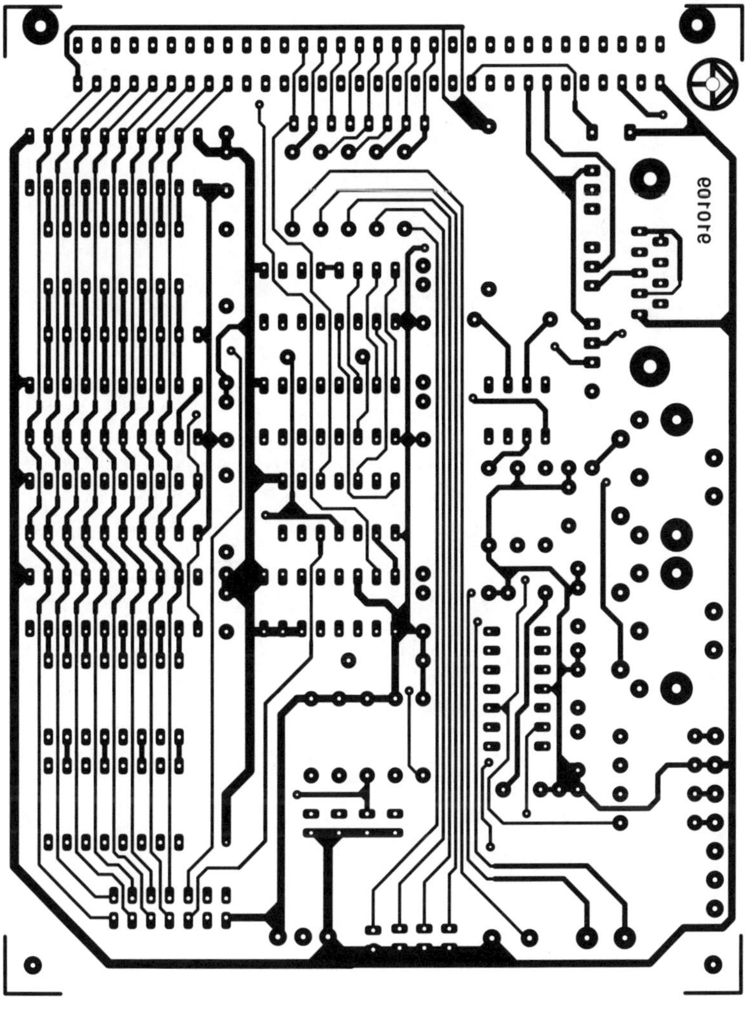

Platinen-Layout der 8032-Erweiterungskarte (Lötseite).

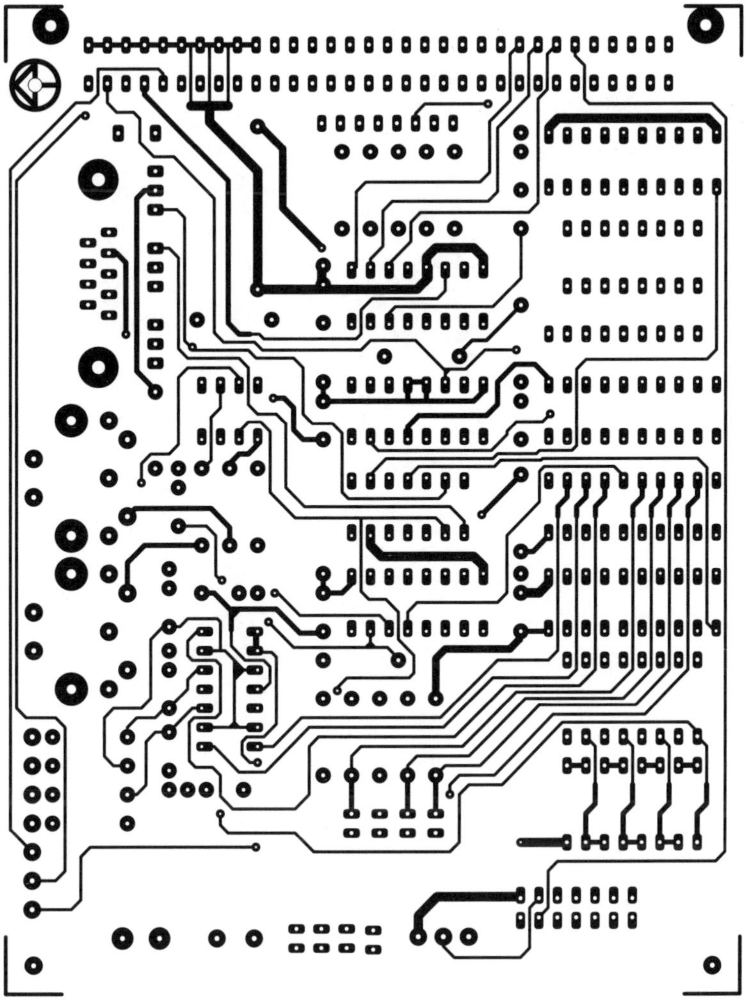

Platinen-Layout der 8032-Erweiterungskarte (Bestückungsseite).

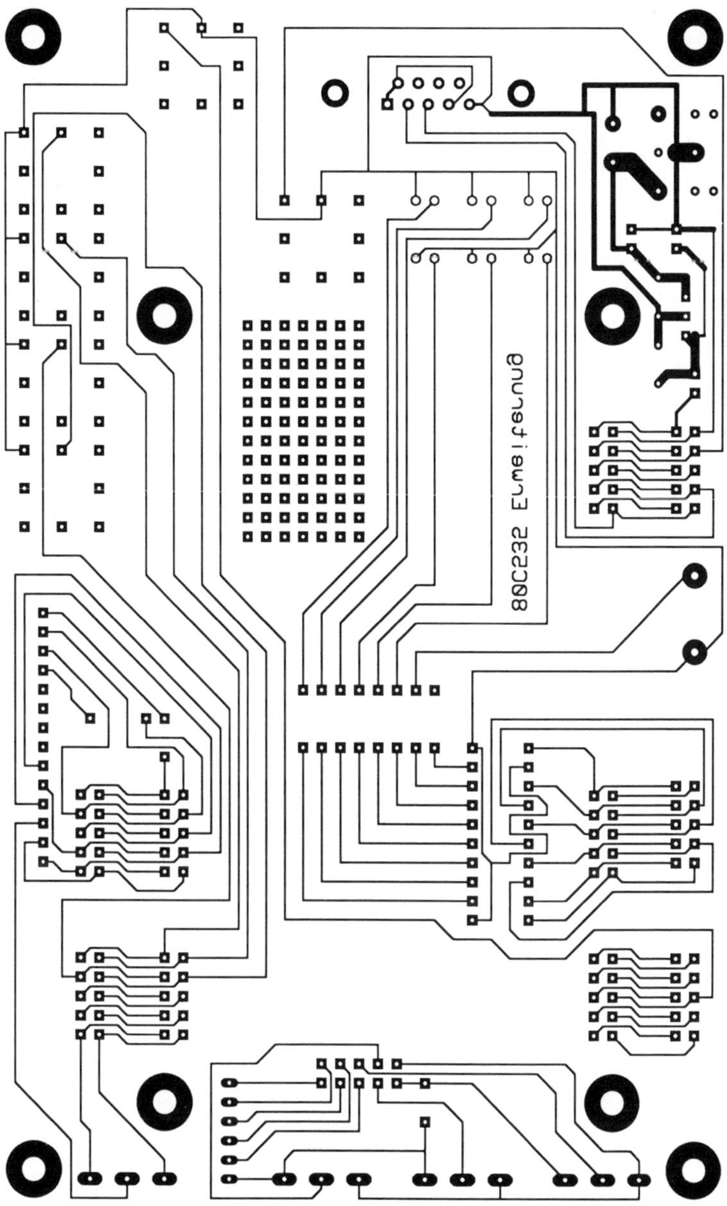

Platinen-Layout der 80C535-Erweiterungsplatine.